Peter Mayle war fünfzehn Jahre in der Werbebranche tätig, bevor er begann, Bücher zu schreiben. Seine Werke sind in siebzehn Sprachen übersetzt worden, und er hat für zahlreiche englische Zeitungen gearbeitet. Im Juni 1994 ist im Droemer Knaur Verlag sein Roman »Hotel Pastis« erschienen.

Von Peter Mayle sind außerdem erschienen:

Geld allein macht doch glücklich (Band 60075)
Hotel Pastis (Band 60454)

Vollständige Taschenbuchausgabe Juni 1994
Droemersche Verlagsanstalt Th. Knaur Nachf., München
© 1994 für diese Ausgabe
Droemersche Verlagsanstalt Th. Knaur Nachf., München

Umschlaggestaltung: Adolf Bachmann, Reischach
Umschlagfoto: Robert Gantt Steele, TIB, München
Druck und Bindung: Elsnerdruck, Berlin
Printed in Germany
ISBN 3-426-60286-5

13   15   14   12

Peter Mayle

Mein Jahr in der Provence
Toujours Provence

Illustrationen von
Judith Clancy

Aus dem Englischen
von Gerhard Beckmann

Für Tam

zur Erinnerung an die

DSaP 98

Dr. Kai Hen

Peter Mayle

Mein Jahr in der Provence

Roman

Deutsche Erstausgabe April 1992
© 1992 für die deutschsprachige Ausgabe Droemersche Verlagsanstalt
Th. Knaur Nachf., München
Das Werk einschließlich aller seiner Teile ist urheberrechtlich geschützt.
Jede Verwertung außerhalb der engen Grenzen des Urheberrechtsgesetzes
ist ohne Zustimmung des Verlages unzulässig und strafbar. Das gilt
insbesondere für Vervielfältigungen, Übersetzungen, Mikroverfilmungen
und die Einspeicherung und Verarbeitung in elektronischen Systemen.
Titel der Originalausgabe »A Year in Provence«
© Text 1989 Peter Mayle
© Illustrationen 1990 Judith Clancy
Originalverlag Alfred A. Knopf, New York

Für Jennie,
mit Liebe und Dank

Januar

Das Jahr begann mit einem Mittagessen.

Silvester mit seinen Ausschweifungen vor Mitternacht und den vielen zum Scheitern verurteilten guten Vorsätzen war uns stets trostlos vorgekommen – besonders der Zwang zu Heiterkeit und schönen Wünschen und Küssen zum Jahreswechsel. Als wir erfuhren, daß der Eigentümer von *Le Simiane* im Dorf Lacoste – nur wenige Kilometer entfernt – seiner verehrten Kundschaft mittags ein Sechs-Gänge-Neujahrsessen mit Rosé-Champagner offerierte, schien uns das einen wesentlich fröhlicheren Anschub des nächsten Jahres zu verheißen.

Um halb eins war das kleine Restaurant mit den Steinwänden bereits voll. Es gab ein paar schwerwiegende Bäuche zu sehen – ganze Familien mit jener enormen Leibesfülle, die Frankreichs beliebtestem Ritual zu verdanken ist, den zwei bis drei Stunden, die Tag für Tag mit beflissentlich gesenktem Blick und aufgeschobener Unterhaltung bei Tisch verbracht werden. Der Eigentümer des Restaurants – ein Mann, der trotz seiner beachtlichen Größe die Kunst des Umherschwebens irgendwie perfekt beherrschte – trug zur Feier des Tages einen Samtsmoking mit Fliege. Sein pomadierter Schnurrbart zitterte vor Begeisterung, als er das Lob auf das Menü sang: *foie gras,* Hummermousse, Rindfleisch *en croute,* Salate in kaltgepreßtem Öl, handverlesene Käse, traumhaft leichte Desserts, *Digestifs.* Was er an jedem einzelnen Tisch vortrug, war eine gastronomische Arie, bei der er ständig seine Fingerspitzen küßte und wir uns fragten, ob er nicht allmählich Blasen an den Lippen bekäme.

Das letzte »*bon appétit*« erstarb, und ein geselliges Schweigen ließ sich über dem Restaurant nieder, während man sich mit gebührender Aufmerksamkeit den Speisen widmete. Meine Frau und ich dachten während des Essens an frühere Silvestertage, die wir meist unter undurchdringlichem Himmel in England verbracht hatten. Wir hatten Mühe, die Sonne und den tiefblauen Himmel draußen mit dem ersten Januartag in Einklang zu bringen, aber, so wurde uns von allen Seiten bestätigt, das war völlig normal. Wir befänden uns schließlich in der Provence.

Wir waren schon vorher oft hier gewesen, als Touristen mit Hunger auf unsere Jahresration von zwei bis drei Wochen richtiger Hitze und klaren Lichts. Und wenn wir mit pellender Nase und mit Bedauern Abschied nahmen, hatten wir uns jedesmal versprochen: Eines Tages werden wir hier wohnen. Während der langen grauen Winter und der feuchten grünen Sommer hatten wir darüber diskutiert, hatten mit der Sehnsucht von Süchtigen Fotos von Dorfmärkten und Weinbergen betrachtet, davon geträumt, morgens von der Sonne geweckt zu werden, die vom Fenster her schräg ins Schlafzimmer fällt. Nun hatten wir es – zu unserer eigenen Überraschung – tatsächlich geschafft. Wir hatten uns entschieden. Wir hatten ein Haus gekauft, Französischkurse genommen, Lebewohl gesagt, unsere beiden Hunde herübergeholt und lebten nun tatsächlich im Ausland.

Eigentlich war alles ganz schnell – überstürzt beinahe – gekommen: wegen des Hauses. Wir hatten es eines Nachmittags besichtigt und waren schon am Abend innerlich eingezogen. Es stand oberhalb der Landstraße, die zwischen den beiden mittelalterlichen Bergdörfern Ménerbes und Bonnieux verläuft, am Ende eines unasphaltierten Wegs, der durch Kirschbäume und Reben führt. Es war ein Bauernhaus, ein *Mas,* wie die Franzosen sagen, erbaut aus dem Gestein der Gegend, das über zwei Jahrhunderte durch Wind und Sonne zu einer undefinierbaren Farbe zwischen honighell und hellgrau verwittert war. Es hatte im 18. Jahrhundert zunächst aus einem Raum bestanden und war in der planlosen Art, die für landwirtschaftliches Bauen typisch ist, erweitert worden, um Kinder, Großmütter, Ziegen und Ackergerät zu beherbergen, bis schließlich ein unregelmäßiges dreistöckiges Haus daraus geworden war. Es war durch und durch solide. Die Wendeltreppe, die vom Weinkeller bis ins oberste Geschoß führte, war aus massiven Steinplatten gehauen. Die Mauern – einige einen Meter dick – waren errichtet, um die Mistralwinde fernzuhalten, die, wie man hier sagt, einem Esel die Ohren wegblasen können. Auf der Hinterseite schloß sich ein überdachter Hof an und dahinter ein Schwimmbecken aus gebleichtem weißen Stein. Es gab dort drei Brunnen, breite, schattige Bäume und schlanke grüne Zypressen, Rosmarinhecken und einen riesigen Mandelbaum. Das Haus mit seinen halb geschlossenen Fensterläden, die wie schläfrige Augenlider aussahen, war in der Nachmittagssonne unwiderstehlich gewesen.

Es war auch, so das bei einem Haus überhaupt möglich war, immun gegen die wuchernden Greuel der Baulanderschließung. Die Franzosen haben eine Schwäche für *jolies villas,* die sie überall, wo die Baubestimmungen es gestatten, errichten – manchmal auch an unerlaubten Stellen, vor allem in bislang unverdorbener, schöner Landschaft. Wir hatten dieses Phänomen in der Umgebung der alten Marktstadt Apt beobachtet, in Form von Kästen aus jenem eigenartigen, schreiend rosaroten Beton, der schreiend rosarot bleibt, das Wetter mag dagegen anschleudern, was es will – sie sehen aus wie eine scheußliche Fleischwunde. Nur ganz wenige Gegenden Frankreichs sind davor sicher, sofern sie nicht offiziell unter Landschaftsschutz stehen, und ein großer Reiz unseres Hauses lag darin, daß es sich innerhalb der Grenzen eines Nationalparks duckte, der als historisches Erbe Frankreichs heilig und für Betonmixer verboten war.

Unmittelbar hinter dem Haus ragen die Berge des Lubéron bis zu einer höchsten Erhebung von fast zwölfhundert Metern auf, und sie erstrecken sich in tiefen Falten fast siebzig Kilometer von Westen nach Osten. Zedern, Kiefern und Eichengebüsch halten die Berge stets grün und bieten Wildschweinen, Kaninchen und Vögeln Deckung. Wilde Blumen, Thymian, Lavendel und Pilze wachsen zwischen den Felsen und unter Bäumen, und an einem klaren Tag ist vom Gipfel zur einen Seite ein Blick möglich auf die Basses-Alpes und zur anderen aufs Mittelmeer.

Die meiste Zeit des Jahres kann man acht oder neun Stunden lang laufen, ohne einem Auto oder einem menschlichen Wesen zu begegnen. Es sind 247 000 Morgen Naturpark, zu dem sich unser Garten erweitert, ein Paradies für unsere Hunde, eine nicht zu überwindende Barrikade gegen unerwünschte Nachbarn.

Auf dem Lande gewinnen Nachbarn, wie wir entdeckt haben, eine Bedeutung, die sie in Städten auch nicht annähernd haben. Man kann jahrelang in einer Wohnung in London oder New York leben, ohne mit den Leuten, die zwanzig Zentimeter entfernt auf der anderen Seite der Wand wohnen, je zu sprechen. Auf dem Lande mag man vom nächsten Nachbarn Hunderte von Metern entfernt sein, trotzdem ist er ein Teil des eigenen Lebens, so wie man selbst zu seinem Leben gehört.

Falls man Ausländer ist – also eine Art Exot –, wird man mit mehr als dem üblichen Interesse inspiriert. Und wenn man außerdem ein seit langem bestehendes landwirtschaftliches Arrangement übernimmt, wird einem rasch klargemacht, daß die eigenen Einstellungen und Entscheidungen einen direkten Einfluß auf das Wohlergehen einer anderen Familie haben.

Mit den neuen Nachbarn hatte uns das Ehepaar bekanntgemacht, das uns das Haus verkauft hatte, und zwar während eines fünfstündigen Abendessens, das allseits durch einen immensen guten Willen, unsererseits aber durch enorme Verständnisschwierigkeiten gekennzeichnet war. Man sprach französisch – es war aber nicht das Französisch, das wir in unseren Büchern studiert und auf den Sprachkassetten gehört hatten; es war ein reiches, suppiges *patois*, das von irgendwo aus dem hinteren Kehlkopf kam und durch die

Nasengänge schlürfte, bevor es als Sprache ins Freie trat. Halbvertraute Laute konnten durch die Wirbel und Strudel des Provenzalischen verschwommen als Worte identifiziert werden: *Demain* wurde zu *demang, vin* wurde zu *vang*, *Maison* zu *Mesong*. Das allein wäre noch kein Problem gewesen, wenn die Worte im Tempo üblicher Konversation gesprochen und ohne weitere Ausschmückung geblieben wären. Sie wurden jedoch wie Kugeln aus einem Maschinengewehr abgefeuert und zum Schluß auf gut Glück oft noch mit einem zusätzlichen Vokal versehen. So kam das Angebot eines weiteren Stücks Brot – Stoff auf Seite eins für Anfänger – als ein einziges fragendes Sirren heraus. *Encoredupanga?*

Zu unserem Glück waren der Hunger und das freundliche Naturell unserer Nachbarn deutlich spürbar, selbst wenn das, *was* sie sagten, uns ein Rätsel blieb. Henriette war eine dunkelblonde, hübsche Frau mit Dauerlächeln, die wie eine Sprinterin jeden Satz in Rekordzeit hinter sich brachte. Ihr Mann Faustin – oder Faustang, wie wir seinen Namen wochenlang im Geiste buchstabiert hatten – war groß und sanft, bewegte sich bedächtig und sprach relativ langsam. Er war in diesem Tal geboren, er hatte in diesem Tal sein Leben verbracht, und er würde in diesem Tal sterben. Sein Vater, Pépé André, der gleich nebenan wohnte, hatte mit achtzig Jahren seinen letzten Eber geschossen und die Jagd aufgegeben, um Fahrradfahren zu lernen. Zweimal wöchentlich radelte er zum Einkaufen und zum Klatsch hinunter ins Dorf. Es schien eine zufriedene Familie zu sein.

Sie hatten allerdings eine Sorge, die uns betraf – nicht als Nachbarn, sondern als künftige Partner, und inmitten der Düfte von *marc* und im noch dichteren Nebel des Akzents kamen wir ihr schließlich auf die Spur.

Die sechs Morgen Grund, die wir mit dem Haus erworben hatten, waren größtenteils mit Reben bepflanzt und jahrelang nach dem herkömmlichen System der *Metayage* bewirtschaftet worden: Der Landeigentümer zahlt das Kapital für die neuen Reben und den Dünger, während der Bauer die Arbeit des Besprühens, Stutzens und Erntens übernimmt. Zum Ende der Saison erhält der Bauer zwei Drittel, der Eigentümer ein Drittel des Gewinns. Bei einem Eigentümerwechsel steht eine erneute Absprache zur Diskussion, und genau das war Faustins Sorge. Es war wohlbekannt, daß im Lubéron viele Liegenschaften als *résidences secondaires* für die Ferien und zum Vergnügen gekauft wurden, und der wertvolle Agrarboden wurde für kunstvoll bepflanzte Gartenanlagen zweckentfremdet. Es gab sogar Fälle der schlimmsten Form von Blasphemie – daß Reben herausgerissen worden waren, um Tennisplätzen zu weichen. Tennisplätze! Faustin zuckte ungläubig die Achseln. Schultern und Augenbrauen hoben sich einmütig beim Gedanken an die ausgefallene Idee, wertvolle Reben gegen den seltsamen Spaß zu tauschen, in der Hitze hinter einem kleinen Ball herzujagen.

Die Sorge hätte er sich sparen können. Wir liebten die Reben – die planvolle Regelmäßigkeit, mit der sie sich gegen die Hänge der Berge hoben, die Färbung von hellem zu dunklerem Grün über Gelb zu Rot, wenn Frühling zu Sommer und Sommer zu Herbst wurde, den blauen Rauch in der Stutzzeit, wenn die abgetrennten Teile verbrannt wurden, die zurückgeschnittenen Stumpen, die im Winter die nackten Felder spickten – sie gehörten hierher. Tennisplätze und Landschaftsgärten dagegen nicht. (Genausowenig wie unser Schwimmbecken, aber das hatte wenigstens keine Rebstöcke verdrängt.) Und außerdem lieferten sie uns Wein. Wir hatten die Wahl, unseren Anteil am Gewinn in bar oder in Naturalien zu erhalten; in einem durchschnittlichen Jahr betrug unser Anteil an der Ernte an die tausend Liter guten gewöhnlichen Roten und Rosé. So emphatisch, wie uns das mit unserem unsicheren Französisch möglich war, teilten wir Faustin mit, daß es uns ein Vergnügen wäre, die bestehende Abmachung weiterzuführen. Er strahlte. Ihm war klar, daß wir uns prächtig verstehen würden. Vielleicht würden wir uns eines schönen Tages sogar miteinander unterhalten können.

Der Eigentümer von *Le Simiane* wünschte uns ein glückliches neues Jahr und stand im Eingang, als wir in die enge Gasse hinaustraten und in die Sonne blinzelten.

»Nicht schlecht, eh?« sagte er mit einer Armbewegung – mit ihr vereinnahmte er das Dorf, hoch oben die Ruine der Burg des Marquis de Sade, die weite Aussicht zu den Bergen und den strahlen klaren Himmel. Es war eine lässige, besitzergreifende Geste, als ob er uns ein Eckchen seines Privatgrundstückes zeigte. »Man hat Glück, in der Provence zu sein.«

Durchaus, dachten wir. Das hat man. Wenn das der Winter sein sollte, so würde die ganze Schlechtwetterausrüstung – die Stiefel und Mäntel und dicken Pullover –, die wir aus England mitgebracht hatten, überflüssig sein. Wir fuhren heim, warm, wohlgenährt, schlossen Wetten ab, wann wir zum erstenmal schwimmen würden, und empfanden ein selbstzufriedenes Mitleid für die armen Seelen in rauheren Klimazonen, die richtige Winter durchmachen mußten.

Knapp zweitausend Kilometer weiter nördlich nahm unterdes der Wind, der in Sibirien eingesetzt hatte, für das letzte

Stück seiner Reise Fahrt auf. Vom Mistral hatten wir so mancherlei gehört. Er macht Menschen und Tiere verrückt. Bei Gewaltverbrechen wird er als mildernder Umstand anerkannt. Er bläst oft fünfzehn Tage in einem fort, reißt Bäume aus, wirft Autos um, zerbricht Fenster, schleudert alte Damen in den Rinnstein, splittert Telegrafenmasten, heult durch Häuser wie ein kaltes und unheilvolles Gespenst, verursacht Grippe, Unfrieden im Haus, Arbeitsausfall, Zahnschmerzen, Migräne – kurzum: Alle Probleme in der Provence, die nicht den Politikern angelastet werden können, rühren vom *Sâcré Vent* her, von dem die Provenzalen in einer Art masochistischem Stolz sprechen.

Typisch gallische Übertreibung, dachten wir. Wenn sie mit den Stürmen fertig zu werden hätten, die vom Ärmelkanal herüberfegen und den Regen biegen, so daß er einem fast horizontal ins Gesicht schlägt, dann wüßten sie, was ein richtiger Wind ist. Wir hörten uns ihre Geschichten an und gaben uns – aus purer Höflichkeit gegenüber denen, die sie erzählten – beeindruckt.

So waren wir auf den ersten Mistral des Jahres schlecht vorbereitet, der durch das Rhônetal stürmte, nach links abbog und gegen die Westseite des Hauses toste, so stark, daß er vom Dach Ziegel ins Schwimmbecken abräumte und ein Fenster aus den Angeln riß, das leichtsinnigerweise offengestanden hatte. Die Temperatur fiel in vierundzwanzig Stunden um zwanzig Grad. Zunächst auf null, dann auf minus sechs. Messungen in Marseille zeigten eine Windgeschwindigkeit von 180 Kilometern in der Stunde. Meine Frau hatte beim Kochen einen Mantel an. Ich versuchte, mit Handschuhen auf der Maschine zu schreiben. Wir sprachen nicht mehr vom ersten Schwimmen und dachten statt dessen melancholisch an Zentralheizung. Und eines Morgens, zum Geräusch krachender Äste, platzte unter dem Druck des Wassers, das über Nacht gefroren war, ein Leitungsrohr nach dem anderen. Sie waren vom Eis blockiert und geschwollen und hingen schräg von den Wänden, und Monsieur Menicucci untersuchte sie mit dem beruflichen Scharfblick des Klempners.

»O là là«, sagte er. »O là là«. Er drehte sich nach seinem jungen Lehrling um, den er immer nur als *Jeune homme* oder *Jeune* ansprach. »Du weißt, womit wir es da zu tun haben, *Jeune*. Nackte Rohre. Ohne Isolierung. Côte-d'Azur-Rohre. Für Cannes, für Nizza mögen sie gut genug sein, aber hier …«

Er gab einen Glückser der Mißbilligung von sich und wedelte *Jeune* mit dem Finger unter der Nase herum, um den Unterschied zwischen den milden Wintern an der Küste und der beißenden Kälte, in der wir hier standen, zu unterstreichen, und zog sich die Wollmütze fest über die Ohren. Er war klein und stämmig und zum Klempner gebaut, wie er erklärte, weil er sich in enge Räume hineinzwängen konnte, die ungehobelteren Männern gar nicht zugänglich wären. Während wir abwarteten, daß *Jeune* die Lötlampe aufsetzte, widmete uns Monsieur Menicucci die erste Vorlesung seiner gesammelten *Pensées,* denen ich dann das ganze Jahr über mit wachsendem Vergnügen zuhören sollte. An diesem Tag gab er eine geophysikalische Abhandlung über die zunehmende Härte provenzalischer Winter zum besten.

Drei Jahre schon waren die Winter spürbar härter gewesen als alle, an die man sich erinnern konnte – kalt genug, ehrlich, um uralte Olivenbäume abzutöten. Es war, um eine Wendung zu gebrauchen, die hier bei jedem Ausbleiben der Sonne auftaucht, *pas normal.* Aber wieso? Monsieur Menicucci ließ mir symbolische zwei Sekunden Zeit zum Nachdenken, bevor er seine Theorie explizierte und mich ab und an mit dem Finger stupste, um sicherzugehen, daß ich zuhörte.

Es sei klar, so behauptete er, daß die Winde, die die Kälte von Rußland herübertrugen, mit höherer Geschwindigkeit als früher in der Provence einträfen, also weniger Zeit brauchten, um ihr Ziel zu erreichen, und folglich weniger Zeit hätten, sich *en route* zu erwärmen. Und der Grund dafür – Monsieur Menicucci gestattete sich eine kurze, aber dramatische Pause – sei eine Veränderung in der Krümmung der Erdkruste. *Mais oui.* Irgendwo zwischen Sibirien und Ménerbes habe die Erdkrümmung sich verflacht und dem Wind somit eine direktere Südroute ermöglicht. Es war ganz und gar logisch. Leider wurde der zweite Teil dieser Vorlesung – warum die Erde flacher wird – vom Knacken eines weiteren geplatzten Leitungsrohres und meine Bildung zugunsten eines virtuosen Einsatzes der Lötlampe unterbrochen.

Die Wirkung des Wetters auf die Bewohner der Provence ist unmittelbar und offenkundig. Sie erwarten jeden Tag Sonnenschein, und ihr Wohlbefinden leidet, wenn er ausbleibt. Regen empfinden sie als persönliche Beleidigung. Sie schütteln die Köpfe und bemitleiden sich gegenseitig in den Cafés, blicken mit tiefstem Mißtrauen gen Himmel, als ob eine Heuschreckenplage drohe, und bahnen sich voller Abscheu ihren Weg durch die Pfützen auf dem Gehsteig. Wenn noch Schlimmeres als ein Regentag über sie hereinbrechen sollte – etwa ein Temperatursturz unter Null wie dieser –, so sind die Folgen erschreckend: Die Bevölkerung wird fast unsichtbar. Da die Kälte sich bis Mitte Januar festbiß, wurde es still in den Städten und Dörfern. Die Wochenmärkte, gewöhnlich übervoll und lärmig, waren skelettartig abgemagert – reduziert auf unerschrockenes Standpersonal, das, um den Lebensunterhalt zu verdienen, sogar bereit war, Frostbeulen zu riskieren, und sich die Füße vertrat und von Flachmännern nippte. Die Kunden bewegten sich zügig, kauften, gingen, nahmen sich kaum die Zeit, das Wechselgeld nachzuzählen. In den Bars waren Türen und Fenster dicht verschlossen; man ging seinen Geschäften in beißendem Tabakqualm nach. Von dem üblichen Herumtrödeln auf den Straßen war nichts geblieben.

Unser Tal lag im Winterschlaf. Mir fehlten all die Geräusche und Laute, die den Verlauf jeden Tages fast mit der Genauigkeit einer Uhr kennzeichneten: der Morgenhusten von Faustins Hahn; das durchgedrehte Klackern – als ob Schrauben und Muttern einer Keksdose entfliehen wollten – des Citroën-Kleinlasters, mit dem mittags jeder Bauer nach Hause fährt; das hoffnungsvolle Gewehrfeuer eines Jägers auf nachmittäglicher Patrouille in den Weinbergen am Hügel gegenüber; das ferne Wimmern einer Kettensäge im Wald; das Konzert der Hofhunde in der Dämmerung. Nun herrschte Schweigen. Stundenlang lag das Tal absolut still und ausgestorben da. Wir wurden neugierig. Was machten die Menschen nur?

Faustin, das wußten wir, reiste die umliegenden Bauernhöfe ab, als Wanderschlachter, schlitzte die Kehlen und brach die Hälse von Kaninchen und Enten und Schweinen und Gänsen, damit sie zu Pasteten und Schinken und *confits* werden konnten. Wir meinten, das sei eine unpassende Tätigkeit für einen weichherzigen Mann, der seine Hunde verwöhnte, aber er war dabei offenbar tüchtig und fix und, wie jeder echte Landmensch, ohne sentimentale Gefühle. Wir mögen ein Kaninchen als Haustier behandeln oder für eine Gans Anhänglichkeit empfinden, aber wir waren aus der Großstadt gekommen und Supermärkte gewöhnt, wo Fleisch hygienisch jeglicher Ähnlichkeit mit lebenden Kreaturen entrückt war. Ein Schweinskotelett in Plastikfolie gibt ein sanitäres, abstraktes Bild, das aber auch gar nichts mehr mit dem warmen, verdreckten, massigen Schwein zu tun hat. Hier draußen auf dem Lande war der direkte Zusammenhang zwischen Tod und Mahlzeit nicht zu umgehen, und wir sollten für Faustins winterliche Arbeit in Zukunft oft genug Dankbarkeit empfinden.

Aber was machten die anderen? Die Erde war zugefroren, die Reben zurückgeschnitten und tot. Zum Jagen war es zu kalt. Waren alle verreist, etwa auf Urlaub? Nein, bestimmt nicht. Hier gab es keine feinen Großgrundbesitzer, die den Winter auf Skihängen verbrachten oder auf Yachten in der Karibik. Hier verbrachte man die Ferien im August daheim, wenn man sich überaß, die Siestas genoß und sich vor den langen Arbeitstagen der Weinernte ausruhte. Es war uns ein Rätsel, bis wir erkannten, wie viele Menschen hier im September und Oktober Geburtstag hatten, und damit ergab sich eine mögliche, wenngleich nicht überprüfbare Antwort: Sie waren zu Hause, um Kinder zu zeugen. In der Provence hat alles seine Saison, und die ersten beiden Monate des Jahres müssen wohl der Fortpflanzung gewidmet sein. Nachzufragen haben wir uns allerdings nie getraut.

Die kalte Witterung brachte auch Freuden, die nicht so intimer Natur waren. Abgesehen von dem Frieden und der Leere der Landschaft hat der Winter in der Provence einen ganz eigenen Geruch, der durch den Wind und die trockene, klare Luft verstärkt wird. Auf meinen Wanderungen über die Hügel war ich oft in der Lage, ein Haus zu riechen, lange bevor ich es zu erblicken vermochte, wegen des Aromas von Holzrauch aus noch unsichtbaren Kaminen. Es ist einer der ursprünglichsten Gerüche des Lebens und folglich aus den meisten Städten verschwunden, so kommunale Richtlinien und Innenausstatter offene Kamine zu überbauten Löchern oder künstlich beleuchtetem »architektonischen Beiwerk« verfremdet haben. In der Provence wird das offene Feuer noch immer praktisch genutzt – es wird drauf gekocht, man sitzt drum herum, man wärmt sich die Füße und freut sich an den Flammen. Die Feuer werden morgens in der Frühe angelegt und den ganzen Tag über am Brennen gehalten mit Krüppeleichenholz vom Lubéron oder Buche vom Fuße des Mont Ventoux. Bei Anbruch der Dämmerung bin ich auf dem Rückmarsch mit den Hunden stets stehengeblieben, um von oben aufs Tal mit dem länglichen Zickzack von Rauchbändern hinunterzublicken, die von den Höfen aufstiegen, die an der Straße nach Bonnieux verstreut liegen. Es war ein Anblick, der mich an warme Küchen und gutgewürzten Eintopf denken ließ und mich jedesmal heißhungrig machte. Die allgemein bekannte provenzalische Küche ist Sommerkost. Melonen und Pfirsiche und Spargel, *courgettes* und Auberginen, Paprika und Tomaten, *aioli* und Bouillabaisse und Riesensalatschüsseln mit Oliven und Sardellen und Thunfisch und hartgekochten Eiern und Scheibchen von erdigen Kartoffeln auf buntem Salatbett in glänzendem Öl, frischer Ziegenkäse – das waren die Erinnerungen gewesen, die uns jedesmal kamen und quälten, wenn wir in englischen Geschäften das Angebot schlaffer und verschrumpelter Gemüse vor uns sahen. Wir waren nie auf die Idee gekommen, daß es eine Winterküche geben könnte, die völlig anders, aber nicht weniger köstlich war.

Die Kaltwetterküche der Provence ist Landmannskost. Sie soll auf den Rippen ansetzen, warmhalten, Kraft geben und einen mit vollem Bauch zu Bett schicken. Sie ist nicht schick und schön in dem Sinn, wie die winzigen, künstlerisch garnierten Portionen schön schick sind, die in modischen Restaurants serviert werden. Doch an einem frostkalten Abend, wenn der Mistral wie ein Rasiermesser auf einen zukommt, ist sie unüberbietbar. Und an dem Abend, als unsere Nachbarn uns zum Essen einluden, war es so kalt, daß wir den kurzen Weg zu ihrem Haus im Laufschritt zurücklegten.

Wir kamen durch die Tür, und meine Brille beschlug sich mit der Hitze vom Kamin, der den größten Teil der Wand am anderen Ende des Raums beanspruchte. Als der Nebel sich klärte, sah ich den großen Tisch, der mit kariertem Öltuch überzogen und für zehn Personen gedeckt war. Freunde und Verwandte wollten uns unter die Lupe nehmen. In der Ecke zwitscherte ein Fernseher. In der Küche schnatterte das Radio. Hunde und Katzen wurden aus dem Zimmer gescheucht, wenn ein Gast eintrat, nur um sich mit dem nächsten Gast wieder einzuschleichen. Ein Tablett mit Getränken wurde hereingetragen – *Pastis* für die Männer, gekühlter süßer Muskatwein für die Frauen. Wir gerieten mitten in ein Kreuzfeuer von lautstarken Klagen über das Wetter. War das in England genauso schlimm? Nur im Sommer, erwiderte ich. Einen Augenblick lang nahm man das ernst, bevor mir jemand aus der Verlegenheit half, indem er lachte. Mit einem ziemlichen Gerangel um Plätze – ich war mir nicht sicher, worum es dabei ging: so nah oder so weit weg von uns wie möglich – nahmen wir am Tisch Platz.

Es war ein Mahl, das wir nie vergessen werden. Genauer gesagt: Es waren mehrere Mahlzeiten, die wir nie vergessen werden; denn sie überstiegen qualitativ wie quantitativ alle bekannten gastronomischen Grenzen.

Mit hausgemachter Pizza fing es an – nein, nicht mit einer, sondern mit dreien: mit Sardellen, mit Pilzen, mit Käse, und von jeder mußten wir ein Stück nehmen. Die Teller wurden anschließend abgewischt mit Stücken, die man von dreiviertelmeterlangen Broten herunterriß. Der nächste Gang wurde hereingetragen. Es gab Kaninchen-, Wildschwein- und Drosselpasteten. Es gab eine Schweinsterrine mit größeren Stücken, die von *marc* durchzogen war. Es gab *saucissons* mit Pfefferkörnern. Es gab winzige süße Zwiebeln in einer Marinade von frischer Tomatensoße. Und wieder wurden die Teller gewischt. Danach gab es Ente. Die Scheibchen von *magret,* die in Fächerformation und mit einem eleganten Klecks Soße auf den noblen Tischen der Nouvelle Cuisine auftauchen – sie waren hier nirgends zu sehen. Wir hatten ganze Entenbrust, ganze Beine in einer dunklen, stark gewürzten Soße mit wilden Pilzen.

Wir lehnten uns zurück. Wir waren dankbar, daß wir es geschafft hatten, bis zum Ende durchzuhalten. Und wir sahen mit einem Gefühl fast wie Panik, daß die Teller noch einmal blankgerieben wurden und eine riesige, dampfende Casserole auf den Tisch kam: eine Spezialität von Madame, unserer Gastgeberin – ein *civet* von Kaninchen, das reichste, dunkelste Fleisch –, und unsere schwachen Bitten um kleine Portionen wurden lächelnd ignoriert. Wir aßen. Wir aßen den grünen Salat mit Stückchen von Brot, das in Knoblauch und Olivenöl gebraten war. Wir aßen die fetten, runden *crottins* von Ziegenkäse. Wir aßen den Mandelcremekuchen, den die Tochter des Hauses gebacken hatte. Wir aßen an diesem Abend für die Ehre Englands.

Zum Kaffee wurde eine ganze Reihe unförmiger Flaschen aufgetragen – eine Auswahl lokaler *digestifs*. Das Herz wäre mir gesunken, wenn noch Platz gewesen wäre, wohin es hätte sinken können, doch gegen die Hartnäckigkeit des Gastgebers war nichts zu machen. Ich mußte eine ganz besondere Tinktur probieren, die nach einem Rezept eines dem Alkohol ergebenen Mönchsordens in den Basses-Alpes aus dem elften Jahrhundert hergestellt war. Ich wurde gebeten, die Augen zu schließen, während eingeschenkt wurde, und als ich sie öffnete, stand vor mir ein großes Glas mit einer faserigen gelben Flüssigkeit. Ich sah mich voller Verzweiflung am Tisch um. Alle Augen ruhten auf mir; es gab keine Chance, das Zeug dem Hund zu geben oder es direkt in den Schuh tröpfeln zu lassen. Mit einer Hand suchte ich am Tisch Halt, mit der anderen griff ich nach dem Glas, machte die Augen zu, betete zum Schutzpatron der Verstopften und kippte es hinunter.

Nichts. Ich hatte im günstigsten Fall mit einer verbrannten Zunge, schlimmstenfalls mit abgetöteten Geschmacksnerven gerechnet, doch ich kriegte nichts als – Luft. Es war ein Trickglas, und es war in meinem Leben das erste Mal, daß ich Erleichterung empfand, keinen Drink zu bekommen. Als das Lachen der übrigen Gäste erstarb, wurden uns echte Drinks angedroht. Gerettet hat uns die Katze. Von ihrem Hauptquartier auf einem riesigen Wandschrank tat sie im Flug einen Sprung nach einer Motte und machte inmitten der Kaffeetassen und Flaschen auf dem Tisch eine Bruchlandung. Es schien der geeignete Moment, sich zu verabschieden. Wir schoben auf dem Heimweg unsere Bäuche vor uns her, ohne die Kälte zu spüren, waren unfähig zu sprechen und schliefen wie die Toten.

Selbst für provenzalische Maßstäbe war das kein alltägliches Mahl gewesen. Die Menschen, die auf dem Lande arbeiten, essen wahrscheinlich eher gut zu Mittag und abends sparsamer – eine Gewohnheit, die gesund und vernünftig und für unsereins völlig unmöglich ist. Wir haben entdeckt, daß uns für den Abend nichts so viel Appetit macht wie ein richtiges Mittagessen. Es ist geradezu alarmierend. Es muß mit der neuen Situation zu tun haben, damit, daß wir inmitten all dieser guten Sachen leben, unter Männern und Frauen, deren Interesse für Nahrung an Besessenheit grenzt. So genügt es etwa den Fleischern hier nicht, bloß Fleisch zu verkaufen. Sie werden Ihnen, während sich hinter Ihrem Rücken eine Schlange bildet, in aller Ausführlichkeit erzählen, wie Sie es kochen und servieren müssen und was man dazu ißt und trinkt.

Es passierte uns das erste Mal, als wir nach Apt gefahren waren, um für ein provenzalisches Eintopfgericht namens *pebronata* Kalbfleisch zu kaufen. Man empfahl uns einen Fleischer in der Altstadt, der ein wahrer Meister des Fachs und überhaupt *très sérieux* sein sollte. Sein Laden war klein. Seine Frau und er waren groß. Zu viert waren wir ein Gedränge. Er hörte konzentriert zu, als wir erklärten, daß wir dieses besondere Gericht zubereiten wollten – vielleicht hatte er von diesem Gericht schon gehört?

Er schnaufte entrüstet und begann so energisch ein großes Messer zu wetzen, daß wir einen Schritt zurücktraten. Ob uns klar sei, sagte er, daß wir einen Experten vor uns sähen, vielleicht die größte *pebronata*-Autorität im Vaucluse? Seine Frau nickte bewundernd. Also, sagte er und schwang fünfundzwanzig Zentimeter scharfen Stahls gegen unsere Gesichter, er habe ein Buch darüber geschrieben – ein *definitives*

Buch –, das zwanzig Variationen des Grundrezeptes enthielte. Seine Frau nickte erneut. Sie spielte neben diesem eminenten Chirurgen die Rolle der Operationsschwester, die vor der Operation frische Messer zum Schärfen reicht.

Wir müssen angemessen beeindruckt dreingeschaut haben, weil er dann ein anständiges Stück Kalbfleisch produzierte und einen professoralen Ton anschlug. Er schnitt das Fleisch, zerlegte es in Würfel, füllte ein Beutelchen mit zerhackten Kräutern, erklärte uns, wo wir den besten Paprika kaufen könnten – vier grüne und einen roten, der Farbkontrast hätte ästhetische Gründe –, ging das Rezept zweimal durch, um sicherzustellen, daß wir keinerlei *bêtise* begehen würden, und empfahl dazu einen passenden Côtes du Rhône. Es war eine gelungene Vorstellung.

Gourmets sind in der Provence dicht gesät, und gelegentlich kommen aus den unwahrscheinlichsten Ecken Perlen der Weisheit ans Licht. Wir gewöhnten uns daran, daß die Franzosen fürs Essen die gleiche Leidenschaft aufbringen wie andere Nationen für Sport oder Politik, doch trotzdem waren wir überrascht, als wir Monsieur Bagnols, den Bodenreiniger, Drei-Sterne-Restaurants begutachten hörten. Er war von Nîmes herübergekommen, um den Fußboden abzureiben, und es war von Anfang an klar, daß er nicht zu den Menschen zählte, die ihren Bauch auf die leichte Schulter nehmen. Jeden Tag pünktlich um zwölf wechselte er aus der Arbeitskluft in einen Anzug und begab sich für die nächsten zwei Stunden in eins der umliegenden Restaurants.

Er fand es nicht schlecht, aber natürlich nichts im Vergleich zum Beaumanière in Les Baux. Das Beaumanière hat drei Sterne im Michelin und im Gault-Millau 17 von 20 möglichen Punkten, und dort, so erzählte er, habe er einen wahrhaft außergewöhnlichen Seebarsch *en croute* gegessen. Wohlgemerkt, sagte er, auch das Troisgros in Roanne sei ein vorzügliches Lokal, obwohl es natürlich von der Lage her, gegenüber dem Bahnhof, nicht so schön sei wie das in Les Baux. Das Troisgros hat drei Sterne im Michelin und ist im Gault-Millau mit 19 1/2 von 20 Punkten klassifiziert. Und so ging das fort, während er sich die Knieschoner zurechtrückte und den Boden abscheuerte – ein persönlicher Wegweiser zu fünf oder sechs der teuersten Restaurants in Frankreich, die Monsieur Bagnols auf seinen jährlichen Schlemmerreisen besucht hatte.

Einmal war er in England gewesen, wo er in einem Hotel in Liverpool Lammbraten gegessen hatte. Der war grau und lauwarm und ohne Geschmack gewesen. Aber, sagte er, es ist ja bekannt, daß die Engländer ihr Lamm zweimal töten; einmal beim Schlachten und das zweite Mal beim Kochen. Angesichts solch niederschmetternder Verachtung für die Kochkünste meines Landes zog ich mich zurück und überließ ihn seiner Arbeit am Boden und dem Traum von seinem nächsten Besuch bei Bocuse.

Die Witterung blieb hart, mit bitterkalten, doch herrlichen Sternennächten und spektakulären Sonnenaufgängen. Eines Morgens früh kam mir die Sonne abnorm niedrig und groß vor, und als ich ihr entgegenschritt, war alles grell oder aber in tiefstem Schatten. Die Hunde waren mir ein gutes Stück voraus, und ich hörte ihr Bellen, lang bevor ich sehen konnte, was sie gefunden hatten.

Wir hatten einen Teil des Waldes erreicht, wo das Land zu einer tiefen Mulde abfiel, in der vor hundert Jahren irgendein irrgeleiteter Bauer ein Haus gebaut hatte, das eigentlich immer nur in dem Schatten stand, den die umstehenden

Bäume warfen. Ich war schon oft daran vorbeigekommen. Die Fensterläden waren stets geschlossen, und das einzige Zeichen einer Bewohnung war der Rauch, der aus dem Schornstein in die Höhe kräuselte. Im Hof draußen waren zwei große und verfilzte Schäferhunde und eine schwarze Promenadenmischung ständig auf der Lauer, jaulten und zerrten an den Ketten in ihrem Bemühen, vorübergehende Menschen anzufallen. Man wußte, daß diese Hunde bösartig waren; einmal hatte sich einer von ihnen losgerissen und Großvater Andrés Beinen eine offene Wunde zugefügt. Meine Hunde, so tapfer sie ängstlichen Katzen gegenüber sein mochten, hatten klug und weise beschlossen, diesen drei feindlichen Gebissen nicht zu nahe zu kommen, und sich angewöhnt, einen Bogen ums Haus zu machen und über einen kleinen Steilhang auszuweichen. Dort oben standen und bellten sie nun auf die nervöse Tour, die Hunde annehmen, wenn sie auf vertrautem Grund Unerwartetem begegnen.

Auf der Hügelkuppe strahlte mir die Sonne voll ins Gesicht. Ich konnte jedoch unter den Bäumen die Silhouette einer Männergestalt ausmachen, einen hellen Schein von Rauch um seinen Kopf, die Hunde, die ihn aus sicherer Entfernung unruhig umschnüffelten. Als ich zu ihm herantrat, streckte er mir eine kalte Hornhand entgegen.

»*Bonjour.*« Er schraubte sich einen Zigarettenstummel aus der Ecke des Mundes und stellte sich vor. »Massot, Antoine.«

Er trug Kriegsausrüstung: eine fleckige Tarnjacke, ein militärisches Dschungelkäppi, einen Patronengurt und eine Schrotflinte. Sein Gesicht hatte die Farbe und Textur eines flüchtig gebratenen Steaks, mit einem keilförmigen Nasenvorsprung über einem unregelmäßigen, nikotingefärbten Schnauzer. Blaßblaue Augen lugten durch ein wild sprießendes Gewirr rötlicher Augenbrauen, und sein zerfallenes Lächeln hätte selbst einen optimistischen Zahnarzt zur Verzweiflung gebracht. Trotzdem, er hatte irgendwas verrückt Liebenswürdiges an sich.

Ich fragte, ob er bei der Jagd Erfolg gehabt hätte. »Ein Fuchs«, sagte er. »Zum Essen war er aber zu alt.« Er zuckte die Achseln und steckte sich schon wieder eine von diesen Boyards an, Zigaretten mit gelbem Maispapier, die wie ein junges Gestrüppfeuer in der Morgenluft stanken. »Immerhin«, sagte er. »Er wird mir nachts die Hunde nicht mehr wachhalten«, und er nickte in Richtung des Hauses unten in der Mulde.

Ich sagte, daß seine Hunde gefährlich wirkten, und er grinste. Nur verspielt, sagte er. Und was sei gewesen, als einer ausgerissen war und den alten Mann anfiel? Ach, das. Bei der schmerzlichen Erinnerung schüttelte er den Kopf. Das Problem sei, meinte er – man dürfe einem spielenden Hund nie den Rücken zukehren, und den Fehler hatte der alte Mann gemacht. *Une vraie catastrophe.* Einen Augenblick lang nahm ich an, er bedaure die Wunde, die Großvater André zugefügt worden war; in seinem Bein war eine Vene durchgebissen worden, und wegen der Spritzen und des Nähens hatte er das Krankenhaus aufsuchen müssen. Doch da irrte ich mich sehr. Das Traurige lag für Massot darin, daß er gezwungen gewesen war, sich eine neue Kette zu kaufen, und diese Räuber in Cavaillon hatten ihm 250 Francs abgeknöpft. Das war tiefer gegangen als Hundezähne.

Um ihm weitere Qualen zu ersparen, wechselte ich das Thema und fragte, ob er tatsächlich Fuchsfleisch äße. Er

schien über so eine dumme Frage erstaunt und betrachtete
mich ein oder zwei Augenblicke lang, ohne zu antworten, als
ob er den Verdacht hegte, ich könnte ihn zum Narren halten.
»Man ißt in England keinen Fuchs?« Ich sah die Mitglieder
der Belvoir Hunt vor mir und ihre Leserbriefe in der *Times*
und ihren kollektiven Herzkollaps angesichts einer so unfai-
ren, typisch ausländischen Idee.

»Nein, in England ißt man Füchse nicht. Man putzt sich mit
einem roten Jackett heraus und jagt ihn hoch zu Roß, mit
mehreren Hunden, und dann schneidet man ihm den
Schwanz ab.«

Er hob keck erstaunt den Kopf. »*Ils sont bizarres, les anglais.*« Und dann, mit riesigem Aplomb und einigen gräßlich
eindeutigen Gesten, beschrieb er, was zivilisierte Menschen
mit einem Fuchs machen.

Civet de Renard à la Façon Massot

Spüre einen jungen Fuchs auf und gib acht, ihm sauber in
den Kopf zu schießen, der kulinarisch uninteressant ist.
Schrotsplitter in den eßbaren Teilen des Fuchses kann ein
Splittern der Zähne – Massot zeigte mir zwei seiner Zähne
– und Verdauungsbeschwerden verursachen.

Häute den Fuchs und schneide seine *parties* ab. Hier
machte Massot eine Schneidbewegung mit der Hand quer
über die Leistengegend, dann drehte und zerrte er kompliziert mit der Hand, um das Ausweiden des Tieres anschau-
lich zu zeigen.

Den gesäuberten Tierkörper vierundzwanzig Stunden
lang unter kaltfließendem Wasser lassen, um den *goût
sauvage* zu beseitigen. Trocknen, in einem Sack bündeln

und über Nacht im Freien hängen lassen, am besten bei Frost.

Den Fuchs am Morgen danach in eine gußeiserne Casserole legen und mit einer Mischung aus Blut und Rotwein bedecken. Kräuter, Zwiebel und Knoblauchzehen dazugeben und ein bis zwei Tage köcheln lassen. (Massot entschuldigte sich für die ungenauen Angaben, sagte aber, daß die Zeit je nach Gewicht und Alter des Fuchses schwanke.)

In der guten alten Zeit aß man ihn dann mit Brot und Salzkartoffeln, doch dank dem Fortschritt und der Erfindung der Friteuse könne man sich das Ganze heutzutage auch mit Pommes frites munden lassen.

Inzwischen war Massot gesprächig geworden. Er lebe, so erzählte er mir, allein und habe im Winter selten Gesellschaft. Er habe sein ganzes Leben in den Bergen verbracht, aber vielleicht sei es an der Zeit, ins Dorf zu ziehen, wo er unter Menschen sein könnte. Natürlich, es wäre eine Schande, ein so schönes, so ruhig gelegenes Haus zu verlassen, das so ideal vor dem Mistral geschützt war, in so vollkommener Lage, um Schutz vor der heißen Mittagssonne zu bieten, ein Haus, in dem er so viele glückliche Jahre gelebt hatte. Es würde ihm das Herz brechen – er sah mich scharf an, aus blassen Augen, die vor Aufrichtigkeit wäßrig waren –, außer er könnte mir einen Dienst erweisen und einem meiner Freunde ermöglichen, das Haus zu erwerben.

Ich blickte auf das baufällige Anwesen in den Schatten hinab, wo die drei Hunde an ihren rostenden Ketten ruhelos hin und her liefen, und dachte, daß sich in ganz Frankreich schwerlich ein weniger reizvoller Wohnsitz aufspüren ließe. Da gab es weder Sonne noch Aussicht, kein Gefühl der Weite und sicherlich ein feuchtes und mieses Inneres. Ich versprach Massot, ich würde dran denken, und er zwinkerte mir zu. »Eine Million Francs«, sagte er. »Ein Geschenk.« Und in der Zwischenzeit, bis er diesen kleinen Paradiesflecken verließe, würde er mir mit seinem Rat gern zur Verfügung stehen, falls ich irgend etwas über das Leben auf dem Lande wissen wolle. Er kenne jeden Zentimeter dieses Waldes, wisse ganz genau, wo die Pilze wüchsen, wo der wilde Eber zur Tränke kam, welche Flinte die richtige sei, wie man einen Jagdhund ausbilde – es gäbe nichts, was er nicht wüßte, ich brauche ihn nur zu fragen. Ich dankte ihm. »C'est normal«, sagte er und stapfte hügelabwärts zu seiner Eine-Million-Residenz.

Als ich einem Freund im Dorf erzählte, ich sei Massot begegnet, lächelte er.

»Hat er Ihnen gesagt, wie man einen Fuchs zubereitet?« wollte er wissen.

Ich nickte.

»Hat er versucht, Ihnen sein Haus zu verkaufen?«

Ich nickte.

»Der alte *blagueur*. So ein Windmacher.«

Mir machte das nichts. Ich mochte ihn, und ich hatte das Gefühl, daß er eine reiche Quelle faszinierender und höchst suspekter Informationen sein würde. Wenn er mich in die Freuden ländlicher Lebensweise und Monsieur Menicucci mich in die mehr wissenschaftlichen Dinge einführen würde, so fehlte mir nur noch jemand, der mich durch die trüben Gewässer der französischen Bürokratie steuerte, die mit ihren vielseitigen Subtilitäten und Unannehmlichkeiten aus einem Maulwurfshügel einen Berg von Frustrationen machen kann.

Die Komplikationen beim Kauf des Hauses hätten uns eine Lehre sein sollen. Wir wollten kaufen, der Eigentümer wollte verkaufen, der Preis war vereinbart, alles war klar. Dann aber wurden wir zu zögerlichen Teilnehmern am Nationalsport des Sammelns von Dokumenten. Da wurden Geburtsurkunden erforderlich, um zu beweisen, daß wir existierten; Reisepässe, um nachzuweisen, daß wir Briten waren; Heiratsurkunden, um zu ermöglichen, das Haus auf unser beider Namen einzutragen; Scheidungsurkunden für eine frühere Ehe, um nachzuweisen, daß unsere Heiratsurkunden gültig waren; ein Nachweis, daß wir in England eine feste Adresse hatten. (Unsere Führerscheine, die klar aussagten, wo wir wohnten, wurden für unzureichend erklärt; ob wir keinen offizielleren Nachweis unseres Wohnsitzes besäßen – etwa eine alte Elektrizitätsrechnung?) Hin und her zwischen England und Frankreich gingen Berge von Papier – jeder nur denkbare Wisch von Information bis auf Blutgruppe und Fingerabdrücke –, ehe der Notar unser beider Leben in einem Dossier gesammelt hatte. Dann erst konnte die Transaktion über die Bühne gehen.

Wir suchten nach Entschuldigungen für die Franzosen, bemühten uns um Verständnis: Wir waren schließlich Ausländer, die ein Zipfelchen von Frankreich käuflich erwarben, und die nationale Sicherheit mußte natürlich gewährleistet sein. Weniger wichtige Geschäfte würden bestimmt rascher abgewickelt werden und nicht so viel Papierkram erfordern. Wir gingen ein Auto kaufen.

Es war die Standardausführung eines Citroën *Deux Chevaux*, ein Modell, das sich in den vergangenen 25 Jahren kaum verändert hat. Infolgedessen waren in jedem kleinen Dorf Ersatzteile zu bekommen. Die Mechanik ist kaum komplizierter als bei einer Nähmaschine, und jeder Hufschmied, der sich auf sein Handwerk versteht, kann es reparieren. Er ist billig und hat eine beruhigend niedrige Höchstgeschwindigkeit. Abgesehen von der Tatsache, daß seine Federung aus Pudding ist, wodurch der Citroën das einzige Auto der Welt ist, das einen mit ziemlicher Sicherheit seekrank macht, handelt es sich um ein liebenswürdiges und praktisches Gefährt. Und die Garage hatte eins auf Lager.

Der Verkäufer schaute sich unsere Führerscheine an, die in allen EG-Ländern bis weit über das Jahr 2000 hinaus Gültigkeit besaßen. Mit einem Ausdruck unendlichen Bedauerns schüttelte er den Kopf und blickte uns an.

»Non.«

»Non?«

»Non.«

Wir zogen unsere Geheimwaffen hervor: unsere Reisepässe.

»Non.«

Wir wühlten in unseren Papieren. Was könnte er sehen wollen? Unsere Heiratsurkunden? Eine alte englische Elektrizitätsrechnung? Wir gaben auf. Wir fragten uns, was man eigentlich, außer Geld, noch brauchte, um ein Auto zu kaufen.

»Sie haben eine Adresse in Frankreich?«

Wir gaben sie ihm, und er notierte sie sorgfältig auf dem Kaufvertrag und prüfte zwischendurch immer wieder nach, ob der dritte Durchschlag noch lesbar war.

»Sie können nachweisen, daß dies hier Ihre Adresse ist? Eine Telefonrechnung? Eine Elektrizitätsrechnung?«

Wir erklärten, daß wir noch keine Elektrizitätsrechnung

erhalten hatten, weil wir ja eben erst eingezogen waren. Er erklärte, zum Ausstellen der *carte grise* – der Fahrzeugbrief des Eigentümers – sei eine Adresse vonnöten. Keine Adresse, keine *carte grise*. Keine *carte grise*, kein Auto.

Glücklicherweise triumphierte sein Instinkt als Verkäufer über seinen Spaß an einer bürokratischen Sackgasse, und er beugte sich zu uns herüber, mit einem Vorschlag zur Lösung des Dilemmas. Wenn wir ihm die Kaufurkunde für unser Haus überlassen könnten, könnte die Angelegenheit zu einem baldigen und zufriedenstellenden Abschluß gebracht werden. Die Kaufurkunde befand sich im Notariat, zwanzig Kilometer entfernt. Wir fuhren sie holen und pflanzten sie triumphierend auf seinen Schreibtisch, zusammen mit einem Scheck. Ob wir jetzt das Auto haben könnten?

»*Malheureusement, non.*« Wir müßten warten, bis der Scheck überprüft worden wäre, eine Verzögerung von vier oder fünf Tagen, obwohl er auf eine ortsansässige Bank ausgestellt war. Ob wir gemeinsam zur Bank hinübergehen und ihn klären lassen könnten? Nein, könnten wir nicht. Es war Mittagspause. Die zwei Bereiche, in denen Frankreich weltweit führend ist – die Bürokratie und die Gastronomie – hatten sich miteinander verbündet und uns auf unseren Platz verwiesen.

Wir litten danach unter einem milden Verfolgungswahn und verließen viele Wochen lang das Haus nie ohne Fotokopien von unserem Familienarchiv, wedelten mit Reisepässen und Geburtsurkunden herum, beim Kassenmädchen im Supermarkt wie bei dem alten Mann, der uns in der Winzerkooperative den Wein in den Wagen lud. Die Urkunden wurden stets aufmerksam betrachtet, weil Urkunden in Frankreich etwas Heiliges darstellen und Hochachtung verdienen. Wir

wurden jedoch häufig gefragt, warum wir sie mit uns herum-
schleppen. Ob man in England dazu gezwungen würde? Was
mußte das doch für ein merkwürdiges und langweiliges Land
sein! Darauf konnten wir nur mit einem Achselzucken antworten. Wir übten uns im Achselzucken.

Die Kälte dauerte bis in die letzten Januartage an; dann
wurde es spürbar wärmer. Wir sahen dem Frühling entgegen,
und ich war begierig, eine fachmännische Wettervorhersage
zu bekommen. Ich beschloß, den Weisen des Waldes zu
befragen.

Massot zupfte nachdenklich an seinem Schnauzer. Es gäbe
Anzeichen, sagte er. Ratten könnten das Nahen wärmeren
Wetters früher spüren als die komplizierten Satelliten, und
die Ratten auf seinem Dachboden waren in den vergangenen
Tagen ungewöhnlich lebhaft gewesen. Sie hatten ihn sogar
eine ganze Nacht über wachgehalten, und er hatte ein paar
Schüsse in die Decke gejagt, damit sie Ruhe gaben. *Eh, oui.*
Außerdem stünde Neumond bevor, und in dieser Jahreszeit
brächte das oft einen Wetterwechsel. Auf der Grundlage
dieser zwei bedeutsamen Vorzeichen sagte er einen frühen
und warmen Frühling voraus. Ich eilte heim, um nachzusehen, ob am Mandelbaum schon Andeutungen von Knospen
sichtbar wären und nahm mir vor, das Schwimmbecken zu
reinigen.

Februar

Die Titelseite unserer Zeitung *Le Provençal* hat gewöhnlich ihre festen Themen – das Auf und Ab lokaler Fußballvereine, die windigen Kundgebungen kleiner Politiker, atemlos geschilderte Überfälle auf Supermärkte in Cavaillon – »*Le Chicago de Provence*« – und der gelegentliche gruselige Bericht vom plötzlichen Tod auf der Straße, weil Fahrer von kleinen Renaults Alain Proust nachmachen wollten.

Eines Morgens Anfang Februar war diese traditionelle Mixtur weggewischt, zugunsten eines Aufmachers, der mit Sport, Verbrechen oder Politik nichts zu tun hatte: *Die Provence unter einer Schneedecke!* schrie die Schlagzeile mit fröhlichem Unterton angesichts der Verheißung von Folgeberichten, die sich aus dem ganz und gar unsaisonablen Verhalten der Natur ergeben müßten. Da würden wie durch ein Wunder nach einer Nacht im verschneiten Auto Mütter und Babys noch am Leben sein, Greise durch das Einschreiten engagierter, wachsamer Nachbarn gerade noch vor dem Tod durch Unterkühlung gerettet, aus den Wänden des Mont Ventoux Bergsteiger von Hubschraubern aufgegriffen, Briefträger allen Gefahren zum Trotz Elektrizitätsrechnungen zustellen, Dorfälteste frühere Katastrophen in Erinnerung rufen – da war tagelang für Material gesorgt, und man sah den Verfasser des Aufmachers förmlich vor sich, wie er sich erwartungsvoll die Hände rieb, während er zwischen den Sätzen pausierte, um nach weiteren Gelegenheiten für Ausrufezeichen zu suchen.

Der festliche Text war mit zwei Fotos illustriert. Eins zeigte eine Reihe von weißen, fedrigen Regenschirmen – die schneeverhüllten Palmen der Promenade des Anglais in Nizza. Das andere zeigte eine vermummte Gestalt in Marseille, die ein tragbares Heizgerät am langen Seil hinter sich herzog – wie ein Mann mit einem knochigen, widerspenstigen Hund. Vom verschneiten Land gab es keine Fotos; das Land war abgeschnitten; der nächste Schneepflug befand sich nördlich von Lyon, dreihundert Kilometer entfernt; und ein provenzalischer Motorradfahrer, der auf der sicheren Bodenhaftung hartgebrannten Asphalts fahren gelernt hatte, mied, selbst wenn er ein noch so furchtloser Journalist war, die Schrecken des Tanzes auf dem Eis, indem er zu Hause blieb oder sich in einer Bar einigelte. Lange konnte es ja nicht dauern. Es handelte sich um einen Irrtum, einen kurzlebigen klimatischen Schluckauf, einen Vorwand für einen zweiten *café crème* und eventuell etwas Stärkeres, um das Herz anzukurbeln, bevor man sich ins Freie hinauswagte.

Während der kalten Januartage hatte unser Tal still dagelegen; jetzt war es vom Schnee mit einer weiteren Schicht des Schweigens überzogen, so, als wäre die ganze Gegend schalldicht verschlossen. Wir hatten den Lubéron ganz für uns. Unheimlich und schön war dieser Zuckerguß, Kilometer um Kilometer, nur gelegentlich von Eichhörnchen- und Kaninchenfährten markiert, die in zielbewußten Linien über den Weg führten. Bis auf die unsrigen gab es keine menschlichen Fußspuren. Die Jäger – bei wärmerem Wetter so auffallend mit ihren Waffen und ihrem Arsenal von Salamis, französischem Weißbrot, Bier, Gauloises und allem, was notwendig war, um der freien Natur einen Tag lang zu trotzen – waren in ihren Löchern geblieben. Die Geräusche, die wir für Gewehrschüsse hielten, kamen von Ästen, die unter der Last großer Schneemassen knackten. Ansonsten war es so still, daß, wie Massot später bemerkte, man eine Maus hätte furzen hören können.

Die Einfahrt bei uns daheim war zur Miniaturgebirgswelt geworden. Der Wind hatte den Schnee zu einer Kette kniehoher Hügel aufgeweht. Man konnte nur zu Fuß durch. Zum Kauf eines Brotes war eine Expedition erforderlich, die zwei Stunden beanspruchte. Auf dem Weg nach Ménerbes und zurück war nirgends ein fahrendes Fahrzeug zu sehen. Wie geduldige Schafe standen die weißen Hügel parkender Autos neben der Hangstraße, die zum Dorf hinaufführt. Das weihnachtliche Bilderbuchwetter hatte die Einwohner angesteckt. Sie amüsierten sich köstlich über die eigenen Anstrengungen, mit den steilen, tückischen Straßen zu Rande zu kommen, indem sie entweder von der Taille aufwärts riskant vorwärts torkelten oder, noch prekärer, rückwärts, wobei sie Fuß um Fuß so planmäßig unsicher setzten wie betrunkene Rollschuhläufer. Die Zufahrtswege zu lebenswichtigen Dienstleistungszentren – Fleischer, Bäcker, *épicerie* und Café – waren von der städtischen Straßenreinigung – bestehend aus zwei Männern mit Besen – geräumt worden, und die Dorfbewohner standen in kleinen Gruppen in der Sonne und gratulierten einander zur Seelenstärke angesichts dieses Unheils. Aus der Richtung des Rathauses tauchte ein Mann auf Skiern auf und stieß mit wunderbarer Unumgänglichkeit mit dem einzigen anderen Eigentümer eines Hilfsverkehrsmittels zusammen, einem Mann auf einem uralten Schlitten. Es war ein Jammer, daß der Journalist von *Le Provençal* nicht anwesend war und das sah: *Schnee fordert Opfer in Frontalzusammenstoß* hätte er melden und dazu noch alles vom verqualmten Komfort des Cafés aus beobachten können.

Die Hunde paßten sich dem Schnee an wie junge Bären, tauchten in die Verwehungen ein, um mit weißen Barthaaren wieder herauszukommen, und huckelten in riesigen, schaumigen Sprüngen über die Felder. Und eislaufen lernten sie auch. Das Schwimmbecken, das ich vor wenigen Tagen für ein baldiges Frühlingsschwimmen hatte säubern wollen, war ein blaugrüner Eisblock, der sie zu faszinieren schien. Und so gingen sie aufs Eis: die beiden Vorderpfoten zuerst, dann, versuchsweise, eine dritte Pfote, und schließlich kam mit dem letzten Bein der Rest des Hundes hinterher. Es gab einen oder zwei Momente der Meditation über die Kuriosität eines Lebens, in dem man etwas an einem Tag trinken und am nächsten fest unter den Füßen haben kann, bevor der Schwanz vor Aufregung zu schwirren begann und irgendein Fortschritt zustande kam. Ich hatte stets angenommen, daß Hunde nach dem Prinzip des Vierradantriebs gebaut seien und jedem Bein eine gleiche Fortbewegungskraft innewohne;

die Kraft scheint jedoch auf die Hinterbeine konzentriert zu sein. So mag die Vorderhälfte eines Hundes auf Eis die Absicht verfolgen, in einer geraden Linie vorwärtszukommen, aber die hintere Hälfte ist total außer Kontrolle geraten und schlägt wie ein Fischschwanz wild um sich und droht manchmal sogar zu überholen.

Das neue Erlebnis, in eine malerische weiße Seelandschaft verschlagen zu sein, war tagsüber ein großes Vergnügen. Wir unternahmen kilometerlange Wanderungen. Wir hackten Holz. Wir aßen mittags enorme Mengen. Wir hielten uns warm. Aber bei Nacht – trotz des Kaminfeuers und der Pullover und weiterem Essen – kroch aus den Steinfußböden und Steinmauern die Kälte hoch, machte die Zehen taub und verkrampfte die Muskeln. Wir waren abends oft um neun Uhr im Bett, und morgens über dem Frühstückstisch wurde unser Atem häufig in Wölkchen sichtbar. Falls die Menicucci-Theorie stimmte und wir tatsächlich auf einer flacheren Erde lebten, würden in Zukunft alle Winter so ausfallen. Es war an der Zeit aufzuhören, so zu tun, als ob wir in einem subtropischen Klima lebten, und der Versuchung nachzugeben, eine Zentralheizung einzubauen.

Ich rief bei Monsieur Menicucci an. Er erkundigte sich besorgt nach meinen Wasserrohren. Ich teilte ihm mit, sie hielten tapfer durch. »Das freut mich«, sagte er, »weil wir minus fünf Grad haben. Die Straßen sind gefährlich, und ich bin achtundfünfzig Jahre alt. Ich bleibe zu Hause.« Er machte eine Pause und fügte hinzu: »Ich werde Klarinette spielen.« Er spielte tagtäglich, um seine Finger gelenkig zu halten und sich geistig vom Tohuwabohu der Klempnerei zu entspannen, und ich hatte Mühe, das Gespräch wieder von seinen Barockkomponisten zurück zum erdnahen Thema unseres kalten Hauses zu steuern. Wir kamen schließlich überein, daß ich ihn aufsuchen sollte, sobald die Straßen frei wären. Er hätte sämtliche Arten von Heizinstallationen zu Hause, erklärte er – Gas, Öl, Elektrizität und, seine jüngste Errungenschaft, eine rotierende Solarscheibe. Er würde mir das alles vorführen, und ich könnte auch Madame, seine Frau, kennenlernen, eine vollendete Sopranistin. Mir stand also ein Musikerlebnis unter Heizkörpern und Sperrhähnen bevor.

Die Aussicht auf Wärme ließ uns an Sommer denken, und wir begannen Pläne zu schmieden – der ummauerte Hof hinter dem Haus sollte zu einem Freiluft-Wohnzimmer werden. Ein Grill und eine Bar waren schon da; was fehlte, war ein großer, solider Tisch, der dort das ganze Jahr über stehen bleiben könnte. Wir standen fünfzehn Zentimeter tief im Schnee und stellten uns ein Mittagessen im August vor und markierten mit Steinplatten – eineinhalb Meter im Quadrat – eine Fläche, die groß genug wäre, um acht gebräunten und barfüßigen Menschen und mittendrauf vielen Riesenschüsseln mit Salaten, Pasteten und Käse, kalten gebratenen Paprikaschoten, Olivenbrot und eisgekühlten Weinflaschen Platz zu bieten. Der Mistral blies über den Hof und tilgte die Formen im Schnee, aber da hatten wir uns bereits entschieden: Es sollte ein quadratischer Tisch mit einer Steinplatte aus einem Stück werden.

Wie die meisten Menschen, die in den Lubéron kommen, waren wir von der Vielfalt und der mannigfachen Verwendbarkeit des örtlichen Steins beeindruckt. Es kann *pierre froide* aus dem Steinbruch bei Tavel sein, seine Farbe ist ein glattes, feinkörniges helles Beige; es kann *pierre chaude* aus Lacoste sein, in einem grobkörnigeren, weicheren Weißton; oder einer von insgesamt zwanzig verschiedenen Tönen und

Texturen dazwischen. Es gibt je einen Stein für Kamine, für Schwimmbecken, für Treppen, für Mauern und Fußböden, für Gartenbänke und Küchenspülen. Er kann rauh oder poliert, kantig oder gerundet, viereckig oder in wollüstigen Kurven geschnitten sein. Er wird überall dort verwendet, wo ein Architekt in England oder in Amerika Holz oder Eisen oder Plastik nehmen würde. Er hat, wie wir zu entdecken begannen, nur einen einzigen Nachteil – im Winter ist er kalt. Was uns echt überraschte, war der Preis. Meter für Meter war Stein billiger als Linoleum, und wir waren von dieser einigermaßen irreführenden Entdeckung – die Kosten für das Steinauslegen hatten wir bequemerweise übersehen – dermaßen entzückt, daß wir beschlossen, den Naturelementen zu trotzen und den Steinbruch aufzusuchen, ohne auf den Frühling zu warten. Freunde hatten uns in Lacoste einen Mann namens Pierrot empfohlen, der gute Arbeit leiste und dessen Preise in Ordnung seien. Er wurde uns geschildert als *un original*, als Charakter, und wir machten einen Termin um 8.30 Uhr morgens aus, wenn der Steinbruch noch ruhig ist. Wir folgten einem Schild, das uns von der Nebenstraße hinter Lacoste eine Fahrspur längs durch Krüppeleichen in offene Landschaft führte. Sie wirkte überhaupt nicht wie ein Industriegebiet, und wir wollten schon wieder umkehren, als wir fast hineingefallen wären – in ein Riesenloch, das aus dem Erdboden gebissen und mit Steinblöcken übersät war. Einige waren unbehauen, einige zu Grabmälern verarbeitet, zu Gedenksteinen, riesigen Gartenurnen, geflügelten Engeln mit furchterregenden blinden Augen, kleinen Triumphbögen oder stämmigen Rundsäulen. In einer Ecke verborgen stand eine Hütte mit Fenstern, die mit den Jahren vom Steinbruchstaub fast unsichtbar geworden war.

42

Wir klopften an und traten ein. Pierrot war da. Er hatte zerzauste Haare, einen wilden schwarzen Bart und mächtige Augenbrauen. Ein richtiger Pirat. Er hieß uns willkommen und klopfte die oberste Staubschicht von zwei Stühlen – mit einem zerbeulten Schlapphut, den er dann sorgfältig über das Telefon auf dem Tisch stülpte.

»Engländer, he?«

Wir nickten, und er beugte sich mit einem vertrauensvollen Ausdruck vor.

»Ich habe ein englisches Auto. Einen Oldtimer. Ein Aston Martin. *Magnifique.*«

Er küßte sich die Fingerspitzen, wobei er seinen Bart weiß puderte, und kramte unter den Papieren auf seinem Tisch, wobei überall eine Staubwolke aufstieg. Irgendwo mußte ein Foto liegen.

Das Telefon begann zu läuten. Pierrot befreite es von seinem Hut und lauschte mit wachsend ernster Miene, bevor er auflegte.

»Noch ein Grabstein«, sagte er. »Es ist das Wetter. Die Alten vertragen die Kälte nicht.« Er suchte seinen Hut, fand ihn auf seinem Kopf und deckte das Telefon wieder ab, um die schlechten Nachrichten zu verstecken.

Er kehrte zu dem laufenden Geschäft zurück. »Ich habe gehört, Sie brauchen einen Tisch.«

Ich hatte eine detaillierte Zeichnung von unserem Tisch angefertigt und alle Maße sorgsam in Metern und Zentimetern eingetragen. Es war – für jemanden mit der künstlerischen Fähigkeit eines Fünfjährigen – ein Meisterwerk. Pierrot warf einen kurzen Blick drauf, schielte nach den Zahlen, schüttelte den Kopf.

»*Non.* Für ein Stück Stein von der Größe muß es doppelt so

dick sein. Außerdem würde Ihr Tragwerk zusammenbrechen – *Pouf!* –, schon nach fünf Minuten, denn die Platte wird wiegen ...« Er kritzelte ein paar Berechnungen auf meine Zeichnung ... »zwischen dreihundert und vierhundert Kilo.« Er drehte das Papier und strichelte auf die Rückseite. »Da. So etwas brauchen Sie.« Er schob uns die Skizze herüber. Sie war viel besser als meine und zeigte einen eleganten Monolithen: einfach, quadratisch, wohlproportioniert. »Tausend Francs einschließlich Anlieferung.«

Wir besiegelten es per Handschlag, und ich versprach, im Laufe der Woche einen Scheck vorbeizubringen. Als ich wiederkam, am Ende eines Arbeitstages, fand ich Pierrot farblich völlig verändert. Er war vom Schlapphut bis zu den Stiefeln weiß in weiß, total verstaubt, als ob er sich beim Konditor in Puderzucker gewälzt hätte – der einzige Mann, dem ich je begegnet bin, der im Verlauf eines Arbeitstages um fünfundzwanzig Jahre gealtert war. Laut unseren Freunden, deren Mitteilungen ich aber nicht hundertprozentig traute, reinigte ihn seine Frau abends nach der Heimkehr mit dem Staubsauger, und in seinem Haus war das ganze Mobiliar von den Sesseln bis zum Bidet angeblich aus Naturstein. Jetzt fiel es uns nicht mehr schwer, das zu glauben. Der tiefe Winter in der Provence erzeugt eine seltsam unwirkliche Atmosphäre; die Kombination aus Schweigen und Leere läßt das Gefühl aufkommen, man sei von der übrigen Welt abgeschieden, dem normalen Leben entrückt. Wir konnten uns vorstellen, im Wald Trollen zu begegnen oder im Licht des Vollmonds Ziegen mit zwei Köpfen zu sehen, und für uns bildete das alles einen merkwürdig erfreulichen Kontrast zu der Provence, wie wir sie aus den Sommerferien kannten. Für andere bedeutete der Winter Langeweile und Depression oder Schlimmeres. Die Selbstmordrate im Vaucluse, so wurde uns versichert, sei die höchste in Frankreich, und das war plötzlich nicht wieder nur eine statistische Ziffer für uns, als wir erfuhren, daß jemand, der zwei Kilometer entfernt wohnte, sich nachts erhängt hatte.

Ein Todesfall im Ort bringt traurige kleine Ankündigungen mit sich, die in den Fenstern von Läden und Häusern ausgehängt sind. Da läuten die Kirchenglocken, und eine Prozession von Menschen in ungewohnt förmlicher Kleidung zieht ihren langen Weg hinauf zum Friedhof, der oft an den beachtenswertesten Ecken der Dörfer liegt. Ein alter Mann hat uns das einmal so erklärt: »Die Toten kriegen die beste Aussicht«, sagte er, »weil sie so lange dort sind.« Er gackerte über den eigenen Witz so laut, daß er einen Hustenanfall und ich Angst bekam, seine Zeit könnte gekommen sein, den Toten Gesellschaft zu leisten. Als ich ihm von Friedhöfen in Kalifornien erzählte, wo man für ein Grab mit schöner Aussicht mehr bezahlt als für bescheidenere Ruhestätten, war er nicht im mindesten überrascht. »Tot oder lebendig«, sagte er, »Narren wird's immer geben.«

Tage verstrichen. Vom Tauen keine Spur. Aber die Straßen zeigten inzwischen schwarze Streifen, wo Bauern und ihre Traktoren den schlimmsten Schnee beiseitegeschafft und durch die Verwehungen zu beiden Seiten eine einspurige Bahn freigelegt hatten. Da zeigte der französische Autofahrer sich von einer Seite, die ich nie zu sehen erwartet hatte; er zeigte Geduld oder zumindest eine Art Sturheit wie ein Maulesel, die von seiner üblichen Grand-Prix-Mentalität hinterm Steuer weit entfernt war. Ich beobachtete es auf den Straßen in Dorfnähe. Ein Wagen fuhr vorsichtig die geräumte mittlere Spur entlang und begegnete einem Wagen aus entgegengesetzter Richtung. Sie blieben stehen, Schnauze an Schnauze. Keiner setzte zurück und machte Platz. Keiner fuhr zur Seite und riskierte es, in der Schneewehe steckenzubleiben. Sie starrten sich durch die Windschutzscheiben an. Jeder verharrte in der Hoffnung, daß hinter ihm ein weiteres Auto auftauchen würde, wodurch ein klarer Fall von *Force Majeure* einträte, der das vereinzelte Fahrzeug zum Nachgeben verpflichten würde, damit die Mehrheit ihren Weg fortsetzen könnte.

Und so fuhr ich mit leichtem Fuß auf dem Gaspedal zu Monsieur Menicucci und seinem Schatz von Heizgeräten. Er kam mir im Eingang seines Lagerraums entgegen, die Wollmütze bis über beide Ohren, ein Halstuch bis ans Kinn gezogen, in Handschuhen und Stiefeln – das Bild eines Mannes, der die Aufgabe, sich warmzuhalten, als wissenschaftliche Studie in Selbstisolierung betrieb. Wir tauschten Höflichkeiten über meine Wasserrohre und seine Klarinette, und er geleitete mich nach innen, um die peinlich genau vorbereitete Auswahl an Rohren und Ventilen und in den Ecken mysteriöse kompakte Maschinen zu besichtigen. Menicucci war ein wandelnder Katalog, der Heizkoeffizienten und Thermen ausspuckte, die mich völlig überforderten, so daß mir nichts übrigblieb, als zu jeder neuen Offenbarung dumpf zu nicken.

Endlich fand die Litanei ein Ende. »*Et puis voilà*«, sagte Menicucci und sah mich erwartungsvoll an, als ob ich nunmehr das Universum der Zentralheizungen im Griff hätte und eine intelligente und informierte Auswahl zu treffen vermöchte. Mir fiel nichts ein, was ich hätte sagen können – außer der Frage, wie er denn sein eigenes Haus heize.

»*Ah*«, sagte er und klopfte sich mit spöttischer Bewunderung an die Stirn, »das ist gar keine dumme Frage. Welches Fleisch ißt der Fleischer persönlich?« Und mit dieser Frage, die er unbeantwortet in der Luft hängen ließ, begaben wir uns nach nebenan. Sein Haus war unbestreitbar warm, beinahe schwül, und Monsieur Menicucci zog eine große Schau ab, als er zwei oder drei äußere Schichten Kleidung ablegte, sich dramatisch die Brauen wischte und die Mütze adjustierte, so daß seine Ohren mit der Luft in Berührung kamen.

Wir schritten zu einem Heizkörper und klopften ihm auf den Kopf. »Fühlen Sie mal«, sagte er, »Gußeisen, nicht wie diese *merde,* die man heutzutage für Radiatoren verwendet. Und der Boiler – sehen Sie sich den Boiler an. Aber *Attention* –« er hielt abrupt inne und drohte belehrend mit dem Finger – »das ist keine französische Arbeit. Nur die Deutschen und die Belgier wissen, wie man Boiler herstellt.« Wir traten in den Boiler-Raum, und ich bewunderte pflichtschuldigst die ältliche Maschine mit ihren eingelassenen Zifferblättern, die gegen die Wand ankeuchte und schnaufte. »Die liefert 21 Grad für das ganze Haus, sogar bei einer Außentemperatur von minus sechs«, und er riß die Ausgangstür auf, um auf Befehl Frischluft bei minus sechs hereinzulassen. Er hatte die Gabe aller guten Lehrer und verstand jede Bemerkung mit einer praktischen Demonstration zu veranschaulichen, als ob er mit einem besonders dümmlichen Kind spräche. (Was in meinem Fall, Klempnerei und Heizung betreffend, durchaus der Fall war.)

Nachdem ich mit dem Boiler Bekanntschaft gemacht hatte, kehrten wir zurück ins Haus, wo ich Madame kennenlernte, ein winziges weibliches Wesen mit einer sonoren Stimme. Ob ich *tisane* möchte, Mandelbiskuits, ein Gläschen Marsala? Eigentlich wollte ich nur Monsieur Menicucci mit der Wollmütze Klarinette spielen sehen, aber das mußte warten. In der Zwischenzeit hatte ich genug zum Nachdenken. Auf dem Weg zu meinem Wagen schaute ich hoch zum rotierenden Solarheizapparat auf dem Dach und bemerkte, daß er ganz zugefroren war. Ich spürte plötzlich ein Verlangen nach einem Haus voller gußeiserner Radiatoren.

Ich kam zu Hause an und entdeckte, daß hinter der Garage ein Miniaturmodell von Stonehenge aufgebaut worden war. Der Tisch war eingetroffen – einsfünfzig lang mal breit, gut zwölf Zentimeter dick, mit einem massiven Sockel in Form eines Kreuzes. Es lagen nur fünfzehn Meter zwischen dem Platz, wo er abgeliefert worden war, und dort, wo er stehen sollte – es hätten genausogut fünfzig Kilometer sein können. Der Eingang zum Hof war zu schmal für irgendeinen mechanischen Transport, und die hohe Mauer und der Ziegeldachvorsprung bildeten eine überdachte Ecke, die den Gebrauch eines Krans ausschlossen. Pierrot hatte uns gesagt, der Tisch würde zwischen sechs- und achthundert Pfund wiegen. Er wirkte viel schwerer.

Pierrot rief abends an.

»Sind Sie mit dem Tisch zufrieden?«

Doch, der Tisch sei wunderbar, ich hätte nur ein Problem.

»Haben Sie ihn schon aufgestellt?«

Nein, das sei ja das Problem. Ob er da einen nützlichen Vorschlag machen könnte?

»Ein paar Arme«, sagte er. »Denken Sie doch an die Pyramiden.«

Natürlich. Wir brauchten nur fünfzehntausend ägyptische Sklaven, und die Sache wäre im Nu erledigt.

»Also, bevor Sie verzweifeln – ich kenne die Rugbymannschaft in Carcassonne.«

48

Und dann lachte er und legte auf.

Wir gingen einen neuen Blick auf das Monstrum werfen, um herauszufinden, wie viele Menschen wohl erforderlich wären, um es mit Muskelkraft in den Hof zu hieven. Sechs? Acht? Er würde seitlich ausbalanciert werden müssen, damit wir ihn durch das Tor kriegten. Wir hatten Visionen von zerdrückten Zehen und Leistenbrüchen und begriffen recht spät, warum der Vorbesitzer des Hauses an dem Ort, den wir für unser Monument gedacht hatten, einen leichten Klapptisch aufgestellt hatte. Wir wählten den einzigen vernünftigen Weg, der uns übrigblieb – vor dem Kamin suchten wir Inspiration bei einem Glas Wein. Daß jemand den Tisch bei Nacht stehlen würde, war nicht sehr wahrscheinlich.

Wie sich zeigen sollte, war ein Quell möglicher Hilfe ganz nah. Wir hatten vor Wochen schon beschlossen, die Küche renovieren zu lassen, und viele erhellende Stunden mit unserem Architekten verbracht, der uns mit der Terminologie des französischen Bauwesens vertraut machte – er erzählte uns von *coffres* und *rehausses* und *faux-plafonds* und *videordures* bis hin zu *platrage* und *dallage* und *poutrelles* und *coins perdus*. Unsere anfängliche Begeisterung war ins Gegenteil umgeschlagen, als die Pläne immer mehr Eselsohren bekamen, und aus dem einen oder anderen Grund war die Küche unangetastet geblieben. Die Arbeit war verschoben worden wegen des Wetters, weil der Stukkateur zum Skifahren verreist war, der Maurerpolier sich beim Fußballspielen auf dem Motorrad den Arm gebrochen hatte und zu guter Letzt die örtlichen Lieferanten von Winterstarre erfaßt worden waren. Unser Architekt, ein Emigrant aus Paris, hatte uns gewarnt – in der Provence zu bauen sei vergleichbar mit dem Krieg in Schützengräben: Lange Perioden von Langeweile würden unterbrochen von Eruptionen gewaltsamer, lärmender Aktivitäten. Doch wir hatten die erste Phase inzwischen lange genug miterlebt, um der zweiten erwartungsvoll entgegenzuharren.

Eines Morgens – noch war die Dämmerung nicht dem Tageslicht gewichen – trafen mit einem ohrenbetäubenden Krach die Schocktruppen schließlich ein. Wir traten mit verschlafenen Augen ins Freie, um nachzusehen, was da wohl vom Dach herabgestürzt sein mochte, und konnten eben die Umrisse eines Lastwagens ausmachen, der mit Gerüsten gespickt war. Vom Fahrersitz kam ein fröhliches Bellen.

»Monsieur Mayle?«

Ich ließ ihn wissen, daß er das richtige Haus gefunden hatte.

Ah bon. On va attaquer la cuisine. Allez!«

Die Tür öffnete sich. Ein Cockerspaniel sprang heraus. Ihm folgten drei Männer. Ein unerwarteter Hauch von After-Shave zog vorbei, als der Hauptpolier mir die Hand quetschte und sich und seine Mannschaft vorstellte: Didier; sein Leutnant, Eric; und der Gefreite, ein schwergebauter junger Mann namens Claude. Die Hündin Pénélopé erklärte das Baugrundstück für eröffnet, indem sie vor dem Haus reichlichst Wasser ließ. Die Schlacht begann.

So hatten wir Bauarbeiter noch nie bei der Arbeit erlebt. Alles geschah in Windeseile. Bevor die Sonne voll und rund am Himmel stand, waren das Gerüst und eine Bretterrampe aufgezogen. Minuten später waren das Küchenfenster und die Spüle verschwunden, und gegen zehn standen wir auf einer Feinschicht von Schutt. Da erläuterte Didier seinen Demontageplan. Didier war flink und zäh, mit einem Bürstenhaarschnitt wie beim Militär. Ich konnte ihn mir als Drillfeldwebel bei der Fremdenlegion vorstellen, wie er jungen Taugenichtsen den Marsch blies, bis sie um Gnade winselten. Er redete wie ein Maschinengewehr, benutzte unablässig lautmalerische Wörter wie *tok* und *crak* und *boum,* wie Franzosen sie bei der Schilderung von Zusammenstößen und -brüchen jedweder Art gern verwenden –, und von beiden sollte es mehr als genug geben. Die Decke kam herunter. Der Fußboden wurde aufgebrochen. Alle vorhandenen Armaturen wurden herausgerissen. Es ging ums Ausweiden: Die ganze Küche mußte evakuiert werden – *chut!* –, und zwar durch jenes Loch, das einmal ein Fenster gewesen war. Aus Polythenplanen wurde eine Wand festgenagelt, um die Ecke vom übrigen Haus abzuschirmen, und die Hauskantine wurde in den Hof transferiert.

Es war alarmierend zu beobachten und zu hören, mit welch fröhlicher Wildheit die drei Maurer alles in Reichweite ihrer Schlaghämmer zermalmten. Sie schlugen und pfiffen und sangen und fluchten zu herabstürzendem Mauerwerk und durchhängenden Balken, bis sie, wie mir schien, mit einigem Zögern, mittags eine Pause einlegten. Das Essen wurde mit der gleichen Energie weggeputzt wie die Trennmauer – und es handelte sich da nicht um bescheidene Butterbrotpakete, sondern um große Plastikbehälter mit Hähnchen und Wurst und *choucroute* und Salaten und ganzen Brotlaiben mit dem dazu nötigen Besteck. Alkohol trank zu unserer Erleichterung keiner. Die Vorstellung von einem angesäuselten Maurer mit einem Vierzigpfünder als Hammer war erschreckend. Die Männer waren nüchtern schon gefährlich genug.

Nach dem Mittagessen ging das Pandämonium von neuem los und ununterbrochen weiter fast bis sechs Uhr abends. Ich fragte Didier, ob er regelmäßig zehn bis elf Stunden am Tag arbeite. Nur im Winter, sagte er. Im Sommer waren es zwölf bis dreizehn Stunden an sechs Tagen in der Woche. Belustigt hörte er von der englischen Gewohnheit des späten Arbeitsbeginns und frühen -endes mit vielen Pausen. »*Une petite journée*« nannte er das und wollte wissen, ob ich englische Maurer kenne, die mit ihm zusammenarbeiten würden – nur um der Erfahrung willen. Ich konnte mir keinen Andrang von Freiwilligen vorstellen.

Als die Maurer gegen Abend gegangen waren, zogen wir uns entsprechend für ein Picknick in der Arktis an und begannen, uns in der Übergangsküche die erste Mahlzeit zuzubereiten. Es gab eine Feuerstelle zum Grillen und einen Kühlschrank. Eine Spüle und zwei Gasringe waren hinten in der Bar eingebaut. Sie hatte alle elementaren Erfordernisse – bis auf Wände, und bei einer Temperatur unter Null wären Mauern willkommen gewesen. Doch das Feuer aus Rebenhölzern brannte hell. Ein Duft von Lammkoteletts und Rosmarin lag in der Luft. Der Rotwein war ein nobler Ersatz für Zentralheizung. Wir kamen uns tapfer und abenteuerlustig vor, und die Illusion hielt während des Essens an – bis es Zeit wurde, ins Haus zu gehen und das Geschirr zu spülen.

Die ersten echten Anzeichen des Frühlings kamen nicht von frühen Knospen oder dem spielerischen Verhalten von Massots Ratten, sondern aus England. Die Londoner hatten den Trübsinn des Januars überstanden und schmiedeten Urlaubspläne, und es war überraschend, wie viele solcher Pläne die Provence betrafen. Es wurde immer normaler, daß das Telefon läutete, wenn wir uns eben zum Abendessen hinsetzen wollten – die Anrufer sahen beflissen über den einstündigen Zeitunterschied zwischen Frankreich und England hinweg –, und die kühle, halbwegs erinnerte Stimme eines entfernten

Bekannten pflegte sich zu erkundigen, ob wir schon am Swimmingpool lagen. Wir gaben darauf nie konkret Antwort. Es schien unfreundlich, sie der Illusion zu berauben durch die Mitteilung, daß wir uns in einer Dauerfrostzone befänden und der Mistral durch das Loch in der Küche kreischte und die Kunststoffplane wegzureißen drohte, die unseren einzigen Schutz gegen die Elemente darstellte.

Die Anrufe schlugen einen Kurs ein, der für uns bald vorhersehbar wurde. Wir wurden zunächst gefragt, ob wir zu Ostern oder im Mai, oder wann immer es dem jeweiligen Anrufer paßte, in der Gegend wären. War das einmal geklärt, so folgte der Satz, den wir bald fürchten sollten – »Wir dachten, daß wir um die Zeit mal herunterkämen ...« Meist blieb er erwartungsvoll und unvollendet in der Luft hängen und wartete umsonst auf irgendeine gastfreundliche Reaktion.

Es war schwer, sich auf Grund solch plötzlichen Interesses nach einem Wiedersehen geschmeichelt zu fühlen. Während all der Jahre, die wir in England verbracht hatten, hatten wir davon nichts gespürt. Und es war nun schwer damit umzugehen. So etwas Dickhäutiges wie einen Menschen auf der Suche nach Sonne und freier Logis gibt es sonst nicht auf der Welt; bei ihm nutzen die flüchtigen Ausflüchte nichts. Sie sind in *der* Woche ausgebucht? Keine Sorge – wir kommen die Woche danach. Sie haben das Haus voller Handwerker? Das macht uns gar nichts, wir werden uns sowieso am Schwimmbecken aufhalten. Sie haben Barracudas im Schwimmbecken ausgesetzt und in der Einfahrt eine Panzersperre errichtet? Sie sind Vegetarier geworden? Sie haben den Verdacht, daß Ihre Hunde Tollwut haben? Was wir auch anführten, es spielte keine Rolle. Man weigerte sich einfach, es ernst zu nehmen. Man war wild entschlossen zu überwinden, was immer wir an schwachen Hinderungsgründen erfinden mochten.

Wir sprachen mit anderen Leuten, die in die Provence gezogen waren, über derartige angedrohte Invasionen. Alle hatten es durchgemacht. Der erste Sommer, so erklärten sie, sei unweigerlich die Hölle. Danach hätte man gelernt, nein zu sagen. Wer es nicht lernt, findet sich zwischen Ostern und September als Eigentümer eines kleinen und höchst unprofitablen Hotels wieder.

Ein kluger, aber deprimierender Rat. Wir warteten ganz nervös auf den nächsten Anruf.

Unser Leben hatte sich verändert. Die Maurer hatten es verändert. Solange wir vor 6.30 Uhr aufstanden, konnten wir in Ruhe frühstücken. Später machten die Geräusche aus der Küche jede Unterhaltung unmöglich. Eines Morgens, als die Bohrer und Hämmer aus voller Lunge sangen, sah ich, wie die Lippen meiner Frau sich bewegten, doch ihre Worte erreichten mich nicht. Schließlich schob sie mir eine Notiz zu: Trink deinen Kaffee, bevor er dreckig wird.

Aber es ging voran. Nachdem die Maurer die Küche zu einer leeren Hülse reduziert hatten, begannen die Maurer sie genauso geräuschvoll wieder neu aufzubauen. Sie hievten ihre Materialien die Bretterrampe hoch und durch eine fenstergroße Öffnung drei Meter über dem Erdboden. Sie zeigten eine außergewöhnliche Ausdauer, und Didier – halb Mensch, halb Gabelstapler – schaffte es irgendwie, gleichzeitig die Rampe hinaufzusprinten, einen Schubkarren mit nassem Beton zu schieben, in einer Seite des Mundes eine Zigarette zu halten und mit der anderen zu pfeifen. Ich werde nie begreifen, wie diese Männer auf so engem Raum bei der Kälte unter solch schwierigen Umständen zusammenarbeiten und stets ihre ausgesprochen gute Laune behalten konnten.

Allmählich nahm die Küche Form an, und die nächste Schwadron traf ein, um zu inspizieren und die verschiedenen Arbeitsgänge zu koordinieren. Da war Ramon, der Gipser, mit seinem Radio und seinen Basketball-Stiefeln; Mastorino, der Anstreicher; Trufelli, der Fliesenleger; Zanchi, der Schreiner; und Monsieur Menicucci, der *chef-plombier* höchstpersönlich, mit *Jeune* an der unsichtbaren Leine zwei Schritte hinter ihm. Sie waren im ganzen sechs oder sieben und sprachen alle gleichzeitig inmitten der Trümmer, diskutierten Termine und Verfügbarkeit, während Christian, der Architekt, als Schiedsrichter fungierte.

Dabei kam uns folgendes in den Sinn: Falls all diese Energie vielleicht nur eine Stunde kanalisiert werden könnte, würden wir über genügend Körper und Bizeps verfügen, um den Steintisch in den Hof zu bugsieren. Als ich den Vorschlag machte, zeigte sich sofortig Kooperationswille. Warum nicht gleich? hieß es. Ja, warum nicht? Wir kletterten durchs Küchenfenster und versammelten uns um den Tisch, der von einer weißen, faltigen Frosthaut überzogen war. Zwölf Hände faßten die Platte; zwölf Arme spannten sich, sie zu heben. Sie rührte sich keinen Millimeter. Zähne wurden nachdenklich gelutscht. Alle wanderten um den Tisch, ihn genauer zu betrachten, bis Monsieur Menicucci den Finger auf das Problem legte. Der Stein ist porös, sagte er, er ist voll mit Wasser, wie ein Schwamm. Das Wasser ist gefroren, der Stein ist gefroren, der Boden ist gefroren. Er kann gar nicht bewegt werden. Man muß warten, bis es taut. Es gab mürrisches Gerede von Lötlampen und Brecheisen, doch Menicucci

machte dem allen ein Ende und fegte es als »*patati-patata*«
vom Tisch – was ich als »Unsinn« deutete. Die Gruppe löste
sich auf.

Bei dem Lärm und dem Staub, der das Haus sechs Tage die
Woche füllte, war der Sonntag für uns eine Oase, die uns
noch willkommener war als sonst. Wir konnten dem Luxus
frönen, bis 7.30 Uhr im Bett zu bleiben, denn dann agitierten
uns die Hunde für ihren Spaziergang, und wir konnten
miteinander reden, ohne nach draußen gehen zu müssen, und
wir konnten uns mit dem Gedanken trösten, daß das Chaos
und die Störungen um eine Woche kürzer geworden waren.
Eins war uns wegen der beschränkten Kochmöglichkeiten
unmöglich – den Sonntag zu feiern, wie er in Frankreich stets
begangen werden sollte: mit einem ausgedehnten und sorgsam überlegten Mittagessen. Und so nahmen wir unsere
provisorische Küche als Vorwand und ließen uns kopfüber
in die Gewohnheit fallen, sonntags außer Haus essen zu
gehen.

Zur Appetitanregung pflegten wir die Orakelbücher zu Rate
zu ziehen. Wir verließen uns dabei immer mehr auf den
Gault-Millau. Der Michelin ist von unschätzbarem Wert,
und niemand sollte in Frankreich ohne ihn reisen, aber er ist
reduziert auf das blanke Gerippe von Preisen, Einstufungen
und Spezialitäten – der Gault-Millau dagegen liefert dazu
auch noch das Fleisch. Gault-Millau informiert über den
Chef – ob er jung ist; wo er ausgebildet wurde; ob er schon
etabliert ist; ob er sich auf seinen Verdiensten ausruht oder
sich immer noch anstrengt. Er erwähnt die Frau des *Chefs* –
ob sie einen wärmstens willkommen heißt oder *glaciale* ist.
Er wird einem einige Hinweise zum Stil des Restaurants
geben und ob es eine schöne Aussicht bietet oder über eine

Terrasse verfügt. Er wird die Bedienung kommentieren und die Kundschaft, die Preise und die Atmosphäre – und die Speisen und die Weinkarte häufig mit großer Ausführlichkeit. Er ist nicht unfehlbar, und er ist bestimmt nicht frei von Vorurteilen, aber er ist amüsant und stets interessant und, weil er in Umgangsfranzösisch geschrieben ist, eine gute Hausaufgabe für sprachliche Novizen, wie wir es waren.

Die Ausgabe für 1987 führt in einem brauchbar gebundenen und ausgestatteten Band 5000 Restaurants und Hotels auf, und beim Durchgehen stießen wir auf einen Eintrag aus unserer Umgebung, der unwiderstehlich war. Es war ein Restaurant in Lambesc, etwa dreißig Autominuten entfernt. Der *Chef* war eine Frau, *» L'une des plus fameuses cuisinières de Provence«*, ihr Spielraum eine umgebaute Mühle und ihre Küche *»pleine de force et de soleil«*. Das hätte als Empfehlung schon gereicht, doch was uns am meisten anzog, war das Alter der Köchin. Sie war achtzig.

Es war grau und windig, als wir in Lambesc ankamen. Uns plagten noch immer Gewissensbisse, wenn wir einen schönen Tag drinnen verbrachten. Aber dieser Sonntag war düster und jammervoll, die Straßen waren dreckig vom Altschnee, die Einwohner hasteten von der Bäckerei heim, preßten das Brot gegen die Brust und verkrampften die Schultern gegen die Kälte. Es war genau das richtige Wetter, um essen zu gehen.

Wir kamen zu früh. Der riesige, gewölbte Eßsaal war leer. Er war möbliert mit herrlichen provenzalischen Antiquitäten – schwer, dunkel und hochpoliert. Die Tische waren groß und großzügig über den Raum verteilt, so daß einer fernab stand vom nächsten – ein Luxus, der gewöhnlich vornehmen, förmlichen Restaurants vorbehalten ist. Aus der Küche hörte man Stimmen und Töpfeklappern. Es roch ganz köstlich, aber wir waren ganz offensichtlich ein paar Minuten vor der Öffnungszeit hereingekommen. Auf Zehenspitzen begannen wir uns auf einen Drink in ein Café davonzustehlen.

»Wer sind Sie?« fragte eine Stimme.

Ein alter Mann war aus der Küche aufgetaucht und musterte uns gegen das Licht, das durch die Tür hereinströmte, so daß er die Augen anstrengen mußte. Wir erklärten ihm, wir hätten zu Mittag reserviert.

»Dann setzen Sie sich. Im Stehen können Sie nicht essen.« Er winkte zu den leeren Tischen hinüber. Wir setzten uns gehorsam und warteten, während er langsam mit zwei Speisekarten näherkam. Er setzte sich zu uns.

»Amerikaner? Deutsche?«

Engländer.

»Gut«, sagte er. »Ich habe im Krieg auf englischer Seite gekämpft.«

Wir spürten, daß wir die erste Prüfung bestanden hatten. Eine weitere richtige Antwort, und er mochte uns gestatten, die Speisekarte auch zu studieren, die er noch für sich behielt.

Ich fragte ihn, was er empfehlen könnte.

»Alles«, sagte er. »Meine Frau kocht alles gut.«

Er teilte die Karten aus und verließ uns, um ein anderes Ehepaar zu begrüßen, und wir schwankten vergnügt zwischen Lamm mit Kräuterfüllung, *daube,* Kalbfleisch mit Trüffeln und einem weniger klaren Gericht namens *Fantaisie du Chef.* Der alte Mann kam zurück, hörte sich die Bestellung an und nickte.

»Es ist immer dasselbe«, meinte er. »Es sind die Männer, die die *Fantaisie* mögen.«

Ich bestellte eine halbe Flasche Weißwein zum ersten Gang und für hinterher Rotwein.

»Nein«, sagte er, »da liegen Sie falsch.« Er sagte uns, was wir trinken sollten. Es war ein roter Côtes du Rhône aus Visan. Guter Wein und gute Frauen kämen aus Visan, behauptete er, stand auf und holte aus einem riesigen dunklen Schrank eine Flasche.

»Da. Er wird Ihnen gefallen.« (Später merkten wir, daß an allen Tischen der gleiche Wein getrunken wurde.)

Er verschwand in die Küche, der älteste Oberkellner der Welt, um unsere Bestellung an den vielleicht ältesten *Chef* Frankreichs weiterzugeben. Wir glaubten, aus der Küche eine dritte Stimme zu hören, aber es gab hier sonst keine Kellner, und wir fragten uns, wie zwei Menschen im Alter von zusammen über 160 Jahren die langen Arbeitsstunden und solch anstrengende Arbeit durchhalten konnten. Und doch gab es keinerlei Verzögerungen, als das Restaurant sich füllte, nicht einen Tisch, der vernachlässigt wurde. Auf seine ruhige, gediegene Art machte der alte Mann seine Runde und ließ sich von Zeit zu Zeit zu einem Plausch mit den Gästen nieder. Wenn eine Bestellung ausgeführt war, pflegte Madame in der Küche ein Glöckchen zu läuten, und ihr Mann pflegte in vorgetäuschter Irritation die Brauen zu heben. Falls er seine Unterhaltung fortsetzte, pflegte das Glöckchen noch einmal zu läuten, diesmal bestimmter, und da ging er auch schon und murmelte:

»*J'arrive, J'arrive.*«

Das Essen war ganz, wie der Gault-Millau versprochen hatte, und der alte Mann hatte recht gehabt mit dem Wein. Wir tranken ihn wirklich gern. Und als er die winzigen Röllchen Ziegenkäse servierte, die mit Kräutern in Olivenöl mariniert waren, war unsere Flasche leer. Ich bestellte noch eine Flasche, eine kleine, und er sah mich mißbilligend an.

»Wer fährt?«

»Meine Frau.«

Er ging wieder zu dem dunklen Schrank. »Es gibt keine halben Flaschen«, sagte er. »Sie können bis dahin trinken.« Er zog mit seinem Finger halb unten auf der neuen Flasche eine imaginäre Linie.

Das Küchenglöckchen hatte zu läuten aufgehört, und Madame trat hervor mit einem Lächeln auf dem von der Hitze der Herde rosigen Gesicht, um sich zu erkundigen, ob wir gut gegessen hatten. Sie sah aus wie eine Frau um die sechzig. Die beiden standen nebeneinander. Seine Hand lag auf ihrer Schulter, während sie von den antiken Möbeln erzählte, die ihre Mitgift gewesen waren, und er unterbrach sie. Sie waren glücklich miteinander und liebten ihre Arbeit. Wir verließen das Restaurant in dem Gefühl, daß das hohe Alter vielleicht doch gar nichts so Schlechtes sei.

Ramon der Gipser lag auf einer prekären Plattform auf dem Rücken, eine Armlänge unter der Küchendecke. Ich reichte ihm ein Bier hoch, und er stützte sich zum Trinken seitlich auf einen Ellenbogen. Die Haltung schien zum Trinken wie zum Arbeiten nicht bequem zu sein, aber er meinte, das sei er so gewöhnt.

»Außerdem«, sagte er, »kann man doch nicht auf dem Boden stehen und das Zeug von unten an die Decke werfen. Der Kerl, der die Decke der Sixtinischen Kapelle gemalt hat – Sie wissen schon, dieser Italiener –, muß wochenlang auf dem Rücken gelegen haben.«

Ramon trank sein Bier aus. Es war an dem Tag sein fünftes.

Er reichte mir die leere Flasche herunter, rülpste einmal leicht und wandte sich wieder seiner Arbeit zu. Er hatte einen langsamen, rhythmischen Arbeitsstil, klatschte den Gips mit einer Kelle an die Decke und bearbeitete ihn mit einer Drehung des Handrückens zu einer körnigen glatten Fläche. Wenn er fertig wäre, sähe das Ganze aus, als ob es schon hundert Jahre so gewesen wäre, sagte er. Er hielt nichts von Walzen oder Sprühapparaten oder überhaupt von Geräten – ihm reichte seine Maurerkelle und für Linien und Kurven sein Augenmaß. Er habe, so behauptete er, ein untrügliches Auge. Als er eines Tages gegangen war, überprüfte ich seine Flächen mit einer Wasserwaage. Sie waren allesamt korrekt und genau und trotzdem unverkennbar das Werk von Menschenhand. Der Mann war ein Künstler und sein Bier wirklich wert.

Ein Lüftchen wehte durch das Loch in der Küchenmauer. Es war beinahe mild. Ich hörte etwas tropfen. Als ich nach draußen ging, entdeckte ich, daß ein Jahreszeitenwechsel eingetreten war. Der Steintisch dünstete Wasser aus. Es war Frühling geworden.

März

Der Mandelbaum stand kurz vor der Blüte. Die Tage wurden länger. Oft gingen sie mit großartigen Sonnenuntergängen am bauschig rosigen Himmel zu Ende. Die Jagdsaison war vorüber; die Jagdhunde und die Flinten waren für sechs Monate verschwunden. Die Weinberge waren wieder voller Leben, da die gut organisierten Winzer ihre Reben pflegten und ihre fauleren Nachbarn sich beeilten, das Schneiden zu besorgen, das sie im November versäumt hatten. Die Menschen der Provence grüßten den Frühling mit untypischer Agilität, als ob die Natur jedem Lebenskraft eingeimpft hätte.

Die Märkte änderten sich schlagartig. An den Ständen wurden die Fischereigeräte, die Patronengurte, wasserdichten Stiefel und langen Bürsten mit Stahlborsten für Amateurschornsteinfeger ersetzt durch Auslagen von ungetümartig wirkenden Ackerbaugeräten – Macheten und Instrumente zum Graben, Sensen und Hacken mit scharfen, gebogenen Zacken, Sprühausrüstungen, die Unkraut und Insekten den Tod garantierten, falls sie so tollkühn sein sollten, die Trauben zu gefährden. Blumen und Pflanzen und winziges Gemüse der Saison allerorten. Cafétische und -stühle schossen auf den Gehsteigen aus dem Boden. Da lag ein Sich-Regen und Planen in der Luft, und ein oder zwei Optimisten kauften bereits *espadrilles* von den bunten Ständen draußen vor den Schuhgeschäften.

Im Gegensatz zu diesem geschäftigen Treiben war die Arbeit am Haus zum Stillstand gekommen. Einem uralten Trieb des Frühlings folgend, waren die Handwerker auf Wanderschaft gezogen und hatten uns symbolisch Gipssäcke und Sandhaufen hinterlassen als Zeichen ihrer Absicht wiederzukommen – eines schönen Tages –, um zu beenden, was sie fast schon zu Ende gebracht hatten. Das Phänomen des verschwindenden Bauarbeiters ist weltweit bekannt, doch in der Provence hat es seine eigenen Spezialformen und Frustrationen – wie auch seine ganz klar umrissene Saison.

Dreimal jährlich – zu Ostern, im August und zu Weihnachten – flüchten die Eigentümer von Ferienhäusern aus Paris und Zürich und Düsseldorf und London, um für einige Tage oder Wochen einfachen Landlebens herunterzukommen. Und bevor sie kommen, denken sie jedesmal unweigerlich an irgendwas, das für den Erfolg ihrer Ferien essentiell ist: ein Paar Bidets von Courrèges, Unterwasserbeleuchtung für den Swimmingpool, eine neugefliste Terrasse, ein neues Dach für die Unterkunft der Bediensteten. Wie könnten sie auch ihr rustikales Zwischenspiel ohne diese notwendigen Dinge genießen? In ihrer Panik rufen sie bei den Baufirmen und Handwerkern der Umgebung an. Erledigen Sie das – ja, es *muß* sein, *unbedingt* –, bevor wir eintreffen. Bei diesen dringenden Instruktionen ist das Einverständnis vorausgesetzt, daß mit großzügiger Bezahlung zu rechnen ist, falls die Arbeit sofort erledigt wird. Zeit ist alles; Geld spielt keine Rolle.

Die Versuchung ist zu groß. Das darf man nicht ignorieren. Jeder erinnert sich an den Regierungsantritt von Mitterrand; die Reichen zeigten finanzielle Lähmungserscheinungen und hockten auf ihrem Bargeld. Damals waren Bauaufträge in der Provence rar, und wer weiß, wann die schlechten Zeiten wiederkehren? Also werden die Aufträge angenommen, und weniger aufdringliche Kunden sehen sich plötzlich mit stillstehenden Betonmixern alleingelassen und vor allem mit unfertigen Räumen. Angesichts dieser Situation gibt es zwei Möglichkeiten, sich zu verhalten. Keine bringt sofortige Resultate, aber die eine reduziert die Frustration, die andere steigert sie noch.

Wir probierten es mit beiden. Zunächst gaben wir uns Mühe, in unserer Einstellung zur Zeit philosophischer zu werden, auf Verzögerungen um Tage und Wochen nach provenzalischer Art zu reagieren – also, uns über die Sonne zu freuen und nicht mehr wie Stadtmenschen zu denken. Ob in diesem Monat oder im nächsten – was soll's? Trinken wir einen *Pastis*. Entspannen! Ein bis zwei Wochen ging das ganz gut. Dann bemerkten wir, daß die Baumaterialien hinter dem Haus vom ersten Unkrautwuchs des Frühlings grünten. Wir beschlossen, unsere Taktik zu ändern und unserem kleinen und fundierten Team von Arbeitern feste Termine abzuringen. Wir fanden die Erfahrung sehr informativ.

Wir lernten, daß Zeit in der Provence ein dehnbarer Begriff ist, auch wenn die Angaben noch so klar und präzise sind. *Un petit quart d'heure* heißt: irgendwann im Laufe des Tages. *Demain* heißt: irgendwann diese Woche. Und *die* elastische Zeiteinheit überhaupt, *une quinzaine,* kann drei Wochen, zwei Monate oder nächstes Jahr bedeuten, aber nie und nimmer zwei Wochen. Wir lernten auch die Sprache der Hände deuten, die zu jeder Termindiskussion dazugehört. Wenn ein Provenzale einem in die Augen schaut und mitteilt, er werde am nächsten Dienstag an Ihre Tür pochen, um ganz bestimmt mit der Arbeit zu beginnen, dann sind seine Gesten entscheidend. Wenn die Hände ruhig sind oder er einem beruhigend auf den Arm klopft, kann man am Dienstag mit ihm rechnen. Wenn eine Hand in Hüfthöhe erhoben bleibt, den Handteller nach unten, und von einer Seite zur anderen schwenkt, kalkulieren Sie eine Verschiebung auf Mittwoch oder Donnerstag ein. Wenn das Schwenken in ein beunruhigtes Wackeln übergeht, spricht er in Wahrheit von nächster Woche oder weiß Gott wann, je nach Umständen, die sich seinem Einfluß entziehen. Diese unausgesprochenen Dementis, die instinktiv zu sein scheinen und daher mehr zu verstehen geben als Worte, werden gelegentlich durch das Zauberwort *normalement* unterstrichen – eine äußerst vielseitige Ausnahmeklausel, die einer Versicherungspolice würdig wäre. *Normalement* – vorausgesetzt, daß es nicht regnet, daß der Lastwagen keinen Defekt hat, daß der Schwager den Werkzeugkasten nicht ausborgt – ist das Äquivalent des provenzalischen Bauunternehmers für das Kleingedruckte eines Kaufvertrages, und wir sollten ihm mit bodenlosem Mißtrauen zu begegnen lernen.

Trotz ihrer fröhlichen Verachtung für Pünktlichkeit und

ihrer absoluten Weigerung, das Telefon zu gebrauchen, um mitzuteilen, daß sie nicht kommen oder wann sie nicht kommen, konnten wir ihnen nie lange böse sein. Sie waren immer entwaffnend gutgelaunt, und wenn sie einmal da waren, arbeiteten sie ausdauernd und hart und leisteten vorzügliche Arbeit. Schlußendlich lohnte es sich, auf sie zu warten. Also kehrten wir nach und nach wieder zur philosophischen Einstellung zurück und gewöhnten uns an den provenzalischen Zeitsinn. Von jetzt an, so sagten wir uns, wollen wir davon ausgehen, daß nichts dann geschieht, wenn wir damit rechnen; wir wollen uns mit der Tatsache begnügen, daß es überhaupt geschieht.

Faustin benahm sich seltsam. Seit zwei oder drei Tagen war er auf seinem Traktor auf und ab gerattert, mit einem Ungetüm im Schlepptau, das nach beiden Seiten Kunstdünger ausspuckte, während er zwischen den Rebstockreihen entlangfuhr. Er hielt immer wieder an, stieg vom Traktor, ging zu einem Feld herüber, das zur Zeit unbestellt und überwuchert lag – davor waren dort Melonen gewachsen. Er untersuchte das Feld vom einen Ende her, kletterte wieder auf seinen Traktor, sprühte noch ein paar Reben und lief zurück, um das andere Ende des Feldes zu untersuchen. Er schritt es ab. Er grübelte. Er kratzte sich am Kopf. Als er mittags heimfuhr, spazierte ich zu dem Feld hinüber, um zu sehen, was ihn dort so fasziniert haben mochte. Aber mir kam es vor wie alle anderen brachliegenden Melonenäcker – ein bißchen Unkraut, ein paar Fetzen von Plastik, das von den Streifen übriggeblieben war, die die Ernte des Vorjahres geschützt hatten: ein nichtssagender halber Morgen. Ich fragte mich, ob Faustin dort wohl einen verborgenen Schatz vermutete, weil wir ganz in der Nähe unseres Hauses schon zwei goldene Napoléons ausgegraben hatten und er daraufhin gemeint hatte, wahrscheinlich wären da noch mehr zu finden. Aber Bauern verstecken ihre Schätze nicht in der Mitte eines bestellten Ackers, wenn es unter Steinplatten oder in einem Brunnen viel sicherer gehortet werden kann. Die Sache war merkwürdig.

An dem Abend kam er uns mit Henriette besuchen. Er wirkte ungewohnt herausgeputzt und geschäftsmännisch in seinen weißen Schuhen und im orangefarbenen Hemd und brachte uns Krüge mit hausgemachter Kaninchenpastete. Nach dem ersten halben Glas *Pastis* lehnte er sich vertraulich vor. Ob uns bekannt sei, daß der aus den Reben unserer Weinberge hergestellte Wein – Côtes du Lubéron – demnächst als *appellation controlée* aufgewertet würde? Er lehnte sich zurück, nickte bedächtig und sagte »*eh oui*«, mehrmals, während wir die Mitteilung auf uns einwirken ließen. Es wäre doch klar, sagte Faustin, daß der Wein teurer und die Weinbergbesitzer mehr verdienen würden. Und – klar – je mehr Reben einer hätte, desto mehr wäre zu verdienen.

Dagegen gab es nichts einzuwenden. Faustin widmete sich also seinem zweiten *Pastis* – er hatte eine effiziente, unauffällige Art zu trinken und sein Glas stets rascher geleert, als ich erwartete – und trug seinen Vorschlag vor. Er hatte den Eindruck, daß unser Melonenfeld profitabler genutzt werden könnte. Er inhalierte etwas von dem *Pastis*, während Henriette ein Dokument aus ihrer Tasche hervorzog. Es handelte sich um ein *droit d'implantation*, das uns das Recht einräumte, Reben anzupflanzen, ein Privileg, das uns direkt von der Regierung zugebilligt wurde. Während wir uns das Papier ansahen, mokierte sich Faustin über die unsinnige Idee, weiterhin Melonen anzubauen – mit einer Bewegung seines

Glases verwarf er Melonen als zu anspruchsvoll, was den Zeitaufwand und Wasserkonsum betraf. Außerdem wären sie stets durch Angriffe wilder Eber bedroht, die im Sommer von den Bergen herunterkämen. So hatte Faustins Bruder Jacky erst im vergangenen Jahr ein Drittel seiner Melonenernte verloren. Von Wildschweinen gefressen! Ein Gewinn, der im Bauch eines Schweins verschwunden war! Faustin schüttelte den Kopf bei dieser schmerzlichen Erinnerung und brauchte zur Wiederbelebung ein drittes, großes Glas *Pastis*. Zufällig, sagte er, habe er ein paar Berechnungen angestellt. Auf unserem Feld hätten anstelle der langweiligen Melonen 1300 neue Reben Platz. Meine Frau und ich sahen uns an. Wir schätzten Wein sehr, und Faustin mochten wir ebenfalls, und sein Herz schlug offenbar für Fortschritt und Expansion. Wir stimmten zu, daß zusätzliche Reben uns eine prima Idee erschienen, dachten aber weiter nicht darüber nach, als er gegangen war. Faustin ist ein Grübler, der nichts übereilt, und zudem tut sich in der Provence nie etwas auf die Schnelle. Er würde sich vielleicht im Frühjahr darauf an die Sache machen.

Um sieben Uhr am nächsten Morgen pflügte ein Traktor den Melonenacker um, und zwei Tage später traf der Pflanztrupp ein – fünf Männer, zwei Frauen und vier Hunde unter der Leitung des *chef des vignes,* Monsieur Beauchier, eines Mannes mit vierzig Jahren Erfahrung im Anbauen von Wein im Lubéron. Er führte den kleinen Pflug hinter dem Traktor höchstpersönlich, um sicherzustellen, daß die Furchen gerade und im rechten Abstand verliefen; auf und ab schleppte er sich in seinen Stoffstiefeln mit einem vor Konzentration entrückten Ledergesicht. Die Furchen wurden an beiden Enden mit Bambusstäben abgesteckt und durch Schnüre markiert. Das Feld war also geräumt und konnte zum Weinberg werden.

Die neuen Reben, groß wie mein Daumen und mit rotem Wachs betupft, wurden aus den Kleinlastern geladen, während Monsieur Beauchier die Pflanzgeräte überprüfte. Ich hatte angenommen, daß maschinell gepflanzt würde, doch alles, was ich an Maschinen sehen konnte, waren hohle Stahlstangen und ein großes Holzdreieck. Der Pflanztrupp versammelte sich. Jeder erhielt seine Aufgabe zugewiesen, dann begab man sich akkurat in Formation.

Beauchier führte mit dem Holzdreieck, das er wie ein dreiseitiges Steuer benutzte, um Punkte in gleichem Abstand in den Erdboden einzumarkieren. Ihm folgten zwei Männer mit Stahlstäben, die sie in die Markierungen hineinstießen, um Löcher für die Reben zu machen, die von der Nachhut eingesetzt und gefestigt wurden. Die zwei Frauen – Faustins Frau und Tochter – lieferten Reben, Ratschläge und Modekommentare zu den verschiedenen Hüten, die die Männer trugen, besonders zu Faustins neuer, ein wenig fescher Yachtmütze. Die Hunde freuten sich ihres Lebens, indem sie allen in den Weg kamen, Tritten auswichen und sich in den Schnüren verfingen.

Mit fortschreitendem Tage wuchs der Abstand zwischen den Pflanzern. Beauchier war dem letzten oft zweihundert Meter voraus. Die Unterhaltung behinderten solche Entfernungen aber nicht. Es scheint zum Ritual zu gehören, daß längere Diskussionen immer zwischen den beiden Menschen geführt werden, die am weitesten auseinander sind, während die Truppmitglieder dazwischen auf die Hunde fluchen und darüber ratschlagen, wie gerade nun die Schnüre sind oder nicht sind. Und so schritt die lautstarke Prozession voran.

Immer feldauf – feldab, bis in den vollen Nachmittag, als Henriette zwei große Körbe brachte und die Arbeit für eine provenzalische Variante der Kaffeepause unterbrochen wurde.

Der Trupp setzte sich auf eine Grasböschung oberhalb der Reben. Es war wie eine Szene aus Cartier-Bressons Skizzenheft. Man attackierte den Inhalt der Körbe. Es gab vier Liter Wein und einen enormen Haufen von gezuckerten Scheiben gebratenen Brots, die *tranches dorées* genannt werden – dunkelgoldfarbig, knackig und köstlich. Großvater André traf ein, um die geleistete Arbeit zu begutachten, und wir sahen ihn mit seinem Stock kritisch in die Erde pieken und mit dem Kopf nicken. Er kam auf ein Glas Wein herüber und setzte sich in die Sonne wie ein gutmütiger alter Eidechserich, der mit dem Ende seines erdigen Stocks einem Hund den Bauch kraulte und Henriette fragte, was es zum Abendessen gäbe. Er wollte früh essen, damit er sich *Santa Barbara* ansehen konnte, seine Lieblingsschnulzenserie im Fernsehen. Der Wein war ausgetrunken. Die Männer reckten sich, wischten sich die Krümel vom Mund und machten sich wieder an die Arbeit. Am frühen Abend war alles getan, und das ruppige alte Melonenfeld war nicht wiederzuerkennen. Die winzigen Pünktchen von neuen Reben waren gegen die untergehende Sonne gerade noch erkennbar. Der Trupp sammelte sich in unserem Hof, um sich die Rücken zu entspannen und *Pastis* zu konsumieren, und ich nahm Faustin beiseite, um ihn wegen der Bezahlung zu fragen. Wir hatten den Traktor drei Tage lang gebraucht, dazu Dutzende von Arbeitsstunden. Was schuldeten wir ihnen? Faustin war offenbar so begierig, es mir zu erklären, daß er sogar sein Glas absetzen mußte. Wir würden für die Reben zahlen,

70

erklärte er mir, alles andere übernehme das System, nach dem das Tal bewirtschaftet wurde, wonach bei einer größeren Neupflanzung jeder seine Zeit umsonst beisteuerte. Dabei kämen zu guter Letzt alle auf ihre Kosten, sagte er, und es erspare Papierkram und mühsames Verhandeln mit *les fiscs* wegen der Steuern. Er lächelte und tippte sich mit dem Finger an die Nasenwand, und dann fragte er, als ob es sich um eine Kleinigkeit handelte, die eigentlich gar nicht erwähnenswert wäre, ob wir vielleicht gern 250 Spargelpflanzen gesetzt bekämen, da der Traktor und die Leute nun schon mal da seien. Das wurde dann gleich am nächsten Tag besorgt. Soviel zu unserer Theorie, daß in der Provence nichts auf die Schnelle passieren kann.

Der Lubéron klang im Frühling völlig anders. Vögel, die den ganzen Winter über verborgen gewesen waren, kamen aus ihren Verstecken, weil die Jäger verschwunden waren, und statt der Schüsse war nun ihr Zwitschern zu hören. Das einzige störende Geräusch, das sich auf dem Weg zur Massotschen Residenz vernehmen ließ, war ein wütendes Hämmern, und ich fragte mich, ob er sich entschlossen hatte, in Erwartung der kommenden Touristensaison ein Schild *»Zu verkaufen«* anzunageln.

Ich fand ihn auf der Fahrspur jenseits des Hauses in Betrachtung eines 1,80 Meter hohen Pfahls, den er am Rande einer Lichtung in die Erde getrieben hatte. An die Spitze des Pfahls hatte er ein rostiges Stück Blech geschlagen, darauf stand in weißer Farbe nur ein wütendes Wort: *»Privé!«* Drei weitere Pfähle und Schilder lagen noch am Weg, neben einem Haufen Steinen. Massot hatte offensichtlich die Absicht, die Lichtung zu verbarrikadieren. Er grunzte ein »Guten Morgen«, hob den nächsten Pfahl auf und schlug ihn in den Boden, als ob er soeben seine Mutter beleidigt hätte.

Ich wollte wissen, was er da täte.

»Die Deutschen fernhalten«, sagte er und begann Felssteine in den groben Kordon zwischen den Pfählen zu rollen.

Das Stück Land, das er abriegelte, lag in einiger Entfernung zu seinem Haus auf der Waldseite des Pfads. Es konnte unmöglich ihm gehören, und ich erklärte ihm, meiner Meinung nach gehöre das Land zum Nationalpark.

»So ist es«, antwortete er, »aber ich bin Franzose. Es gehört mir also mehr als den Deutschen.« Er rollte einen weiteren Felsbrocken. »Jeden Sommer kommen sie hierher, errichten ihre Zelte und hinterlassen *merde* im ganzen Wald.«

Er reckte sich und steckte sich eine Zigarette an. Die leere Schachtel warf er in den Wald. Ich fragte ihn, ob er daran gedacht hätte, daß ein Deutscher vielleicht sein Haus kaufen könnte.

»Deutsche, die zelten, kaufen nichts außer Brot«, sagte er mit einem Ausdruck der Verachtung. »Sie sollten mal deren Autos sehen – vollgestopft mit deutschen Würsten, deutschem Bier, Dosen von Sauerkraut. Die bringen alles mit. Geizig? Richtige *pisses-vinaigres* sind das.«

In seiner neuen Rolle als Landschaftsschützer und Autorität für die ökonomischen Aspekte des Tourismus erläuterte Massot anschließend das Problem des provenzalischen Bauern. Er gab zu, daß Touristen – sogar deutsche – Geld in die Gegend bringen und daß Leute, die Häuser kaufen, den örtlichen Bauunternehmern Arbeit verschaffen. Aber was haben sie mit den Bodenpreisen gemacht! Es war ein Skandal. Kein Bauer konnte soviel bezahlen. Wir mieden es sorgsam, über Massots eigene Bemühungen in Sachen Bodenspekulation zu sprechen. Er seufzte tief über die ganze Ungerechtigkeit. Dann besserte sich seine Laune, und er erzählte mir die Geschichte von einem Hauskauf, der zu seiner vollen Zufriedenheit geendet hatte.

Da gab es einen Bauern, der hatte jahrelang seines Nachbarn Haus begehrt; nicht wegen des Hauses, das eher eine Ruine war, sondern wegen des Lands, das dazugehörte. Er bot an, das Anwesen zu kaufen, aber sein Nachbar, der das starke Ansteigen der Grundstückspreise nutzte, nahm ein höheres Angebot an – von einem Pariser.

Während des Winters investierte der Pariser Millionen von Francs, um das Haus zu renovieren und einen Swimmingpool zu installieren. Schließlich waren die Arbeiten abgeschlossen und der Pariser kam mit seinen schicken Freunden zum langen Wochenende um den Ersten Mai herunter. Alle sind von dem Haus begeistert und amüsieren sich über den komischen alten Bauern, der nebenan wohnt, vor allem über seine Gewohnheit, abends um acht Uhr schlafen zu gehen.

Um vier Uhr in der Frühe werden die Pariser geweckt von Charlemagne, dem großen, lauten Hahn des Bauern, der zwei Stunden lang pausenlos kräht. Der Pariser beschwert sich beim Bauern. Der Bauer zuckt die Achseln. Man ist hier auf dem Land. Hähne müssen krähen. Das ist ganz normal.

Am nächsten Morgen, und auch am Morgen darauf, ist Charlemagne wieder früh um vier wach und kräht. Das verdirbt die gute Laune, und die Gäste kehren früher nach Paris zurück, um Schlaf nachzuholen. Der Pariser beschwert sich noch einmal beim Bauern, und der Bauer zuckt erneut mit den Schultern. Die Parteien trennen sich feindlich.

Im August kommt der Pariser zurück. Das Haus ist voller Gäste. Charlemagne weckt sie jeden Morgen pünktlich um vier. Bemühungen um ein Nachmittagsnickerchen werden vom Bauern vereitelt, der an seinem Haus zu arbeiten hat – mit einem Schlaghammer und einem lauten Betonmischer. Der Pariser besteht darauf, daß der Bauer seinen Hahn zum Schweigen bringt. Der Bauer weigert sich. Nach mehreren hitzigen Auseinandersetzungen bringt der Pariser den Bauern vor Gericht, um eine Verfügung gegen das laute Krähen des Hahns zu erwirken. Das Urteil ergeht zugunsten des Bauern, und der Hahn setzt seine morgendlichen Serenaden fort.

Der Besuch des Hauses wird am Ende so unerträglich, daß der Pariser es zum Verkauf anbietet. Dem Bauern, der einen Freund als Strohmann vorschickt, gelingt es, den größten Teil des Grunds zu erwerben.

Am Sonntag, nachdem der Kauf über die Bühne ist, feiern der Bauer und sein Freund mit einem riesigen Mittagessen. Als Hauptgericht gibt es Charlemagne, der zu einem köstlichen *coq au vin* geworden ist.

Das sei eine feine Geschichte, meinte Massot – Niederlage für den Pariser, Sieg und mehr Land für den Bauern, ein gutes Mittagessen, da fehle nichts. Ich fragte ihn, ob sie sich wirklich so zugetragen hätte, und er sah mich von der Seite her an und saugte am fransigen Ende seines Schnauzers. »Es zahlt sich nicht aus, einen Bauern zu ärgern.« Mehr sagte er nicht, und ich überlegte: Wenn ich ein deutscher Zelttourist wäre, würde ich es in diesem Sommer lieber mit Spanien versuchen.

Da das Wetter mild blieb, gab es mit jedem Tag neue Zeichen von Wachstum und Grün, und eine der besonders grünen Flächen war der Swimmingpool, der nun giftgrün im Sonnenlicht lag. Es war an der Zeit, Bernard *le pisciniste* mit seinem Algenbekämpfungsgerät herbeizurufen, bevor das Pflanzenleben aus der Tiefe nach oben und durch die Tür ins Haus wuchern würde.

So ein Auftrag wird in der Provence nie einfach mit einem Telefonanruf und fernmündlicher Absprache geregelt. Vielmehr ist ein vorhergehender Inspektionsbesuch erforderlich – das Problem muß abgeschritten werden, es bedarf eines Kopfnickens, man trinkt ein Gläschen oder auch zwei und verabredet sich für ein zweites Mal. Es handelt sich um eine Art Aufwärmübung, auf die nur in wirklichen Notfällen verzichtet wird.

Am Abend, als Bernard eintraf, um sich den Pool anzusehen, schrubbte ich eben die Grüngirlande ab, die sich just über dem Wasserspiegel gebildet hatte, und er sah mir ein paar Augenblicke zu, bevor er sich auf seinen Hacken niederließ und mir mit einem Finger unter der Nase herumfuchtelte. Ich hatte irgendwie eine Ahnung, was sein erstes Wort sein würde. »*Non*«, sagte er, »Sie dürfen nicht schrubben. Sie müssen es behandeln. Ich werde ein Produkt bringen.« Wir überließen den grünen Pelz sich selbst und begaben uns zu einem Gläschen ins Haus. Bernard erläuterte, warum es ihm nicht möglich gewesen war, früher zu kommen. Er hatte unter Zahnweh gelitten, aber in der näheren Umgebung keinen Zahnarzt finden können, der bereit gewesen wäre, ihn zu behandeln, und zwar wegen des seltsamen Reflexes, unter dem er litt: Er biß Zahnärzte. Er könne sich nicht zurückhalten. Es sei ein unheilbarer Reflex. In dem Moment, da er einen forschenden Finger in seinem Mund fühlt – *tak!* –, beißt er zu. Er hatte den einzigen Zahnarzt in Bonnieux und vier Zahnärzte in Cavaillon schon einmal gebissen und nach Avignon fahren müssen, wo er in Dentistenkreisen unbekannt war. Glücklicherweise hatte er einen Zahnarzt gefunden, der sich zu wehren wußte und Bernard für die Dauer der Behandlung mit Anästhesie völlig lahmgelegt hatte. Der Zahnarzt hatte ihm hinterher erklärt, er hätte ein Gebiß aus dem 18. Jahrhundert.

18. Jahrhundert hin oder her – die Zähne schienen äußerst weiß und gesund im Farbkontrast zu dem schwarzen Bart, während Bernard lachte und redete. Er war ein Mann mit großem Charme und, obwohl er in der Provence geboren war, überhaupt kein ländlicher Einfaltspinsel. Er trank Scotch, je älter, desto besser, lieber als *Pastis,* und hatte ein Mädchen aus Paris geheiratet, das, wie wir vermuteten, wahrscheinlich für seine Garderobe mitverantwortlich war. Stoffstiefel und alte Blauhosen und ausgefranste, ausgeblichene Hemden, wie wir sie gewohnt waren – das war nichts für ihn. Bernard war modisch gekleidet von seinen weichen Lederschuhen bis zu seiner Riesenauswahl an Designer-Sonnenbrillen. Wir fragten uns, in welchem Aufzug er wohl zum Chloren und Bassinsäubern erscheinen würde. Beides war erforderlich, bevor das Becken wieder menschlichem Gebrauch zugeführt werden konnte.

Der Tag des Frühjahrsputzes rückte heran, und Bernard kam mit Sonnenbrille in grauen Flanellhosen und Blazer die Treppe hoch und wirbelte mit einem Regenschirm herum für den Fall, daß der Regen, den die Wettervorhersage angesagt hatte, unsere Gegend tatsächlich erreichen sollte. Ihm folgte mit einiger Mühe – und lüftete somit das Geheimnis von Bernards dauernder Eleganz – ein kleiner, schruppiger Mann, gebückt unter der Last von Töpfen mit Chlor, Bürsten und einer Saugpumpe. Es war Gaston, der die eigentliche Arbeit verrichten würde – unter der Aufsicht von Bernard.

Am späteren Morgen ging ich hinaus, um nachzusehen, wie die Arbeit vorankam. Ein feiner Nieselregen hatte eingesetzt. Der durchnäßte Gaston rackerte sich mit der Saugpumpe ab, während Bernard, den Blazer unterm Regenschirm nonchalant über die Schultern gehängt, die Operation vom Trockenen aus dirigierte. Das ist ein Mann, dachte ich, der etwas vom Delegieren versteht. Wenn irgendwer wüßte, wie wir den Steintisch in den Hof bekamen, dann Bernard. Ich rief ihn von seinen Pflichten am Rand des Schwimmbeckens fort. Wir gingen die Lage studieren.

Mit der Unkrautgarnierung sah der Tisch größer, schwerer und dauerhafter aus als je zuvor, aber das raubte Bernard nicht den Mut. »*C'est pas méchant*«, meinte er. »Ich kenn jemand, der kriegt das in einer halben Stunde hin.« Ich stellte mir einen schweißtriefenden Riesen vor, der nach Wettkämpfen und Tauziehen mit Pferdegespannen zur Abwechslung die großen Steinplatten hievte, aber es war viel prosaischer. Bernards Mann hatte soeben eine Maschine angeschafft, *un bob*, die Miniaturausführung eines Gabelstaplers und schmal genug, um die Eingangstür zum Hofe passieren zu können. *Voilà!*

Der Besitzer von *le bob* wurde angerufen und traf innerhalb einer halben Stunde ein und war darauf erpicht, seine neue Maschine in aktiven Dienst zu stellen. Er maß die Breite der Toreinfahrt und schätzte das Gewicht des Tisches. Kein Problem; *le bob* würde es schaffen. Hier und da wäre eine kleine Adjustierung erforderlich, aber das könne ein Maurer besorgen. Man müsse nur den Fenstersturz über dem Torbogen entfernen – nur für fünf Minuten, der nötigen Höhe wegen, damit der Transport darunter durchkam. Ich schaute zum Fenstersturz empor. Es war ein weiteres Stück Stein, über einen Meter breit, mehr als zwanzig Zentimeter dick und tief in die Seitenwand des Hauses eingelassen. Es hätte eine größere Demolierung bedeutet – soviel war selbst meinen Laienaugen ersichtlich. Der Tisch blieb, wo er war.

Das verdammte Ding war zum täglichen Frust geworden. Da waren wir nun im warmen Klima, und die Jahreszeit, da man im Freien essen konnte, stand unmittelbar bevor – all die Tage, von denen wir im fernen England und den ganzen Winter über geträumt hatten –, und wir hatten nirgends die Möglichkeit, eine Schüssel mit Oliven hinzustellen, ganz zu schweigen von einem Essen mit fünf Gängen. Wir dachten ernsthaft daran, Pierrot im Steinbruch anzurufen und ihn zu bitten, uns mit der Rugbymannschaft in Carcassone bekannt zu machen, aber dann schaltete sich die Vorsehung ein – mit quietschenden Bremsen und einem verstaubten Cockerspaniel.

Didier hatte an seinem Haus auf der anderen Seite von Saint-Rémy zu tun gehabt und war von einem uniformierten Gendarm angesprochen worden. Ob, so wollte der Gendarm wissen, wohl irgendwo Interesse bestünde an einer Ladung von verwitterten Steinen, alten, überwachsenen Steinen, die einer Mauer sofort ein gewisses Alter geben würden? Nun fügte es der Zufall, daß eine der Arbeiten auf der langen Auftragsliste Didiers im Errichten von eben so einer Mauer vor unserem Haus bestand, und deshalb hatte er gleich an uns denken müssen. Der Arm des Gesetzes wünschte *au noir* bezahlt zu werden, aber Steine dieser Art seien gar nicht so leicht zu finden. Ob wir sie haben wollten?

Wir hätten mit dem größten Vergnügen sogar eine halbe Tonne Vogelkot genommen, nur um Didier und seine Gefolgschaft wieder herzubekommen. An die hatten wir als

Träger für unseren Tisch oft gedacht; sie schien wie ein Wink des Himmels. Doch, die Steine nähmen wir, und ob er uns bei diesem Tisch dort eine Hand reichen könnte? Er warf einen Blick darauf und grinste. »Vierzehn Hände«, sagte er. »Ich komme am Samstag mit zwei Männern, wenn ich die Steine bringe. Die übrigen müssen Sie auftreiben.« Abgemacht – endlich würden wir unseren Tisch haben. Meine Frau begann unsere erste Freiluftmahlzeit des Jahres zu planen.

Wir lockten drei mehr oder weniger körperlich tüchtige junge Männer mit dem Versprechen von Speis und Trank herbei, und als Didier mit seinen Assistenten eintraf, nahmen wir zu siebt unsere Positionen rund um den Tisch ein, um mit dem Ritual des In-die-Hände-Spuckens anzufangen und zu überlegen, wie wir die Fünfzehn-Meter-Strecke angehen sollten. In solchen Situationen ist jeder Franzose ein Fachmann, und so gab es verschiedene Theorien: Der Tisch sollte auf Pfählen gerollt werden; nein, er sollte auf einer Holzdrehscheibe gerollt werden; Unsinn, für das große Stück Weg konnte er vom Laster geschoben werden. Didier ließ jeden ausreden, und dann befahl er uns, zwei Männern auf jeder Seite, den Tisch anzuheben; er selbst übernahm die vierte Seite allein. Mit einem zögerlich saugenden Geräusch löste der Stein sich vom Boden, und wir taumelten die ersten fünf Meter vorwärts. Die Adern traten von der Anstrengung hervor. Didier gab ununterbrochen Anweisungen. Weitere fünf Meter, dann mußten wir den Stein drehen, damit er durch die Toreinfahrt paßte.

Das Gewicht war brutal. Wir waren bereits ins Schwitzen gekommen. Wir litten, und wenigstens einer von uns dachte, er wäre für solche Arbeiten langsam wohl doch ein bißchen alt. Aber dann ruhte der Tisch auf der Seite, um behutsamst in den Hof vorgerückt zu werden.

»Jetzt«, sagte Didier, »wird es lustig.« Es gab auf beiden Seiten des Tisches nur Platz für zwei Männer, und sie mußten das Gewicht halten, während die anderen schoben und zogen. Zwei riesige Schweißgurte wurden unter dem Tisch durchgezogen, und wieder wurde in die Hände gespuckt. Meine Frau verschwand im Innern des Hauses. Sie brachte es nicht übers Herz mitanzusehen, wie Füße zermanscht wurden und vier Männer gleichzeitig einen Leistenbruch bekamen. »Macht, was ihr wollt«, sagte Didier, »nur loslassen dürft ihr nicht. *Allez!*« Und mit Flüchen und weißen Knöcheln und im Grunzchor, der einem Elefantenweib in den Wehen Ehre gemacht hätte, kriegten wir den Tisch schließlich durchs Tor und in den Hof.

Wir verglichen unsere Wunden und Verrenkungen, bevor wir den Sockel aufstellten – eine relativ unbedeutende Konstruktion mit einem Gewicht von nur drei Zentnern – und ihn mit Beton überzogen. Ein letztes Anheben, und die Platte saß, aber Didier war nicht zufrieden – sie saß nicht auf den Millimeter genau in der Mitte. Eric, der Hauptassistent, mußte auf allen vieren unter dem Tisch knien. Er trug das Hauptgewicht auf seinem Rücken, während die Platte genau in die Mitte gerückt wurde, und ich überlegte nur, ob ein Tod durch Zermalmen auf meinem Anwesen von der Versicherung gedeckt wurde. Zu meiner Erleichterung kam Eric ohne sichtliche Verletzung wieder nach oben, obwohl, wie Didier fröhlich bemerkte, es die inneren Verletzungen sind, die einen Mann seiner Art von der Arbeit fernhalten. Ich hoffte, er scherzte.

Bier machte die Runde. Der Tisch wurde bewundert. Er sah

ganz genau so aus, wie wir ihn uns an jenem Februarnachmittag vorgestellt hatten, als wir seine Umrisse in den Schnee gezeichnet hatten. Er hatte die richtige Größe und paßte zum Stein der Hofmauer. Die Schweißflecken und Blutspuren würden rasch trocknen – und dann konnte das Essen aufgetragen werden.

In unsere freudige Erwartung der Mahlzeiten draußen im Freien mischte sich nur ein leises Bedauern. Es war just das Ende der Saison für jenen häßlichen, aber köstlichen Pilz, der beinahe in Gold aufgewogen zu werden verdient – den frischen Trüffel aus dem Vaucluse.

Den Trüffel umgibt eine Geheimwelt. Fremde können von ihr einen flüchtigen Eindruck gewinnen, indem sie eins der Dörfer in der Umgebung von Carpentras aufsuchen. Die Cafés dort machen rasche Umsätze mit Frühstücksschwenkern von *marc* und Calvados, und ein unbekanntes Gesicht in der Tür bringt die Gespräche im Flüsterton schlagartig zum Stocken. Draußen stehen Männer dichtgedrängt und voll konzentriert beieinander, mustern, schnüffeln und wiegen warzige, verkrustete, erdbedeckte Stücke, die mit Ehrfurcht und Sorgfalt gehalten werden. Geld wechselt die Hände – fette, schmuddlige Packen von Scheinen, Ein-, Zwei- und Fünfhundertfrancscheinen, die mit vielerlei Daumenlecken doppelt nachgezählt werden. Die Aufmerksamkeit Außenstehender ist unerwünscht.

Dieser inoffizielle Markt ist ein Frühstadium in jenem Prozeß, der auf den Tischen von Drei-Sterne-Restaurants und auf den Ladentheken von ruinös teuren Pariser Delikatessengeschäften wie Fauchon und Hédiard endet. Doch selbst inmitten von Nirgendwo, wo man direkt von Männern mit Dreck unter den Fingernägeln und einem Mundgeruch nach

Knoblauch, mit verbeulten, altersschwachen Autos, mit alten Körben und Plastiktüten statt der smarten Attachékörferchen kauft – selbst hier sind die Preise, wie es so schön heißt, *très sérieux*. Trüffel werden nach Gewicht verkauft. Maßeinheit ist das Kilo. Nach dem Stand von 1987 kostete ein Kilo Trüffel auf dem Dorfmarkt mindestens 2000 Francs; gezahlt wird bar. Schecks werden nicht akzeptiert. Quittungen gibt es nicht, weil der *truffiste* nicht scharf darauf ist, bei dem verrückten Spiel mitzumachen, das unter dem Begriff Einkommensteuer von der Regierung veranstaltet wird.

Der Basispreis beläuft sich also auf 2000 Francs das Kilo. Mit ein bißchen Massage durch verschiedene Mittelsmänner steigt der Preis wahrscheinlich aufs Doppelte, bis die Trüffel ihre ideale Heimat in den Küchen von Bocuse oder Troigros erreichen. Bei Fauchon könnte er leicht auf 5000 Francs gestiegen sein, aber dort akzeptiert man immerhin Schecks.

Es gibt zwei Gründe, warum solch absurde Preise noch immer gezahlt werden und weiterhin steigen – der erste, klar, ist der, daß nichts auf Erden so gut riecht oder schmeckt wie frische Trüffel. Der zweite ist der, daß es den Franzosen allen Anstrengungen und Geistesblitzen zum Trotz, die sie diesem Problem gewidmet haben, nicht gelungen ist, Trüffel anzubauen. Sie geben nicht auf. Es ist nicht ungewöhnlich, im Vaucluse auf Felder zu stoßen, wo neben Schildern mit der Warnung *Zutritt verboten* Trüffeleichen gepflanzt worden sind. Doch die Vermehrung von Trüffeln scheint eine risikoreiche Sache, auf die sich nur die Natur versteht – die damit zur Rarität und zum hohen Preis das ihre beisteuert. Menschliche Versuche, Trüffel zu züchten, haben nicht viel gebracht. Deshalb gibt es vorläufig nur eine Möglichkeit, Trüffel zu genießen, ohne dafür ein kleines Vermögen auszugeben: Man muß selbst welche finden.

Wir waren glücklich, einen Experten gewissermaßen als Dauergast bei uns zu haben und von ihm eine kostenlose Einführung zu bekommen. Ramon der Gipser kannte sich aus. Er hatte über die Jahre alles ausprobiert und gab zu, bescheidene Erfolge erzielt zu haben. Er war großzügig mit seinem Rat, und während er seinen Gips glattstrich und sein Bier trank, sagte er uns genau, was wir zu tun hätten. (Er sagte uns allerdings nicht, *wo* wir suchen müßten, aber das hätte uns kein Trüffelkenner verraten.)

Es kommt alles nur, so erklärte er, auf den richtigen Moment, auf Kenntnis und Geduld an, sowie auf ein Schwein oder einen abgerichteten Hund oder einen Stock. Trüffel wachsen einige Zentimeter unter der Erde an den Wurzeln bestimmter Eichen oder Haselnußbäume. Während der Saison von November bis März kann man sie mit der Nase aufspüren, vorausgesetzt, man hat das richtige Modell. Der optimale Trüffeldetektor ist das Schwein mit seiner angeborenen Liebe für den Geschmack von Trüffeln. Der Geruchssinn von Schweinen ist in diesem Punkt dem des Hundes überlegen. Da gibt es allerdings ein Problem: Das Schwein gibt sich im Erfolgsfall nicht damit zufrieden, mit dem Schwanz zu wedeln. Es will die Trüffel auch fressen. Es ist absolut wild darauf, sie zu fressen. Und, wie Ramon erklärte, mit einem Schwein am Rande gastronomischer Ekstase ist nicht zu reden. Es läßt sich nicht leicht ablenken, und es ist auch nicht von einer Größe, daß man es mit der einen Hand fernhalten kann, während man die Trüffel mit der anderen vor ihm in Sicherheit bringt. Da steht es nun, fest entschlossen, mit den Maßen eines Minitraktors, und weigert sich, von den Trüffeln zu lassen. Angesichts dieses elementaren Strukturfehlers überraschte uns Ramons Mitteilung nicht, der leichter gebaute und folgsamere Hund erfreue sich bei der Trüffelsuche wachsender Beliebtheit.

Im Unterschied zu Schweinen graben Hunde nicht instinktiv nach Trüffeln. Sie müssen dazu trainiert werden. Ramon bevorzugte die Würstchenmethode. Man nimmt ein Stück Wurst und reibt es mit einem Trüffel oder tunkt es in Trüffelsaft, damit der Hund den Trüffelgeruch mit dem Geschmack himmlischer Freßfreuden verbindet. Schritt für Schritt – oder, wenn der Hund intelligent und ein Gourmet ist, in großen Sätzen – wird der Hund Ihre Begeisterung für Trüffel teilen und zu Feldstudien bereit sein. Wenn das Training gründlich gewesen ist, Ihr Hund für solche Arbeit das richtige Temperament mitbringt und Sie wissen, wo man zu suchen hat, so könnten Sie Glück haben und sich in Gesellschaft eines *chien truffier* finden, der Ihnen den Weg zum vergrabenen Schatz weist. Und in dem Moment, wenn er zu graben beginnt, bestechen Sie ihn mit einem Stück trüffelbestrichener Wurst, um selbst freizulegen, was sich hoffentlich als ein Klumpen des schwarzen Goldes erweist.

Ramon hatte sich persönlich für eine andere Methode entschieden, nämlich für die Stocktechnik, die er uns vorführte, indem er auf Zehenspitzen, einen imaginären Stab vor sich her tragend, die Küche durchschritt. Und auch dabei muß man natürlich wissen, wo man zu suchen hat, aber außerdem die richtige Witterung abwarten. Wenn die Sonne auf die Wurzeln einer wahrscheinlich richtigen Eiche scheint, nähern Sie sich behutsam. Sie stochern sanft am Fuß des Baums herum. Falls eine aufgescheuchte Fliege senkrecht aufsteigen sollte, so markieren Sie den Fleck und beginnen zu graben.

Sie haben eventuell eine Angehörige jener Fliegenfamilie erschreckt, die genetisch programmiert ist, ihre Eier auf den Trüffel zu legen. (Womit sie zweifellos ein gewisses *je ne sais quoi* an Geschmacksqualität beisteuert.) Viele Bauern im Vaucluse haben diese Technik gewählt, weil das Herumwandern mit einem Stock weniger auffallend ist, als mit einem Schwein herumzulaufen; so können sie ihre Tätigkeit leichter geheimhalten. Trüffeljäger möchten ihre Quellen gern schützen.

So zufällig und unvorhersehbar das Auffinden von Trüffeln auch sein mag – es scheint eine ehrliche und geradlinige Angelegenheit zu sein, im Vergleich mit der Gaunerei, die beim Verkauf und Vertrieb der Trüffel vorherrscht. Ramon weihte uns mit häufigem Augenzwinkern und mancherlei Rippenstößen in die gängigsten trüben Geschäftsmethoden ein. Natürlich ist in Frankreich alles eßbar. Doch gewisse Gegenden haben den Ruf, beste Qualität hervorzubringen – die besten Oliven kommen aus Nyons, der beste Senf aus Dijon, die besten Melonen aus Cavaillon, die beste Sahne aus der Normandie. Die besten Trüffel kommen nach allgemeiner Übereinstimmung aus dem Périgord. Für die zahlt man natürlich mehr. Wie wollen Sie aber wissen, daß die Trüffel, die Sie in Cahors kaufen, in Wirklichkeit nicht ein paar hundert Kilometer weiter weg im Vaucluse gefunden wurden? Entweder Sie *wissen* es und vertrauen Ihrem Lieferanten, oder Sie können da keineswegs sicher sein. Ramons Insiderinformationen liefen darauf hinaus, daß fünfzig Prozent der Trüffel, die im Périgord verkauft werden, anderswo ausgegraben werden und anschließend »adoptiert« worden sind.

Dann gibt es die komische Sache mit den Trüffeln, die auf irgendeine Weise zwischen dem Verlassen des Erdbodens und der Ankunft auf der Waage an Gewicht zulegen. Es könnte sein, daß sie mit einer Extraschicht Erde als Geschenkpackung eingewickelt worden sind. Andererseits ist es möglich, daß eine viel schwerere Substanz ihren Weg ins Innere der Trüffel gefunden hat – unsichtbar, bis Ihr Messer auf ein Stückchen Metall stößt. *Ils sont vilains, ces types!* Selbst wenn Sie bereit sein sollten, auf das Aroma frischer Trüffel zu verzichten und Trüffel in der Dose kaufen – selbst dann können Sie nicht absolut sicher sein. Es gibt da Gerüchte. Es hat Hinweise gegeben, daß gewisse französische Döschen in Wirklichkeit italienische oder spanische Trüffel enthalten. (Was, wenn es stimmt, eine der gewinnträchtigsten und am wenigsten propagierten Kooperationen innerhalb des Gemeinsamen Marktes sein dürfte.)

Und doch, trotz all des Flüsterns über Tricks und Preise, die Jahr für Jahr lächerlicher werden, folgen die Franzosen ihren Nasen und greifen in die Taschen, und wir taten es auch, als wir hörten, daß die letzten Trüffel der Saison in einem unserer Lieblingsrestaurants der Umgebung serviert wurden. *Chez Michel* ist die Dorfbar von Cabrières und das Hauptquartier des Clubs der *Boules*-Spieler und ohne die Art von Mobiliar oder steife Förmlichkeit, die bei den Prüfern des Guide Michelin große Aufmerksamkeit erregen könnte. Vorn spielen alte Männer mit Karten; die Gäste des Restaurants essen vorzüglich im hinteren Raum. Der Chef kocht selbst. Madame, seine Frau, nimmt die Bestellungen entgegen. Familienmitglieder helfen an den Tischen und in der Küche. Es ist der Typ des gemütlichen Bistros nebenan, ohne offenkundige Absicht, das kulinarische Karussell mitzumachen, das begabte Köche in Markenzeichen und angenehme Restaurants in Tempel von Spesenrittern verwandelt.

Madame wies uns einen Tisch zu und brachte uns zu trinken, und wir erkundigten uns nach den Trüffeln. Sie rollte mit den Augen und verzog fast schmerzhaft das Gesicht. Einen Augenblick lang glaubten wir schon, sie seien ausgegangen. Es handelte sich aber nur um ihre Reaktion auf die Unfairneß des Lebens, die sie uns anschließend erklärte.

Ihr Mann Michel liebt das Kochen mit frischen Trüffeln. Er hat seine Lieferanten, und er zahlt, wie jedermann zahlen muß, bar auf die Hand, ohne dafür eine Quittung zu bekommen. Für ihn ist das ein wesentlicher und legitimer Kostenfaktor, den er aber nicht gegen die Einnahmen verrechnen kann, weil es keinen Papierbeleg gibt, der die Ausgaben dokumentiert. Außerdem weigert er sich, selbst bei Speisen, die mit Trüffeln gespickt sind, die Preise über ein Niveau anzuheben, das seine regulären Kunden beleidigen würde. (Im Winter hat er nur örtliche Kundschaft, die sparsam mit ihrem Geld umgeht; die großen Spendierer kommen meist nicht vor Ostern in die Gegend.)

Das war das Problem, und Madame tat, was sie konnte, es philosophisch hinzunehmen, als sie uns eine Kupferkanne zeigte, die steuerlich unverrechenbare Trüffel im Wert von einigen tausend Francs enthielt. Wir wollten wissen, warum Michel das machte, und sie gab die klassische Antwort: Schultern und Brauen zogen sich gleichzeitig hoch, die Ecken des Mundes fielen herab. »*Pour faire plaisir*«, sagte sie.

Wir aßen Omelettes. Sie waren saftig, fett und schaumig, mit einem winzigen, tiefschwarzen Korn Trüffel in jedem Bissen – ein letzter reicher Geschmack von Winter. Wir wischten unsere Teller mit Brot aus und versuchten zu raten, was so ein Traum wohl in London kosten würde; wir kamen zu dem Schluß, daß wir soeben ein Vermögen verzehrt hatten. Ein

Vergleich mit Londoner Preisen ist eine sichere Methode, um in der Provence jede Extravaganz rechtfertigen zu können.

Michel kam aus der Küche, um die Runde zu machen, und bemerkte unsere Teller – sauber wie abgenagte Knochen. »Waren sie gut, die Trüffel?« Besser als gut, sagten wir. Er berichtete, der Händler, der sie ihm verkauft hatte – einer der alten Gauner des Geschäfts –, sei eben erst ausgeraubt worden. Der Einbrecher hatte einen Pappkarton mitgehen lassen, der mit Bargeld vollgestopft war, alles in allem über 100 000 Francs. Der Händler hätte aber nicht gewagt, den Verlust zu melden, aus Angst, daß es zu unangenehmen Fragen kommen könnte, woher er denn das Geld gehabt hätte. Jetzt beklage der Mann seine Armut. Und im nächsten Jahr würden die Trüffel noch teurer. *C'est la vie.*

Wir kamen nach Hause und hörten das Telefon klingeln. Das ist ein Geräusch, das uns beiden zuwider ist. Es verursacht stets ein gewisses Wetteifern darin, wer von uns beiden es schafft, nicht antworten zu müssen. Wir sind, was Telefonanrufe betrifft, zutiefst mißtrauisch; sie kommen irgendwie immer im falschen Moment, und sie kommen zu plötzlich und schleudern einen in ein Gespräch, auf das man nicht vorbereitet ist. Briefe sind dagegen ein reines Vergnügen; nicht zuletzt deswegen, weil sie einem Zeit lassen, über die Antwort nachzudenken. Aber die Leute schreiben keine Briefe mehr. Sie sind zu beschäftigt, sie haben es zu eilig, oder aber – und damit verunglimpfen sie einen Dienstleistungsbetrieb, dem es doch immerhin gelingt, *Rechnungen* zuzustellen – sie mißtrauen der Post. Wir haben gelernt, dem Telefon nicht zu trauen, und ich nahm den Hörer ab, als müßte ich einen längst toten Fisch anfassen.

»Wie ist das Wetter?« fragte eine Stimme, die ich nicht erkannte.

Ich sagte, das Wetter sei schön. Das muß den Ausschlag gegeben haben, weil der Anrufer sich daraufhin als Tony vorstellte. Er war kein Freund von uns, nicht einmal der Freund eines Freundes, sondern bloß ein Bekannter eines Bekannten. »Suche da unten nach'm Haus«, sagte Tony mit der bellenden Zeit-ist-Geld Stimme, die Manager annehmen, wenn sie über Autotelefon mit ihrer Frau sprechen. »Dachte, Sie könnten helfen. Will vor dem Osterverkehr unten sein. Bevor die Franzis die Preise hochtreiben.«

Ich bot an, ihm die Namen von Grundstücksmaklern zu besorgen. »Kleines Problem«, sagte er. »Kann kein Französisch. Reicht nur für Restaurants. Mehr nicht.« Ich bot an, ihm den Namen eines zweisprachigen Maklers zu liefern, aber damit war es auch nicht getan. »Will nicht an einen Makler gebunden sein. Strategisch unklug. Kein Verhandlungsspielraum.«

Wir hatten im Gespräch den Punkt erreicht, wo ich – erwartungsgemäß – meine persönlichen Dienste anbiete oder aber die aufknospende Beziehung abbreche, bevor sie sich entfalten könnte. Die Chance hatte ich nicht.

»Muß aufhören. Keine Zeit. Holen wir nach, wenn ich nächste Woche unten bin.« Und dann diese entsetzlichen Worte, die jeder Hoffnung ein Ende bereiteten. »Keine Sorge. Hab Ihre Adresse. Werde Sie finden.«

Die Leitung war tot.

April

Es war einer von diesen Tagen, an denen unter einem Streifen blauen Himmels der Frühnebel in nassen Tüchern im Tal hängt, und als wir von unserem Morgenspaziergang heimkehrten, waren die Hunde feuchtglatt, und ihre Barthaare glitzerten in der Sonne. Sie bemerkten den Fremden zuerst, tigerten um ihn herum und taten so, als ob sie gefährlich seien.

Er stand am Swimmingpool, wehrte ihre Aufmerksamkeit mit einer maskulin gestylten Handtasche ab und kam dabei dem tiefen Ende des Beckens immer näher. Er schien erleichtert, uns zu sehen.

»Hunde in Ordnung? Ja? Keine Tollwut oder so?« Die Stimme war unverkennbar. Es war Tony aus London. Er leistete uns mitsamt seiner Handtasche beim Frühstück Gesellschaft. Er war hochgewachsen, mit einer gut gepolsterten Gürtellinie, trug eine getönte Brille, sorgsam gewelltes Haar und die Freizeitkleidung, wie sie Engländer, ohne Rücksicht auf das Wetter, in der Provence tragen.

Er nahm Platz und holte einen dicken Filofax aus seiner Aktentasche hervor, einen Goldfüllfederhalter, eine Schachtel *Duty-Free*-Zigaretten der Marke Cartier und ein goldenes Feuerzeug. Auch die Armbanduhr war aus Gold. Ich war mir sicher, daß in seinen Brusthaaren Goldmedaillons nisteten. Er erklärte, er sei in der Werbung tätig.

Er gab uns einen kurzen, doch extrem schmeichelhaften Abriß seines beruflichen Werdegangs. Er hatte eine eigene Werbeagentur gegründet, sie aufgebaut – »Ein hartes Geschäft. Verdammt scharfe Konkurrenz.« – und eben die Mehrheit seiner Anteile verkauft, für schweres Geld, wie er sagte, und einen Fünfjahresvertrag als Geschäftsführer. Jetzt, so behauptete er, könne er endlich ausspannen – obwohl wir wirklich nie darauf gekommen waren, daß er jemand war, der die geschäftlichen Probleme in London zurückgelassen hatte. Er war unruhig, sah ständig auf die Uhr, sortierte die Gegenstände vor sich auf dem Tisch um und wieder um, rückte die Brille zurecht, rauchte mit tiefen, unkonzentrierten Zügen. Plötzlich stand er auf.

»Okay, wenn ich kurz anrufe? Welche Vorwahl hat London?«

Meine Frau und ich hatten das als unvermeidlichen Bestandteil eines Besuchs aus England zu verstehen gelernt. Er kommt herein, er bekommt einen Drink oder eine Tasse Kaffee, er tätigt einen Anruf, um sich zu vergewissern, daß seine Firma während der ersten Stunden seiner Abwesenheit nicht zusammengebrochen ist. Die Routine ist immer die gleiche, und genauso vorhersehbar wie diese Routine ist auch der Inhalt des Telefonats.

»Hallo. Ich bin's. Ja, ich rufe aus der Provence an. Alles in Ordnung? Irgendwelche Nachrichten? Ach so. Gar keine? David hat nicht zurückgerufen? Scheiße. Hör zu, ich bin heut viel unterwegs. Du kannst mich aber erreichen (was ist Ihre Nummer?). Hast du's? Was? Ja, das Wetter ist herrlich. Ruf später wieder an.«

Tony legte den Hörer auf und versicherte uns, in seiner Firma sei alles in Ordnung. Sie käme ohne ihn einigermaßen zurecht. Er sei jetzt in der Lage, seine – und unsere – Kräfte dem Erwerb einer Immobilie zu widmen.

Ein Hauskauf in der Provence ist nicht ohne Komplikationen, und es wird rasch verständlich, warum vielbeschäftigte und effiziente Manager aus Großstädten, die rasche Entscheidungen und rasch ausgehandelte Geschäfte gewohnt sind, nach Monaten umständlicher Verhandlungen, die nirgends hinführen, oft aufgeben. Die erste Überraschung – eine von vielen –, die jedesmal mit Beunruhigung und Unglauben zur Kenntnis genommen wird, ist die Tatsache, daß jeder Besitz mehr kostet, als in der Annonce angegeben ist. Das ist hauptsächlich deshalb so, weil die französische Regierung bei solchen Transaktionen immer rund acht Prozent kassiert. Dann kommen die hohen Notariatskosten hinzu. Und manchmal erfolgt der Kauf unter der Bedingung, daß der Makler vom Käufer drei bis fünf Prozent des Kaufpreises als Gebühr erhält. Ein Käufer muß, wenn er Pech hat, manchmal bis zu knapp fünfzehn Prozent über dem angegebenen Kaufpreis zahlen.

Es gibt allerdings ein weitverbreitetes Ritual ehrbaren Betrugs, das den doppelten Vorteil hat, der allen Franzosen lieb und teuer ist – Geld zu sparen und die Regierung zu foppen. Es handelt sich um den Kauf mit zwei Preisen. Ein typisches Beispiel sähe folgendermaßen aus: Monsieur Rivarel, ein Geschäftsmann aus Aix, möchte ein altes Landhaus verkaufen, das er geerbt hat. Er will dafür eine Million Francs. Da es sich nicht um seinen Hauptwohnsitz handelt, muß er den Gewinn aus dem Verkauf versteuern – ein für ihn schmerzlicher Gedanke. Also faßt er den Entschluß, daß der offizielle, dokumentierte Kaufpreis – der *prix declaré* – 600 000 Francs beträgt, und dafür zahlt er zähneknirschend die Steuern. Er tröstet sich damit, daß ihm die Differenz in Höhe von 400 000 Francs bar ausgehändigt wird, unter dem Tisch. Das, so führt er aus, ist nicht nur für ihn eine *affaire intéressante,* sondern auch für den Käufer, weil alle offiziellen Gebühren und Abgaben auf dem niedrigeren Preis basieren, also dem offiziell deklarierten Preis. *Voilà!* Und alle sind glücklich.

Die praktische Seite solcher Arrangements erfordert ein Gespür für den richtigen Moment und ein hohes Taktgefühl auf seiten des Notars, wenn der Zeitpunkt zur Unterschrift gekommen ist. Alle interessierten Parteien – der Käufer, der Verkäufer und der Grundstücksmakler – haben sich im Notariatsbüro versammelt; der Kaufvertrag wird laut vorgelesen, Zeile für (endlos wirkende) Zeile. Der im Vertrag bezifferte Preis ist 600 000 Francs. Die 400 000 Francs in bar, die der Käufer mitgebracht hat, müssen dem Verkäufer überreicht werden. Es wäre jedoch höchst unschicklich, wenn das in Anwesenheit des Notars geschähe. Der Notar verspürt daher ein dringendes Bedürfnis und bleibt auf dem WC, bis die Scheine gezählt sind und den Besitzer gewechselt haben. Dann kann er zurückkehren, den Scheck für den deklarierten Preis akzeptieren und die Unterzeichnung überwachen, ohne seinen juristischen Ruf zu kompromittieren. Es ist, ziemlich unfreundlich, bemerkt worden, die Grundvoraussetzungen eines Notars auf dem Lande seien ein blindes Auge und eine diplomatische Blase. Vor dem Besuch des Notars gilt es jedoch viele Hürden zu überwinden, und eines der Hauptprobleme besteht in der mehrfachen Eigentümerschaft. Nach französischem Recht wird Eigentum normalerweise den Kindern vererbt, wobei jedes Kind gleiche Anteile hat. Alle müssen ihre Zustimmung geben, bevor ihr Erbe verkauft wird, und je mehr Kinder es gibt, desto unwahrscheinlicher wird ein Verkauf, wie im Fall eines Bauernhauses in unserer Nachbarschaft. Es ist von einer Generation auf die nächste übergegangen, und in seinen Besitz teilen sich inzwischen vierzehn Vettern und Kusinen, von denen drei korsischer Herkunft sind, mit denen deshalb also laut unseren französischen Freunden eine Einigung unmöglich ist. Verschiedene Kaufinteressenten haben ihre Angebote gemacht, doch bei jeder möglichen Gelegenheit waren neun Vettern und Kusinen dafür, zwei unentschlossen und die Korsen dagegen. Das Bauernhaus ist noch immer nicht verkauft und wird zweifellos auf die achtunddreißig Kinder der vierzehn Vettern und Kusinen übergehen, um am Ende 175 entfernten Verwandten zu gehören, die einander nicht trauen.

Selbst wenn ein Besitz nur einem einzigen habsüchtigen Bauern wie Massot gehört, ist eine problemlose Transaktion nicht unbedingt gewährleistet. Der Bauer mag einen Preis fordern, den er für absurd hoch hält – eine Summe, die ihn bis ans Ende seiner Tage mit Essen und Trinken versorgen würde. Ein Käufer erscheint und akzeptiert diesen inflationären Preis. Der Bauer vermutet sofort einen Trick. Das ging ihm zu rasch. Der Preis muß zu niedrig sein. Er nimmt das Haus vom Markt, um es sechs Monate später noch einmal mit einem höheren Preis zu versuchen.

Und dann gibt es da die winzigen Unannehmlichkeiten, die ganz nebenbei in letzter Minute erwähnt werden: ein Nebengebäude, das beim Kartenspiel an den Nachbarn verloren wurde; ein altes Wegerecht, das praktisch ganzen Ziegenherden zweimal jährlich den Durchzug mitten durch die Küche erlaubt; ein Rechtsstreit über Brunnenwasser, der sich seit 1958 bitter und ungelöst hinzieht; der betagte Dauermieter, der ganz bestimmt noch vor dem kommenden Frühjahr sterben wird – irgendeine unerwartete Sache gibt es immer, und ein Käufer braucht Geduld und Humor, um die Verhandlungen bis zum Ende durchzustehen.

Ich versuchte, Tony auf diese regionalen Eigenheiten hinzuweisen, während wir zum Büro einer Grundstücksmaklerin fuhren, mit der meine Frau und ich bekannt waren. Die Mühe hätte ich mir jedoch sparen können. Tony war, nach eigenem bescheidenen Bekenntnis, ein durchtriebener und mit allen Wassern gewaschener Meister im Verhandeln. Er hatte mit den großen Jungs von der Madison Avenue hart gepokert, und um ihn auszuspielen brauchte es ein wenig mehr als französische Bürokratie oder einen Bauern. Mir kamen Zweifel, ob es vernünftig gewesen war, ihm überhaupt eine Maklerin zu empfehlen, die ohne Autotelefon und elektronisches Notizbuch auskam.

Die Maklerin kam uns am Eingang ihres Büros entgegen und reichte uns zwei dicke Akten mit Fotos und Daten von Häusern. Sie sprach kein Englisch, und Tony sprach rudimentärstes Französisch, und da eine direkte Kommunikation unmöglich war, benahm er sich so, als wäre die Maklerin gar nicht da. Es war eine besonders arrogante Form schlechten Benehmens, die noch unerträglicher wurde, weil Tony annahm, daß man sich einer beleidigenden Ausdrucksweise bedienen kann, wenn man ohnehin nicht verstanden wird. Ich hatte eine extrem unangenehme halbe Stunde, während Tony die Akten durchblätterte. Er murmelte in Abständen »leck mich am Arsch« und »die haben einen Knall«, während ich schwache Versuche unternahm, seine Kommentare in irgendwelchen Unsinn zu übersetzen – er sei von den Preisen überrascht etc.

Er war von dem festen Vorsatz ausgegangen, ein Häuschen mitten im Dorf zu kaufen, ohne Grund und Boden. Er war viel zu beschäftigt, um sich mit einem Garten abzugeben. Als er jedoch die Immobilien studierte, wurde mir deutlich, daß er sich als provenzalischen Edelmann mit Weinbergen und Olivenhainen zu betrachten begann. Zum Schluß plagte ihn die Überlegung, wo er einen Tennisplatz einrichten könnte. Zu meiner Enttäuschung gab es drei Anwesen, die er seiner Aufmerksamkeit für würdig hielt.

»Die sehn wir uns am Nachmittag an«, verkündete er, machte sich in seinem Filofax Notizen und sah auf die Uhr. Ich fürchtete schon, er wollte das Telefon der Maklerin für einen internationalen Anruf beschlagnahmen. Er reagierte aber nur auf ein Signal seines Magens. »Jetzt fallen wir über ein Restaurant her«, meinte er. »Um zwei sind wir zurück.« Die Maklerin lächelte und nickte, als Tony ihr mit zwei Fingern winkte. Damit verließen wir die völlig erschöpfte Frau.

Beim Mittagessen machte ich Tony klar, daß ich ihn und die Maklerin am Nachmittag nicht begleiten würde. Er war überrascht, daß ich etwas Besseres zu tun haben könnte, bestellte jedoch eine zweite Flasche Wein und verkündete, Geld sei ein internationales Verständigungsmittel, und er rechne mit keinerlei Schwierigkeiten. Als die Rechnung kam, stellte er leider fest, daß weder seine goldene American-Express-Karte noch sein Bündel Reiseschecks, die einzulösen er nicht die Zeit gefunden hatte, beim Eigentümer des Restaurants auf Interesse stießen. Ich zahlte und ließ eine Bemerkung über gewisse internationale Verständigungsmittel fallen. Tony fand das gar nicht lustig.

Ich verließ ihn mit einer Mischung aus Erleichterung und Schuldgefühl. Lümmel sind immer unangenehm, doch wenn man sich im Ausland befindet und sie gleicher Nationalität sind, fühlt man sich irgendwie verantwortlich. Am Tag darauf rief ich bei der Maklerin an, um mich zu entschuldigen. »Keine Angst«, sagte sie. »Pariser sind oft genauso schlimm. Ich konnte wenigstens nicht verstehen, was er gesagt hat.«

Die endgültige Bestätigung, daß die warme Witterung von Dauer war, lieferte Monsieur Menicuccis Garderobe. Er war wegen der vorbereitenden *études* für sein Sommerprojekt gekommen – unsere Zentralheizung. Seine Wollmütze war durch ein leichtes Baumwollmodell mit einem Werbespruch für sanitäre Anlagen ersetzt worden, und statt der Thermalschneestiefel trug er braune Stoffstiefel. Sein Assistent, *Jeune,* kam in Guerilla-Ausrüstung mit militärischer Kluft und Dschungelkäppi. Die beiden marschierten zusammen durch unser Haus und nahmen die Maße, wobei Menicucci seine gesammelten Gedanken und Denkwürdigkeiten zum besten gab.

Hauptthema war diesmal die Musik. Er hatte mit seiner Frau

eben erst an einem offiziellen Essen der Handwerker- und Klempnerinnung teilgenommen, dem ein Ball folgte, und Tanzen war eine seiner vielen Fähigkeiten. »Jawohl, Monsieur Peter«, sagte er, »wir haben bis sechs Uhr früh getanzt. Ich hatte Beine wie ein Achtzehnjähriger.« Ich konnte mir die beiden vorstellen – wie er, agil und korrekt, Madame über den Tanzboden wirbelte – und fragte mich, ob er für solche Anlässe wohl extra eine Ballmütze besäße, weil man sich ihn barhäuptig unmöglich vorstellen konnte. Bei dem Gedanken muß ich wohl gelächelt haben. »Ich weiß«, sagte er. »Sie glauben, Walzer ist keine richtige Musik. Echte Musik haben nur die großen Komponisten geschrieben.«

Er trug daraufhin eine bemerkenswerte Theorie vor, die ihm in den Sinn gekommen war, als er während eines Stromausfalls, wie die französischen Elektrizitätswerke ihn in regelmäßigen Abständen durchführen, Klarinette gespielt hatte. Elektrizität, so meinte er, sei eine Sache von Wissenschaft und Logik. Klassische Musik sei eine Sache von Kunst und Logik. *Vous voyez?* Da wird gleich ein gemeinsamer Nenner deutlich. Und wenn man dem disziplinierten und logischen Fortgang einiger Werke Mozarts folge, wäre eine Schlußfolgerung unausweichlich: Mozart hätte einen hervorragenden Elektriker abgegeben.

Der Notwendigkeit, darauf zu antworten, enthob mich *Jeune,* der durchgezählt hatte, wie viele Heizkörper wir brauchen würden, und dabei auf zwanzig gekommen war. Menicucci nahm die Nachricht mit einem Zucken entgegen, als ob er sich die Finger verbrannt hätte. »*Oh là là.* Das wird mehr als ein paar *centimes* kosten.« Er sprach von mehreren Millionen Francs, sah mein erschrockenes Gesicht und teilte dann die Zahl durch hundert; er hatte in *anciens francs* gerechnet. Aber auch so handelte es sich um einen anständigen Betrag. Da waren die hohen Kosten von Gußeisen plus die Mehrwertsteuer von 18,6 Prozent, die ihn veranlaßte, eine irrsinnige steuerliche Unregelmäßigkeit zu erwähnen, die für die Gaunerei von Politikern typisch sei.

»Sie kaufen ein Bidet«, sagte er und stieß mir mit seinem Zeigefinger in die Rippen, »und dafür zahlen Sie die volle Mehrwertsteuer. Das gleiche bei einer Waschmaschine oder einer Schraube. Aber ich will Ihnen etwas sagen, das *scandaleux* und völlig falsch ist. Sie kaufen einen Topf Kaviar, und dafür werden Sie nur sechs Prozent Mehrwertsteuer zahlen, weil er als *nourriture* eingestuft ist. Nun sagen Sie mir eins: Wer ißt Kaviar?« Ich plädierte auf unschuldig. »Ich will es Ihnen sagen. Es sind die Politiker, die Millionäre, die *grosses légumes* in Paris – das sind die Kaviar-Esser. Es ist eine Schande.« Er wütete gegen Kaviarorgien im Élysée-Palast, als er davonstapfte, um *Jeunes* Heizkörper-Arithmetik zu überprüfen.

Der Gedanke, daß Menicucci hier fünf oder sechs Wochen lang alles in Beschlag nehmen und sich mit einem Bohrer, der fast so dick wäre wie er, durch die dicken Mauern drillen und die Luft mit Staub und seinen laufenden Kommentaren füllen könnte, erfüllte mich nicht mit Freude. Es würde ein dreckiger und langwieriger Arbeitsprozeß sein, der praktisch jedes Zimmer im Haus erfaßte. Doch eine der Freuden des Lebens in der Provence, sagten wir uns dann, bestand darin, daß man unterdessen im Freien leben kann. Selbst so früh im Jahr waren die Tage schon fast heiß, und als die Sonne durchs Schlafzimmerfenster fiel und uns um sieben Uhr weckte, beschlossen wir, die Freiluftsaison ernsthaft am kommenden Sonntag zu beginnen.

Zu jedem anständigen Sonntag gehört ein Besuch des Markts. Um acht waren wir in Coustellet. Auf dem Platz hinter dem unbenutzten Bahnhof standen Reihen ältlicher Laster und Transporter; vor jedem stand ein Aufstelltisch. Eine Schiefertafel gab die Tagespreise für die Gemüse bekannt. Die Standhalter, bereits gebräunt vom Aufenthalt auf den Feldern, aßen Croissants und Brioches von der Bäckerei gegenüber, die noch warm waren. Wir beobachteten einen alten Mann, der ein Baguette längs aufschnitt, auf das er in einer cremigen Schicht frischen Ziegenkäse strich, bevor er sich aus einer Literflasche, die ihm bis zum Mittagessen reichen würde, ein Glas Rotwein einschenkte.

Der Markt in Coustellet ist klein im Vergleich zu den Wochenmärkten in Cavaillon, Apt und Isle-sur-la-Sorgue und noch nicht in Mode gekommen. Statt der Kameras trugen die Kunden hier Körbe, und nur im Juli und August kann man gelegentlich einer arroganten Pariserin im Trainingsanzug von Dior mit ihrem nervösen Hündchen begegnen. Für den Rest der Saison trifft man nur auf Leute aus der Umgebung und Bauern, die herbringen, was sie ein paar Stunden zuvor von den Feldern oder aus den Gewächshäusern geholt haben.

Wir gingen langsam an den Reihen der Aufstelltische entlang und bewunderten die erbarmungslose französische Hausfrau bei ihrer Arbeit. Im Unterschied zu uns gibt sie sich nicht damit zufrieden, ein Erzeugnis anzuschauen, bevor sie kauft. Sie prüft wirklich – drückt Auberginen, beriecht Tomaten, knackt zwischen ihren Fingern streichholzdünne *haricots verts,* stochert argwöhnisch im feuchten grünen Herz von Salaten, kostet Käse und Oliven – und wenn es ihren persönlichen Maßstäben nicht entspricht, wirft sie, bevor sie anderswo kaufen geht, dem Mann am Stand einen Blick zu, als hätte er sie betrogen.

Am einen Ende des Marktes standen um einen Kleintransporter der Winzer-Kooperative Männer, die ihre Zähne nachdenklich im neuen Rosé spülten. Daneben verkaufte eine Frau Freiland-Eier und lebende Kaninchen. Hinter ihr waren die Tische hoch bepackt mit Gemüsen, kleinen duftenden Büscheln von Basilikum, Gläsern mit Lavendelblütenhonig, großen grünen Flaschen mit erstgepreßtem Olivenöl, Tabletts mit Gewächshauspfirsichen und Töpfen mit schwarzer *tapénade* und Blumen, Kräutern, Marmeladen und Käse – das alles sah in der frühen Morgensonne ganz köstlich aus.

Wir kauften rote Paprika zum Grillen, frische braune Eier, Basilikum, Pfirsiche, Ziegenkäse und rosagestreifte Zwiebeln. Und als der Korb mehr nicht faßte, gingen wir über die Straße, um einen halben Meter Brot zu kaufen – das *gros pain,* mit dem man Reste von Olivenöl oder Sauce Vinaigrette auf dem Teller optimal aufsaugen kann. Die Bäckerei war gedrängt voll und lärmig und roch nach warmem Teig und nach Mandeln, die früher am Morgen in die Kuchen verarbeitet worden waren. Während wir warteten, mußten wir daran denken, daß die Franzosen von ihrem Einkommen angeblich so viel auf ihren Magen verwenden wie die Engländer für ihre Autos und Stereo-Anlagen. Es war nicht zu übersehen.

Alle schienen für ein ganzes Regiment einzukaufen. Eine rundliche, frohgelaunte Frau kaufte sechs Brote – drei Meter Brot! –, ein Schokoladenbrioche von der Größe eines Huts und ein ganzes Rad Apfelkuchen mit den dünnen Apfelscheiben in konzentrischen Ringen unter der Glasur einer Aprikosensauce. Wir spürten plötzlich, daß wir völlig vergessen hatten zu frühstücken.

Wir kompensierten es mit dem Mittagessen: kalte gegrillte Paprika mit Olivenöl und frischem Basilikum, winzige Muscheln in Speckringen auf Spießen gegrillt, Salat und Käse. Die Sonne schien heiß, und der Wein machte uns schläfrig. Und dann hörten wir das Telefon klingeln.

Wenn an einem Sonntag zwischen zwölf und drei Uhr nachmittags das Telefon läutet, ist am anderen Ende der Leitung immer ein Engländer; ein Franzose würde nicht im Traum auf die Idee kommen, bei der entspanntesten Mahlzeit der ganzen Woche zu stören. Ich hätte es läuten lassen sollen. Der Tony aus der Werbebranche meldete sich zurück, und dem fehlenden Krackeln in der Leitung nach zu urteilen war er verdammt nah.

»Wollte nur Bodenkontakt aufnehmen.« Ich konnte hören, wie er einen tiefen Zug von der Zigarette inhalierte, und beschloß, einen Anrufbeantworter anzuschaffen, der mit allen fertig würde, die sonntags Bodenkontakt aufnehmen wollten.

»Glaube, ich hab was gefunden.« Er wartete die Wirkung seiner Verlautbarung gar nicht ab und konnte nicht spüren, wie mir das Herz sank. »Ziemlich weit von Ihnen entfernt. Näher zur Küste.« Ich sagte, ich sei entzückt; je näher der Küste, desto besser. »Braucht eine Menge Änderungen. Werde weniger zahlen als verlangt. Denke meine Bauleute rüberzuschicken. Haben das Büro in sechs Wochen geschafft. Von oben bis unten. Iren, aber verdammt gut. Würden das hier in einem Monat umkrempeln.«

Ich war versucht, ihm abzuraten. Die Vorstellung, ein irischer Bautrupp sei den Versuchungen einer Baustelle in der

Provence ausgesetzt – der Sonne, dem billigen Wein, endlosen Gelegenheiten, die Arbeit hinauszuschieben, während der Hauseigentümer viel zu weit weg war, um einzuschreiten – war einfach grotesk. Ich sah Mr. Murphy und seine irischen Kumpane vor mir, wie sie die Arbeit bis in den Oktober hinein ausdehnten und ihre Familien für Ferien im August vielleicht sogar aus Donegal herüberkommen ließen und sich überhaupt eine schöne Zeit machten. Ich ließ Tony wissen, er wäre gut beraten, Arbeitskräfte aus der Umgebung zu verwenden. Er solle sich einen Architekten suchen, der sie ihm beschaffe.

»Brauch keinen Architekten«, sagte er. »Weiß genau, was ich will.« Typisch. »Warum teures Geld ausgeben für ein paar Skizzen?« Ihm war einfach nicht zu helfen. Er wußte alles besser. Ich fragte, wann er nach England zurückfliege. »Heut abend«, sagte er und geleitete mich dann durch die nächsten hektischen Seiten seines Filofax: ein Kundentermin am Montag, drei Tage in New York, eine Verkaufskonferenz in Milton Keynes. Er leierte das mit dem spöttischen Gelangweilt-Tun eines unersetzlichen Topmanagers herunter. Ich gönnte ihm jede Minute. »So oder so«, sagte er. »Wir halten Kontakt. Werde den Vertrag die nächsten ein bis zwei Wochen nicht abschließen. Werde Sie informieren, sobald die Tinte trocken ist.«

Meine Frau und ich saßen am Swimmingpool und fragten uns nicht zum erstenmal, warum wir beide es so schwer fanden, dickhäutige und unzivilisierte Menschen loszuwerden. Von der Sorte würden wir im Laufe des Sommers mehr begegnen. Sie würden betteln um Essen und Trinken, ein Schlafzimmer, das Schwimmen im Pool und einen Chauffeur zum Flughafen. Wir hielten uns nicht für unsozial oder einsiedlerisch, doch unser Erlebnis mit dem dynamischen Tony hatte gereicht, uns daran zu erinnern, daß wir in den kommenden Monaten Festigkeit und List brauchen würden. Und einen Anrufbeantworter.

Der bevorstehende Sommer hatte offenbar auch Massot bewegt, weil ich ihn einige Tage später im Walde eifrig seine Anti-Camper-Kampagne vervollständigen sah. Unter den Schildern, die er mit der Aufschrift *Privé* angenagelt hatte, befestigte er jetzt eine kurze, aber alarmierende Warnung: *Attention vipères!* Es war die perfekte Abschreckungsmethode – das klang gefährlich, ohne sicht- oder hörbar dokumentiert werden zu müssen wie etwa bei Warnungen vor bissigen Hunden, elektrischen Zäunen und Wachmännern mit Maschinenpistolen. Selbst der entschlossenste Camper würde sich's überlegen, bevor er sich in einen Schlafsack einwickelte, unter dem sich Schlangen am Boden ringeln könnten. Ich fragte Massot, ob es im Lubéron tatsächlich Schlangen gäbe. Er schüttelte ob dieses neuerlichen Zeichens von Unwissenheit bei Ausländern nur den Kopf.

»*Eh oui*«, sagte er, »nicht groß –« er hielt seine Hände hoch und etwa fünfundzwanzig Zentimeter auseinander –, »aber wer gebissen wird, muß innerhalb von fünfundvierzig Minuten beim Arzt sein oder …« Er schnitt mit seitlich geneigtem Kopf eine gräßliche Grimasse und rollte die Zunge im Mund. »Es heißt: Wenn eine solche Schlange einen Mann beißt, stirbt der Mann. Wenn sie aber eine Frau beißt –« er beugte sich vor und wackelte mit den Augenbrauen –, »stirbt die Schlange.« Er schnaufte belustigt und bot mir eine von seinen dicken gelben Zigaretten an. »Man sollte hier nie ohne Stiefel herumlaufen.«

Laut Professor Massot meidet die Lubéronviper für gewöhnlich Menschen. Sie greift nur an, wenn sie provoziert wird. Falls das passiert, so empfiehlt Massot, im Zickzack davonzusausen, möglichst bergauf, weil eine wütende Schlange auf ebenem Boden in kurzen Sprüngen geradeaus fast so schnell wie ein Mann sprinten könnte. Ich sah mich nervös um. Massot lachte. »Sie können sich aber natürlich immer mit einem alten Bauerntrick helfen: Packen Sie sie hinter dem Kopf und drücken Sie zu, bis ihr der Mund offensteht. Spucken Sie ihr in den Mund, und – *plok!* – sie ist tot.« Er spuckte zur Illustrierung aus und pochte einem meiner Hunde auf den Kopf. »Am besten«, sagte Massot, »nehmen Sie immer eine Frau mit. Frauen können nicht so schnell rennen wie Männer. Da schnappt die Schlange zuerst die Frau.« Er ging zum Frühstück ins Haus zurück, und ich bahnte mir unter äußerster Vorsicht meinen Weg durch den Wald und übte mich im Spucken.

Das Osterwochenende kam. Unsere Kirschbäume – wir hatten rund dreißig – standen in Blüte. Von der Straße her sah es so aus, als ob unser Haus auf einem rosaweißen See schwämme. Autofahrer hielten an, um Fotos zu machen oder ein Stück die Einfahrt hochzukommen, bis das Bellen der Hunde sie zur Umkehr veranlaßte. Eine Gruppe, die abenteuerlustiger war als die übrigen, fuhr bis vors Haus. Ihren Wagen mit Schweizer Nummernschild parkten sie am Straßenrand. Ich ging hinaus, um zu sehen, was sie wollten.

»Wir werden hier unser Picknick machen«, erklärte der Fahrer.

»Tut mir leid. Das ist Privatgrund.«

»Nein, nein«, erklärte er und wedelte mit einer Landkarte. »Das ist der Lubéron.«

»Nein, nein«, widersprach ich, »*das* ist der Lubéron«, und deutete auf die Berge.

»Aber da kann ich mit dem Auto nicht hin.«

Schließlich fuhr er wutschnaubend davon und hinterließ in dem Gras, aus dem wir einen Rasen zu machen versuchten, tiefe Reifenspuren. Die Tourismussaison hatte begonnen.

Am Ostersonntag war der Parkplatz oben im Dorf voll. Kein einziges Auto hatte ein Nummernschild aus der näheren Umgebung. Die Besucher gingen in den engen Gassen auf Entdeckungsreise, blickten neugierig in die Wohnräume anderer Menschen hinein und gruppierten sich vor der Kirche für Fotos. Der junge Mann, der den ganzen Tag über auf einer Haustreppe neben der *épicerie* saß, bettelte jeden Vorübergehenden um zehn Francs fürs Telefonieren an, die er dann im Café versetzte.

Das Café du Progrès hat sich beharrlich und mit Erfolg jeglicher modernen Verschönerung widersetzt. Für Innenarchitekten muß es ein Alptraum sein, mit Tischen und Stühlen, die nicht zueinander passen, mit düsterem Wandputz und einem WC, das gleich neben einem Eiskremschrank blubbert und gluckst. Der Eigentümer ist unfreundlich. Seine Hunde haben ein unvorstellbar dreckiges Fell. Aber von der Terrasse mit ihren Glasfenstern, gleich neben dem WC, hat man eine spektakuläre, weite Aussicht und trinkt dort gern ein Bier, um das Spiel des Lichts über den Hügeln und Dörfern zu beobachten, die sich bis hin zu den Basses-Alpes erstrecken.

Ein Schild warnt, keine Zigarettenstummel aus dem Fenster zu werfen – es hatte Beschwerden von Kunden des druntergelegenen Freiluftrestaurants gegeben –, doch sofern man diese Vorschrift beachtet, hat man seine Ruhe. Die Stammgäste bleiben an der Bar. Die Terrasse ist für Touristen da. Am Ostersonntag war sie gedrängt voll.

Da waren die gesunden Holländer in Wanderstiefeln mit ihren Rucksäcken; die mit Leicas und schwerem Modeschmuck behängten Deutschen; die verächtlichen schicken Pariser, die ihre Sonnenbrillen nach Bakterien absuchten; ein Engländer in Sandalen und im offenen, gestreiften Hemd, der auf dem Taschenrechner sein Urlaubsbudget nachkalkulierte, während seine Frau an die Nachbarn daheim Postkarten schrieb. Die Hunde schnüffelten unter den Tischen nach Zuckerwürfeln, was die hygienebewußten Pariserinnen zum Rückzug veranlaßte. Das Radio versuchte – umsonst – mit einem Yves-Montand-Chanson gegen sanitäre Geräuscheffekte anzukommen. Die Stammgäste aus dem Ort knallten ihre leeren *Pastis*-Gläser auf die Theke und trollten sich zum Mittagessen nach Hause.

Vor dem Café standen drohend drei Autos. Wenn eins von ihnen zehn Meter zurückgesetzt hätte, hätten sie aneinander vorbeifahren können, aber ein französischer Automobilist betrachtet es als moralische Niederlage zu weichen, so wie er es als moralische Verpflichtung empfindet, immer dort zu parken, wo er ein Maximum an Ärger verursacht. Wichtig ist ihm auch, in unübersichtlichen Kurven zu überholen. Man sagt, die Italiener seien gefährliche Autofahrer, doch wenn es um wahrhaft mörderischen Wahnsinn geht, setze ich mein Geld auf einen Franzosen, der mit hungrigem Magen und Verspätung trotz starkem Gegenverkehr rücksichtslos die N100 hinunterdüst.

Ich fuhr aus dem Dorf hinaus und hatte gerade den ersten Unfall dieser Saison verpaßt. Ein alter weißer Peugeot war am Ende der Ausfahrt rückwärts gegen einen Telegraphenmast gefahren und zwar mit genügend Karacho, um den Holzmast abzuknicken. Nirgends ein anderer Wagen. Die Fahrbahn war trocken; Kurven hatte die Straße nicht. Man konnte sich eigentlich gar nicht vorstellen, wie die Rückseite des Autos und der Mast mit solcher Kraft aneinandergeraten waren. Ein junger Mann stand mitten auf der Straße und kratzte sich am Kopf. Er grinste, als ich anhielt.

Ich fragte, ob er verletzt sei. »Ich bin in Ordnung«, sagte er, »aber das Auto ist wohl *foutu*.« Ich sah auf den Telegraphenmast, der sich über den Wagen neigte und nur von der durchhängenden Telefonleitung gehindert wurde, noch weiter herabzusinken. Der war auch *foutu*.

»Wir müssen uns beeilen«, sagte der junge Mann. »Keiner darf was erfahren.« Er legte einen Finger über die Lippen. »Können Sie mich bis nach Hause mitnehmen? Es liegt am Weg. Ich brauche den Traktor.« Er stieg ein, und mir wurde die Unfallursache gleich klar. Er roch, als ob er in Ricard mariniert worden wäre. Er erklärte, sein Wagen müsse rasch und heimlich fortgeschafft werden. Wenn die Post herausfände, daß er einen ihrer Masten attackiert hätte, würde er zahlen müssen. »Keiner darf was erfahren«, wiederholte er und stieß wie zur Betonung ein- oder zweimal auf.

Ich lieferte ihn ab und fuhr heim. Eine halbe Stunde später fuhr ich wieder los, um zu sehen, ob das heimliche Fortschaffen des Autos geklappt hatte. Es stand aber noch da, umringt von einer Gruppe von Bauern im lebhaften Gespräch. Außerdem zwei weitere Autos und ein Traktor, der die Straße blockierte. Während ich zuschaute, kam noch ein Auto, dessen Fahrer auf die Hupe drückte, damit der Traktor ihm Platz machte. Der Traktorfahrer deutete auf das Wrack und zuckte die Schultern. Die Hupe tutete erneut, diesmal mit einem Dauerplärren, das von den Bergen zurückhallte und bestimmt noch im zwei Kilometer entfernten Ménerbes zu hören war. Der Auflauf hielt sich eine weitere halbe Stunde, bis der Peugeot endlich aus dem Graben gehoben wurde, in Richtung der örtlichen Reparaturwerkstatt entschwand und der Telegraphenmast, der in der Hitze bedrohlich knackte, allein zurückblieb. In der Woche darauf trafen Postarbeiter ein, um ihn zu ersetzen. Sie lockten ein paar Schaulustige an. Sie fragten einen der Bauern, was passiert sei. Er zuckte unschuldig die Schulter. »Wer weiß?« sagte er. »Holzwürmer?«

Unser Freund aus Paris musterte sein leeres Weinglas mit einem Erstaunen, als ob der Drink sich verflüchtigt hätte, als er nicht hinschaute. Ich schenkte nach. Er machte es sich im Sessel bequem, mit dem Gesicht zur Sonne.

»In Paris haben wir noch die Heizung an«, sagte er und nahm einen Schluck des kühlen süßen Weins aus Beaume de Venise. »Es hat wochenlang geregnet. Ich kann verstehen, warum es dir hier gefällt. Aber für mich wär das nichts.«

Es schien ihm trotzdem zu gefallen, dies Sonnenbad nach dem Essen in der Wärme, aber ich wollte mich mit ihm darüber nicht streiten.

»Du fändest es unerträglich«, sagte ich. »Von der Sonne würdest du wahrscheinlich Hautkrebs bekommen und vom vielen Weintrinken Leberzirrhose. Und falls du dich hier je wohl fühlen solltest, würde dir das Theater fehlen. Und außerdem – was würdest du hier den ganzen Tag über tun?«

Er blinzelte mich schläfrig an und setzte sich die Sonnenbrille auf. »Genau.«

Es war Teil einer längst vertrauten Litanei: Fehlen dir denn nicht deine Freunde?

Nein. Sie kommen mich hier besuchen.

Fehlt dir denn das englische Fernsehen nicht?

Nein.

Aber es muß doch etwas in England geben, was dir fehlt.

Orangenmarmelade.

Und dann würde die eigentliche Frage folgen, die immer halb ernst, halb humorvoll gestellt wird: Aber was machst du eigentlich den ganzen Tag? Unser Freund aus Paris faßte es in andere Worte: »Wird dir nicht langweilig?«

Uns war nicht langweilig. Dafür war nie Zeit. Wir fanden die Alltagskuriositäten des französischen Landlebens amüsant und interessant. Wir hatten Spaß am allmählichen Umbau unseres Hauses – damit es unseren Wünschen und Bedürfnissen entsprach. Da war der Garten, der geplant und bepflanzt werden mußte. Der Platz fürs *Boules*-Spiel mußte angelegt werden. Es gab eine neue Sprache zu lernen, Dörfer und Weinberge und Märkte zu entdecken. Die Tage vergingen schnell genug ohne sonstige Ablenkungen, an denen es übrigens nie fehlte. Die vorausgegangene Woche war voller Ablenkungen gewesen.

Sie begannen am Montag mit dem Besuch von Marcel, dem Briefträger. Er war ganz aus dem Häuschen, nahm sich kaum die Zeit, uns die Hand zu schütteln, weil er wissen wollte, wo ich den Briefkasten versteckt hätte. Er mußte seine Route beenden, es war fast zwölf, wie konnte ich von ihm erwarten, daß er Briefe zustellte, wenn er *cache-cache* mit dem Briefkasten spielen mußte. Wir hatten ihn nicht versteckt. Soweit mir bekannt war, befand er sich am Ende der Auffahrt fest und sicher an einem Stahlrohr. »*Non*«, sagte der Briefträger.

»Er ist versetzt worden.« Da half nichts, als mit ihm gemeinsam die Einfahrt hinunterzugehen und unter den Büschen fünf Minuten nach dem Briefkasten zu suchen. Umsonst – unter den Büschen war kein Anzeichen dafür zu finden, daß es je einen Briefkasten gegeben hatte – bis auf das Loch des Briefkastenrohrs in der Erde. »*Voilà!*« sagte der Briefträger. »Genau, wie ich gesagt habe.« Es machte mir Mühe, zu glauben, daß jemand einen Briefkasten gestohlen haben könnte, aber da war er anderer Meinung. »Das ist völlig normal«, sagte er. »Hier in der Gegend sind die Leute *mal fini.*« Ich fragte, was das Wort bedeute. »Verrückt.«

Wir gingen zum Haus zurück, um mit einem Gläschen seine gute Laune wiederzubeleben und die Einrichtung eines neuen Briefkastens zu besprechen, den er mir gern verkaufen wollte. Wir kamen überein, daß der Briefkasten in den Rand eines alten Brunnens eingebaut werden sollte, in der vorgeschriebenen Höhe von siebzig Zentimetern über dem Boden, so daß der Postbote Briefe abwerfen konnte, ohne aus seinem Kombi aussteigen zu müssen. Der Brunnen mußte selbstverständlich studiert und abgemessen werden, und dann war es Zeit, zu Mittag zu essen. Um zwei Uhr wurden dann die Postgeschäfte wieder aufgenommen.

Ein paar Tage später wurde ich durch ein Hupen aus dem Haus gerufen und fand die Hunde vor, wie sie einen neuen weißen Mercedes umkreisten. Der Fahrer war nicht willens, die Sicherheit des Wageninneren aufzugeben, ließ sich jedoch auf das Risiko ein, sein Fenster zur Hälfte herunterzulassen. Ich schaute ins Innere des Wagens und sah ein kleines, braungebranntes Paar, das mich nervös anstarrte. Die beiden beglückwünschten mich zu meinen wilden Hunden und baten um Erlaubnis auszusteigen. Beide trugen Stadtkleidung,

111

der Mann einen eng geschnittenen Anzug, seine Frau Hut und Mantel und Lackschuhe.

Welch ein Glück, daß sie mich daheim anträfen, erklärten sie. Und was für ein wunderschönes Haus! Ob ich schon lang hier wohne? Nein? Dann könnte ich gewiß ein paar echte Orientteppiche brauchen. Das sei für mich wirklich ein Glückstag, weil sie soeben von einer wichtigen Teppichmesse aus Avignon zurückkehrten, und zufällig hätten sie noch einige unverkaufte Prachtstücke bei sich. Vor der Rückkehr nach Paris – wo Leute von Geschmack sich um sie reißen würden – hätten sie noch ein wenig durchs Land fahren wollen, und so hätte das Schicksal sie zu mir geführt. In Anbetracht dieses glücklichen Zufalls seien sie bereit, mich aus ihren exquisiten Schätzen wählen zu lassen – zu interessanten Preisen, wie sie anmerkten.

Während der quecksilbrige kleine Mann mir die frohe Botschaft verkündete, hatte seine Frau Teppiche aus dem Wagen geladen und kunstvoll an der Einfahrt ausgebreitet und laut den Reiz des einen oder anderen kommentiert – »Ach, welch eine Schönheit!« oder: »Sehen Sie sich doch nur die Farben im Sonnenlicht an!« oder: »Dieser hier – ach, wird mir das weh tun, mich von ihm zu trennen.« Sie trat in ihren glitzernden Lackschuhen einen Schritt zurück und wieder vor und sah mich gemeinsam mit ihrem Mann erwartungsvoll an.

Teppichhändler haben in der Provence keinen guten Ruf; einen Mann *marchand de tapis* zu nennen bedeutet bestenfalls, daß er unzuverlässig, schlimmstenfalls, daß er skrupellos unehrlich ist. Man hatte mir auch gesagt, daß Teppichhändler eine Gegend oft für ihre diebischen Kompagnons auskundschaften. Und es war stets möglich, daß die Teppiche nicht echt oder gar gestohlen waren.

Sie sahen allerdings nicht unecht aus, und ein kleiner Läufer gefiel mir sehr. Ich machte den Fehler, das offen zu sagen, und Madame warf ihrem Mann mit dem Ausdruck wohleinstudierter Überraschung einen Blick zu. »Wie außerordentlich!« rief sie. »Hat Monsieur aber ein gutes Auge! Ohne Zweifel, das ist auch mein Lieblingsstück. Aber wollen Sie nicht noch etwas Größeres?« Leider, sagte ich, besäße ich keinen Pfennig. Aber das wurde nur als unwichtige und vorübergehende Unpäßlichkeit beiseitegeschoben: Ich könne immer später zahlen – und bei Barzahlung gebe es einen beträchtlichen Nachlaß. Ich sah mir den Läufer noch einmal an. Einer der Hunde hatte sich daraufgelegt und schnarchte sanft vor sich hin. Madame krähte vor Vergnügen. »Sehen Sie, Monsieur? Der *toutou* hat für Sie entschieden.« Ich gab mich geschlagen. Nach drei Minuten laienhaften Feilschens meinerseits war der Preis auf die Hälfte reduziert, und ich ging das Scheckheft holen. Die beiden sahen aufmerksam zu, als ich den Scheck ausstellte, und baten mich, keinen Namen einzutragen. Mit dem Versprechen, im nächsten Jahr wiederzukommen, fuhren sie langsam um unseren neuen Läufer und den schlafenden Hund herum, und Madame lächelte und winkte aus ihrem Teppichnest wie eine Königin. Der Besuch hatte den ganzen Morgen in Anspruch genommen.

Die Woche endete mit einer unangenehmen Überraschung. Einem Laster mit Kies versackten beim Rückwärtssetzen zur Entladungsstelle plötzlich die Vorderräder im Boden. Es gab einen Riß in der Erde, und der Laster ging hinten in die Höhe. Ein starker, unverkennbarer Gestank füllte die Luft. Der Fahrer stieg aus, um den Schaden zu begutachten, und sagte, ohne zu wissen, wie genau er die Sachlage erfaßte, das in diesem Augenblick einzig passende Wort: »*Merde!*«

Er saß über der Senkgrube fest.

»Du siehst«, erklärte ich meinem Freund aus Paris, »es gibt hier eigentlich nie einen langweiligen Augenblick.«

Er antwortete nicht. Ich faßte zu ihm hinüber und nahm ihm die Sonnenbrille ab. Vom grellen Licht wachte er auf.

»Wie bitte?«

Mai

Der Erste Mai fing gut an, mit einem herrlichen Sonnenaufgang, und weil es ein Nationalfeiertag war, gedachten wir ihn korrekt auf französische Art zu feiern, indem wir dem Sommersport huldigten – und so schwangen wir uns auf die Fahrräder.

Willensstärkere und seriösere Radler hatten seit Wochen trainiert, im Windschutz von dicken schwarzen Hosen und Gesichtsmasken, doch nun war es auch für empfindliche Amateure wie uns warm genug, um in Shorts und Pullovern loszustrampeln. Wir hatten von einem Herrn namens Edouard Canty in Cavaillon – *»vélos de qualité!«* – zwei höchst moderne Leichtmetallräder erworben und waren scharf darauf, es den bunten Gruppen örtlicher Radfahrerclubs gleichzutun, die grazil und scheinbar mühelos die stillen Landstraßen entlangschossen. Wir nahmen an, daß unsere Beine nach den ausdauernden Wintermärschen hinreichend konditioniert waren für eine bequeme Fahrt über rund fünfzehn Kilometer nach Bonnieux und weiter nach Lacoste – eine einstündige, leichte Übung zum Aufwärmen, keine besondere Strapaze.

Es war anfangs leicht genug, obwohl die schmalen, harten Sättel sehr bald Druckstellen verursachten und uns klar wurde, warum so mancher Radler sich ein bißchen Gewicht zulegt, um das Steißbein gegen die Straße zu schützen. Während der ersten Kilometer gab es nicht viel zu tun, außer dahinzugleiten und sich an der Landschaft zu freuen. Die Kirschen reiften, die Rebenskelette des Winters waren unter glänzend grünem Blattwerk verschwunden. Die Berge wirkten üppig und weich. Die Reifen ließen ein gleichmäßiges Surren vernehmen. Es gab gelegentliche Duftwolken von Rosmarin und Lavendel und wildem Thymian. Es war aufregender als Wandern, ruhiger und gesünder als Autofahren, nicht zu anstrengend und überaus reizvoll. Warum hatten wir nicht schon früher daran gedacht? Warum fuhren wir nicht jeden Tag Rad?

Die Euphorie währte, bis der Anstieg nach Bonnieux hinauf begann. Mein Fahrrad legte plötzlich Gewicht zu. Mit wachsender Steigung spürte ich in meinen Schenkeln jeden Muskel. Mein untrainierter Rücken tat mir weh. Ich vergaß die Schönheiten der Natur und wünschte, ich hätte mehr Fleisch auf den Knochen. Als wir das Dorf erreichten, schmerzte das Atmen.

Die Frau, die das Café Clérici führt, stand, die Hände in die üppigen Hüften gestemmt, vor dem Eingang. Sie betrachtete die beiden rotgesichtigen, keuchenden Gestalten, die über die

Lenkräder hingen. »*Mon dieu!* Die Tour de France fängt dieses Jahr aber früh an!« Sie brachte uns Bier, und wir genossen den Komfort von Stühlen, die für menschliche Hintern entworfen waren. Inzwischen schien uns Lacoste weit, weit weg.

Der Hang, der sich zu den Ruinen der Burg des Marquis de Sade hochwindet, war lang und steil und qualvoll. Wir hatten die Hälfte geschafft und unseren Schwung verloren, als wir das Sirren einer Gangschaltung hörten – ein drahtiger, gebräunter Mann, der Mitte sechzig schien, überholte uns. »*Bonjour*«, rief er munter, »*bon vélo*«, und zog bergauf davon. Wir strampelten mit gesenkten Köpfen und brennenden Schenkeln weiter und bereuten das Bier.

Der alte Mann kehrte zurück, bergab, wendete und glitt neben uns. »*Courage*«, rief er. Nicht einmal sein Atem ging schwer. »*C'est pas loin. Allez!*« Und er gondelte mit uns in Lacoste ein. Seine schlanken, alten Beine, die für den Fall eines Sturzes und Schürfungen glattrasiert waren, pumpten wie regelmäßig arbeitende Kolben.

Meine Frau und ich klappten auf der Terrasse eines Cafés mit Ausblick über das Tal zusammen. Heimwärts würde es wenigstens meist bergab gehen; das würden wir schon irgendwie schaffen. Der alte Herr trank einen Pfefferminz-Milchshake und berichtete, er habe schon dreißig Kilometer hinter sich und werde bis zum Mittagessen weitere zwanzig schaffen. Wir gratulierten ihm zu seiner Fitneß. »Sie ist auch nicht mehr, was sie einmal war. Die Tour zum Mont Ventoux mußte ich aufgeben, als ich sechzig wurde. Mir bleiben nur diese kleinen *promenades*.« Falls wir eine kleine Befriedigung empfunden hatten, den Hang geschafft zu haben, so war sie verflogen.

Die Rückfahrt war leichter. Als wir zu Hause ankamen, waren wir allerdings immer noch erhitzt und wund. Wir stiegen von den Rädern und gingen steifbeinig zum Pool, ließen die Kleidung fallen und tauchten ins Wasser. Wir fühlten uns wie im Himmel. Als wir nachher bei einem Glas Wein in der Sonne lagen, beschlossen wir, daß Radfahren ein regulärer Bestandteil unseres sommerlichen Lebens werden sollte. Es dauerte allerdings ein Weilchen, bis wir uns die Sättel unbedarft wieder vornehmen konnten.

Die Felder rund um das Haus waren täglich bevölkert von Gestalten, die langsam und methodisch die Landschaft durchschritten, Unkraut jäteten, Kirschbäume pflegten, die sandige Erde beackerten – ganz ohne Eile und Hast. Um zwölf Uhr ruhte die Arbeit. Man aß im Schatten eines Baumes zu Mittag, und für zwei Stunden war nichts zu hören außer den Fetzen ferner Gespräche, die in der stillen Luft Hunderte von Metern weit getragen wurden.

Faustin verbrachte die Tage hauptsächlich auf unserem Grund, traf morgens nach sieben Uhr mit Hund und Traktor ein und organisierte seine Arbeit gewöhnlich so, daß sie in der Nähe unseres Hauses endete – so nahe, daß ihm das Klirren von Flaschen und Gläsern nicht entging. Ein Glas zur Geselligkeit und um den Staub zu löschen – das war für ihn die normale Ration. Wenn sein Besuch sich jedoch auf zwei Gläser ausdehnte, stand Geschäftliches an – irgendein weiterer Schritt landwirtschaftlicher Kooperation, den er während der vorausgegangenen Stunden inmitten der Reben überdacht hatte. Er ging eine Sache nie direkt an, sondern näherte sich ihr krebsartig mit größter Vorsicht.

»Mögen Sie Kaninchen?«

Ich kannte ihn gut genug, um zu wissen, daß er nicht den Haustier-Charme eines Kaninchens ansprach, und er unterstrich das, indem er sich auf den Bauch klopfte und dabei ehrfürchtig von *civets* und *patés* redete. In einer Hinsicht seien Kaninchen, so erklärte er, freilich ein Problem – wegen ihres großen Appetits. Sie seien wie ein Faß ohne Boden. Sie fräßen täglich Kilo um Kilo. Ich nickte, hatte aber keinen Schimmer, wo sich unsere Interessen mit denen der hungrigen Kaninchen berühren sollten.

Faustin erhob sich und winkte mich ans Hoftor. Er deutete auf zwei ummauerte Felder. »Luzerne«, sagte er. »Kaninchen lieben Luzerne. Diese Felder könnten bis Herbst drei Schnitte bringen.« Ich war über die hiesige Pflanzenwelt keineswegs erschöpfend informiert und immer der Ansicht gewesen, auf diesen Feldern wuchere irgendein provenzalisches Unkraut, das es irgendwann einmal zu beseitigen gälte. Es war ein Glück, daß die Luzerne noch standen; Faustins Kaninchen hätten mir nie verziehen – ein überraschender Erfolg des Gärtnerns durch Nichtstun. Um sicherzugehen, daß ich den springenden Punkt begriffen hatte, gestikulierte Faustin mit seinem Glas noch einmal zum Feld hin und wiederholte: »Kaninchen lieben Luzerne.« Er machte Knabbergeräusche. Ich erklärte ihm, er könnte von den Luzernen soviel haben, wie seine Kaninchen fräßen. Da hörte er mit dem Knabbern auf.

»*Bon*. Wenn Sie sicher sind, daß Sie es nicht selber brauchen.« Die Mission war vollendet. Er stapfte zu seinem Traktor.

Faustin ist in vielem langsam, aber Dankbarkeit zeigt er prompt. Am Abend drauf war er wieder da, mit Spargel, der zünftig im rotweißblauen Band gebündelt war. Hinter ihm erschien seine Frau Henriette mit einer Pickaxt, einem Schnurknäuel und einem Topf mit jungen Lavendelpflanzen. Sie hätten eigentlich längst gepflanzt sein müssen, sagte sie, aber ihr Cousin hätte sie eben erst von den Basses-Alpes mitgebracht. Sie müßten jetzt sofort eingesetzt werden.

Wir fanden die Arbeitsteilung unfair: Faustin war dafür verantwortlich, die Schnur gerade zu halten und *Pastis* zu trinken; Henriette schwang die Pickaxt. Jedes Pflanzloch war eine Pickaxtlänge vom nächsten entfernt. Alle Angebote zu helfen wurden abgelehnt. »Sie ist das gewohnt«, sagte Faustin stolz, während Henriette im Dämmerlicht die Axt schwang, maß und pflanzte und lachte. »Acht Stunden solcher Arbeit, und man schläft wie ein Baby.« In einer halben Stunde war alles geschafft – ein Beet mit fünfzig Pflanzen, die in sechs Monaten die Größe von Igeln hätten, in zwei Jahren kniehoch sein würden und symmetrisch und akkurat die Luzerneproduktion für die Kaninchen eingrenzten.

Was immer wir abends zum Essen geplant hatten, war vergessen. Wir bereiteten den Spargel zu. Für eine Mahlzeit war es zuviel – ich konnte das Bündel mit beiden Händen nicht umspannen. Auf der Trikolore war Faustins Name und Adresse eingedruckt. Er informierte uns, daß laut französischem Gesetz auf diese Weise der Erzeuger angegeben sein müsse, und wir hofften, eines Tages unser eigenes Namensband zu haben, wenn die Spargelpflanzen gediehen.

Die blassen Stangen waren daumendick und an den Spitzen leicht getönt und gemustert. Wir aßen sie warm mit zerlassener Butter. Wir aßen Brot, das am Nachmittag in der alten *Boulangerie* in Lumières gebacken worden war. Wir tranken den leichten Rotwein der Winzer des Tals. Mit jedem Mundvoll förderten wir örtlichen Fleiß.

Durch die offene Tür drangen das Quaken des Frosches vor Ort und das langgezogene, einschmeichelnde Lied der Nachtigall. Wir tranken im Freien ein letztes Glas Wein und schauten bei Mondlicht auf das neue Lavendelbeet, während die Hunde in den Luzernefeldern nach Mäusen gruben. Die Kaninchen würden in diesem Sommer gut zu fressen haben, und, so hatte Faustin versprochen, sie würden daher im Winter um so besser schmecken. Wir merkten, daß wir vom Essen allmählich so besessen waren wie die Franzosen, und gingen ins Haus zurück, um uns den Resten des Ziegenkäses zu widmen.

Bernard der *pisciniste* hatte uns ein Geschenk gebracht und baute es mit großer Begeisterung zusammen. Es war ein Schwimmsessel mit Bar für den Swimmingpool. Er hatte eine lange Reise von Miami, Florida, hinter sich; Miami war nach Bernards Auffassung das Weltzentrum für Swimmingpool-Zubehör. »Von solchen Dingen verstehen Franzosen nichts«, sagte er verächtlich. »Natürlich gibt es hier Firmen, die Luftkissen herstellen. Aber wie soll man auf einem Schwimmkissen trinken?« Er schraubte die letzte Flügelmutter am Rahmen fest und nahm Abstand, um den Sessel in seinem ganzen Miami-Glanz zu bewundern – ein greller Block aus Styropor, Plastik und Aluminium. »So. Das Glas paßt genau in die Armlehne hier. Man kann bequem entspannen. *C'est une merveille.*« Er ließ den Stuhl ins Wasser gleiten und gab acht, daß er sich nicht das rosa Hemd und die weißen Hosen naß machte. »Nachts müssen Sie ihn immer ins Haus nehmen«, sagte er. »Bald ist Kirschernte. Dann kommen die Zigeuener. Vor denen ist nichts sicher.«

Das erinnerte uns daran, daß wir unser Haus eigentlich

versichern lassen wollten, doch bisher hatten wir gemeint, daß keine Versicherung das Risiko übernommen hätte, solange die Bauleute Löcher in die Mauern bohrten. Bernard nahm vor Entsetzen die Sonnenbrille von der Nase. Ob wir das denn nicht wüßten? Im Vaucluse sei die Einbruchrate höher als im ganzen übrigen Frankreich mit Ausnahme von Paris. Er starrte mich an, als hätte ich eine Wahnsinnstat begangen, die nie wiedergutzumachen wäre. »Sie brauchen sofort Schutz. Ich werde am Nachmittag jemanden herüberschicken. Bleiben Sie *en garde,* bis er kommt.«

Mir kam das ein bißchen dramatisch vor, doch Bernard schien überzeugt, daß ganz in der Nähe eine Räuberbande lauerte, die nur darauf wartete, daß wir zum Fleischer ins Dorf hinuntergingen, bevor sie mit einem Möbelwagen ankämen, um das Haus auszuplündern. Vor einer Woche erst, so berichtete er, habe er seinen Wagen vor der eigenen Haustür aufgebockt gefunden – alle vier Räder seien weg gewesen. *Salauds* seien das, diese Kerle.

Von unserer Trägheit einmal abgesehen hatten wir die Versicherungssache auch deshalb liegenlassen, weil wir Versicherungsgesellschaften mit ihren Wieselworten, Ausflüchten und besonderen Umständen und dem Kleingedruckten mit seinen Konditionalklauseln abscheulich fanden. Aber Bernard hatte recht. Es war dumm, sich auf das Glück zu verlassen. Wir fügten uns also in unser Los, den Nachmittag mit einem grauen Mann im grauen Anzug verbringen zu müssen, der uns raten würde, sogar noch am Kühlschrank ein Sicherheitsschloß anzubringen.

Es war am frühen Abend, als in einer Staubwolke eingehüllt ein Wagen eintraf. Der Fahrer mußte sich offenbar in der Adresse geirrt haben. Er war jung, braungebrannt und gutaussehend und kam strahlend auf uns zu, in der Montur eines Saxophonisten der fünfziger Jahre. Er trug eine breitschultrige Faltenjacke, die mit Glanzfäden durchschossen war, ein limonengrünes Hemd, weite Hosen, die nach unten enger wurden und die Knöchel umschmiegten, dunkelblaue Wildlederschuhe mit knolligen Kreppsohlen und türkisen Socken. »Fructus, Thierry. *Agent d'assurance.*« Er schritt mit kurzen, federnden Schritten ins Haus. Ich erwartete fast, daß er mit den Fingern schnickte und mit ein paar billigen Tanzschritten über den Boden glitt. Ich bot ihm, während ich meine Überraschung verarbeitete, ein Bier an, und er setzte sich und gab seine Glitzersocken zum Anblick frei.

»*Une belle mesong.*« Er hatte einen starken provenzalischen Akzent, der zu seiner Kleidung in seltsamem Kontrast stand und meine Verunsicherung abbaute. Er war geschäftsmännisch und ernst und fragte, ob wir das Haus das ganze Jahr über bewohnten. Die hohe Einbruchquote im Vaucluse, so erläuterte er, sei zum Teil auf die große Zahl von Ferienhäusern zurückzuführen. Wenn Häuser das Jahr über zehn Monate lang leerstünden, nun ja ... die Schultern seiner Jacke hoben sich in einem gepolsterten Zucken. Bei den Geschichten, die man in seinem Beruf höre, würde man nur noch im Safe wohnen wollen.

Aber uns müsse das nicht beunruhigen. Wir hätten hier unseren Dauerwohnsitz. Und im übrigen, so sagte er, hätten wir ja Hunde. Das sei gut – das würde auch bei der Berechnung der Versicherungsprämie berücksichtigt. Ob die Hunde bösartig seien? Falls nein, so könnten sie ausgebildet werden. Er kenne da jemanden, der könnte sogar Pudel zu Kampfhunden trainieren.

Er machte sich in einer ordentlichen kleinen Handschrift

Notizen und trank sein Bier. Wir besichtigten das Haus. Er lobte die schweren Holzfensterläden und die massiven alten Türen. Vor einem schmalen Fenster blieb er mißbilligend stehen – ein *fenestron,* das keine dreißig mal dreißig Zentimeter maß. Der moderne Profi-Einbrecher, so führte er aus, arbeite häufig wie Schornsteinfeger des 19. Jahrhunderts und schicke ein Kind durch Öffnungen, durch die sich kein Erwachsener zwängen könne. Da wir uns in Frankreich befanden, gab es für jugendliche Einbrecher eine offizielle, genau festgelegte Größe; sie war über zwölf Zentimeter breit; schmalere Öffnungen waren deshalb kindersicher. Auf welcher Basis das kalkuliert worden war, wußte Monsieur Fructus nicht, doch das kleine Fenster müsse vergittert werden, um das Haus gegen Verwüstungen durch magersüchtige Fünfjährige zu sichern.

Und dann wurden binnen eines Tages die Wanderpflücker zum zweitenmal als Sicherheitsrisiko beschworen – es seien Spanier oder Italiener, behauptete Monsieur Fructus, die für den Hungerlohn von drei Francs pro Kilo arbeiteten, heute hier, morgen da – ein schweres Risiko, man könne gar nicht vorsichtig genug sein. Ich versprach, wachsam zu bleiben und das kleine Fenster so rasch wie möglich zu vergittern und die Hunde zu ermahnen, bösartig zu sein. Das gab ihm seine Ruhe zurück, und zum Sound von Bruce Springsteen, der aus dem Autoradio dröhnte, verschwand er in den Sonnenuntergang.

Die Kirschpflücker begannen uns mächtig zu interessieren. Wir hätten von diesen leichtfingrigen Halunken gern einmal etwas gesehen. Eigentlich mußten sie jetzt jeden Tag auftauchen. Die Kirschen waren zweifellos reif. Wir hatten sie selber gekostet. Wir frühstückten inzwischen auf einer kleinen Terrasse mit Blick zur Morgensonne, zwanzig Meter von einem alten, obstbehangenen Baum entfernt. Während meine Frau Kaffee machte, pflückte ich Kirschen. Sie waren kühl und saftig, fast schwarz und unser erster Genuß bei Tagesbeginn.

Als wir eines Morgens irgendwo zwischen Haus und Straße ein Radio spielen hörten, wußten wir, daß die Kirschlese offiziell angefangen hatte. Die Hunde zogen mit aufgerichteten Haaren und voll der eigenen Bedeutung auf Pirsch, und ich folgte ihnen in Erwartung einer Truppe dunkelhäutiger Fremder und ihrer diebischen Kinder. Ihre Körper waren von der Taille aufwärts im Blattwerk der Bäume versteckt. Ich sah nur verschiedene Beine, die auf dreieckigen Holzleitern balancierten, und dann ein großes braunes Mondgesicht unter einem Strohtrilby aus dem Laub hervorlugen.

»*Sont bonnes, les cerises.*« Er streckte mir einen Finger entgegen, an dem ein paar Kirschen baumelten. Es war Faustin. Er, Henriette und auserlesene Verwandte hatten beschlossen, das Obst selber zu pflücken, wegen der hohen Löhne, die fremde Arbeitskräfte verlangten. Einer hatte sogar fünf Francs pro Kilo verlangt! Stellen Sie sich vor! Auch wenn ich mich anstrengte: Tagsüber zehn Stunden lang unbequem oben auf einer Leiter und gepiesackt von Fruchtfliegen, nachts harter Schlaf in einer Scheune oder auf dem Laster hinten – das kam mir nicht überbezahlt vor. Aber Faustin ließ sich nicht erweichen. Das sei Diebstahl bei hellichtem Tag, *mais enfin,* was konnte man von Kirschpflückern schon erwarten? Er erwartete eine Ernte von zwei Tonnen für die Konfitürefabrik in Apt, und der Erlös bliebe immerhin ganz in der Familie.

Die umliegenden Obstgärten waren während der nächsten

Tage von Pflückern aller Formen und Größen besetzt. Zwei von ihnen nahm ich eines Abends nach Bonnieux mit. Es waren Studenten aus Australien, die von der Sonne gerötet und voller Kirschflecken waren. Sie wirkten erschöpft und beschwerten sich über die langen Arbeitsstunden, die Langeweile und die Knausrigkeit des französischen Bauern.

»Auf die Weise lernen Sie immerhin ein bißchen von Frankreich kennen.«

»Frankreich?« fragte einer der beiden. »Ich hab bisher nur Kirschbäume von innen gesehen.«

Sie waren entschlossen, ohne gute Erinnerungen an ihre Zeit in der Provence nach Australien zurückzukehren. Sie mochten die Menschen nicht. Sie trauten dem Essen nicht. Französisches Bier schlug ihnen auf den Magen. Und was die Landschaft anging – ihr fehlte die Weite Australiens. Die beiden wollten nicht glauben, daß ich hier freiwillig wohnte. Ich versuchte, es ihnen zu erklären, aber wir sprachen von zwei verschiedenen Ländern. Ich ließ sie beim Café aussteigen, wo sie den Abend voller Heimweh verbringen würden. Sie waren die einzigen jammernden Australier, die mir je begegnet sind. Es war deprimierend, ein Fleckchen Erde, das ich liebte, so total verrissen zu sehen.

Bernard heiterte mich auf. Ich brachte ihm die Übersetzung eines Briefs, den er von einem englischen Kunden erhalten hatte, und er öffnete mir lachend die Tür seines Büros in Bonnieux.

Sein Freund Christian – er war auch unser Architekt – war soeben gebeten worden, in Cavaillon ein Bordell umzubauen. Da mußten, *naturellement,* eine Menge Extrawünsche erfüllt werden. So war etwa das Anbringen von Spiegeln von eminenter Bedeutung. Da mußten gewisse Geräte berücksichtigt werden, die in zivilisierten Schlafzimmern normalerweise nicht anzutreffen sind. Die Bidets mußten, weil pausenlos beansprucht, tipptopp funktionieren. Ich stellte mir Monsieur Menicucci und *Jeune* bei ihren Bemühungen vor, Wasserhähne und Waschbecken zu fixieren, während Handelsvertreter aus Lille notdürftig bekleidete junge Damen durch die Flure jagten. Ich sah Ramon den Gipser, einen Mann mit eindeutigem Sinn für Doppeldeutiges, wie er unter den *filles de joie* losgelassen wurde. Er würde dort für den Rest seines Lebens bleiben. Es waren herrliche Aussichten.

Leider, so sagte Bernard, würde Christian, obwohl er die architektonische Herausforderung erkenne, den Auftrag nicht annehmen. Die Madame des Etablissements wollte die Arbeiten in einer unmöglich kurzen Zeit ausgeführt sehen und war nicht bereit, die Räumlichkeiten während des Umbaus zu schließen – was die Konzentrationsfähigkeiten der Arbeiter unerhört strapazieren würde. Außerdem war sie nicht willens, die Mehrwertsteuer zu zahlen, mit dem Argument, daß sie ihren Kunden auch keine Verkaufssteuer abverlange – warum sollte dann sie eine zahlen? (Sie heuerte schließlich ein paar kompromißbereite Maurer an, die schnelle, ungeschickte Arbeit leisteten.) Die Chance, Cavaillons Bordell für die Seiten des *Architectural Digest* fotografiert zu sehen, wurde vertan. Ein trauriger Tag für die Nachwelt.

Wir lernten, wie es sich lebt, wenn man fast immer Gäste hat. Die Vorhut war Ostern eingetroffen. Die letzten waren Ende Oktober angesagt. Menschen, die – halb vergessen – aus der sicheren Entfernung des Winters eingeladen worden waren, flogen ein zum Schlafen, zum Trinken und Sonnenbaden.

Das Mädchen in der Wäscherei vermutete, aufgrund der Anzahl der Bettlaken, daß wir einen Hotelbetrieb führten. Uns kamen die Warnungen von erfahrenen Anliegern in den Sinn.

Die frühen Besucher mußten, so wie sie sich aufführten, einen Kurs für ideales Gästeverhalten absolviert haben. Sie mieteten sich einen Leihwagen, um nicht darauf angewiesen zu sein, daß wir sie in der Gegend herumkutschierten. Abends speisten sie mit uns, kümmerten sich tagsüber aber um sich selbst. Sie reisten genau zu dem Zeitpunkt ab, den sie anfangs genannt hatten. Wenn alle so wären, dachten wir, würde es ein angenehmer Sommer werden.

Wie wir bald merken sollten, bestand das größte Problem für uns darin, daß unsere Gäste Ferien hatten und wir nicht. Wir standen um sieben auf. Sie lagen morgens oft bis zehn oder elf Uhr im Bett und beendeten ihr Frühstück manchmal gerade noch rechtzeitig, um vor dem Mittagessen schwimmen zu können. Wir arbeiteten, während sie sich in der Sonne aalten. Durch ein Nachmittagsnickerchen erfrischt, kamen sie abends erst richtig in Fahrt, während wir über dem Salat erschöpft einschliefen. Meine Frau mit ihrem gastfreundlichen Wesen, die um sich herum unterernährte Menschen nicht dulden kann, verschwand stundenlang in der Küche, und wir wuschen bis spät in die Nacht Geschirr ab.

Sonntags war es anders. Alle unsere Gäste wollten einen der Sonntagsmärkte sehen, und die fangen nun einmal früh an. So war der Tagesplan für uns und unsere Gäste wenigstens an einem Tag in der Woche gleich. Während der Fahrt von zwanzig Minuten zum Café mit Blick auf den Fluß in Isle-sur-la-Sorgue dösten sie im Fond mit schlafumränderten Augen ungewohnt still vor sich hin.

Wir parkten an der Brücke und weckten die Freunde auf. Sie waren, noch immer munter, um zwei Uhr früh widerwillig schlafen gegangen, und auf ihren Kater hatte das helle Licht einen schlimmen Effekt. Sie versteckten sich hinter Sonnenbrillen und klammerten sich an große Tassen mit *café crème*. Im dunklen Teil der Bar schluckte der *gendarme* einen heimlichen *Pastis*. Der Mann, der Lotterielose verkaufte, versprach jedem, der an seinem Tisch zögerte, sofortigen Reichtum. Zwei übernächtigte Lastwagenfahrer mit blauem Sandpapierkinn verschlangen ihr Frühstück mit Steak und Pommes frites und riefen nach mehr Wein. Der frische Geruch des Flusses drang durch die offene Tür, und Enten plätscherten im Wasser, während sie auf Krümel warteten, die von der Terrasse gefegt würden.

Wir liefen zum Dorfplatz. Es war ein Spießrutenlaufen zwischen Reihen gelblicher Mädchen in eng anliegenden glanzschwarzen Röcken, die Zitronen und Knoblauchschnüre verkauften und sich im Kampf um Kunden anzischten. Die Stände waren willkürlich die Straße entlang aufgebaut – Silberjuwelen gleich neben flachen Keilen von gepökeltem Barsch, Holzfässern mit blitzenden Oliven, handgefertigten Körben, Zimt und Safran und Vanille, wolkigen Bündeln von Zigeunerromantik, eine Pappschachtel voll mit Welpen einer Promenadenmischung, kitschige Johnny-Hallyday-T-Shirts, lachsrosa Korsette und BHs von heroischen Ausmaßen, grobes Landbrot und dunkle *terrines*.

Ein baumlanger blauschwarzer Senegalese schoß durch den Tumult des Marktes. Er war mit einem Schatz authentischer Stammeslederwaren *Made in Spain* und Digitalarmbanduhren beladen. Ein Trommelwirbel war hörbar. Ein Mann mit oben abgeflachtem Spitzhut in Begleitung eines Hundes im Rotjäckchen räusperte sich und stellte sein tragbares Lautsprechergerät mit unerträglichem Wimmern ein. Noch ein Trommelrühren. »*Prix choc!* Lammfleisch aus Sisteron! Charcuterie! Kutteln! Eilen Sie unverzüglich zur Boucherie Crassard, Rue Carnot. *Prix choc!*« Er machte sich erneut am Lautsprecher zu schaffen und konsultierte eine Zettelwand. Er war der mobile Ortsfunk, der mit der dazugehörigen musikalischen Umrahmung alles ankündigte – von Geburtstagsglückwünschen bis zum Kinoprogramm. Ich müßte ihn unbedingt mit dem Tony aus der Werbebranche bekannt machen; die zwei könnten Verkaufsförderungsmethoden diskutieren.

Drei Algerier mit tief zerfurchten braunen Gesichtern plauderten in der Sonne. Sie hielten das Mittagessen in ihren Händen – an den Beinen mit dem Kopf nach unten. Diese lebenden Hühner wirkten irgendwie schicksalsergeben, als wüßten sie, daß ihre Stunden gezählt waren. Wohin wir auch blickten, waren Leute am Essen. Standverkäufer boten Kostproben an – Stückchen warmer Pizza, rosa Scheibchen Schinken, Wurst in Kräuterstaub und mit grünem Pfeffer, winzige, nussige Würfel aus Nougat. Es war eine höllische Versuchung. Unsere Freunde begannen sich nach dem Mittagessen zu erkundigen.

Zu Mittag würden wir erst in einigen Stunden essen, und vorher mußten wir noch die »nicht eßbaren« Angebote des Markts ansehen, die *brocanteurs* mit ihren wie zufällig zusammengetragenen Sammlungen von Trödelstücken aus der Geschichte menschlichen Privatlebens, die überall in der Provence von Dachböden gerettet worden waren. Isle-sur-la-Sorgue ist seit Jahren ein Zentrum des Antiquitätenhandels. Am Bahnhof steht ein riesiges Lagerhaus, wo dreißig bis vierzig Händler Dauerverkaufsstände haben und man fast alles finden kann – nur keine Schnäppchen. Aber der Morgen war zu sonnig, um ihn im Dämmerlicht eines Lagerhauses zu verbringen, und wir blieben unter den Platanen bei den Ständen im Freien, wo die Lieferanten von hochklassigem *bric-à-brac,* wie es gern genannt wird, ihre Vorräte auf Tischen und Stühlen oder auch auf dem Boden ausbreiteten oder an Nägel in Baumstämmen hingen.

Vergilbte Sepia-Postkarten und alte Leinenröcke waren zusammengewürfelt mit Grüppchen von Besteck, angeknackten Emailleschildern mit Reklame für Abführmittel und Pomade für widerborstige Schnurrbärte, Art-deco-Broschen und Café-Aschenbechern, vergilbten Gedichtbänden und dem obligaten Louis-Quartorze-Stuhl, der – bis auf ein fehlendes Stuhlbein – vollkommen war. Mit dem Näherrücken des Mittags fielen die Preise. Man begann ernsthaft zu feilschen. Da war der Zeitpunkt gekommen für meine Frau, die im Feilschen fast Profistandard erreicht hat. Sie hatte eine kleine Gipsbüste von Delacroix umkreist, die der Händler auf 75 Francs heruntergesetzt hatte, und setzte zum Sturzflug an.

»Was ist Ihr bester Preis?« fragte sie den Händler.

»Mein *bester* Preis, Madame, ist hundert Francs. Da der jedoch unwahrscheinlich geworden ist und das Essen ruft, können Sie die Büste für fünfzig haben.«

Wir luden Delacroix in den Wagen, wo er nachdenklich aus dem Rückfenster blickte, und machten es wie ganz Frankreich, das sich auf die Freuden der Tafel vorbereitete.

Eine der Eigenarten der Franzosen, die uns gefiel und bewundernswert schien, ist ihre Bereitschaft, die regionale Kochkunst zu unterstützen, ganz gleich, wie lang die Anfahrt ist.

Die Qualität der Speise ist ihnen wichtiger als Bequemlichkeit. Um gut zu essen, fahren Franzosen gern eine Stunde oder auch mehr, während ihnen das Wasser im Munde zusammenläuft. Aufgrund dieser Tatsache können talentierte Köche in scheinbar aussichtslosen Lokalitäten florieren. Das Restaurant, das wir ausgewählt hatten, lag so isoliert, daß wir es beim ersten Besuch nur dank einer Landkarte fanden.

Buoux ist kaum groß genug, um als Dorf bezeichnet zu werden. Es liegt etwa zehn Kilometer hinter Bonnieux in den Bergen versteckt. Es hat ein altes Rathaus, eine moderne Telefonzelle, fünfzehn oder zwanzig verstreut liegende Häuser sowie die Auberge de la Loube, die in die Flanke eines Hangs gebaut ist. Ihm zu Füßen liegt ein völlig unbesiedeltes, wunderschönes Tal. Wir hatten es im Winter mit einiger Mühe gefunden und schon die Angaben der Landkarte angezweifelt, als wir immer tiefer in die Wildnis hineingerieten. An jenem Abend hatten wir als einzige Gäste vor einem riesigen Kaminfeuer gegessen, während der Wind in den Holzläden ratterte.

Es konnte kaum einen größeren Kontrast geben als zwischen jener brutalen Nacht und einem heißen Sonntag im Mai. Als wir um die Kurve der Anfahrtsstraße zum Restaurant bogen, sahen wir den Parkplatz bereits voll – zur Hälfte mit drei Pferden, die an die Stoßstange eines verlotterten Citroën angebunden waren. Die Restaurantkatze streckte sich auf den warmen Dachziegeln und blickte verträumt zu den Hühnern im angrenzenden Feld. Tische und Stühle waren längs einer offenen Scheune aufgestellt, und wir konnten hören, wie in der Küche die Eiskübel gefüllt wurden.

Maurice, der *Chef,* kam mit vier Gläsern Pfirsichchampagner heraus und führte uns zu seiner jüngsten Anschaffung. Es war eine alte, offene Kutsche mit Holzrädern und gesprungenen Ledersitzen, in der ein halbes Dutzend Leute Platz hatten. Maurice plante, Kutschtouren durch den Lubéron zu veranstalten, bei denen, *bien-sûr,* zum Mittagessen unterwegs angehalten wurde. Ob wir das für eine gute Idee hielten? Ob wir selbst mitkämen? Natürlich. Er schenkte uns ein zufriedenes, scheues Lächeln und ging zurück in die Küche.

Er hatte sich das Kochen selbst beigebracht, empfand jedoch keinerlei Verlangen, der Bocuse von Buoux zu werden. Ihm kam es nur darauf an, soviel Umsatz zu machen, daß er mit seinen Pferden in diesem Tal bleiben konnte. Der Erfolg seines Restaurants beruhte eher auf dem Preis-Leistungs-Verhältnis und auf einfachem, guten Essen als auf gastronomischen Kunstflügen, die er als *cuisine snob* abtat.

Es gab ein Menü für 110 Francs. Das junge Mädchen, das sonntags bediente, brachte ein flaches Korbtablett und stellte es mitten auf den Tisch. Wir zählten vierzehn verschiedene *hors d'œuvres* – Artischockenherzen, winzige, in Butter gebratene Sardinen, parfümierte *tabouleh,* pürierten Barsch, marinierte Pilze. Babytintenfische, *tapenade,* junge Zwiebeln in einer frischen Tomatensauce, Sellerie und Kichererbsen, Radieschen und Kirschtomaten, kalte Muscheln. Auf dem hoch beladenen Tablett balancierten dicke Scheiben von Paté und Gurken, Teller mit Oliven und kaltem Paprika. Das Brot hatte eine dünne knusprige Kruste. Im Eiskübel stand Weißwein und im Schatten – zum Atmen – eine entkorkte Flasche Châteauneuf-du-Pape.

Die übrigen Gäste waren sämtlich Franzosen, Leute aus den benachbarten Dörfern im ernsten Sonntagsstaat sowie ein oder zwei schickere Paare, die in ihren grellen Boutique-Farben seltsam deplaziert wirkten. An einem großen Tisch in der Ecke luden sich drei Generationen einer Familie die Teller voll und wünschten einander *bon appetit*. Eins der Kinder, das für einen sechsjährigen Gourmet vielversprechend wirkte, tat kund, daß er diese *paté* derjenigen zu Hause vorzöge, und bat seine Großmutter um einen Schluck Wein zum Probieren. Der Familienhund harrte geduldig an seiner Seite aus, wohl wissend, daß Kinder mehr Nahrung zu Boden fallen lassen als Erwachsene.

Der Hauptgang wurde serviert – rosige Scheiben vom Lamm, das mit ganzen Knoblauchzehen gebraten war und mit jungen grünen Bohnen und einer goldenen *galette* von Kartoffeln und Zwiebeln serviert wurde. Der Châteauneuf-du-Pape wurde eingeschenkt, ein schwerer, dunkler »Wein mit Schultern«, wie Maurice bemerkte. Wir ließen alle Pläne für einen aktiven Nachmittag fallen und losten aus, wer in Bernards Schwimm-Sessel sitzen durfte.

Der in Weinblätter gehüllte, feuchte Käse kam aus Banon, und dann folgten die dreifachen Aromen und Texturen des Desserts – Zitronensorbet, Schokoladenkuchen und *crème anglaise* auf einem Teller. Kaffee. Ein Glas *marc* aus Gigondas. Ein Seufzer der Zufriedenheit. Wo sonst in der Welt, sinnierten unsere Freunde, könnte man in so unprätentiöser und entspannter Umgebung so gut essen? In Italien vielleicht, aber sonst wohl nirgends. Sie waren an London gewohnt, an die übertrieben ausstaffierten Restaurants mit den hochtrabend zusammengestellten Menüs und den absurden Preisen. Sie berichteten uns von einer Schüssel Pasta in Mayfair, die teurer gewesen war als das ganze Menü, das jeder von uns hier gegessen hatte. Warum war es so schwierig, in London gut und preiswert zu essen? Weise kamen wir nach dem Essen zu dem Schluß, daß die Engländer nicht so häufig zum Essen ausgehen wie die Franzosen, und wenn sie ausgehen, wollen sie nicht nur gut genährt, sondern auch beeindruckt werden; sie wollen Flaschen in Körben, Fingerschälchen, Menüs von der Länge eines Kurzromans und Rechnungen zum Angeben. Maurice kam zu uns herüber und erkundigte sich, ob uns das Essen geschmeckt habe. Er setzte sich, während er auf einem Stückchen Papier addierte. »*La douloureuse*«, sagte er und schob sie über den Tisch. Sie belief sich auf knapp über 650 Francs oder die Summe, die zwei Menschen für ein schickes Mittagessen in Fulham bezahlen müßten. Einer unserer Freunde fragte ihn, ob er nie daran dächte, irgendwohin zu ziehen, wo man ihn leichter finden könnte. Nach Avignon beispielsweise. Oder nach Ménerbes. Er schüttelte den Kopf. »Hier ist's gut sein. Ich habe alles, was ich brauche.« Er konnte sich vorstellen, hier auch noch in fünfundzwanzig Jahren zu kochen, und wir hofften, daß wir dann noch in einer Verfassung wären, um herüberzukriechen und es genießen zu können.

Auf der Heimfahrt fiel uns auf, daß die Kombination von Nahrung und Sonntag auf den französischen Autofahrer eine beruhigende Wirkung ausübt. Sein Bauch ist voll. Er hat seinen wöchentlichen Urlaubstag. Er trödelt, ohne versucht zu sein, in einer unübersichtlichen Kurve zu überholen. Er unterbricht die Fahrt, um frische Luft einzuatmen und sich in den Büschen am Straßenrand zu erleichtern, ist eins mit der Natur und nickt vorbeifahrenden Autos wohlwollend zu. Am nächsten Tag wird er sich wieder den Mantel des Kamikaze-Piloten umhängen, aber heute ist Sonntag in der Provence, und man muß das Leben genießen.

Juni

Die regionale Werbeindustrie florierte. Jedes Auto, das länger als fünf Minuten in der Nähe eines Markts geparkt war, wurde Zielscheibe für fliegende Media-Manager der Provence, die von Windschutzscheibe zu Windschutzscheibe hasteten, um kleine, aufreizende Prospekte unter den Wischer zu stecken. Wir sahen bei unserer Rückkehr an unserem Wagen unentwegt Nachrichten flattern – atemlose Meldungen über anstehende Attraktionen, die man sich nicht entgehen lassen durfte, über preiswerte kulinarische Genüsse und exotische Offerten.

Da gab es in Cavaillon einen Akkordeonwettstreit, mit der entzückenden Zugabe von »*Les Lovely Girls adorablement deshabillées (12 tableaux)*« als Zwischenunterhaltung. Ein Supermarkt plante die *opération porc*, die jedes nur denkbare

Teil der Anatomie des Schweins zu so niedrigen Preisen anbot, daß wir uns ungläubig die Augen rieben. Es gab *Boules*-Turniere und *bals dansants,* Radrennen und Hundeschauen, mobile Diskotheken, Feuerwerke und Orgelkonzerte. Da war Madame Florian, Hellseherin und Alchimistin, die ihrer übernatürlichen Kräfte so sicher war, daß sie für jede Séance Zufriedenheit garantierte. Da waren die emsigen Mädchen – von Eve, die sich als köstliches Geschöpf beschrieb, das zu gepfefferten Rendezvous bereit sei, bis zu Mademoiselle Roz, die all Ihre Träume am Telefon wahr werden läßt, eine Dienstleistung, die, wie sie stolz erklärte, in Marseille verboten worden war. Und da gab es eines Tages eine verzweifelte und heftig verfaßte Notiz, die uns nicht um Geld bat, sondern um unser Blut.

Das verrutschte Foto illustrierte die Geschichte von einem kleinen Jungen, der auf eine große Operation in Amerika warten mußte und dauernd Blutübertragungen brauchte, um am Leben zu bleiben, bis das Krankenhaus dort ihn aufnahm. »*Venez nombreux et vite*«, sagte der Zettel. In der Blutspendestation würde man uns am nächsten Morgen um acht Uhr in der Dorfhalle von Gordes erwarten.

Als wir um 8.30 Uhr ankamen, war die Halle bereits gedrängt voll. Ein Dutzend Betten standen an der Wand, alle belegt, und an der Reihe hochgestellter Füße konnten wir erkennen, daß ein repräsentativer Querschnitt der örtlichen Bevölkerung erschienen war. Man erkannte sie leicht an der Fußbekleidung: Sandalen und Espadrilles gehörten zu den Ladenbesitzern, hohe Absätze zu jungen Frauen, Stoffstiefel bis an die Knöchel zu Bauern und Pantoffel zu ihren Frauen. Die älteren Frauen umklammerten mit der einen Hand ihre Einkaufskörbe, während sie die andere zur Faust ballten, um das

Fließen des Bluts ins Plastikfläschchen zu erleichtern, und es gab eine recht lebhafte Debatte darüber, wessen Blut das dunkelste, reichste und nahrhafteste sei.

Wir stellten uns hinter einem stämmigen alten Mann für den Bluttest an. Er hatte eine leuchtend rote Nase, eine zerfranste Mütze auf dem Kopf, trug einen Overall und sah amüsiert zu, als die Schwester sich ohne Erfolg abmühte, die verhärtete Haut seines Daumens zu durchstechen.

»Wollen Sie den Fleischer holen?« fragte er. Sie stieß noch einmal zu, fester. »*Merde.*« Ein Tropfen Blut trat heraus, nahm zu, und die Schwester bugsierte ihn fein säuberlich in ein Röhrchen, gab eine Flüssigkeit hinzu und schüttelte die Mischung kräftig durch. Sie blickte mit einem Ausdruck von Mißbilligung vom Röhrchen auf.

»Wie sind Sie hergekommen?« fragte sie den alten Mann.

Er hörte auf, den Daumen zu lutschen. »Fahrrad«, sagte er. »Den ganzen Weg von Les Imberts.«

Die Schwester näselte. »Ich bin überrascht, daß Sie nicht vom Rad gefallen sind.« Sie warf noch einen Blick auf das Röhrchen. »Klinisch sind Sie besoffen.«

»Unmöglich«, sagte der alte Mann. »Ich hab vielleicht ein bißchen Rotwein zum Frühstück getrunken, *comme d'habitude.* Aber das heißt doch nichts. Und außerdem«, sagte er und fuchtelte ihr mit seinem blutverschmierten Daumen unter der Nase herum, »reichert ein bißchen Alkohol die Blutkörperchen an.«

Die Schwester war nicht überzeugt. Sie schickte den Alten fort zu einem zweiten Frühstück, diesmal mit Kaffee, und sagte, er solle später am Morgen wiederkommen. Er trollte sich mürrisch und trug seinen verwundeten Daumen wie eine Schlachtfahne vor sich her.

Wir wurden gestochen, für nüchtern befunden und zu unseren Betten gewiesen. Der Saft aus unseren Venen wurde in die Plastiktüten gepumpt. Wir ballten und öffneten pflichtschuldig die Fäuste. Die Halle war voll von Lärm und guter Laune. Menschen, die sich auf der Straße normalerweise nicht grüßten, waren plötzlich freundlich zueinander, auf die Art, die oft zu beobachten ist, wenn Fremde im Befolgen einer guten Tat vereint sind. Es mochte aber auch etwas mit der Bar am Ende des Saals zu tun haben.

In England besteht die Belohnung für ein Fläschchen Blut aus einer Tasse Tee und einem Keks. Aber hier wurden wir, nachdem man uns von unseren Drähten befreit hatte, an einen langen Tisch geführt, wo Freiwillige als Kellner bedienten. Was wir gern hätten? Kaffee, Schokolade, Croissants, Brioches, Schinkenbrote oder Knoblauchwurst, einen Becher Rotwein oder Weißwein? Aufessen! Austrinken! Die Blutkörperchen müssen ersetzt werden. Der Bauch muß versorgt sein! Ein junger Pfleger war vollauf mit dem Entkorken von Flaschen beschäftigt, und der aufsichtführende junge Arzt in seinem langen weißen Kittel wünschte uns allen *bon appetit*. Falls die stetig wachsende Anhäufung leerer Flaschen hinter der Bar etwas zu bedeuten hatte, so war der Aufruf zum Blutspenden sowohl klinisch wie gesellschaftlich ein voller Erfolg.

Ein Weilchen später empfingen wir per Post unser Exemplar von *Le Globule,* das offizielle Organ für die Blutspender. Hunderte von Litern waren an jenem Morgen in Gordes gesammelt worden, doch die andere Statistik, die mich interessiert hätte – die Zahl der Liter, die verkonsumiert worden waren –, war nirgends aufgelistet: ein Beweis für ärztliche Diskretion.

Unser Freund, der Rechtsanwalt aus London, ein Mann von eiserner britischer Reserviertheit, beobachtete das, was er als Verrücktheiten der Franzis bezeichnete, vom Café Fin de Siècle in Cavaillon. Es war Markttag. Auf dem Bürgersteig gab es einen Menschenstau, der sich nur langsam vorandrängte – das reine Chaos.

»Sieh mal da drüben«, sagte er, als mitten auf der Straße ein Auto hielt und der Fahrer ausstieg, um einen Bekannten zu umarmen. »Dauernd fassen sie sich an. Hast du das gesehen? *Männer, die sich abküssen.* Verdammt ungesund, wenn du mich fragst.« Er schnaufte verächtlich in sein Bier. Er sah sich durch solch abartiges Verhalten in seinem Gefühl für Anstand verletzt. Einem respektierlichen Angelsachsen war so etwas fremd.

Ich hatte einige Monate gebraucht, um mich an die provenzalische Freude am Körperkontakt zu gewöhnen. Wie jedem, der in England aufgewachsen ist, waren mir gewisse gesellschaftliche Manierismen in Fleisch und Blut übergegangen. Ich hatte gelernt, Distanz zu wahren, statt mit dem Kopf zu nicken, Hände zu schütteln, Küsse auf weibliche Verwandte und öffentliche Bekundungen von Zärtlichkeit auf Hunde zu beschränken. Zu einer provenzalischen Begrüßung gehörte ein so gründliches Abtasten wie zur Sicherheitskontrolle auf einem Flughafen. Es war anfangs ein beunruhigendes Erlebnis gewesen. Inzwischen hatte ich es gern, und mich faszinierten die Eigenarten des gesellschaftlichen Rituals und die Zeichensprache, die bei jeder provenzalischen Begegnung wesentlich dazugehört.

Wenn zwei Männer ohne Begleitung sich treffen, ist das mindeste ein herkömmliches Händeschütteln. Wenn die Hände nicht frei sind, wird einem der kleine Finger zum

Schütteln geboten. Wenn die Hände naß oder schmutzig sind, wird einem ein Unterarm oder ein Ellbogen gereicht. Rad- oder Autofahren befreit einen nicht von der Verpflichtung zu *toucher les cinq sardines,* und man sieht auf den belebtesten Straßen gefährliche Verrenkungen, wenn Hände sich durchs Autofenster und über Lenkräder strecken, um einander zu finden. Und das gilt nur für den ersten, zurückhaltendsten Bekanntheitsgrad. Eine engere Beziehung erfordert eine demonstrativere Bestätigung.

Wie unser Juristenfreund bemerkt hatte, küssen Männer andere Männer, man quetscht Schultern, klapst auf Popos, stößt in die Nieren, zwickt Wangen. Wenn ein provenzalischer Mann sich freut, einem zu begegnen, kann es durchaus passieren, daß man seinen Pranken nur mit einer leichten Quetschung wieder entkommt.

Das Risiko eines Körperschadens ist für Frauen geringer, allerdings kann ein Amateur leicht einen Fauxpas begehen, indem er sich bei der nötigen Zahl an Küssen verkalkuliert. Anfangs pflegte ich einen einzigen Kuß zu pflanzen, mußte dann aber entdecken, daß mir die zweite Wange hingehalten wurde, als ich mich zurückzog. Nur Snobs küssen bloß einmal, wurde mir bedeutet, oder jene Unglücklichen, die mit angeborener *froideur* zur Welt kommen. Ich beobachtete daraufhin, was ich als die korrekte Prozedur interpretierte – den Dreierkuß, links-rechts-links –, und praktizierte sie bei einer Pariser Bekannten. Wieder falsch. Der Dreierkuß, so korrigierte sie mich, sei eine niedere provenzalische Angewohnheit; unter zivilisierten Menschen seien zwei Küsse ausreichend. Als ich das nächste Mal der Frau meines Nachbarn begegnete, küßte ich sie zweimal. »*Non*«, sagte sie, »*trois fois*«. Heute achte ich genau auf die Bewegung des weiblichen Kopfes. Wenn er seine Drehungen nach zwei Küssen beendet, bin ich mir fast sicher, meine Quote erfüllt zu haben, halte mich aber auf jeden Fall für einen dritten Kuß parat, falls der Kopf sich doch weiter bewegt.

Das Problem stellt sich anders, doch nicht minder heikel für meine Frau, die sich am empfangenden Ende befindet und abschätzen muß, wie oft sie den Kopf wenden und drehen muß, falls sie ihn überhaupt drehen sollte. Eines Morgens hörte sie ein Bellen auf der Straße, drehte sich um und sah Ramon den Gipser näher kommen. Er blieb stehen und wischte sich demonstrativ die Hände an den Hosen ab. Meine Frau erwartete ein Händeschütteln und streckte die Hand aus. Ramon schob die Hände beiseite und küßte meine Frau dreimal mit Schwung. Man kann wirklich nie wissen.

Nach der Begrüßung kann die Unterhaltung beginnen. Einkaufskörbe und -pakete werden abgestellt, Hunde an Café-tische angebunden, Fahrräder und Werkzeuge gegen die nächstmögliche Wand gelehnt. Das ist notwendig, denn für jedes ernsthafte und befriedigende Gespräch müssen beide Hände frei sein, um optische Betonungen zu ermöglichen, Sätze zu beenden, die offen in der Luft hängen bleiben, etwas zu unterstreichen oder bloß die Rede auszuschmücken, die, da sie nur aus Lippenbewegungen besteht, einem Provenzalen für sich allein physisch unzureichend erscheint. Die Hände und die immerfort kommunizierenden Schultern sind also für einen Meinungsaustausch lebensnotwendig. Es ist übrigens möglich, den Kern einer provenzalischen Unterredung aus der Ferne mitzubekommen, ohne die gesprochenen Worte zu hören, nur durch Beobachtung der Körpergesten.

Es gibt ein klar definiertes Vokabular des Schweigens, das mit einer Handbewegung beginnt, wie sie uns bei den Bauleuten vertraut wurde. Die Bauleute selbst verwendeten sie nur bei Termin- und Kostendiskussionen für Dementis. Sie ist aber eine Geste von nahezu unendlicher Flexibilität. Sie kann den Gesundheitszustand umschreiben, wie man mit seiner Schwiegermutter klarkommt, den Fortgang der Geschäfte, was man von einem Restaurant hält oder von der diesjährigen Melonenernte erwartet. Bei einem weniger bedeutsamen Thema ist das Rühren des Fingers kurz und von einem abschätzigen Heben der Augenbrauen begleitet. Ernsthaftere Sujets – Politik, die heikle Befindlichkeit der eigenen Leber, die Aussicht, daß ein Fahrer aus der Umgebung an der Tour de France teilnimmt – werden mit größerer Intensität gewürdigt. Das Rühren wird langsamer, während der Oberkörper leicht schwankt, wenn die Hand sich bewegt und die Stirn sich konzentriert in Falten legt.

Zum Warnen und Argumentieren dient der Zeigefinger in einer von drei operativen Stellungen. Steif und regungslos unter die Nase des Gesprächspartners gereckt, signalisiert er, Vorsicht – passen Sie auf, *attention;* es ist nicht alles Gold, was glänzt. Just in Gesichtshöhe und rapide von Seite zu Seite fuchtelnd wie ein aufgebrachtes Metronom, gibt er der anderen Person zu verstehen, daß sie leider schlecht informiert ist und in dem, was sie soeben ausgesprochen hat, total danebenliegt. Die richtige Meinung wird anschließend nachgeliefert: Der Zeigefinger geht von der seitlichen Bewegung über in eine Reihe von Stößen und Hieben, entweder auf die Brust, wenn der Unaufgeklärte ein Mann ist, oder – bei einem weiblichen Gegenüber – diskret ein paar Zentimeter vom Busen entfernt.

Zur Andeutung einer plötzlichen Abreise braucht man beide Hände: Die Linke bewegt sich mit geraden Fingern von der

Höhe der Taille an aufwärts, um in die Handinnenfläche der Rechten zu knallen, die sich senkt – eine reduzierte Version des beliebten und extrem vulgären Schlags auf den Bizeps. (Die volle Version ist in Verkehrsstaus zu beobachten, wenn streitende Fahrer aus ihren Autos steigen, um sich die Freiheit der Bewegung zu gönnen, die ein linksärmiger Hochschlag erfordert. Er endet mit dem Aufprall der Rechten auf den Bizeps.)

Man verspricht sich zum Abschluß des Gesprächs, in Kontakt zu bleiben: Die drei mittleren Finger werden in die Hand hinein umgebogen, die Hand wird ans Ohr gehalten und mit dem ausgestreckten Daumen und dem kleinen Finger die Form eines Telefons nachgemacht. Zu guter Letzt schüttelt man sich die Hand. Pakete, Hunde und Fahrräder werden aufgelesen, bis der ganze Prozeß fünfzig Meter weiter von neuem beginnt. Es ist kaum überraschend, daß Aerobic in der Provence nie populär wurde. Eine zehnminütige Unterhaltung verschafft diesen Menschen genug an körperlicher Bewegung.

Die Fülle all dessen, was es in den umliegenden Städten und Dörfern zu sehen gab, grenzte unseren Sinn für Entdeckungen und Abenteuer ein. Bei so vielen Ablenkungen vor der eigenen Haustür vernachlässigten wir die berühmteren Teile der Provence. Das warfen uns jedenfalls unsere Freunde aus London vor. Auf die kenntnisreiche und irritierende Art erfahrener Schreibtischtouristen wiesen sie uns immer wieder darauf hin, wie nah Nîmes, Arles und Avignon waren, die Flamingos der Camargue und die *Bouillabaisse* in Marseille. Sie wirkten leicht erstaunt und leicht mißbilligend, als wir gestanden, daß wir uns nur im engeren Umkreis bewegten. Sie nahmen uns die Entschuldigung nicht ab, daß wir nie Zeit fänden, woanders hinzufahren, und keinen Drang verspürten, die Kirchen abzugrasen oder Denkwürdigkeiten unsicher zu machen, und daß wir keine Touristen sein wollten. Es gab in unserem verwurzelten Dasein nur eine Ausnahme und einen Ausflug, den wir immer wieder gern unternahmen. Meine Frau und ich liebten Aix.

Für Lastwagen ist die Straße, die sich wie ein Korkenzieher durch das Gebirge zieht, zu schmal, für eilige Autofahrer zu kurvenreich. Abgesehen von einem einzigen Bauernhof mit einer Ziegenherde gibt es nichts zu sehen außer steilhangigen, unbesiedelten Landschaften mit grauem Felsgestein und grünem Eichengebüsch, die von dem ungewöhnlich klaren Licht scharf herausgestochen werden. Die Straße schlängelt sich durch die Hügel südlich des Lubéron, bevor sie in den Grand Prix für Amateure mündet, der tagtäglich auf der RN7, der *nationale sept*, stattfindet und über die Jahre mehr Menschenleben gefordert hat, als man wissen möchte, wenn man zum Sich-Einordnen auf eine Lücke im dichten Verkehr wartet.

Die Route führt direkt auf die hübscheste Hauptstraße Frankreichs und ins Stadtzentrum von Aix. Der Cours Mirabeau ist das ganze Jahr über schön, doch am schönsten zwischen Frühjahr und Herbst, wenn die Platanen über fünfhundert Meter einen hellgrünen Tunnel bilden. Das gebrochene Licht, die vier Springbrunnen in der Mitte des Cours, die vollkommenen Proportionen, die da Vincis Regel folgen, man »solle die Straße so breit lassen, wie die Häuser hoch sind« – das ganze Verhältnis von Raum und Bäumen und Architektur ist so angenehm, daß man die Autos kaum bemerkt.

Mit den Jahren hat sich eine hübsche geographische Trennlinie zwischen Arbeit und Vergnügen ergeben. Auf der schattigen Straßenseite befinden sich, wie sich's gehört, die Banken und Versicherungsgesellschaften und Maklerbüros und Kanzleien der Rechtsanwälte. Auf der Sonnenseite befinden sich die Cafés.

Mir hat fast jedes Café gefallen, das ich in Frankreich besucht habe, selbst die lottrigen kleinen Cafés in winzigen Dörfern, wo es mehr Fliegen als Gäste gibt. Aber für die Cafés am Cours Mirabeau habe ich eine besondere Schwäche, und die allergrößte Schwäche für das Deux Garçons. Generationen von Besitzern haben ihren Profit unter der Matratze versteckt und jeglichen Gedanken an Renovierung widerstanden, die in Frankreich gewöhnlich mit einem Desaster von Kunststoff und mißglückter Beleuchtung endet, und das Innere sieht hier noch ziemlich genauso aus wie vor fünfzig Jahren.

Die Decke ist hoch und durch den Rauch von Millionen von Zigaretten karamelfarbig geworden. Die Bar ist aus glänzendem Kupfer. Die Tische und Stühle leuchten von der Patina, die ihnen unzählige Hintern und Ellbogen verliehen haben, und die Kellner haben Schürzen und Plattfüße, wie alle Kellner sie haben sollten. Es ist dämmrig und kühl, ein Ort zum Nachdenken und ruhigen Trinken. Und dann gibt es da die Terrasse, wo die Show stattfindet.

Aix ist eine Universitätsstadt, und im Studiengang muß es dort etwas geben, was hübsche Studentinnen anlockt. Die Terrasse des Deux Garçons ist stets voll von ihnen. Ich habe die Theorie, daß sie sich hier zum Zwecke der Bildung einfinden und nicht der Erfrischung halber. Sie studieren angewandte Cafésoziologie. Der Kurs hat vier Stufen:

Eins: Die Ankunft

Man muß stets so auffällig wie möglich eintreffen, am besten auf einer leuchtendroten Kawasaki 750, die ein junger Mann fährt, der von oben bis unten in Leder gekleidet ist und einen Dreitagebart hat. Es schickt sich nicht, nach dem Absteigen auf dem Trottoir stehenzubleiben und ihm zum Abschied zu winken, wenn er über den Cours davonbraust, auf dem Weg zu seinem Friseur. So etwas tun nur linkische kleine Mädchen aus der Auvergne. Die intelligente Studentin hat keine Zeit für Gefühle. Sie konzentriert sich auf den nächsten Schritt.

Zweitens: Das Eintreten

Man behält die Sonnenbrille auf, bis man an einem der Tische einen Bekannten identifiziert. Es darf aber nicht so aussehen, als suche man Gesellschaft. Statt dessen sollte der Eindruck erweckt werden, man steure ins Café, um von dort seinen adligen italienischen Bewunderer anzurufen, und dann – *quelle surprise!* – entdeckt man dort einen Freund. Während man sich überreden läßt, Platz zu nehmen, darf die Sonnenbrille abgenommen und das Haar zurückgeworfen werden.

Drittens: Das rituelle Küssen

Jeder am Tisch muß mindestens zweimal, oft dreimal, in besonderen Fällen viermal geküßt werden. Wer geküßt wird, muß sitzen bleiben, um es der Neuangekommenen zu ermöglichen, sich vorzubeugen und um den Tisch herumzuschießen, den Kellnern im Weg zu stehen und ganz allgemein ihre Anwesenheit spüren zu lassen.

Vier: Tischmanieren

Sitzt man einmal, so sollte die Sonnenbrille wieder aufgesetzt werden, damit man die eigene Spiegelung in den Fenstern des Cafés diskret beobachten kann – keineswegs aus narzißtischem Interesse, sondern um wichtige technische Details zu überprüfen: die Art, wie man sich eine Zigarette ansteckt oder mit dem Strohhalm aus einem Glas Perrier *menthe* trinkt oder zierlich an einem Stück Würfelzucker knabbert. Wenn alles zur Zufriedenheit abläuft, darf die Brille nach unten rutschen, bis sie ganz charmant auf der Nasenspitze sitzt, und die Aufmerksamkeit kann den übrigen Gästen am Tisch zugewandt werden.

Diese Vorstellung zieht sich vom Morgen bis in den frühen Abend. Sie hört nie auf, mich zu faszinieren. Es müßte wegen des Universitätsstudiums eigentlich eine gelegentliche Unterbrechung geben, aber ich habe auf den Cafétischen noch nie ein Lehrbuch bemerkt, so wie ich auch nie irgendeine Diskussion über mathematische oder politologische Probleme gehört habe. Die Studentinnen und Studenten gehen ganz darin auf, sich in Form zu zeigen. Der Cours Mirabeau gewinnt dadurch nur.

Es würde keine besondere Mühe bereiten, den größten Teil des Tages damit zu verbringen, von Café zu Café zu wandern. Da unsere Besuche in Aix jedoch so häufig nicht sind, empfinden wir eine angenehme Verpflichtung, soviel wie möglich in einen Morgen hineinzuquetschen – eine Flasche *Eau-De-Vie* bei dem Mann in der Rue d'Italie und einige Käsesorten von Monsieur Paul in der Rue des Marseillais zu erwerben, den Unsinn in den Schaufenstern der Boutiquen zu begutachten, die sich in engen Gassen hinter dem Cours zwischen älteren und langlebigeren Geschäfte drängen; sich unter die Menschenmassen auf dem Blumenmarkt zu begeben, noch einen Blick zu werfen auf den kleinen, wunderschönen Place d'Albertas mit seinem Kopfsteinpflaster und seinen Brunnen, und die Rue Fréderic Mistral zu erreichen, bevor im Restaurant Chez Gu alle Plätze belegt sind.

Es gibt in Aix größere, ansehnlichere und gastronomisch bemerkenswertere Restaurants, doch seit wir zum erstenmal bei Gu saßen, kommen wir immer wieder. Gu präsidiert persönlich über den Speisesaal – ein freundlicher, lauter Mann mit dem breitesten, gelbesten, üppigsten und ehrgeizigsten Schnurrbart, den ich je gesehen habe und der dauernd gegen Schwergewicht und Rasierapparat ankämpft, um mit Gus Augenbrauen in Kontakt zu kommen. Sein Sohn nimmt die Bestellungen entgegen, und für die Küche ist, deutlich vernehmbar, eine Frau – vielleicht Madame Gu – verantwortlich; gesehen habe ich sie noch nie. Die Gäste sind meist ortsansässige Geschäftsleute, die Mädchen von Agnes B. um die Ecke, schicke Frauen mit Einkaufstaschen und Dackeln und das gelegentliche, so heimlich wie offenkundig illegitime Pärchen, das bei seinem intensiven Gespräch im Flüsterton seine *aioli* gar nicht beachtet. Der Wein wird in Krügen serviert, ein gutes Mittagessen mit drei Gängen kostet 80 Francs, und um 12.30 Uhr ist kein Tisch mehr frei. Wie gewöhnlich verschwinden mit dem ersten Krug Wein auch unsere guten Absichten, nur ganz rasch und leicht zu Mittag zu essen, und, wie gewöhnlich, rechtfertigen wir unser Nachgeben damit, daß wir uns gegenseitig klarmachen, heute sei ein Urlaubstag. Wir müssen nicht zu geschäftlichen Verpflichtungen oder einem vollen Terminkalender zurück, und auf schamlos unwürdige Weise steigt unser Genießen noch mit dem Wissen, daß die Menschen um uns herum wieder hinter ihren Schreibtischen hocken werden, wenn wir noch bei einer zweiten Tasse Kaffee sitzen und darüber nachdenken, was wir anschließend tun wollen. Es gäbe in Aix noch vieles zu besichtigen, aber das Mittagessen hat unser Interesse an Besichtigungen gedämpft, und es würde sich auf dem Heimweg rächen, wenn wir die verschiedenen Käse in unserer Tasche in der Hitze des Nachmittags mit uns herumtrügen. Kurz vor Aix liegt ein Weinberg, den ich schon lange besuchen wollte. Oder da gibt es eine Sehenswürdigkeit, die wir auf der Fahrt stadteinwärts bemerkt haben, eine Art mittelalterlicher Müllplatz, der mit massiven Überresten und amputierten Gartenstatuen übersät ist. Dort müßten wir doch die alte Steinbank für den Garten finden können, nach der wir suchten, und wir würden wahrscheinlich noch Geld dafür bekommen, wenn wir sie mitnähmen. Das Grundstück der Materiaux d'Antan hat die Ausmaße eines größeren Friedhofs neben der RN7. In einem Land, welches Besitz mit solcher Entschiedenheit gegen Räuber sichert, daß es die größte eingezäunte Bevölkerung in Europa hat, ist es ungewöhnlich, auf ein Anwesen zu stoßen, das zur Straße hin völlig offen ist: keine warnenden Schilder, keine schmierigen Schäferhunde an Ketten und nirgends ein Zeichen vom Eigentümer. Wie vertrauensvoll, dachten wir beim Parken, ein Geschäft zu führen ohne sichtbare Schutzvorkehrungen für das Lager. Dann merkten wir allerdings, warum der Eigentümer es sich leisten konnte, Sicherheitsfragen so gelassen zu nehmen. Dort war nämlich nichts ausgestellt, was weniger als fünf Tonnen gewogen hätte. Es hätte zehn Männer und eine hydraulische Kurbel gebraucht, hier irgend etwas zu heben, und einen Autotransporter, um es fortzuschaffen.

Wenn wir geplant hätten, Versailles nachzubauen, so hätten wir all unsere Einkäufe hier an diesem Nachmittag erledigen können. Ein komplettes Bad aus einem einzigen Marmorstein? Dort in der Ecke stand es, mit Brombeerzweigen, die durch das Abflußloch herauswuchsen. Eine Treppe für die Eingangshalle? Es gab dort drei von unterschiedlicher Länge, elegant geschwungene Strukturen von abgetragenen Steinstufen, jede so groß wie ein Eßtisch. Gleich daneben lagen große Schlangen aus Eisengirlanden mit und ohne den krönenden Abschluß riesiger Ananasfrüchte. Da waren vollständige Balkone mit Wasserspeiern, Marmorengel in der Größe kräftiger Erwachsener, die unter Ziegenpeter zu leiden schienen, drei Meter lange Terrakotta-Amphoren, die in trunkenem Durcheinander auf der Seite lagen, Mühlräder, Säulen, Kapitelle und Plinthen. Alles, was man sich aus Stein denken konnte – nur keine einfache Bank.

»Bonjour.« Hinter einer vergrößerten Fassung der Nike von Samothrake tauchte ein junger Mann auf und fragte, ob er uns helfen könnte. Eine Bank? Er hakte seinen Zeigefinger über die Nasenbrücke, während er nachdachte, dann schüttelte er entschuldigend den Kopf. Bänke – das war eigentlich nicht seine Spezialität. Er hätte jedoch ein schmiedeeisernes Belvedere aus dem achtzehnten Jahrhundert oder, falls unser Garten groß genug wäre, einen herrlichen kleinen Triumphbogen im römischen Stil, den er uns zeigen könnte – zehn Meter hoch und so breit, daß zwei Kriegswagen nebeneinander durchfahren könnten. Solche Stücke wären selten, meinte er. Einen Augenblick lang gerieten wir in Versuchung, als wir uns Faustin mit einem Olivenblätterkranz um seinen

Strohhut vorstellten, wie er unterwegs zum Weinberg auf seinem Traktor durch einen Triumphbogen führe, und wir spielten einen Moment lang mit dem Gedanken. Aber meine Frau sah die unpraktische Seite eines Impulsivkaufs von 250 Tonnen. Wir verließen den jungen Mann mit dem Versprechen wiederzukommen, falls wir je ein Château kaufen sollten.

Daheim hieß uns der Anrufbeantworter willkommen. Er zwinkerte mit seinem roten Äuglein zum Zeichen, daß ihm etwas mitgeteilt worden war. Es gab drei Nachrichten.

Ein Franzose mit unbekannter Stimme führte eine mißtrauische, einseitige Konversation, in der er sich weigerte zu akzeptieren, daß er mit einer Maschine sprach. Unsere Nachricht, Anrufer möchten eine Nummer hinterlassen, wo wir sie erreichen konnten, versetzte ihn in Rage. Warum soll ich Ihnen meine Nummer geben, wenn ich bereits mit Ihnen spreche? Er wartete auf Antwort und atmete schwer. Wer ist dort? Warum antworten Sie nicht? Noch schwereres Atmen. *Allo? Allo? Merde. Allo?* Die Frist auf dem Band lief mitten in seinem Quengeln aus. Wir haben nie wieder von ihm gehört.

Didier, fix und geschäftsmännisch, informierte uns, daß er mit seiner Mannschaft bereit sei, die Arbeit fortzusetzen und zwei Zimmer im hinteren Erdgeschoß in Angriff zu nehmen. *Normalement* würden sie morgen früh eintreffen, vielleicht am Tag drauf. Und wie viele Welpen wir gern hätten? Pénélopé war von einem unbekannten Hund in Goult geschwängert worden.

Und dann war da eine englische Stimme, ein Mann, an den wir uns aus London erinnerten. Er schien ganz nett zu sein, aber wir kannten ihn kaum. Das sollte sich ändern, weil er und seine Frau hereinschneien würden. Er sagte nicht wann, und er hinterließ keine Telefonnummer. Nach Art reisender Engländer würden sie wahrscheinlich irgendeines schönen Tages gerade vor dem Mittagessen eintrudeln. Wir hatten jedoch bisher einen ruhigen Monat gehabt und konnten ein bißchen Gesellschaft brauchen.

Die beiden kamen mit Einbruch der Dämmerung, als wir uns zum Abendessen im Hof niederließen – Ted und Susan, mit einer Girlande von Entschuldigungen und einer lauten Begeisterung für die Provence und für unser Haus, unsere Hunde, uns, alles. Das alles sei – so wiederholten sie ständig – einfach super. Ihre atemlose Munterkeit war entwaffnend. Sie sprachen im Tandem, in einem nahtlosen Dialog, der von uns keinerlei Beitrag erforderte oder gestattete.

»Sind wir zur unpassenden Zeit gekommen? Typisch für uns, tut mir leid.«

»Absolut typisch. Sie müssen es *hassen,* wenn Menschen einfach so reinschneien. Ein Glas Wein wäre wunderbar.«

»Liebling, sieh mal den Pool! Ist der nicht *hübsch!?*«

»Wußten Sie, daß das Postamt in Ménerbes eine kleine Karte hat, in der verzeichnet ist, wie man Sie finden kann? *Les anglais,* so nennt man Sie dort. Und schon fischen sie diese Karte unter dem Tresen hervor.«

»Wir wären ja früher hiergewesen. Aber wir sind im Dorf mit diesem süßen alten Mann ...«

»... na ja, genaugenommen mit seinem Auto ...«

»Ja, mit seinem Auto. Aber er hat es ganz süß hingenommen, Liebling, nicht wahr? Und es war eigentlich ja auch kein Aufprall, nur ein Kratzer.«

»Da haben wir ihn mitgenommen ins Café und haben ihm etwas zu trinken spendiert.«

»Eine ganze Menge, um ehrlich zu sein.«

»Und für seine Freunde auch, Liebling.«

»Ist ja egal. Jedenfalls sind wir jetzt da. Ich muß zugeben: Es ist *einfach* himmlisch.«

»Und so nett von Ihnen, uns aufzunehmen, obwohl wir einfach so reinschneien.«

Sie brachen ab, um ein wenig Wein zu trinken und Atem zu schöpfen, schauten sich um und gaben kurze zustimmende Summtöne von sich. Meine Frau, die auf geringste Symptome von Unterernährung reagiert, merkte, daß Teds Auge auf dem Abendessen verweilte, das noch unberührt auf dem Tisch stand. Sie fragte, ob die beiden mit uns essen wollten.

»Nur, wenn es Ihnen auch wirklich keine Mühe macht – nur ein Krüstchen und ein Häppchen Käse und vielleicht noch *ein* Gläschen Wein.«

Ted und Susan nahmen, noch immer zwitschernd, Platz, und wir fuhren Wurst, Käse, Salat und einige Scheiben vom Gemüseomelett auf, das hier unten *crespaou* heißt – es wird mit warmer frischer Tomatensauce gegessen. Es wurde mit solchem Entzücken in Empfang genommen, daß ich mich fragte, wie lang ihre letzte Mahlzeit wohl schon zurückliegen mochte und welche Vorkehrungen sie für die nächste getroffen hatten.

»Wo werden Sie während Ihres Aufenthalts hier wohnen?« Ted schenkte sich nach. Nun ja, reserviert hatte er nichts – »typisch für uns, absolut typisch« –, aber sie hätten an eine kleine *auberge* gedacht, einen sauberen, ganz einfachen Gasthof, nicht zu weit weg, weil sie uns und unser Haus so gern bei Tageslicht sähen, falls wir es ertragen könnten. Es müßte eigentlich doch ein halbes Dutzend kleiner Hotels geben, die wir empfehlen könnten.

Gab es auch, nur war es schon nach zehn, es wurde Schlafenszeit in der Provence, und das war nicht der rechte Moment, um gegen vorgezogene Fensterläden und verschlossene Türen zu hämmern und dabei den Aufmerksamkeiten wachsamer Hotelhunde zu entkommen. Ted und Susan sollten die Nacht über besser bei uns bleiben, um sich am nächsten Morgen nach Besserem umzusehen. Sie sahen sich an und begannen ein Duett der Dankbarkeit, das andauerte, bis ihre Reisetaschen nach oben transportiert worden waren. Sie wisperten ein letztes Gute Nacht aus dem Fenster des Gästezimmers, und wir konnten sie noch zirpen hören, als wir uns schlafen legten. Sie waren wie zwei aufgeregte kleine Kinder, und wir dachten, es würde recht schön werden, sie für ein paar Tage bei uns zu haben.

Kurz nach drei Uhr weckte uns das Bellen der Hunde. Sie waren von Geräuschen alarmiert worden, die aus dem Gästezimmer drangen, und hielten die Ohren gespitzt. Es waren die Laute eines Menschen, der sich seinen Magen total verdorben hat, dazwischen Stöhnen und das Platschen von fließendem Wasser.

Ich weiß nie recht, wie ich auf das Unwohlsein anderer Menschen reagieren soll. Ich selbst ziehe es vor, wenn man mich in solchem Zustand allein läßt, und erinnere mich an die Worte eines Onkels vor langer, langer Zeit. »Übergib dich privat, lieber Junge«, hatte er gesagt. »Niemand interessiert sich für das, was du gegessen hast.« Es gibt jedoch Menschen, die in ihrem Leiden durch ein mitfühlendes Publikum getröstet werden.

Die Geräusche hielten an, und ich rief nach oben, ob wir irgend etwas für sie tun könnten. Teds beunruhigtes Gesicht schob sich durch die Tür. Susan hatte irgendwas Schlechtes gegessen. Das arme Ding hatte einen empfindlichen Magen. All die Aufregung. Da konnte man nichts machen, außer der Natur ihren Lauf lassen, was sie dann auch lauthals von neuem tat. Wir zogen uns wieder ins Bett zurück.

Das Donnern von herabstürzendem Mauerwerk begann kurz nach sieben. Didier war gekommen, wie versprochen, und arbeitete sich mit einem abgesägten Schlaghammer und einer Eisenspitzhacke voran, während seine Assistenten Zementsäcke warfen und den Betonmixer erbarmungslos zum Leben erweckten. Unsere Invalidin tastete sich langsam die Treppe herunter, krampfte die Brauen gegen den Lärm und das grelle Sonnenlicht zusammen und beteuerte, sie fühle sich wohl genug, um zu frühstücken. Sie irrte sich und mußte den Tisch eilends in Richtung Bad wieder verlassen. Es war ein vollkommener Morgen, ohne Wind, ohne Wolken, mit einem Himmel aus purem Blau. Wir verbrachten ihn damit, einen Arzt aufzutreiben, der zu einem Hausbesuch bereit wäre, und fuhren danach zur Apotheke, Zäpfchen kaufen.

Während der nächsten vier oder fünf Tage hatten wir Gelegenheit, den Apotheker gut kennenzulernen. Die unglückliche Susan war mit ihrem Magen auf Kriegsfuß. Knoblauch bekam ihrer Galle nicht. Die hiesige Milch, zugegebenermaßen ziemlich merkwürdiges Zeug, versetzte ihre Eingeweide in Aufruhr. Das Öl, die Butter, das Wasser, der Wein – nichts bekam ihr, und zwanzig Minuten in der Sonne verwandelten sie in eine wandelnde Hautblase. Sie war gegen den Süden allergisch.

Das ist nichts Ungewöhnliches. Die Provence ist für das nördliche Körpersystem ein Schock; hier ist alles vollblütig. Die Temperaturen sind extrem und reichen von über fünfunddreißig Grad plus bis minus zwanzig. Regen, wenn er kommt, fällt so ausgiebig, daß er Straßen wegschwemmt und die Autobahn stillegt. Der Mistral ist ein brutaler, enervierender Wind, eisig im Winter, harsch und trocken im Sommer. Die Nahrung ist voller starker, erdiger Aromen, die ein Verdauungssystem, das weniger aufdringliche Diät gewohnt ist, überwältigen können. Die Weine sind jung und trügerisch, sie trinken sich leicht, haben oft jedoch höheren Alkoholgehalt als ältere Weine, die man mit größerer Vorsicht genießt. Es gibt in der Provence nichts, was gemäßigt ist, und sie kann Menschen fällen, so wie sie Susan umgehauen hatte. Sie und Ted verließen uns, um sich in gemäßigteren Zonen zu erholen.

Ihr Besuch machte uns klar, wie glücklich wir uns schätzen konnten, die Kondition von Ziegen und eine Haut zu haben, die Sonne vertrug. Unser Tagesablauf hatte sich verändert. Wir lebten praktisch im Freien. Wir zogen uns in dreißig Sekunden an. Zum Frühstück aßen wir frische Feigen und Melonen, und einkaufen gingen wir früh, bevor die Wärme der Sonne umschlug in Hitze. Die Steine am Rande des Pools waren bei Berührung heiß, das Wasser kalt genug, um uns nach dem ersten Eintauchen schnappend wieder nach oben kommen zu lassen. Wir übernahmen die Gewohnheit vernünftiger mediterraner Gelassenheit – die Siesta.

Das Tragen von Socken lag in ferner Vergangenheit. Meine Armbanduhr blieb in einer Schublade. Ich fand, daß ich die Uhrzeit mehr oder weniger von der Position der Schatten im Hof ablesen konnte – allerdings wußte ich selten, welchen Tag wir hatten. Es schien unwichtig. Ich wurde zu einem zufriedenen Gemüse, das durch Telefonate mit Leuten in fernen Büros sporadisch mit dem wirklichen Leben Kontakt hielt. Sie fragten stets sehnsüchtig, wie das Wetter wäre, und hörten die Antwort nicht gern. Sie trösteten sich, indem sie mich vor Hautkrebs und der unangenehmen Wirkung von Sonnenlicht auf das Gehirn warnten. Ich stritt nicht mit ihnen; sie hatten wahrscheinlich recht. Aber so hautkrebsgefährdet ich auch sein mochte – ich hatte mich nie wohler gefühlt.

Die Maurer arbeiteten mit nacktem Oberkörper und genossen das Wetter genauso wie wir. Ihre einzige Konzession an die Hitze war eine etwas längere Mittagspause, die von unseren Hunden auf die Minute genau kontrolliert wurde. Beim ersten Geräusch des Öffnens von Henkelmännern und von Tellern und Besteck tauchten die Hunde auf. Sie rannten wie wild über den Hof und plazierten sich am Tisch – etwas, das sie bei uns nie taten. Geduldig und ohne mit der Wimper zu zucken pflegten sie die Männer bei jedem Bissen mit Leidensmiene zu beobachten. Es klappte immer. Nach Beendigung des Mittagessens zogen sie sich mit dem Maul voll Camembert oder Couscous in ihr Versteck unter der Rosmarinhecke zurück. Die Happen seien, so behauptete Didier, vom Tisch heruntergefallen.

Die Arbeit am Haus ging planmäßig voran – das heißt, jedes Zimmer brauchte drei Monate von dem Tag an, als die Maurer anrückten, bis zu dem Tag, da wir einziehen konnten. Und im August standen uns Menicucci und seine Heizkörper bevor. An einem anderen Ort, bei weniger idealem Wetter wäre es deprimierend gewesen. Hier nicht. Die Sonne ist ein starkes Beruhigungsmittel, und die Zeit verging in einem Nebel des Wohlbefindens; lange, langsame, fast träge Tage, an denen es so schön war zu leben, daß es auf nichts sonst ankam. Man hatte uns gesagt, das Wetter bliebe oft bis in den Oktober hinein so. Man hatte uns auch gesagt, daß

Juli und August die beiden Monate seien, wenn vernünftige Einwohner die Provence verlassen und sich an einen ruhigeren und weniger überfüllten Ort zurückzögen. Beispielsweise nach Paris. Wir nicht.

Juli

Mein Freund hatte ein Haus in Ramatuelle gemietet, ein paar Kilometer von Saint-Tropez entfernt. Wir wollten uns wiedersehen, trotz beidseitiger Scheu vor den mißliebigen Verkehrsstaus im Hochsommer. Wir warfen eine Münze. Ich verlor und versprach, gegen Mittag bei ihm zu sein.

Nach halbstündiger Fahrt fand ich mich in einem anderen Land wieder, das hauptsächlich von Wohnwagen bevölkert war. Sie schoben sich in unförmigen Lawinen dem Meer entgegen. Sie waren mit Gardinen in Orange- und Brauntönen und mit Aufklebern von früheren Völkerwanderungen geschmückt. Sie pausierten gruppenweise in Parkzonen neben der Autobahn und flimmerten in der Hitze. Ihre Besitzer ignorierten die offene Landschaft dahinter und stellten Picknicktische und -stühle mit ungestörtem Nahblick auf die vorbeifahrenden Laster in Atemnähe der Dieselabgase auf. Als ich die Autobahn verließ, um auf Saint-Maxime zuzufahren, konnte ich vor mir weitere Wohnwagen in verknäulten, schaukelnden Konvois sehen. Ich gab jede Hoffnung auf ein frühes Mittagessen auf. Für die letzten fünf Kilometer der Strecke brauchte ich eineinhalb Stunden. Willkommen an der Côte d'Azur.

Sie war einst wunderschön; einige teure Oasen sind es immer noch. Doch verglichen mit dem Frieden und der relativen Leere des Lubéron kam sie mir wie ein Irrenhaus vor. Sie war entstellt – durch übermäßiges Bauen, durch Überbevölkerung und übertriebenes Verkaufen: Wohnparks, *Steak, Pommes frites,* aufblasbare Gummiboote, echt provenzalische Souvenirs aus Olivenholz, Pizzen, Wasserskikurse, Nachtklubs, *Go-Cart*-Rennbahnen – überall Plakate, die alles mögliche anpriesen.

Den Menschen, die sich mit der Côte d'Azur ihren Lebensunterhalt verdienen, steht dafür nur eine begrenzte Saison zur Verfügung. Ihr Ehrgeiz, einem das Geld abzuknöpfen, bevor der Herbst kommt und die Nachfrage nach aufblasbaren Gummibooten aufhört, ist penetrant und unangenehm. Kellner warten ungeduldig auf ihr Trinkgeld. Die Inhaber von Geschäften heften sich einem an die Fersen, damit man zur Entscheidung nicht zu lange braucht, und wollen dann keine 200-Francs-Scheine annehmen, wegen der vielen gefälschten Banknoten. Eine feindselige Habgier liegt in der Luft. Sie ist so allgegenwärtig wie der Geruch von Ambre Solaire und von Knoblauch. Fremde werden automatisch als Touristen eingestuft, als Störenfriede behandelt, mit unfreundlichem Blick gemustert und gegen Bares geduldet. Der Landkarte zufolge gehörte diese Gegend zur Provence. Mit der Provence, die ich kannte, hatte sie nichts zu tun.

Das Haus meines Freundes lag in Kiefernwäldern außerhalb von Ramatuelle, am Ende eines langen Privatwegs und völlig isoliert von dem Wahnsinn drei Kilometer weiter in Küstennähe. Er war nicht überrascht zu hören, daß eine normale Zweistundenreise über vier Stunden gedauert hatte. Um sich zum Abendessen in Saint-Tropez einen Parkplatz zu sichern, so erzählte er, wäre man am besten schon morgens um 7.30 Uhr da; der Weg zum Strand sei pure Frustration, und es gebe nur eine Möglichkeit, den Flughafen von Nizza pünktlich zum Abflug zu erreichen – mit dem Hubschrauber.

Auf der Rückfahrt abends, in Gegenrichtung zur Wohnwagenflut, fragte ich mich, was an der Côte d'Azur eigentlich Sommer für Sommer die Massen immer noch anlockt. Von Marseille bis Monte Carlo waren die Straßen ein Alptraum und die Strände ein lebender Teppich von Körpern, die in der Sonne brieten, Flanke an Flanke, Kilometer für Kilometer. Ich konnte nur froh sein, daß sie ihre Ferien hier und nicht in den offenen Gegenden des Lubéron unter angenehmeren Einheimischen verbringen wollten.

Einige Einheimische waren natürlich weniger angenehm als andere, und einem solchen begegnete ich gleich am nächsten Morgen. Massot war *en colère*. Er trat in der kleinen Lichtung nicht weit von seinem Haus entfernt um sich und kaute vor Ärger auf seinem Schnurrbart.

»Sehen Sie das?« wollte er wissen. »Diese *salauds*. Sie kommen wie Diebe in der Nacht und ziehen frühmorgens weiter. Überall *saloperie*.« Er zeigte mir zwei leere Sardinenbüchsen und eine Weinflasche, die alle Zweifel beseitigten – seine Erzfeinde, die deutschen Camper, hatten sich auf seinen privaten Sektor des Nationalparks gewagt. Das war schlimm genug, aber außerdem hatten die Camper sein ausgeklügeltes Abwehrsystem mit Verachtung gestraft. Sie hatten seine Felsblöcke beiseite gerollt, um ein Loch in die Barrikade zu machen und – *sales voleurs!* – die Schilder gestohlen, die vor Schlangen gewarnt hatten.

Massot nahm sein Dschungelkäppi ab und rieb sich beim Nachdenken über das Ausmaß solchen Verbrechens die kahle Stelle am Hinterkopf. Er schaute in Richtung seines Hauses, indem er sich erst auf der einen Seite des Weges, dann auf der anderen auf Zehenspitzen stellte.

»Es könnte klappen«, meinte er. »Ich müßte allerdings die Bäume abholzen.«

Wenn er den kleinen Wald zwischen seinem Haus und der Lichtung beseitigte, würde er die Scheinwerfer jedes Autos sehen können, das den Pfad herabkäme, und von seinem Schlafzimmer aus Warnschüsse abgeben können. Andererseits waren die Bäume aber extrem kostbar, weil sie den Wert des Hauses steigerten, das er verkaufen wollte. Bisher hatte sich kein Käufer gefunden, aber es wäre bestimmt nur eine Frage der Zeit, bis jemand einsähe, welche günstige Chance sich da bot. Die Bäume mußten also stehenbleiben. Massot dachte erneut nach und begann plötzlich zu strahlen.

Vielleicht gäbe es eine andere Lösung des Problems – *pièges à feu*. Doch, die Idee gefiel ihm.

Ich hatte von *pièges à feu* gehört: wie entsetzlich – verborgene Fallen, die bei Berührung explodierten wie kleine Minen. Der Gedanke daran, daß deutsche Camper in Stücke gerissen durch die Luft fliegen sollten, schien mir äußerst beunruhigend, Massot jedoch zu amüsieren. Er schritt planend sein Minenfeld ab und rief alle drei oder vier Meter *boum!*

Das könne doch nicht sein Ernst sein, sagte ich, und außerdem wären *pièges à feu* illegal. Massot hörte mit seinen Explosionen auf und klopfte sich an die Nase. Er tat schlau und konspirativ.

»Das mag sein«, meinte er, »aber gegen Warntafeln gibt es kein Gesetz ...« Er grinste und hob beide Arme über den Kopf. »*Boum!*«

Wo war er nur vor zwanzig Jahren, dachte ich, als er an der Côte d'Azur gebraucht worden wäre?

Möglicherweise steigerte die Hitze Massots antisoziale Gefühle. Wir hatten schon morgens gegen zehn oft 30 Grad, und der Himmel wechselte bis Mittag von blau zu verbranntem Weiß. Wir paßten uns, ohne eigentlich bewußt daran zu denken, der Temperatur an, indem wir morgens früher aufstanden und den kühleren Teil des Tages für alles nutzten, was Energie erforderte. Von zwölf Uhr bis zum Nachmittag kamen spontane Handlungen und Bekundungen von Fleiß nicht in Frage; wir suchten Schatten wie unsere Hunde. Die Erde bekam Risse. Das Gras wuchs nicht mehr. Tagsüber waren für lange Perioden nur die *cigales*, die Bienen in den Lavendelbüschen und Körper zu hören, die in den Swimmingpool klatschten.

Jeden Morgen zwischen sechs und sieben Uhr führte ich die Hunde spazieren, und sie entdeckten einen neuen Sport, der lohnender war, als auf Kaninchen und Eichhörnchen Jagd zu machen. Begonnen hatte es, als sie einmal auf etwas stießen, was sie für ein großes, glänzendes blaues Nylontier hielten. Sie umkreisten es aus sicherer Entfernung und bellten, bis es sich bewegte und aufwachte. Am einen Ende tauchte ein zerknittertes Gesicht auf, einige Momente später eine Hand, die einen Keks anbot. Von da an bedeutete der Anblick eines

Schlafsacks unter den Bäumen stets Futter. Für die Camper muß es beunruhigend gewesen sein, aufzuwachen und nur ein paar Zentimeter entfernt zwei Hundegesichter zu sehen, aber sie waren immer recht liebenswürdig, nachdem sie sich vom Schock erholt hatten.

Seltsamerweise hatte Massot nicht ganz unrecht. Es handelte sich hauptsächlich um Deutsche, doch die unachtsamen Abfallproduzenten, über die er sich beklagte, waren sie nicht. Diese Deutschen hinterließen keine Spuren; alles wurde in riesige Rucksäcke verpackt, bevor sie wie zweibeinige Schnecken in die Hitze des Tages davonzogen. Nach meiner kurzen Erfahrung mit Abfall im Lubéron waren die Sünder höchstwahrscheinlich die Franzosen selbst, doch das würde ein Franzose nie akzeptieren. Zu allen Jahreszeiten, doch besonders im Sommer waren für die meisten Probleme im Leben bekanntermaßen Ausländer der einen oder anderen Couleur verantwortlich.

Den Belgiern waren, wie es hieß, die meisten Verkehrsunfälle zuzuschreiben; sie hatten die Angewohnheit, mitten auf der Straße zu fahren, wodurch sie die für ihre Vorsicht berühmten französischen Autofahrer in Gräben abdrängten, die sonst *écrasé* worden wären. Die Schweizer und die nicht-campenden Deutschen waren schuldig, die Hotels und die Restaurants zu monopolisieren und die Immobilienpreise hochzutreiben. Und die Engländer – ach, die Engländer! Sie waren für ihr schwaches Verdauungssystem und ihr Interesse an Abflüssen und sanitären Anlagen bekannt. »Sie neigen zu Durchfall«, bemerkte ein französischer Freund. »Und wenn ein Engländer mal keinen Durchfall hat, tut er alles, um Durchfall zu kriegen.«

In solchen Pauschalurteilen steckt gerade genug Wahrheit,

daß sie sich halten. Ich war in einem Café in Cavaillon Augenzeuge eines Vorfalls, der Franzosen in ihrer Meinung über englische Empfindsamkeiten bestärkt haben muß.

Ein Ehepaar trank Kaffee, und der Sohn deutete an, daß er zum WC müßte. Der Vater schaute von seinem zwei Tage alten Exemplar des *Daily Telegraph* hoch.

»Du solltest besser nachsehen, ob es auch in Ordnung ist«, sagte er zu seiner Frau. »Weißt du noch, was in Calais passiert ist?«

Die Mutter seufzte und bahnte sich pflichtbewußt ihren Weg in den düsteren hinteren Teil des Cafés. Sie kam mit Höchstgeschwindigkeit und einer Miene zurück, als ob sie eine Zitrone gegessen hätte.

»Es ist *entsetzlich*. Ausgeschlossen, daß Roger das Örtchen benutzt.«

Ein verbotenes WC weckte Rogers Interesse sofort.

»Ich muß aber«, sagte er und spielte seinen Trumpf aus. »Groß. Ich muß wirklich.«

»Es hat nicht mal einen Sitz. Bloß ein *Loch*.«

»Mir macht das nichts. Ich *muß*.«

»Begleite ihn«, sagte die Mutter. »Mich kriegst du da nicht wieder hinein.«

Der Vater faltete seine Zeitung und stand auf. Klein Roger zerrte an seinem Arm.

»Du solltest die Zeitung mitnehmen«, sagte die Mutter.

»Ich werd sie zu Ende lesen, wenn ich zurück bin.«

»*Da gibt's kein Papier*«, zischte sie.

»Oh. Dann versuch ich dein Kreuzworträtsel zu retten.«

Die Minuten verstrichen. Ich überlegte, ob ich die Mutter fragen könnte, was eigentlich in Calais passiert sei, als vom rückwärtigen Café her ein lauter Schrei herüberdrang.

»Pschuh!«

Roger stürzte heraus, gefolgt von seinem Vater, der die Reste seiner Zeitung umklammerte. Im Café wurden die Gespräche unterbrochen, als Roger in höchsten Tönen von seiner Expedition Bericht gab. Der *patron* sah seine Frau an und zuckte mit den Schultern. Nur ein Engländer konnte wegen eines Besuchs vom *wawa* so ein Theater machen.

Die Einrichtung, die Roger und seine Eltern in solchen Aufruhr versetzt hatte, war eine *toilette à la turque* – eine flache Porzellanschüssel mit einem Loch in der Mitte und einer Fußstütze zu beiden Seiten. Sie war vermutlich von einem Türken entworfen worden, um größtmögliche Unbequemlichkeit zu garantieren, aber die Franzosen hatten sie noch verbessert – mit einer so flotten Hochdruckspülung, daß ahnungslose Benutzer bis an die Knie durchnäßt werden können. Es gibt zwei Möglichkeiten, dies zu vermeiden: einmal, indem man die Spülung vom sicheren, trockenen Boden im Türeingang aus betätigt, wozu es allerdings langer Arme und eines geradezu akrobatischen Gleichgewichtssinns bedarf, so daß die zweite Alternative – erst gar nicht zu spülen – leider meist vorgezogen wird. Um das Problem noch zu steigern, haben einige Lokale ein energiesparendes System eingebaut, das typisch französisch ist. Der Schalter, der sich stets draußen vor der Tür des WC befindet, ist mit einem automatischen Abschaltmechanismus versehen, der den WC-Besitzer nach dreißig Sekunden in Finsternis versetzt und somit kostbare Elektrizität spart und überdies Herumstreuner fernhält.

Erstaunlicherweise werden WCs *à la turque* noch immer hergestellt, und selbst das modernste Café hat nach hinten hinaus wahrscheinlich diese Art Schreckenskammer. Als ich das aber Monsieur Menicucci gegenüber erwähnte, setzte er zu einer vehementen Verteidigung sanitärer Anlagen *Made in France* an, indem er darauf bestand, daß es am anderen Ende der Skala Klos von solcher Raffinesse und ergonometrischer Perfektion gebe, die selbst einen Amerikaner beeindrucken würden. Er schlug ein Zusammentreffen vor, um die zwei WCs zu diskutieren, die wir für unser Haus benötigten. Er hätte uns einige Wunderwerke zu zeigen, meinte er. Wir würden von der Auswahl entzückt sein.

Er traf mit einem Koffer voller Prospekte ein und lud sie auf dem Tisch im Hof aus, wobei er einige rätselhafte Bemerkungen über vertikale und horizontale Entleerung anbrachte. Wie er versprochen hatte, war die Auswahl riesig, doch alles von schockierend modernem Design und Farbstil – kompakte, bildhauerische Objekte in tiefem Burgunderrot oder in gebranntem Aprikosenton. Wir suchten etwas Einfaches in Weiß.

»*C'est pas facile*«, sagte er. Heutzutage verlangten die Leute neuartige Formen und Farben. Das gehöre zur sanitären französischen Revolution. Das traditionelle Weiß sei bei den Designern nicht beliebt. Es gebe da allerdings ein Modell, das er kürzlich gesehen hatte und das genau unseren Wünschen entsprach. Er schlug im Katalog nach – jawohl, er war sich ganz sicher: das wäre genau das Richtige für uns.

»*Voilà! Le W. C. Haute Couture!*« Er schob uns den Katalog herüber, und da war's, ausgeleuchtet und fotografiert wie eine etruskische Vase: das WC von Pierre Cardin.

»Sehen Sie?« sagte Menicucci. »Es trägt sogar Cardins Signatur.« In der Tat – da war sie, ganz obenauf, damit ihr nichts passieren konnte. Abgesehen von der Signatur war das WC perfekt, ein hübsches Design, das wie ein WC aussah und nicht wie ein riesiges Goldfischbassin. Wir bestellten zwei.

Eine Woche später rief ein zerknirschter Menicucci an, um uns mitzuteilen, das Haus Cardin stelle keine WCs mehr her. *Une catastrophe,* aber er werde seine Bemühungen fortsetzen.

Weitere zehn Tage verstrichen, bevor er wieder auftauchte, – er schwenkte einen Prospekt über dem Kopf, als er die Stufen hochstieg.

»Toujours couture!« rief er. *»Toujours couture!«*

Mochte Cardin die Badezimmer aufgegeben haben – der tapfere Courrèges war mit einem ganz ähnlichen Design für ihn eingesprungen, und in der Frage der Signatur hatte er sich zudem einer bemerkenswerten Zurückhaltung befleißigt, indem er sie nämlich einfach weggelassen hatte. Wir beglückwünschten Menicucci, und er genehmigte sich zur Feier des Tages eine Coca-Cola. Er hob sein Glas:

»Heute das WC, morgen die Zentralheizung«, sagte er, und wir saßen ein Weilchen bei dreißig Grad in der Sonne, während er von der Heizwärme der Zukunft im Haus schwärmte und uns seinen Operationsplan darlegte. Mauern mußten abgebrochen werden. Es würde Staub geben. An Stelle des Bienensummens und des Zirpens der Grillen würde der Krach des Schlagbohrers treten. Es gebe da nur einen Lichtblick, meinte Menicucci. Es würde uns für einige Wochen Gäste vom Halse schaffen. *Eh, oui.*

Doch vor dieser Periode erzwungener und ohrenbetäubender Isolation erwarteten wir noch einen Gast, einen Menschen, der so zerstreut und so unpraktisch war und Mißgeschicke im Haus verursachte, daß wir ihn ausdrücklich gebeten hatten, unmittelbar vor der Demolierung zu kommen, damit die durch seinen Besuch entstehenden Trümmerschäden unter dem Schutt des August begraben würden. Es war Bennett, ein enger Freund seit fünfzehn Jahren, der fröhlich zugab, der denkbar schlechteste Gast zu sein. Wir mochten ihn sehr, erwarteten ihn aber nicht ohne Bangen.

Er rief vom Flughafen an, mehrere Stunden, nachdem er hätte eintreffen sollen. Ob ich kommen und ihn abholen könnte? Es hätte da ein kleines Problem mit dem Autoverleih gegeben, und er sei gestrandet.

Ich fand ihn oben in der Bar im Mariguane gemütlich bei einer Flasche Champagner und einem französischen *Playboy*. Bennett war ein Endvierziger, schlank und extrem gutaussehend, in einem eleganten weißen Anzug mit bös versengten Hosen. »Tut mir leid, daß ich dich hergezerrt habe«, sagte er, »aber denen sind die Wagen ausgegangen. Komm, trink ein Glas Champagner.«

Er erzählte mir, was sich abgespielt hatte. Wie gewöhnlich war alles so unwahrscheinlich, daß es nur wahr sein konnte. Das Flugzeug war pünktlich gelandet. Das Auto, das er reserviert hatte, ein Cabriolet, wartete auf ihn. Das Dach war heruntergelassen, es war ein herrlicher Nachmittag, und in seiner aufgeräumten Stimmung hatte Bennett sich eine Zigarre angezündet, bevor er auf die Autobahn einbog. Sie war rasch verbrannt, wie Zigarren es bei starkem Luftzug zu tun pflegen, und nach zwanzig Minuten hatte Bennett sie weggeschmissen. Er merkte, daß entgegenkommende Automobilisten ihm zuwinkten. Also winkte er zurück; sind die Franzosen aber freundlich geworden, hatte er sich gedacht. Daß sein Auto brannte, ging ihm erst ein paar Autobahnkilometer später auf. Es war durch die weggeworfene Zigarre in Brand geraten. Sie steckte im Polster des Fonds. Mit einer, wie ihm vorkam, phantastischen Geistesgegenwart hielt er an der Mittelleitplanke, stellte sich auf den Vordersitz und urinierte in die Flammen. Das war, als die Polizei eintraf.

»Die Polizisten waren wahnsinnig nett«, sagte er, »aber sie meinten, es wäre besser, wenn ich den Wagen zum Flughafen zurückbrächte, und die Leute vom Autoverleih kriegten einen Anfall und wollten mir keinen anderen Wagen geben.«

Er trank seinen Champagner aus. Die Rechnung reichte er mir. Bei der ganzen Aufregung hatte er es nicht geschafft, seine Reiseschecks einzulösen. Es war schön, ihn wiederzusehen. Er war wie immer – charmant, lebensgefährlich ungeschickt, wunderbar angezogen und knapp bei Kasse. In einer dieser Situationen hatten meine Frau und ich so getan, als wären wir sein Kammermädchen und sein Butler – auf einer Dinnerparty, als wir allesamt so pleite waren, daß wir uns die Trinkgelder hinterher teilten. Mit Bennett hatten wir immer Spaß, und an dem Abend dauerte das Abendessen bis in die frühen Morgenstunden hinein.

Die Woche verlief so ereignislos wie zu erwarten angesichts der Tatsache, daß unser Gast ein Mensch war, der ein Glas über sich verschütten konnte, wenn er nur auf die Armbanduhr sah, und dessen unbefleckt weiße Hosen während eines Essens den ersten Gang nie unbeschädigt überstanden. Ein paar Dinge gingen zu Bruch. Das arme Badelaken soff im Swimmingpool ab. Panik kam auf, als wir merkten, daß er seinen Reisepaß mit zur Reinigung geschickt hatte. Wir wurden unruhig, als er eine Wespe verschluckt zu haben glaubte. Doch wirkliche Kalamitäten gab es nicht. Als er abreiste, waren wir traurig, und hofften nur, ihn bald wieder bei uns zu sehen, damit er die vier halbleeren Gläser Calvados trinken könnte, die wir unter seinem Bett fanden, und um seine Unterhosen abzuholen, die er dekorativ am Hutständer hängengelassen hatte.

Es war Bernard, der uns vom Café am Bahnhof von Bonnieux berichtete. Solide und seriös – so beschrieb er es, ein Familienrestaurant von der Art, wie sie in ganz Frankreich existierten, bevor das Essen zur Mode wurde und *die Bistrots* statt *daube* und Kutteln Entenbrustscheibchen zu servieren begannen. Gehen Sie bald hin, hatte Bernard empfohlen, weil die *patronne* davon spricht, sich zur Ruhe zu setzen, und bringen Sie einen großen Appetit mit.

Der Bahnhof von Bonnieux ist seit über vierzig Jahren stillgelegt, der Weg zum Bahnhof voller Schlaglöcher und verwahrlost. Von der Straße aus kann man nichts sehen – keine Schilder, keine Menütafeln. Wir waren dutzende Male vorbeigekommen und hatten angenommen, daß das Gebäude leerstünde, ohne zu wissen, daß hinter den Bäumen ein viel benutzter Parkplatz lag.

Zwischen der örtlichen Ambulanz und einem verbeulten Maurertransporter fanden wir einen Platz für unser Auto, blieben einen Moment stehen und horchten auf das Klappern der Teller und das Gemurmel, das durch die offenen Fenster drang. Das Restaurant lag fünfzig Meter vom Bahnhof entfernt, ein rechteckiges, unprätentiöses Restaurant mit verblichener, gerade noch lesbarer Schrift in handgemalten Großbuchstaben: CAFÉ DE LA GARE.

Ein kleiner Renault-Transporter fuhr auf den Parkplatz. Zwei Männer in Overalls stiegen aus. Sie wuschen sich an der alten Spüle draußen vor der Mauer die Hände, benutzten die gelbe Seifenbanane über dem Wasserhahn und öffneten sich die Tür mit den Ellenbogen, weil ihre Hände noch naß waren. Sie waren Stammgäste und gingen direkt zu den

Handtüchern, die am Ende der Bar an einem Haken hingen. Als sie sich ihre Hände getrocknet hatten, warteten zwei Gläser *Pastis* und ein Krug Wasser auf sie.

Es war ein großer, luftiger Raum, vorn dunkel, hell nach hinten heraus, wo Fenster über Felder und Weinberge auf den schattigen Rücken des Lubéron blickten. Es mußten etwas vierzig Leute da sein, nur Männer, die bereits aßen. Es war erst wenige Minuten nach zwölf, aber im Magen hat der Provenzale eine Uhr; das Mittagessen ist seine einzige Konzession ans Pünktlichsein. *On mange à midi* und nicht eine Minute später.

Jeder Tisch hatte eine weiße Papiertischdecke, und auf jedem standen zwei Flaschen Wein ohne Etikett, ein Roter und ein Rosé, von der Kooperative von Bonnieux zweihundert Meter weiter auf der anderen Straßenseite. Eine Speisekarte gab es nicht. Madame kochte fünf Mahlzeiten die Woche, von Montag bis Freitag; was ihre Gäste aßen, bestimmte sie. Ihre Tochter brachte uns einen Korb mit gutem, knusprigem Brot und fragte, ob wir Wasser wünschten. Nein? Dann müßten wir ihr sagen, wenn wir noch Wein wollten.

Die meisten Gäste schienen sich zu kennen, und zwischen den Tischen kam es zu einigen lebhaften und beleidigenden Rededuellen. Ein riesiger Mann wurde beschuldigt, Gewicht verloren zu haben. Er schaute von seinem Teller auf und legte beim Essen eine Pause ein, um einmal kräftig zu knurren. Wir sahen in einer Ecke unseren Elektriker mit Bruno zusammensitzen, der Steinfußböden legt, und erkannten noch zwei oder drei Gesichter, die wir nicht mehr gesehen hatten, seit die Arbeit an unserem Haus ruhte. Die Männer waren von der Sonne gebräunt, wirkten fit und entspannt, als hätten sie Urlaub gehabt. Einer rief zu uns herüber: »*C'est tranquille*

Chez Vous? Genießen Sie den Frieden, wenn wir nicht da sind?«

Wir erwiderten, sie würden hoffentlich zurückkehren, um die Arbeit im August fortzusetzen.

»*Normalement, oui.*« Die Hand wedelte. Wir wußten, was das bedeutete.

Madames Tochter kam mit dem ersten Gang und erklärte, wegen der Hitze gebe es an diesem Tag nur ein leichtes Essen. Sie setzte eine ovale Schüssel ab, die mit Scheiben von *saucisson* und Schinken und Gürkchen, einigen schwarzen Oliven und geriebenen Karotten in scharfer Marinade überladen war. Dazu ein dickes Stück Butter für die Wurst. Und mehr Brot.

Zwei Männer in Jacketts kamen mit einem Hund und nahmen am letzten noch freien Tisch Platz. Es gäbe da ein Gerücht, so sagte Madames Tochter, der Ältere der beiden sei in einem Land des Nahen Ostens französischer Botschafter gewesen. *Un homme distingué.* Und da saß er nun zwischen Maurern und Klempnern und Lastwagenfahrern und fütterte seinen Hund mit Wurstscheibchen.

Der vom Dressing saftige Salat wurde auf Glastellern gebracht, zusammen mit einer weiteren ovalen Schüssel: Nudeln in Tomatensauce und Scheiben von Schweinsbraten in einer dunklen Zwiebelsauce. Wir versuchten uns vorzustellen, was Madame wohl im Winter servieren würde, wenn sie sich nicht mit solch leichter Kost abgab, und hofften, sie würde es sich noch überlegen, in Pension zu gehen. Sie hatte hinter der Bar Stellung bezogen, eine kleine wohlproportionierte Frau, deren Haar noch immer dicht und schwarz war. Sie wirkte, als wenn sie ewig weiterarbeiten könnte.

Ihre Tochter räumte ab, schenkte den letzten Rest Wein ein

und brachte, ohne daß wir fragen mußten, eine weitere Flasche. Die ersten Gäste begannen wieder zur Arbeit zurückzukehren, wischten sich die Schnurrbärte und fragten Madame, was sie am nächsten Tag zu bieten gedenke. Etwas Gutes, erwiderte sie.

Ich mußte nach dem Käse Schluß machen. Meine Frau, die sich bisher noch nie von einem Menü geschlagen gab, aß noch eine *tarte au citron*. Der Raum begann nach Kaffee zu duften und nach Gitanes zu riechen, und im Sonnenlicht, das durchs Fenster in den Raum fiel, färbte der Rauch sich blau, als er über die Köpfe der drei Männer in die Höhe stieg, die vor ihren fingerhutgroßen Gläschen *marc* saßen. Wir bestellten Kaffee und verlangten die Rechnung, doch Rechnungen gehörten hier nicht zur Routine. Die Gäste zahlten auf dem Weg nach draußen an der Bar.

Madame sagte uns, was wir ihr schuldeten. Fünfzig Francs pro Person für das Essen und vier Francs für den Kaffee. Der Wein war inklusive. Kein Wunder, wenn das Restaurant jeden Tag voll war.

Ob sie sich wirklich zurückziehen wolle? Sie unterbrach das Blankputzen der Bar. »Als junges Mädchen«, sagte sie, »mußte ich mich entscheiden, ob ich auf den Feldern im Freien oder in der Küche arbeiten wollte. Ich habe damals schon das Land gehaßt. Die Arbeit ist hart und schmutzig.« Sie sah auf ihre Hände herab, die wohlerhalten waren und erstaunlich jung wirkten. »Also habe ich mich für die Küche entschieden, und nach der Heirat bin ich hierhergekommen. Ich habe jetzt achtunddreißig Jahre lang gekocht. Es reicht.« Wir sagten, wie leid uns das täte. Sie zuckte die Schultern. »Man wird müde.« Sie wollte nach Orange ziehen, sagte sie, in eine Wohnung mit Balkon, und in der Sonne sitzen. Es war zwei Uhr, und der Raum war leer bis auf einen alten Mann mit weißen Bartstoppeln auf seiner ledernen Haut, der einen Zuckerwürfel in seinen Calvados tunkte. Wir dankten Madame für das vorzügliche Essen.

»C'est normal«, sagte sie.

Die Hitze draußen traf uns wie ein Schlag, und auf dem Heimweg war die Straße eine langhingezogene Luftspiegelung, und im blendenden Licht wirkte sie flüssig und gewellt. Das Rebenlaub hing matt hernieder. Die Hunde waren still. Das Land lag wie gelähmt und verlassen. Es war Nachmittag, so richtig für den Swimmingpool, die Hängematte und leichte Lektüre, ein seltener Nachmittag, ohne Bauleute oder Gäste, und er schien langsam wie in Zeitlupe vorüberzugehn.

Gegen Abend prickelte unsere Haut von der Sonne. Wir hatten uns vom Mittagessen hinreichend erholt, um uns für das Sportereignis der Woche zurechtzumachen. Wir hatten die Herausforderung von Freunden angenommen, die, wie wir, einem der angenehmsten Spiele verfallen waren, das je erfunden wurden ist – wir wollten versuchen, die Ehre von Ménerbes auf dem *Boules*-Platz zu verteidigen.

Wir hatten unser erstes Spiel während eines lang zurückliegenden Ferienaufenthalts gekauft, nachdem wir in Roussillon alten Männern zugeschaut hatten, die sich damit auf dem Dorfplatz hinter dem Postamt einen vergnüglichen Nachmittag gemacht hatten. Wir hatten unsere *Boules* mit nach England genommen. Es ist aber kein Spiel, das sich für ein feuchtes Klima eignet, und so verstaubten die Kugeln in einer Scheune. Als wir dann in die Provence zogen, gehörten sie zu den ersten Dingen, die wir auspackten. Sie waren glatt und gut anzufassen und paßten in die Hand; es waren schwere, kompakte, glänzende Stahlkugeln, die angenehm *Chock* machten, wenn man sie aneinanderklopfte.

Wir studierten die Techniken der Profis, die tagtäglich neben der Kirche in Bonnieux spielten – Männer, die mit einer *Boule* aus zwanzig Meter Entfernung einen Zeh treffen konnten –, und kehrten heim, um zu üben, was wir gesehen hatten. Die wahren Könner gingen leicht in die Knie und hielten die Kugel in den Fingern mit der Handfläche nach unten – wenn die Kugel geworfen wurde, gab die Reibung der Finger ihr also einen Rückdreh. Und wir hatten beim Spielen auch die minderen Aspekte des Stils beim Spielen bemerkt – die Grunzer und Aufmunterungen, die jeden Wurf begleiteten, und das Achselzucken und die unterdrückten Flüche, wenn sie zu weit oder nicht weit genug fiel. Wir waren bald selbst Experten – außer in der Wurfgenauigkeit.

Es gibt zwei Grundarten: der langsame, rollende Wurf, der über dem Boden ausläuft, oder der Schuß, der im hohen Bogen fällt, um die Kugel das Gegners aus dem Feld zu stoßen. Wir beobachteten Spieler von erstaunlicher Präzision. Wir selbst würden trotz aller Anstrengungen Jahre brauchen, bevor man uns auf einem *Boule*-Platz wie dem in Bonnieux mitspielen lassen würde.

Boules ist im Grunde ein einfaches Spiel, das einem Anfänger vom ersten Wurf an Spaß machen kann. Ein kleiner Holzball, der *cochonnet,* wird aufs Spielfeld geworfen. Jeder Spieler hat drei *Boules,* die gekennzeichnet sind durch unterschiedliche geritzte Muster, und wer zum Schluß einer Runde dem *cochonnet* am nächsten gekommen ist, hat gewonnen. Es gibt verschiedene Systeme des Wertens und alle möglichen Lokalregeln und -varianten, die, sorgsam durchdacht, bei einem Heimspiel von großem Vorteil sein können.

An jenem Abend spielten wir auf unserem Hof, weshalb für das Spiel die Lubéron-Regeln galten:

1. Jeder Spieler ohne Drink ist disqualifiziert.
2. Mogeln ist zur Anregung des Spiels erlaubt.
3. Die Entfernungen der Kugeln vom *cochonnet* müssen ausdiskutiert werden. Niemand hat das letzte Wort.
4. Das Spiel geht nach Anbruch der Dunkelheit weiter, wenn bis dahin kein klarer Sieger feststeht. In diesem Fall wird *Boules* blind gespielt, bis eine Entscheidung per Taschenlampe gefällt wird oder der *cochonnet* verlorengeht.

Wir hatten uns Mühe gegeben, ein Feld mit tückischen Steigungen und seichten Mulden einzurichten, um unsere Besucher zu verblüffen, und die Oberfläche aufgerauht, um unserem Glück gegen bessere Spieler nachzuhelfen. Wir waren zuversichtlich, und ich hatte den weiteren Vorteil, für die *Pastis* verantwortlich zu sein – auf jedes Anzeichen anhaltender Wurfgenauigkeit beim Team der Gäste würde ich mit größeren Drinks reagieren, und ich wußte aus Erfahrung, wie sich große Drinks aufs Zielen auswirken.

Zur Gegenseite gehörte ein sechzehnjähriges Mädchen, das vorher noch nie gespielt hatte; aber die drei anderen hatten zusammen mindestens sechs Wochen Praxis und durften deshalb nicht auf die leichte Schulter genommen werden. Beim Inspizieren des Spielfelds ließen sie über die Unebenheit des Bodens verächtliche Kommentare fallen; sie beschwerten sich über den Blickwinkel zur untergehenden Sonne und stellten den förmlichen Antrag, Hunde vom Spielfeld zu verbannen. Aus Gefälligkeit ihnen gegenüber wurde die alte Steinwalze geholt. Angefeuchtete Finger wurden in die Luft hochgehalten, um die Stärke der Brise festzustellen. Das Spiel begann.

Das Spiel hat einen ganz eigenen, wenn auch langsamen Rhythmus. Nach dem Wurf einer Kugel wird das Spiel unterbrochen, während der Nächste herbeispaziert, um sich die Situation aus der Nähe anzusehen und zu entscheiden, ob er den Ball wie eine Bombe schießen soll oder lieber einen niedrigen, schleichenden Wurf wagt, der auf dem Weg zum *cochonnet* die übrigen *Boules* umgeht. Man nippt nachdenklich am *Pastis,* man beugt die Knie, die *Boule* schwingt durch die Luft, schlägt dumpf auf und rollt mit einem weichen, mahlenden Geräusch zur Ruhe. Es gibt keinerlei hastige Bewegungen; Sportunfälle kommen so gut wie nie vor. (Die eine Ausnahme war Bennett, der bei seinem ersten und letzten Spiel mit seiner Kugel einen Dachziegel traf und sich selbst am großen Zeh verletzte.)

Fehlende sportliche Dynamik wird durch Intrigieren und Können wettgemacht. An jenem Abend verhielten die Spieler sich skandalös. *Boules* wurden mit wie zufälligem Schubsen des Fußes bewegt. Zum Wurf ansetzende Spieler wurden durch Bemerkungen über ihre Körperhaltung abgelenkt, durch Angebote von noch mehr *Pastis,* durch Vorwürfe, sie hätten die Wurflinie übertreten, durch Warnungen, daß Hunde über das Spielfeld liefen, daß – imaginäre – Grasschlangen gesichtet worden seien, durch widersprüchliche Ratschläge. Als wir Halbzeit machten, um den Sonnenuntergang zu bewundern, stand ein klarer Sieger noch nicht fest.

Im Westen des Hauses stand die Sonne in der Mitte eines V, das zwei Berggipfel bildeten – es war ein aufsehenerregendes Bild naturgegebener Symmetrie. Fünf Minuten später war es vorbei. Es dämmerte. Wir spielten weiter. Es wurde zunehmend schwerer und strittiger, Entfernungen vom *cochonnet* zu messen, und wir wollten uns bereits auf ein unehrenhaftes Unentschieden einigen, als das junge Mädchen, das an dem Abend zum erstenmal spielte, drei Kugeln dicht um den *cochonnet* zu plazieren verstand. Foulspielen und Alkohol waren von Jugend und Fruchtsaft besiegt worden.

Wir aßen barfuß draußen im Hof. Die Steinplatten waren noch warm. Das Kerzenlicht flackerte über Rotwein und braungebrannte Gesichter. Unsere Freunde hatten ihr Haus für den August an eine englische Familie vermietet; mit dem Mieterlös wollten sie den ganzen Monat in Paris verbringen. Nach ihren Aussagen würde sich ganz Paris zusammen mit Tausenden von Engländern, Deutschen, Schweizern und Belgiern aufmachen in die Provence. Die Straßen würden verstopft, die Märkte und Restaurants überfüllt sein. Stille Dörfer würden laut, die Menschen ausnahmslos mißgelaunt sein. Man hatte uns gewarnt.

In der Tat. Das alles hatten wir schon einmal gehört. Aber der Juli war gar nicht so schlimm gewesen, wie man es vorhergesagt hatte, und wir waren sicher, mit dem August mühelos zurechtzukommen. Wir würden das Telefon abstellen, uns an den Swimmingpool legen und dem Concerto für Schlaghammer und Lötkolben unter der Leitung von Maestro Menicucci lauschen. Ob es uns nun gefiel oder nicht.

August

Es geht das Gerücht«, sagte Menicucci, »daß Brigitte
Bardot ein Haus in Roussillon gekauft hat.« Er legte
seinen Schraubenschlüssel auf der Mauer ab und rückte
näher, damit *Jeune* keine Chance hätte, Näheres über die
persönlichen Pläne von Mademoiselle Bardot mitzubekommen.

»Sie hat vor, Saint-Tropez zu verlassen.« Menicucci hob den
Finger, um mir auf die Brust zu klopfen. »Und ich kann sie
verstehen. Ist Ihnen bekannt –« *tak, tak, tak* machte sein
Finger – »daß während des Monats August jederzeit fünftausend Menschen im Meer *pipi* machen?«
Er schüttelte den Kopf bei dem Gedanken an solchen hygie-
nischen Horror. »Wer möchte da noch Fisch sein?«

Wir standen in der Sonne und empfanden Mitleid mit dem Los der Meerestiere, die das Unglück hatten, vor Saint-Tropez ansässig zu sein. Unterdessen plagte sich *Jeune* in einem durchschwitzten Yale-T-Shirt ab, mit gewundenen Kupferleitungen um die Schultern einen gußeisernen Heizkörper die Stufen hochzuschleppen. Menicucci hatte der Hitze in punkto Kleidung eine bedeutsame Konzession gemacht. Er hatte seine üblichen schweren Manchesterhosen gegen ein Paar kurzer brauner Hosen eingetauscht, die zu seinen Stoffstiefeln paßten.

Es war der Eröffnungstag der *grands travaux,* und vor dem Haus sah es aus wie auf einem Schrottplatz. Um eine schmierige Arbeitsbank unbeschreiblichen Alters lagerten die Teile unseres Zentralheizungssystems – Kisten mit Messingscharnieren, Ventilen, Lötkolben, Glaskanistern, Metallsägen, Radiatoren, Drillelementen, Dichtungsringen und Schraubenschlüsseln und Dosen mit einer Substanz, die wie Sirup aussah. Das war nur die erste Anlieferung. Der Wassertank, der Öltank, der Boiler und der Brenner standen noch aus. Menicucci führte mich auf Besichtigung und rühmte die Qualität all dieser Teile. »*C'est pas de la merde, ça.*« Anschließend erläuterte er, durch welche Mauern er bohren müsse, und ich begriff endlich, was uns da in den nächsten Wochen an Chaos bevorstand. Ich wünschte mir beinahe, den August in Saint-Tropez zu verbringen, trotz der halben Million inkontinenter Feriengäste, die sich dort bereits aufhielten.

Im Laufe eines massiv verstopften Wochenendes waren sie mit Millionen anderer Menschen aus dem Norden eingetroffen. Verkehrsstaus von über dreißig Kilometern Länge waren auf der Autobahn bei Beaune gemeldet worden, und wer den

Tunnel bei Lyon in weniger als einer Stunde passierte, konnte sich glücklich schätzen. Autos und Gemüter erhitzten sich. Die Abschleppdienste hatten das beste Wochenende des Jahres. Erschöpfung und Ungeduld verursachten Unfall und Tod. Dieser Monat fing immer böse an, und die Tortur sollte sich am Monatsende während des Abreisewochenendes in Gegenrichtung wiederholen.

Die meisten Eindringlinge fuhren auf ihrem Weg zur Küste an unserem Ort vorbei; einige Tausend kamen jedoch in den Lubéron und änderten die Eigenheit von Märkten und Dörfern und lieferten den Ortsansässigen Neues, worüber sie beim *Pastis* nachdenken konnten. Die Stammgäste fanden ihre Plätze von Ausländern besetzt, standen neben der Bar und murrten über die unangenehmen Seiten der Ferienzeit – über die Bäckerei, die kein Brot mehr hatte, über das abgestellte fremde Auto vor der Haustür, über die nächtlichen Umtriebe der Gäste. Man räumte mit vielem Nicken und Seufzen ein, daß Touristen Geld in die Region brachten, war aber trotzdem allgemein der Meinung, daß es ein komischer Haufen sei, dieses Augustvölkchen.

Man kann diese Sommerprovenzalen nicht übersehen. Sie haben saubere Schuhe und die Haut von Menschen, die selten an der frischen Luft sind; sie haben grellbunte, neue Einkaufstaschen und makellose Autos. Durch die Straßen von Lacoste und Ménerbes und Bonnieux treiben sie in der Trance von Menschen auf Besichtigungstour und beäugen die Dorfbewohner, als wären die ebenfalls rare rustikale Sehenswürdigkeiten.

Allabendlich erklang auf dem Stadtwall von Ménerbes das Lob der Naturschönheiten, und die Kommentare eines alternden englischen Ehepaars, das stehend ins Tal hinunterblickte, gefielen mir besonders. »Welch ein herrlicher Sonnenuntergang!« sagte sie.

»Ja«, meinte der Mann. »Für so ein kleines Dorf sehr eindrucksvoll.«

Selbst Faustin hatte einen eigenen Ferienhumor. In den Weinbergen gab es vorübergehend nichts zu tun, als auf das Reifen der Reben zu warten, und so probierte er sein Repertoire an englischen Witzen an uns aus. »Was ist das?« fragte er mich eines Morgens. »Es geht in drei Stunden von der Farbe einer toten Ratte über zur Farbe eines toten Hummers?« Seine Schultern begannen zu zittern, als er sein Lachen über die unerträglich komische Antwort auf diese Frage zu unterdrücken suchte. »*Les anglais en vacances*«, sagte er, »*vous comprenez?*« Für den Fall, daß ich das ganze Ausmaß des Witzes nicht begriffen hatte, erklärte er daraufhin ausführlich, bekanntlich sei der englische Teint so hell, daß er bei leichtester Sonneneinwirkung rot werde. »*Même sous un rayon de lune*«, rief er vor Heiterkeit bebend – »schon ein Mondstrahl macht sie rosa.«

Der heiter dozierende Faustin des Morgens verwandelte sich in den düsteren Faustin des Abends. Er hatte Nachrichten von der Côte d'Azur, die er uns mit schrecklicher Genugtuung berichtete. In der Gegend von Grasse war ein Waldbrand ausgebrochen, und man hatte die Flugzeuge der Canadair herbeigerufen. Sie operierten wie Pelikane, indem sie aufs Meer hinausflogen und eine Fracht Wasser aufnahmen, die sie dann im Inland über den Flammen leerten. Faustin zufolge hatte eins dieser Flugzeuge einen Schwimmer aufgesaugt und ins Feuer fallengelassen, und dort war er *carbonisé*. Die Tragödie wurde merkwürdigerweise im *Le Provençal* mit keinem Wort erwähnt, und so erkundigten wir uns bei einem Freund, ob er davon gehört hätte. Er sah uns an und schüttelte den Kopf. »Das ist eine alte Kamelle«, sagte er. »Wenn im August ein Feuer ausbricht, setzt jedesmal irgendwer ein Gerücht in die Welt. Letztes Jahr ist angeblich ein Wasserskier erfaßt worden. Nächstes Jahr wird's ein Türsteher des Hotels Negresco in Nizza sein. Faustin hat Sie auf den Arm genommen.«

Schwer zu wissen, was man da glauben sollte. Im August schien vieles möglich, und wir waren daher gar nicht überrascht, als einige Freunde, die in einem benachbarten Hotel wohnten, uns berichteten, sie hätten in ihrem Zimmer um Mitternacht einen Adler gesehen. Nun ja, vielleicht nicht den Adler selbst, aber den unverkennbaren und riesigen *Schatten* eines Adlers. Sie riefen den Mann vom Nachtdienst an der Rezeption herauf, und er kam, um sich dieser Sache anzunehmen.

Ob sie den Eindruck gehabt hätten, der Adler wäre aus dem Schrank in der Ecke des Zimmers gekommen? Ja, sagten unsere Freunde. *Ah bon,* sagte der Mann. Das Rätsel ist gelöst. Das ist kein Adler. Das ist eine Fledermaus. Man hat sie schon öfter aus dem Schrank kommen sehen. Sie ist harmlos. Sie mag ja harmlos sein, sagten unsere Freunde, aber wir möchten nicht mit einer Fledermaus im Zimmer schlafen, wir hätten gern ein anderes Zimmer. *Non,* sagte der Mann. Das Hotel ist belegt. Da standen die drei im Zimmer und diskutierten, wie man Fledermäuse fängt. Der Mann von der Rezeption hatte eine Idee. Ein paar Minuten später kam er wieder zurück, reichte ihnen eine große Aerosol-Flasche mit einem Insektenvernichtungsmittel und wünschte ihnen eine gute Nacht.

Die Party fand in einem Haus außerhalb von Gordes statt, und wir waren schon zum Abendessen gebeten worden, um ein paar Freunde der Gastgeberin kennenzulernen, bevor die übrigen Gäste einträfen. Es war ein Abend, dem wir mit gemischten Gefühlen entgegensahen – wir freuten uns über die Einladung, waren uns aber gar nicht sicher, ob wir uns am gedeckten Tisch in einer Sturzflut französischer Konversation über Wasser halten könnten. Wir waren dort, soweit wir wußten, die einzigen englischsprechenden Gäste und hofften nur, nicht durch zu viele halsbrecherische Gespräche auf provenzalisch voneinander getrennt zu werden. Wir sollten ungewöhnlicherweise um neun Uhr eintreffen, und als wir die Hangstraße nach Gordes hochfuhren, knurrten uns die Mägen, weil sie so lang aufs Essen warten mußten. Der Parkplatz hinter dem Haus war voll. Die Straße war über fünfzig Meter weit von abgestellten Wagen gesäumt, und jeder zweite Wagen schien eine Pariser 75er-Nummer zu haben. Unsere Mitgäste waren keineswegs nur ein paar Freunde aus dem Dorf. Wir hätten uns förmlicher anziehen müssen.

Wir gingen hinein und fanden uns im Lande der Glanzpapier-Zeitschriften: Innenausstattung von *House and Garden,* Kleidung von *Vogue.* Auf dem Rasen und auf der Terrasse waren Tische mit Kerzenbeleuchtung gerichtet. Fünfzig bis sechzig Menschen, cool und lässig in Weiß, hielten Champagnergläser zwischen Juwelenfingern. Durch den offenen Eingang einer Scheune im Flutlicht drangen Vivaldiklänge. Meine Frau wollte nach Hause zurück und sich umziehen. Ich mußte an meine staubigen Schuhe denken. Wir waren in eine *soirée* hineingeraten.

Bevor wir entwischen konnten, hatte die Gastgeberin uns

bemerkt. Zu unserer Erleichterung trug wenigstens sie die gewöhnliche Kluft von Hosen und Hemd.

»Haben Sie einen Parkplatz gefunden?« Die Antwort wartete sie nicht ab. »Es ist an dieser Straße nicht leicht – wegen des Grabens.«

Wir hätten, sagten wir, gar nicht den Eindruck, hier in der Provence zu sein, und sie zuckte mit den Schultern. »Es ist August.« Sie gab uns einen Drink und ging weiter: Wir sollten uns unter die schönen Menschen mischen.

Wir hätten uns in Paris befinden können. Es gab keine braungebrannten, verwitterten Gesichter. Die Frauen waren modisch bleich, die Männer Coiffeur-gestylt und glatt. Niemand trank *Pastis*. Für provenzalische Maßstäbe war die Unterhaltung ein leises Flüstern. Unser Wahrnehmungssinn hatte sich tatsächlich geändert. Früher wäre uns die Art zu reden hier normal vorgekommen. Jetzt kam es uns gedrückt, smart und irgendwie unangenehm vor. Es gab keinen Zweifel; wir waren Waldschrate geworden.

Wir bewegten uns auf das Paar mit dem wenigsten *Chic* zu, das wir erblicken konnten. Die beiden standen mit ihrem Hund abseits der Menge für sich allein, zeigten sich freundlich, und wir ließen uns gemeinsam an einem Tisch auf der Terrasse nieder. Der kleingewachsene Mann mit dem scharfgeschnittenen Normannengesicht erzählte uns, er habe vor zwanzig Jahren im Dorf für 3000 Francs ein Haus gekauft; seither sei er jeden Sommer hierhergekommen, und alle fünf oder sechs Jahre habe er sein Haus verkauft und wieder ein anderes erworben. Sein erstes Haus war, wie er soeben gehört hatte, total renoviert und mit allen Raffinessen ausgestattet, wieder auf dem Markt, zum Preis von einer Million Francs. »Ein Wahnsinn«, sagte er, »aber Menschen wie *le tout*

Paris –« er machte eine Kopfbewegung zu den übrigen Gästen hin – »wollen im August mit ihren Freunden zusammensein. Wenn einer kauft, kaufen alle. Und zahlen Pariser Preise.«

Sie hatten begonnen, sich an ihre Plätze zu begeben, und trugen vom Büffet Weinflaschen und volle Gläser herüber. Die hohen Absätze der Frauen sanken im Kies der Terrasse ein. Man hörte einige stilvolle Schreie des Entzückens über das reizvoll primitive Ambiente – *un vrai dîner sauvage* –, obwohl es nur einen Hauch ursprünglicher war als ein Garten in Beverly Hills oder Kensington.

Plötzlich und völlig unerwartet setzte der Mistral ein. Auf den Tischen stand noch eine ganze Menge von unverzehrtem Crevettensalat. Kopfsalatblätter und Brotstücke transformierten sich zu Lufteinheiten, hoben sich von Tellern und landeten inmitten schneeweißer Brüste und auf Seidenhosen; gelegentlich auch in einem Volltreffer direkt auf dem Hemd. Tischtücher klackten und blähten sich wie Segel und schlugen Kerzen und Weingläser um. Sorgsam arrangierte Haartrachten und Halterungen gerieten außer Fassung. Das war nun allerdings ein bißchen zu *sauvage*. Es gab einen fluchtartigen Rückzug, und das Abendessen wurde unter einem schützenden Dach fortgesetzt.

Dann trafen weitere Leute ein. Den Vivaldiklängen aus der Scheune folgte für ein paar Sekunden elektronisches Zischen, dann die Schreie eines Mannes, der ohne Anästhesie am Herzen operiert wird. Little Richard lud zum handfesten Boogie ein.

Wir waren neugierig, wie diese Musik auf eine so elegante Versammlung wirken würde. Ich konnte mir vorstellen, wie sie zu einer zivilisierten Melodie mit den Köpfen nickten oder in jenem intimen Kriechgang tanzten, dessen die Franzosen sich jedesmal befleißigen, wenn sie Charles Aznavour hören, aber *dazu* – dies war ein großes, schweißtreibendes Geschrei des Dschungels. *Awopbopaloowopawopbammbomm!* Wir stiegen die Stufen zur Scheune hoch, um mitzuerleben, was sie daraus machten.

Buntes Diskolicht zuckte und blitzte synchron zum Trommelschlag und wurde von den Spiegeln, die an den Wänden lehnten, reflektiert. Ein junger Mann stand mit gekrümmten Schultern und gegen den Rauch seiner Zigarette zusammengekniffenen Augen hinter einem Schaltpult und drehte die Bässe und die Lautstärke noch mehr auf.

Good Golly Miss Molly! kreischte Little Richard. Der junge Mann verrenkte sich vor Entzücken und quetschte ein zusätzliches Dezibel heraus. *You sure love to ball!* Die Scheune vibrierte, und *le tout Paris* vibrierte mit. Die Arme, Beine, Hintern und Busen schwangen und schaukelten und hüpften und schlugen um sich – mit entblößten Zähnen und rollenden Augen und Fäusten, die in die Luft boxten, Schmuck, der außer Kontrolle geriet, Knöpfen, die unter dem Druck sprangen, und eleganten Fassaden, die zum Teufel gingen, während Männlein und Weiblein sich krümmten, wanden, zuckten und ruckten und nahezu in Ekstase gerieten.

Um Partner oder Partnerin kümmerten die meisten sich nicht. Sie tanzten mit dem eigenen Spiegelbild; selbst mitten in der Ekstase behielten sie mit einem Auge die Spiegel im Blick. Die Luft war voll vom Geruch warmen, parfümierten Fleisches und die Scheune ein einziger, riesiger, sich bäumender, verrückter Pulsschlag, durch den man nicht hindurchkam, ohne von Ellbogen punktiert oder von einem kreisenden Halsband gepeitscht zu werden.

189

Waren das dieselben Menschen, die sich früher am Abend dermaßen dekorativ aufgeführt und so getan hatten, als ob ihre Vorstellung von einem wilden Abend mit einem zweiten Glas Champagner in der Hand erfüllt sei? Sie hopsten wie Teenager, die mit Amphetaminen vollgestopft sind, und schienen für den Rest der Nacht programmiert. Wir drückten uns durch die quirlige Menge und überließen sie ihrem Vergnügen. Wir mußten morgens früh aufstehen. Wir hatten einem Ziegenrennen beizuwohnen.

Das Plakat hatten wir erstmals vor einer Woche gesehen. Es klebte am Fenster eines *tabac.* In den Straßen von Bonnieux sollte eine *grande course de chèvre* stattfinden. Ausgangspunkt war das Café César. Die zehn Läufer und ihre Ziegen waren namentlich aufgelistet. Es gab zahlreiche Preise, man konnte Wetten abschließen, und ein großes Orchester würde, wie es auf dem Plakat hieß, für Animation sorgen. Es mußte ein großes Sportereignis sein: Bonnieux' Antwort auf den Cheltenham Gold Cup oder das Kentucky Derby. Wir trafen lange vor Rennbeginn ein, um uns einen guten Platz zu sichern. Um neun Uhr war es bereits zu warm, um eine Armbanduhr zu tragen, und die Terrasse vor dem Café César schwappte über mit Gästen, die zum Frühstück *tartines* aßen und kaltes Bier tranken. An einem Tisch vor der Mauer der Stufen, die zur Rue Voltaire führte, hatte eine beleibte Frau sich im Schatten eines Sonnenschirms mit Reklame für *véritable jus de fruit* niedergelassen. Sie strahlte uns an, fingerte ein Kartenheft hervor und ratterte mit einer Kassenbüchse. Sie war das offizielle Wettbüro – weiter hinten im Café nahm ein Mann inoffiziell Wetten an –, und sie lud uns ein, unser Glück zu versuchen. »Schauen Sie sich um, bevor Sie Ihre Wette wagen«, sagte sie. »Die Fahrer finden Sie dort unten.«

Daß die Ziegen nicht weit weg sein konnten, wußten wir; wir konnten sie nämlich riechen, sie und ihre Köttel, die, in der Sonne gebacken, aromatisch dufteten. Als wir über die Mauer schauten, sahen uns die Renntiere aus ihren verrückten, bleichen Augen an, während sie langsam irgendein Leckerchen kauten, das ihnen vor dem Rennen gegönnt worden war. Ihre Backen waren von Wisperbärten eingerahmt – sie hätten wie würdevolle Mandarine gewirkt, wenn da nicht die blau-weißen Jockeymützen gewesen wären, die jede Ziege trug, und die Rennwesten mit den Nummern, die mit denen ihrer Fahrer identisch waren. Wir konnten Bichou und Tisane und die übrigen Ziegen namentlich identifizieren, doch zum Wetten reichte das nicht. Wir brauchten Insider-Informationen oder auf jeden Fall Hilfe, um das Tempo und die Ausdauer der Rennteilnehmer einschätzen zu können. Wir fragten den Alten, der an der Mauer neben uns lehnte. Wir waren sicher, daß er, wie alle Franzosen, ein Fachmann wäre. »Das hängt ganz von ihren *crottinas* ab«, sagte er. »Die Ziegen, die vorm Rennen die meisten Köttel werfen, werden wahrscheinlich am besten abschneiden. Eine Ziege mit leerem Darm ist schneller als eine volle Ziege. *C'est logique.*« Wir musterten ein paar Minuten lang die Bäuche, und die Nummer 6, Totoche, tat uns den Gefallen einer großzügigen Darmentleerung. »*Voilà*«, meinte unser Wettberater, »jetzt müssen Sie sich die Fahrer ansehen. Suchen Sie sich einen kräftigen aus.«

Die meisten Fahrer genehmigten sich im Café eine Erfrischung. Sie trugen Zahlen und Jockeymützen wie ihre Ziegen, und wir konnten deshalb den Fahrer der Nummer 6 ausfindig machen, einen muskulösen, brauchbaren Mann, der sich beim Bier vernünftigerweise zurückhielt. Er schien mit der eben erst erleichterten Totoche zusammen ein rechtes Team für den Sieg. Wir gingen unsere Wette setzen.

»*Non.*« Um zu gewinnen, müßten wir den ersten, zweiten und dritten Sieger richtig haben, erklärte uns Madame, die Wettmacherin. Das warf unsere Kalkulation über den Haufen. Wie sollten wir wissen, in welchem Maß die übrigen Zeigen sich erleichtert hatten? Wir hatten uns ja bei den Fahrern aufgehalten. Unsere Gewißheit hatte sich verflüchtigt, und doch setzten wir für den Sieg auf die Nummer 6, für den zweiten Platz auf die einzige Frau unter den Fahrern und für den dritten Platz auf eine Ziege mit dem Namen Nénette, deren schlanke Fesseln auf eine gewisse Laufkondition schließen ließen. Nachdem somit das Geschäftliche erledigt war, gesellten wir uns zu den Sportmagnaten auf dem kleinen Platz vor dem Café.

Das große Orchester, das auf dem Plakat angekündigt war – ein Lieferwagen mit Lautsprecher –, spielte Sonny und Cher, »*I've Got You, Babe*«. Eine dürre, todschicke Pariserin, die wir schon am Abend vorher auf der Party bemerkt hatten, begann mit einem zierlichen weißbeschuhten Fuß den Takt zu schlagen, und ein unrasierter Mann mit einem Glas *Pastis* und dickem Bauch bat sie zum Tanz und schwang verlockend seine beachtlichen Hüften. Die Pariserin warf ihm einen Blick zu, bei dem Butter ranzig geworden wäre, und widmete sich plötzlich dem Inhalt ihrer Vuitton-Tasche. Aretha Franklin löste Sonny und Cher ab, und zwischen den Ziegenkötteln spielten Kinder Hüpfen. Der Platz war gedrängt voll. Wir schoben uns zwischen einen Deutschen mit seiner Videokamera und den Mann mit dem dicken Bauch, um zuzusehen, wie die Startlinie gezogen wurde.

Eine Leine wurde quer über den Platz gespannt, etwa eineinhalb Meter über dem Boden. Große Ballons, numeriert von eins bis zehn, wurden mit Wasser gefüllt und in regelmäßigen Abständen am Seil längs plaziert. Unser Nachbar mit dem Bauch erklärte die Regeln: Jeder Fahrer bekommt einen spitzen Stock, der für zwei Aufgaben gedacht ist: erstens, die Ziege anzutreiben, falls sie nicht laufen will; zweitens, den Ballon am Ende des Rennens zum Platzen zu bringen und sich damit als Sieger zu qualifizieren. *Evidemment,* sagte der Dickbäuchige, würden dabei die Treiber pitschnaß – das würde lustig werden.

Die Fahrer kamen aus dem Café und stolzierten durch die Menge, um sich ihre Ziegen zu holen. Unser Favorit mit der Nummer 6 hatte sein Taschenmesser gezogen und spitzte seinen Stock an beiden Enden; ich deutete das als ein gutes Zeichen. Ein anderer Fahrer beschwerte sich deshalb gleich bei der Rennleitung. Aber der Streit fand ein rasches Ende – irgendwie war durch eine der schmalen Gassen doch ein Auto in die Stadt gelangt. Eine junge Frau stieg aus. Sie hielt eine Landkarte in der Hand und wirkte äußerst verwirrt. Sie fragte nach dem Weg zur Autobahn.

Der Weg zur Autobahn war leider blockiert – durch zehn Ziegen, zweihundert Zuschauer und einen Musiktransporter. Sie werde, sagte die junge Frau, die Strecke trotzdem fahren. Sie stieg wieder ins Auto und manövrierte den Wagen Zentimeter um Zentimeter vorwärts.

Die Bestürzung wich heller Empörung. Die Organisatoren und einige Rennfahrer umzingelten das Auto und schlugen mit der Faust aufs Dach, drohten mit Stöcken, retteten Ziegen und Kinder vor dem sicheren Tod unter den Rädern, die sich kaum von der Stelle bewegten. Inmitten solch mitmenschlichen Gedränges mußte das Auto einfach halten. Die junge Frau saß hinterm Steuer und schaute verzweifelt mit zusammengebissenen Lippen stur geradeaus. *Reculez!* schrien die Organisatoren und zeigten in die Richtung, aus der das Auto gekommen war, und winkten der Menge zu weichen. Mit einem bösen Krachen der Gangschaltung wurde der Rückwärtsgang eingelegt, und die Zuschauer klatschten, als das Auto aufheulend verschwand.

Die Rennteilnehmer wurden zur Startlinie gerufen. Die Fahrer vergewisserten sich, daß die Leinen auch richtig um den Hals ihrer Ziege gelegt waren. Die Ziegen selbst zeigten sich von dem Drama der Stunde völlig ungerührt. Nummer 6 versuchte, die Weste von Nummer 7 zu fressen. Die Nummer 9, unsere Außenseiterin Nénette, drehte den Kopf beharrlich nach hinten. Der Jockey packte sie bei den Hörnern, drehte sie herum und nahm ihren Kopf zwischen seine Knie, um sie in der richtigen Richtung festzuhalten. Dabei war ihr die Jockeymütze über ein Auge gerutscht, was ihr ein verwegenes und verrücktes Aussehen gab, und wir waren uns nicht mehr sicher, daß es klug gewesen war, auf sie zu setzen. Wir hatten gewettet, daß sie als dritte durchs Ziel kam, doch mit verminderter Sehfähigkeit und mangelndem Orientierungssinn schien das eher unwahrscheinlich.

Sie standen zum Start bereit. Auf diesen Augenblick waren sie durch wochen-, vielleicht monatelanges Training vorbereitet worden. Sei warteten – Hörner an Hörner, Weste an Weste – auf das Startsignal. Ein Fahrer mußte einmal laut rülpsen. Dann waren sie auf und davon.

Es brauchte keine fünfzig Meter, um uns klarzumachen, daß es sich bei diesen Ziegen nicht um geborene Sportler handelte – oder sie hatten den Zweck des Ereignisses mißverstanden. Zwei legten schon nach wenigen Metern die Bremsen an und mußten weiter geschleift werden. Einer dritten fiel ein, was sie eine halbe Stunde früher hätte erledigen sollen; an der ersten Kurve blieb sie stehen, um dem Ruf der Natur Folge zu leisten. Vielleicht lag es daran, daß Nénette durch ihre Mütze halb blind war – sie schoß jedenfalls über die Kurve hinaus und zerrte ihren Fahrer mitten in die Menschenmenge hinein. Die übrigen Renntiere mühten sich unter verschiedenartigster Anfeuerung bergauf.

»Haut ihnen auf den Arsch!« rief unser Freund mit dem Bauch. Die Pariserin, die zwischen uns eingeklemmt war, zuckte zusammen. Er nutzte die Gelegenheit, seine Kenntnis der Ortsbräuche auszuspielen. »Haben Sie das gewußt?« fragte er. »Die Ziege, die als letzte durchs Ziel kommt, wird gegessen. Sie wird am Spieß gegrillt. *C'est vrai.*« Die Pariserin zog sich ihre Sonnenbrille aus den Haaren auf die Nase. Sie fühlte sich hier nicht wohl.

Die Rennstrecke beschrieb einen Kreis um den oberen Dorfteil und zurück zum alten Brunnen, der mittels einer Plastikplane, die zwischen zwei Heuballen ausgespannt war, zum Wasserhindernis umfunktioniert worden war. Das mußte unmittelbar vor dem Schlußsprint zur Ziellinie mit den Ballons vor dem Café durchwatet oder -schwommen werden – ein brutaler Test für Koordinationsgeschick und Ausdauer.

Der Rennfortgang wurde durch Schreie von Zuschauern an der Streckenhälfte erkennbar. Uns erreichte die Nachricht, daß Nummer 1 und Nummer 6 sich die Führung streitig machten. Beim Durchlauf waren nur neun Ziegen gezählt worden; eine war *disparu*. »Der wird bestimmt die Kehle durchgeschnitten«, bemerkte der Mann mit dem Bauch zur Pariserin. Die drängte sich auf der Suche nach weniger ekelhafter Gesellschaft entschlossen in Richtung Ziellinie durch die Menge.

Vom Brunnen her hörte man ein Platschen und dann die erhobene Stimme einer zeternden Mutter. Das Wasserhindernis hatte sein erstes Opfer gefordert – ein kleines Mädchen, das die Tiefe unterschätzt hatte und vor Verblüffung sprachlos bis zur Hüfte im Wasser stand.

»Elles viennent, les chèvres!«

In der verzweifelten Angst, daß ihr Kind von den Rennchampions zu Brei zerstampft werden könnte, hob die Mutter den Rock und stürzte sich ins Wasser. »Welche Schenkel!« sagte der Mann mit dem Bauch und küßte sich die Fingerspitzen.

Mit klappernden Hufen näherten sich die führenden Renntiere dem Brunnen – und rutschten in die Heuballen hinein. Fürs Naßwerden schienen sie nichts übrig zu haben. Die Fahrer grunzten, fluchten, zerrten und schubsten ihre Ziegen am Ende ins Wasser und auf die andere Seite in die Zielgerade. Ihre durchnäßten Espadrilles klatschten auf den Asphalt. Sie hielten ihre Stöcke wie Lanzen. Die Spitze war seit der Streckenhälfte unverändert. Nummer 1 und Nummer 6 führten noch immer. Titine und Totoche rutschten auf die Linie mit den Ballons zu.

Mit einem enormen Dreh aus der Hinterhand brachte die Nummer 1 ihren Ballon als erste zum Platzen und überschüttete dabei die Pariserin, die beim Zurückweichen in Ziegenmist trat. Trotz des scharf zugeschnittenen Stocks hatte die Nummer 6 anfänglich viel Mühe gehabt und konnte den Ballon gerade noch vor den nächsten Verfolgern zum Platzen bringen. Sie trafen eine nach der anderen oder in spritzenden Grüppchen ein, bis nur noch ein einziger voller Ballon übrigblieb. Nummer 9, die dickköpfige Nénette, hatte ihren Lauf nicht vollendet. »Die hat schon der Fleischer«, sagte der Mann mit dem Bauch.

Auf dem Weg zu unserem Auto haben wir sie gesehen. Sie hatte ihre Leine durchgerissen und war ihrem Fahrer entflohen; sie stand hoch oben über der Straße in einem winzigen Steingarten und fraß Geranien. Die Jockeymütze hing ihr an einem Horn.

»*Bonjour, maçon.*«
»*Bonjour, plombier.*«

Ein neuer heißer Tag. Der komplette Arbeitstrupp war eingetroffen. Man grüßte und schüttelte sich die Hände, als ob man sich vorher nie begegnet wäre, indem man sich mit dem Beruf statt mit Namen anredete. Christian arbeitete als Architekt schon seit Jahren mit ihnen zusammen und nannte sie nie beim Vornamen, sondern immer mit einer grandios komplizierten Kombination von Namen und Beruf. So wurden aus Francis, Didier und Bruno Menicucci-Plombier, Andreis-Macon und Trufelli-Carreleur. Das konnte gelegentlich Länge und Formen eines obskuren aristokratischen Titels annehmen, so bei Jean-Pierre, dem Teppichleger, der offiziell als Gaillard-Poseur de Moquette bekannt war.

Sie standen um eins der vielen Löcher, die Menicucci gebohrt hatte, um seine Heizungsröhren unterzubringen, und diskutierten über Termine und Arbeitspläne – ganz nach der ernsthaften Art von Menschen, deren Leben von Pünktlichkeit regiert wird. Die Reihenfolge stand fest und war unbedingt einzuhalten: Menicucci mußte seine Röhren legen; wenn er fertig war, kamen die Maurer, um den Schaden zu reparieren; ihnen folgte der Elektriker, der Gipser, der Fliesenleger, der Anstreicher. Da alle gute Provenzalen waren, bestand keinerlei Aussicht, daß die Termine eingehalten würden. Aber das Ganze bot Gelegenheit zum unterhaltsamen Spekulieren.

Menicucci gefiel sich in seiner Vorrangstellung als Schlüsselfigur, als der Mann, dessen Vorankommen den Fahrplan aller diktieren mußte.

»Sie werden sehen«, sagte er. »Ich werde gezwungen sein, aus den Mauern Gorgonzola zu machen. Aber was soll das heißen, *maçon?* Einen halben Tag für die Reparaturen?«

»Vielleicht auch einen ganzen«, meinte Didier. »Aber wann?«

»Versuchen Sie nicht, mich zu drängen«, sagte Menicucci. »Nach vierzig Jahren als Installateur weiß ich, daß man bei Zentralheizungen nicht drängen darf. Sie sind *très, très délicat.*«

»Weihnachten?« schlug Didier vor.

Menicucci sah ihn kopfschüttelnd an. »Sie nehmen die Sache nicht ernst. Aber denken Sie doch an den Winter.« Er verdeutlichte uns den Winter, indem er sich einen imaginären Mantel um die Schultern zog. »Es ist minus zehn Grad.« Er zitterte. Er zog sich die Mütze über die Ohren. »Plötzlich beginnt eine Leitung zu bersten! Und warum? Weil sie zu rasch montiert worden ist. Ohne die nötige Aufmerksamkeit.« Er betrachtete seine Zuschauer und gab das ganze Drama eines kalten Winters mit undichten Leitungen zu erkennen. »Und wer wird dann lachen, eh? Wer wird dann Witze machen über den Installateur?«

Ich bestimmt nicht. Was ich mit der Zentralheizung schon erlebt hatte, war ein einziger Alptraum, der nur insofern erträglich gewesen war, als wir uns tagsüber im Freien hatten aufhalten können. Die vorhergehenden Bauarbeiten hatten sich wenigstens immer nur auf einen Teil des Hauses beschränkt; was nun kam, war im ganzen Haus spürbar. Menicucci und seinen Kupferröhren konnte man nicht aus dem Weg gehen. Staub, Schutt und Metallteile markierten seinen täglichen Arbeitsprozeß wie die Spur von Termiten mit Eisenbiß. Und das vielleicht Allerschlimmste – es gab keine Privatsphäre mehr. Es könnte uns passieren, daß wir in unserem Badezimmer *Jeune* mit einer Lötlampe anträfen oder im Wohnzimmer aus einem Loch in der Wand auf Menicuccis Hintern stießen. Unsere einzige Zuflucht war der Swimmingpool, und selbst dort hielten wir uns am besten ganz unter Wasser – nur das Wasser dämpfte den erbarmungslosen Lärm der Bohrer und Hämmer. Manchmal bereuten wir, nicht auf unsere Freunde gehört zu haben – vielleicht *hätten* wir den August über verreisen oder uns im Tiefkühlschrank verstecken sollen.

Die Abende waren eine solche Erleichterung, daß wir meistens zu Hause blieben und uns vom Lärm des Tages erholten, und so verpaßten wir die gesellschaftlichen und kulturellen Ereignisse, die im Lubéron zum Wohle der Sommergäste organisiert worden waren. Abgesehen von einer *soirée* in der Abtei von Sénanque, wo wir auf echten, unbequemen Mönchsbänken mit schmerzendem Gesäß Gregorianischen Gesängen lauschten, und einem Konzert unter Flutlicht in einer Ruine oberhalb von Oppède verließen wir unseren Hof nie. Wir waren froh, für uns allein zu sein und Ruhe zu haben.

Eines Nachts mußten wir jedoch entdecken, daß unsere Vorräte für das Abendessen vom Bohrpensum des Tages eine dicke Schicht Staub abbekommen hatten. So zwang uns der Hunger außer Haus. Wir beschlossen, ein einfaches Restaurant in Goult aufzusuchen. Goult ist ein kleines Dorf mit kaum sichtbarer Bevölkerung und ohne jede touristische Attraktion. Es wäre ein Essen fast wie zu Hause – nur eben sauberer. Wir klopften uns den Staub von den Klamotten. Die Hunde ließen wir, zur Bewachung der Löcher in unseren Mauern, zurück.

Es war ein stiller, drückend heißer Tag gewesen. Das Dorf roch von der Hitze nach gebackenem Asphalt, verdorrtem Rosmarin und warmem Kies. Und nach Menschen. Wir waren ausgerechnet am Abend des jährlichen Dorffests nach Goult gekommen.

Wir hätten es wissen müssen, weil im August jedes Dorf auf die eine oder andere Weise feiert – mit einem *Boules*-Turnier, einem Eselwettrennen, einem Grillfest oder einer Kirmes, bei der Farblichter in die Platanen gehängt und Holzbretter zum Tanzen über ein Gerüst gelegt werden, mit Zigeunern, Akkordeonspielern, Verkäufern von Souvenirs und Rock-Gruppen aus dem Umkreis bis Avignon. Es waren laute Anlässe zum Fröhlichsein – falls man nicht unter einer leichten Gehirnerschütterung litt, weil man den ganzen Tag auf einer Baustelle verbracht hatte wie wir.

Doch nun waren wir einmal da, und auf das Abendessen, das wir innerlich schon bestellt hatten, wollten wir nicht verzichten. Was machten in entzückter Erwartung eines Salates mit warmen Muscheln und Speck, eines Ingwer-Hähnchens und der köstlichen, cremigen Schokoladentorte nach Art des Hauses schon ein paar Menschen mehr aus?

Zu jeder anderen Jahreszeit würde der Anblick von mehr als einem Dutzend Menschen auf den Dorfstraßen ein Ereignis von ungewöhnlicher Bedeutung anzeigen – etwa eine Beerdigung oder einen Preiskampf zwischen den beiden ortsansässigen Fleischern, deren Geschäfte nur wenige Meter vom Café entfernt unmittelbar nebeneinander lagen. Was wir an diesem Abend sahen, war allerdings ganz und gar außergewöhnlich – Goult war Gastgeber der ganzen Welt, und die Welt war offenbar nicht minder hungrig als wir. Das Restaurant war voll. Die Terrasse hinter dem Restaurant war voll. Im Schatten unter den Bäumen lungerten schon Pärchen, die hoffnungsvoll darauf warteten, daß ein Tisch frei würde. Die Kellner wirkten gereizt. Patrick, der *patron*, schien erschöpft, doch zufrieden – ein Mann im Besitz einer temporären Goldmine. »Sie hätten anrufen sollen«, sagte er. »Kommen Sie um zehn wieder. Wir werden sehen, was wir für Sie tun können.«

Selbst das Café, das doch groß genug war, um die ganze Dorfbevölkerung von Goult zu fassen, hatte bloß noch Stehplätze anzubieten. Wir tranken unsere Drinks an der Straße weiter unten, wo Stehbuden auf dem sonst leeren Platz beim Denkmal zu Ehren der für Frankreichs Ruhm und Ehre Gefallenen errichtet waren. Es war, wie die meisten Kriegergedenkstätten, die wir gesehen hatten, gut gepflegt; drei Trikolore-Fähnchen hoben sich frisch und sauber gegen den grauen Stein ab.

Die Fenster der Häuser rund um den Platz standen offen. Die Bewohner lehnten hinaus; sie hatten die flimmernden Fernseher in ihrem Rücken vergessen angesichts des gemächlichen Chaos, das sich unten abspielte. Es war im Grunde ein Dorfmarkt der ansässigen Handwerker, die ihre Schnitzereien und Töpfereien ausstellten, der Winzer und Imker, von ein paar Antiquitätenhändlern und Künstlern. Die Hitze des Tages war in den Mauern noch zu spüren. Sie war der trägen, treibenden Menge anzumerken, der Art ihres Gangs – das

Gewicht auf die Hacken verlegt, die Bäuche vorgeschoben, die Schultern entspannt in Ferienhaltung.

Die meisten Stände waren Tresentische. Das Angebot lag auf bedruckten Tischtüchern, und oft befand sich daneben ein Zettel und die Mitteilung, bei eventuellem Kaufinteresse sei der Eigentümer im Café zu finden. Ein Stand war größer und reichhaltiger ausstaffiert als die anderen und wirkte wie ein Freiluftwohnzimmer mit Tischen und Stühlen und Chaiselongue und dekorativen Topfpalmen. An einem der Tische saß ein dunkler, stämmiger Mann in Shorts und Sandalen bei einer Flasche Wein vor einem Bestellblock. Es war Monsieur Aude, der künstlerische *ferronnier* aus Saint-Pantaléon, der etwas zu unserem Haus beigesteuert hatte. Er winkte. Wir sollten uns zu ihm setzen.

Der *ferronnier* ist ein Handwerker, der mit Eisen und Stahl arbeitet, und in der französischen Provence wird er mit dem Anfertigen und Anbringen von Gittern und Toren und Fensterkreuzen beauftragt, zum Fernhalten von Einbrechern, die man hinter jedem Busch lauern sieht. Monsieur Aude war über diese simplen Sicherheitsvorkehrungen hinausgegangen. Er hatte entdeckt, daß es für Nachbildungen von Stahlmöbeln des 18. und 19. Jahrhunderts einen Markt gab. Er hatte ein Musterbuch mit Fotos und Plänen, und wenn man eine Parkbank, einen Grill oder ein zusammenklappbares Feldbett besitzen wollte, wie Napoleon es verwendet haben mochte, würde er die Sache anfertigen, dann auf alt trimmen – er verstand sich vorzüglich auf Rost –, bis sie die einer Antiquität angemessene Qualität aufwies. Er arbeitete mit seinem Schwager zusammen, und man konnte sich darauf verlassen, daß er für alles einen Liefertermin von zwei Wochen anzugeben vermochte – und das Bestellte drei Monate später ablieferte. Wir erkundigten uns nach dem Gang der Geschäfte.

Er klopfte auf sein Bestellbuch. »Ich könnte eine Fabrik aufmachen – Deutsche, Pariser, Belgier. In diesem Jahr wollen alle Leute große runde Tische und solche Gartenstühle.« Er rückte den Stuhl neben sich ins Blickfeld, so daß wir den grazilen Schwung der Beine bewundern konnten. »Ich habe nur ein Problem. Die Leute meinen, ich könnte alles innerhalb weniger Tage machen, und wie Sie wissen ...« Er ließ den Satz unvollendet und kaute nachdenklich auf einem Mundvoll Wein. Ein Pärchen hatte seinen Stand umkreist und erkundigte sich nach einem Feldbett. Monsieur Aude schlug sein Buch auf und leckte an seiner Bleistiftspitze, bevor er zu ihnen aufschaute. »Sie müssen jedoch wissen«, erklärte er mit absolut ehrlicher Miene, »daß es zwei Wochen dauern kann.«

Es war fast elf, als wir zu essen anfingen, und Mitternacht längst vorbei, als wir wieder zu Hause ankamen. Die Luft war warm, schwer und ungewöhnlich still. Es war eine ideale Nacht für den Swimmingpool, und wir glitten ins Wasser, um uns auf dem Rücken treiben zu lassen und zu den Sternen emporzuschauen – der vollkommene Ausklang eines Hitzetages. Von ganz weit weg, aus der Richtung der Côte d'Azur, kam ein Rumpeln von Donner und ein flüchtiges Wetterleuchten – entfernt und dekorativ: ein Sturm, der andere Menschen anging.

In den dunklen und frühen Morgenstunden erreichte er Ménerbes. Er weckte uns mit einem Schlag, der die Fenster erbeben ließ. Die Hunde begannen vor Schreck anhaltend zu bellen. Für eine Stunde oder mehr schien er genau über unserem Haus zu verweilen. Er rollte und explodierte und schüttete Flutlicht über dem Weinberg aus. Und dann setzte dammbruchartig der Regen ein. Er prasselte auf das Dach und den Hof, tropfte den Kamin hinunter und drückte durch die Eingangstür. Kurz nach dem Morgengrauen hörte er wieder auf; und die Sonne ging auf wie immer, als wäre gar nichts gewesen.

Wir waren ohne Elektrizität. Als wir bald darauf das Büro der Electricité de France anrufen wollten, stellten wir fest, daß wir auch ohne Telefonverbindung waren. Als wir um das Haus herumgingen, um nach dem Schaden zu sehen, den der Sturm angerichtet hatte, war die Erde in der Einfahrt zur Hälfte die Straße hinabgespült, es gab Risse, die breit wie Traktorräder und von einer Tiefe waren, die für jedes normale Auto ein Risiko darstellten. Es gab zwei Lichtblicke: Es war ein wunderschöner Morgen ohne Arbeiter. Die waren zweifellos zu sehr mit ihren eigenen Schäden und Lecks beschäftigt, um sich um unsere Zentralheizung zu kümmern. Wir gingen auf einen Spaziergang in den Wald, um zu sehen, was der Sturm dort angerichtet hatte.

Es war ein dramatisches Bild. Nicht etwa wegen entwurzelter Bäume, sondern wegen der Auswirkungen der Sturzfluten auf dem Erdboden, der wochenlang in der Sonne gebacken hatte. Zwischen den Bäumen stiegen Rauchkränze in die Höhe; dazu ein unablässiges Zischen: Die Hitze des neuen Tages begann das Gebüsch zu trocknen. Wir kehrten zu einem späten Frühstück zurück, voll von dem Optimismus, den Sonnenschein und ein blauer Himmel bei Menschen zu wecken vermögen, und wurden mit einem funktionierenden Telefon belohnt – es war Monsieur Fructus, der anrief, um sich zu erkundigen, ob seine Versicherung Schaden genommen hatte.

Wir informierten ihn, daß dem Sturm nur unsere Einfahrt zum Opfer gefallen sei.

»*C'est bieng*«, sagte er. »Ein Kunde von mir hat fünfzig Zentimeter Wasser in der Küche. So was kommt gelegentlich vor. Der August ist merkwürdig.«

Er hatte recht. Es war ein merkwürdiger Monat gewesen, und wir waren froh, daß er zu Ende war, so daß das Leben auf leeren Straßen und in Restaurants, die nicht überfüllt waren, und mit Monsieur Menicucci in langen Hosen wieder seinen gewöhnlichen Gang gehen konnte.

September ~

Die Bevölkerung im Lubéron war über Nacht geschrumpft. Die *résidences secondaires* – darunter einige prächtige alte Häuser – wurden zugeschlossen und verriegelt und ihre Tore mit langen, rostigen Ketten gefesselt. Bis Weihnachten würden diese Häuser nun leerstehen – sie würden so offenkundig, so sichtlich unbewohnt sein, daß man leicht begreifen konnte, wieso Einbruchdiebstähle im Vaucluse gewissermaßen zu einer regionalen Kleinindustrie geworden waren. Der langsamste Einbrecher mit erbärmlichster Ausrüstung hatte mehrere Monate lang Zeit, seiner Arbeit ungestört nachzugehen. Es hatte in den Jahren zuvor einige höchst originelle Diebstähle gegeben. So waren komplette Küchen auseinandergenommen und abtransportiert worden, alte römische Dachziegel, die Antiquität einer alten

Eingangstür, ein ausgereifter Olivenbaum – es war, als ob ein umsichtiger Einbrecher mit dem Blick eines Connaisseurs sich von verschiedenen Anwesen die erlesensten Gegenstände, die er aufzuspüren vermochte, zur Einrichtung eines eigenen Heims zusammengesucht hätte. Vielleicht war das auch der Gauner gewesen, der unseren Briefkasten entwendet hatte.

Wir begannen unsere Freunde aus der Umgebung wiederzusehen, die aus ihrem sommerlichen Belagerungszustand hervorkamen. Die meisten erholten sich von einem Übermaß an Gästen, und die Geschichten, die sie erzählten, wiesen erschreckende Gemeinsamkeiten auf. Hauptthemen waren Installationsanlagen und Geld. Es war verblüffend, wie oft perplexe, sich entschuldigende oder geizige Gäste die gleichen Wendungen und Ausdrücke gebraucht hatten. Sie hatten alle unbeabsichtigt zu den geflügelten Worten des Monats August beigetragen.

»Was soll das heißen – Sie nehmen keine Kreditkarten an? Kreditkarten nimmt doch jeder.«

»Sie haben keinen Wodka mehr.«

»Es gibt einen komischen Geruch in Ihrem Badezimmer.«

»Könnten Sie das übernehmen? Ich habe nur einen 500-Francs-Schein.«

»Keine Sorge. Ich schicke Ersatz, sobald ich wieder in London bin.«

»Ich hab gar nicht gewußt, daß man mit einem Sickerschacht so vorsichtig umgehen muß.«

»Und vergessen Sie nicht, mir zu schreiben, was diese Anrufe nach Los Angeles gekostet haben.«

»Ich komme mir ganz schrecklich vor, wenn ich Sie so angestrengt arbeiten sehe.«

»Ihnen ist der Whisky ausgegangen.«

Als wir die Geschichten über verstopfte Abflußrohre und Unmengen an konsumiertem Brandy, über Scherben von Weingläsern im Swimmingpool, über zugehaltene Geldbörsen und unvorstellbaren Appetit hörten, hatten wir das Gefühl, daß wir selbst im August sehr gut weggekommen waren. Unser Haus hatte zwar beträchtlichen Schaden erlitten, doch nach den Erzählungen unserer Freunde hatten auch ihre Häuser gelitten. Wir hatten Menicucci wenigstens nicht verpflegen und beherbergen müssen, während er seine Zerstörungswut an unseren Wänden ausließ.

Der frühe September kam uns in vieler Hinsicht wie ein zweiter Frühling vor. Die Tage waren trocken und heiß, die Nächte kühl, und nach der schwülen Hitze des August schien die Luft wunderbar rein. Die Bewohner unseres Tals hatten ihre Trägheit abgelegt und machten sich an die Hauptarbeit des ganzen Jahres. Morgen für Morgen patrouillierten sie in den Weinbergen, um die Trauben zu prüfen, die Kilometer um Kilometer in saftigen, ordentlichen Reihen hingen.

Faustin war draußen wie alle. Er spannte seine Hand um die Trauben und schaute zum Himmel empor, zog nachdenklich die Lippen zusammen, während er das Wetter vorherzusehen suchte. Ich erkundigte mich, wann er die Trauben zu ernten gedenke.

»Eigentlich müßten sie noch ein bißchen kochen«, sagte er. »Aber im September kann man dem Wetter nicht trauen.«

Den gleichen, düsteren Kommentar über das Wetter hatte er bisher für jeden Monat abgegeben, in dem resignierten, klagenden Ton, den Bauern überall in der Welt gebrauchen, wenn sie einem klarmachen, wie schwer es ist, dem Boden den Lebensunterhalt zu entreißen. Die äußeren Umstände sind nie günstig. Der Regen, der Wind, die Sonne, das Unkraut, die Insekten, die Regierung – irgendein Haar ist immer in ihrer Suppe. Sie genießen ihren Pessimismus.

»Da kann man elf Monate im Jahr alles richtig machen«, erklärte Faustin, »und dann – *pouf!* – kommt ein Sturm, und die Weinlese ist kaum mehr für Traubensaft zu gebrauchen.« *Jus de raising* – das sprach er mit solcher Verachtung aus, daß ich den Eindruck gewann, er würde die Trauben lieber an den Reben verrotten lassen als Zeit damit verschwenden, Trauben zu pflücken, die nicht mal *vin ordinaire* erhoffen ließen.

Als wäre sein Leben nicht schon leiderfüllt genug, stellte die Natur ihm noch zusätzlich eine Schwierigkeit in den Weg: Die Trauben auf unserem Grund und Boden würden zu zwei verschiedenen Zeiten geerntet werden müssen, weil rund fünfhundert unserer Reben Tafeltrauben produzierten, die früher reiften als *raisins de cuve – un emmerdement,* das nur aufgrund des guten Preises erträglich wurde, den die Tafeltrauben erzielten. Das hieß aber auch, daß es zwei Perioden gab, in denen Enttäuschung und Katastrophe eintreten konnten, und sie würden, soweit Faustin sich da auskannte, mit Sicherheit eintreten. Ich ließ ihn kopfschüttelnd und mit seinem Murren gegen Gott allein.

Zum Ausgleich für die traurigen Vorhersagen Faustins erhielten wir eine Tagesration an guten Nachrichten von Menicucci, der sich dem Ende seiner Arbeiten an der Zentralheizung näherte und vor Erwartung beinahe außer sich war, als der Tag näher rückte, da der Boiler angestellt werden konnte. Dreimal erinnerte er mich daran, auch ja das Öl zu bestellen, und dann bestand er darauf, das Einfüllen des Heizöls persönlich zu überwachen, um auch ganz sicherzugehen, daß die Abfüllung ohne Beimischung von Fremdkörpern zustandekam.

»*Il faut faire très attention*«, erklärte er dem Mann, der das Öl anlieferte. »Das kleinste Teilchen von *cochonnerie* in Ihrem Heizstoff würde meinem Brenner schaden und die Elektroden verstopfen. Ich glaube, es wäre klug, das Öl zu filtern, wenn Sie es in den Tank pumpen.«

Der Mann pflanzte sich vor Empörung auf und konterte Menicuccis drohenden Finger mit eigenem erhobenen Finger, dessen Nagel vom Öl schwarzumrändert war. »Mein Öl *ist* schon dreifach gefiltert. *C'est impeccable.*« Er tat so, als ob er sich die Fingerspitzen küssen wolle, ließ es dann aber doch bleiben.

»Wir werden sehen«, meinte Menicucci. »Wir werden sehen.« Mißtrauisch betrachtete er die Schnauze, bevor sie in den Tank gesetzt wurde, und der Ölmann wischte sie mit einem schmutzigen Lappen demonstrativ ab. Die Füllzeremonie wurde von einem ausführlichen technischen Diskurs über den Funktionsmechanismus von Brenner und Boiler begleitet, dem der Ölmann mit geringem Interesse zuhörte, indem er, wann immer ein Zeichen aktiver Teilnahme vonnöten war, lediglich grunzte oder bemerkte: »*Ah bon.*« Als die letzten Liter eingepumpt wurden, wandte Menicucci sich mir zu. »Heute nachmittag werden wir den ersten Test machen.« Doch dann schoß ihm ein schrecklicher Gedanke durch den Kopf, und er wurde unruhig. »Sie wollen doch nicht etwa ausgehen? Sie und Madame werden doch anwesend sein?« Es wäre ein Akt absoluter Unfreundlichkeit gewesen, ihn seines Publikums zu berauben. Wir versprachen, ihn um zwei Uhr zu erwarten.

Wir versammelten uns, wo früher die Esel geschlafen hatten;

Menicucci hatte den Raum zum Nervenzentrum seines Heiz-systems gemacht. Boiler, Brenner und Wassertank waren Seite an Seite aufgestellt und mit kupfernen Nabelschnüren verbunden. Ein beeindruckendes Bündel von bemalten Röh-ren trat aus dem Boiler aus – rot für heißes Wasser, blau für kaltes, *très logique* – und verschwand in der Decke. Ganz und gar unpassend zum rauhen Mauerstein waren die grellen Ventile und Anzeiger und Schalter, die der Berührung durch den Meister harrten. Das alles sah schrecklich kompliziert aus, und ich machte den Fehler, es auszusprechen.

Menicucci faßte das als persönliche Kritik auf und verbrachte zehn Minuten damit zu beweisen, wie verblüffend einfach es in Wirklichkeit war. Er warf Schalter an, öffnete und schloß Ventile, befingerte Anzeiger und Meßinstrumente und brach-te mich total in Verwirrung. »*Voilà!*« sagte er nach einem abschließenden Schaltungsspektakel. »Nun kennen Sie sich mit der Apparatur aus, und wir können mit dem Test anfan-gen. *Jeune!* Aufpassen!«

Die Bestie erwachte mit einer Reihe von knatternden und surrenden Lauten zum Leben. »*Le bruleur*«, sagte Menicucci und tanzte um den Boiler, um die Kontrollinstrumente ein fünftes Mal nachzustellen. Es gab ein Stoßen von Luft, dann ein unterdrücktes Röhren. »Es hat gezündet!« Er tat so dramatisch, als handle es sich um dem Start eines Space Shuttle. »In fünf Minuten ist jeder Heizkörper warm. Kom-men Sie!«

Er sauste durchs Haus. Er bestand darauf, daß wir jeden Heizkörper anfaßten. »Sehen Sie? Sie werden den ganzen Winter über *en chemise* bleiben können.« Inzwischen waren wir kräftig ins Schwitzen gekommen. Draußen herrschten dreißig Grad Hitze. Bei eingeschalteter Heizung wurde die

Innentemperatur schier unerträglich. Bevor wir alle miteinander austrockneten, fragte ich, ob wir sie abstellen könnten. »*Ah non*. Sie muß mindestens vierundzwanzig Stunden laufen, damit wir alle Anschlüsse überprüfen können und sicher sind, daß es keine undichten Stellen gibt. Nichts anfassen, bis ich morgen zurückkomme. Es ist absolut wichtig, daß alles auf Höchststufe läuft.« Er ließ uns zum Schmelzen mit dem genüßlichen Geruch von verbranntem Staub und heißem Eisen allein zurück.

Es gibt im September ein Wochenende, an dem es auf dem Lande so klingt, als ob für einen Dritten Weltkrieg geprobt würde. Es ist der offizielle Beginn der Jagdzeit. Jeder vollblütige Franzose geht mit seinem Gewehr, seinem Hund und seinen mörderischen Neigungen auf Beutesuche in die Berge. Das erste Zeichen vom unmittelbaren Bevorstehen dieses Ereignisses kam mit der Post – ein erschreckendes Dokument von einem Büchsenmacher in Vaison-la-Romaine, der ein komplettes Artillerie-Arsenal zu Vorsaisonpreisen anbot. Es gab zwischen sechzig oder siebzig Modelle zur Auswahl. Meine Jagdinstinkte, die seit Geburt geruht hatten, wurden geweckt bei dem Gedanken an den Besitz einer Verneys Carron Grand Bécassier oder einer Ruger .44 Magnum mit elektronischem Viser. Meine Frau, der es mit gutem Grund an Vertrauen in meine Fähigkeiten in der Handhabung jedweder gefährlichen Ausrüstung fehlte, wies darauf hin, daß ich mir auch ohne elektronisches Visier in den Fuß schießen könnte.

Die Begeisterung der Franzosen für Flinten hat uns beide überrascht. Wir waren zweimal ins Heim von Männern eingeladen worden, die äußerlich einen sanften und gänzlich unkriegerischen Eindruck machten, und beide Male war uns das Zeughaus der Familie gezeigt worden; der eine Mann besaß fünf Flinten unterschiedlichen Kalibers, der andere acht, sie waren geölt und poliert und an der Wand im Eßzimmer auf einem Regal ausgestellt wie tödliche Kunstwerke. Wozu konnte ein Mensch bloß acht Gewehre gebrauchen? Wie wußte er, welche er wann mitzunehmen hat? Oder nahm er – wie die Golfschläger im Sack – alle mit, um für Leoparden und Rehe die Magnum .44 und für Kaninchen die kleine Bretton zu benutzen?

Wir begriffen dann allmählich, daß die Manie für Gewehre nur ein Aspekt einer generellen nationalen Faszination für Gerätschaften und Ausrüstungen ist, Zeichen eines leidenschaftlichen Wunsches, als Experte zu gelten. Wenn ein Franzose mit Tennisspielen, Rad- oder Skifahren anfängt, so will er partout nicht als Anfänger betrachtet werden, und deshalb rüstet er sich mit Zubehör aus wie ein Profi. Ein paar tausend Francs, und schon ist es geschafft: Niemand kann ihn mehr unterscheiden von einem As, das auf der Tour de France oder in Wimbledon oder bei den Olympischen Winterspielen mitmischt. Im Fall von *la chasse* sind die Accessoires nahezu unbegrenzt und haben den zusätzlichen Reiz, daß sie zutiefst maskulin und gefährlich wirken.

Eine Vorschau auf die Jagdmoden bekamen wir auf dem Markt von Cavaillon. Die Kioske hatten sich für die Saison eingedeckt und wirkten wie kleine paramilitärische Waffenlager: Da gab es Patronengürtel und lederne Gewehrbänder; Jagdjacken mit Myriaden von Taschen mit Reißverschlüssen und Wildhänger, die abwaschbar waren und daher *très pratique*, weil auf die Weise Blutflecken leicht entfernt werden konnten. Da gab es Wildstiefel von der Art, wie Söldner sie beim Abspringen über dem Kongo trugen, und furcht-erregende Messer mit Klingen von 22 Zentimeter Länge und einem Kompaß im Handgriff; Wasserflacons aus Leicht-aluminium, die wahrscheinlich öfter *Pastis* als Wasser ent-halten würden; Gurtbänder mit D-Ringen und einer Sonder-schleife zum Halten des Bajonetts wohl für den Fall, daß einem die Munition ausginge und Wild mit der langen Stahl-schneide attackiert werden müßte; Sturmkappen und Kom-mandohosen, Überlebensrationen und winzige Klapp-feldöfen. Es gab einfach alles, was ein Mensch brauchen mochte für sein Zusammentreffen mit den ungezähmten, wilden Tieren des Waldes – alles bis auf das eine unent-behrliche vierbeinige Accessoire mit Radarnase: den Jagd-hund.

Chiens de chasse sind etwas zu Besonderes, um über einen Tresen gereicht und verkauft zu werden. Uns wurde berich-tet, daß ein ernsthafter Jäger nie einen Welpen kaufen würde, ohne vorher beide Eltern kennengelernt zu haben. Den Jagd-hunden nach zu urteilen, die wir gesehen hatten, schien es schwierig, die Rasse des Rüdenvaters zu bestimmen, doch ließen sich unter den vielen kuriosen Mischformen drei mehr oder weniger deutliche Typen identifizieren – den Hund in der Farbe der Leber, der einem großen Cockerspaniel ähnlich sah, den länglichen Beagle und den hohen, schienendünnen Bluthund mit dem finsteren Faltengesicht.

Jeder Jäger hält den eigenen Hund für außergewöhnlich begabt und weiß mindestens eine unwahrscheinliche Ge-schichte von seiner Ausdauer und Tapferkeit zu erzählen. Wenn man den Jägern zuhört, könnte man meinen, daß diese Hunde geradezu übernatürlich intelligent, haarscharf trai-niert und getreu bis in den Tod sind. Wir schauten dem

Beginn der Jagdsaison erwartungsvoll entgegen. Vielleicht würden unsere Hunde sich durch ein solches Beispiel dazu anregen lassen, etwas Nützlicheres zu tun, als sich an Echsen heranzupirschen und ein paar alte Tennisbälle anzugreifen.

In unserem Teil des Tals begann die Jagdsaison eines Sonntagmorgens kurz nach sieben mit Salven von beiden Seiten des Hauses und von den Bergen her. Es klang ganz so, als wäre alles, was sich bewegte, in Gefahr, und als ich mit den Hunden über Land ging, nahm ich das größte weiße Taschentuch mit, das ich finden konnte – für den Fall, daß wir uns ergeben mußten. Mit unendlicher Vorsicht hielten wir uns an den Fußweg, in der Annahme, daß jeder Jäger, der seinen Jagdschein wert wäre, abseits der ausgetretenen Pfade jagen würde, im dichten Gestrüpp weiter hügelaufwärts.

Das Fehlen von Vogelgezwitscher war auffällig. Alle vernünftigen oder erfahrenen Vögel waren beim Krachen des ersten Schusses in sichere Gefilde entfleucht – nach Nordafrika oder nach Avignon. In der schlimmen alten Zeit pflegten Jäger Käfige mit Vögeln in die Bäume zu hängen, um für einen Abschuß aus nächster Nähe andere Vögel anzulocken, aber das war verboten worden, und der moderne Jäger war auf seine Fähigkeit angewiesen, sich im Wald unbemerkt anzuschleichen.

Davon merkte ich nicht viel an jenem Tag. Was ich an Jägern und Waffen sah, schien aber ausreichend, sämtliche Drosseln und Kaninchen in ganz Südfrankreich auszurotten. Die Jäger waren nicht in den Wald gegangen; sie hatten kaum den Fußweg verlassen. Grüppchenweise lungerten sie in den Lichtungen – lachten, rauchten, nippten an ihren khakifarbenen Flachmännern und schnitten sich Scheibchen von der Wurst. Vom Jagen selbst war nichts zu sehen. Während der morgendlichen Fusillade mußten sie ihre Tagesration an Munition bereits verbraucht haben.

Ihre Hunde aber waren auf Arbeit scharf. Nach der monatelangen Haft in den Zwingern machten die Freiheit und die Gerüche des Waldes sie schier verrückt. Sie rannten mit den Nasen dicht über dem Boden aufgeregt hin und her. Jeder Hund trug ein dickes Halsband mit einer kleinen Messingglocke – der *clochette,* die, wie man uns erklärte, einen doppelten Zweck hatte. Sie verriet dem Jäger, wo der Hund sich befand, damit er sich für das Wild in Position bringen konnte, das der Hund ihm zutrieb; sie war aber auch eine Vorsichtsmaßnahme, damit man nicht einfach schoß, wenn sich in den Büschen etwas bewegte, was sich wie ein Kaninchen oder Wildschwein anhörte, und dann hatte man plötzlich den eigenen Hund erschossen. Wie ich erfuhr, würde ein verantwortungsbewußter Jäger, *naturellement,* niemals auf etwas schießen, was er nicht sieht. Ich hatte da allerdings meine Zweifel. Nach einem Morgen mit einigem *Pastis* oder *Marc* wäre einem Rascheln im Gebüsch vielleicht kaum zu widerstehen, und die Ursache des Raschelns könnte auch ein Mensch sein – beispielsweise ich. Ich überlegte mir, ob ich – um ganz sicherzugehen –, nicht auch ein Glöckchen tragen sollte.

Ein weiterer Vorteil der *clochette* wurde gegen Ende des Morgens ersichtlich: Sie ersparte dem Jäger die demütigende Erfahrung, seinen Hund bei Jagdende zu verlieren. Ich hatte mir die Tiere als diszipliniert und folgsam vorgestellt, aber – ganz im Gegenteil – Jagdhunde sind Streuner, die sich von ihren Nasen leiten lassen und nicht merken, wie die Zeit verstreicht. Sie haben überhaupt nicht begriffen, daß zur Mittagszeit die Jagd aufhört – wegen des Essens. Das Glöckchen garantiert nicht unbedingt, daß der Hund kommt, wenn man ruft; aber der Jäger weiß immerhin ungefähr, wo sich der Hund aufhält.

Kurz vor zwölf begannen Männer in Tarnanzügen, sich auf den Weg zu den Kleintransportern zu machen, die am Rand der Straße geparkt waren. Ein paar Männer kamen mit ihren Hunden. Die übrigen riefen und pfiffen mit wachsender Gereiztheit und ließen in Richtung des Glockenkonzerts, das aus dem Wald herüberklang, ein übellauniges Zischen hören – »*Vieng ici! Vieng ici!*«

Die Reaktion war unterschiedlich. Das Rufen wurde immer mißgelaunter und artete in Brüllen und Fluchen aus. Nach wenigen Minuten gaben die Jäger auf und gingen meist ohne Hund heim.

Wir wurden ein wenig später bei unserem Mittagessen von drei Jagdhunden gestört, die von ihren Herren aufgegeben worden waren. Sie liefen an den Swimmingpool, um zu trinken. Sie wurden von unseren beiden Hündinnen wegen ihres Wagemuts und ihres exotischen Geruchs stark bewundert. Wir fingen sie im Innenhof ein und überlegten, wie wir sie ihren Besitzern zurückbringen könnten. Wir fragten Faustin um Rat.

»Machen Sie sich keine Sorgen«, sagte er. »Lassen Sie sie laufen. Die Jäger kommen am Abend wieder. Wenn sie ihre Hunde nicht finden, lassen sie ein *coussin* zurück.«

Laut Faustin klappte das immer. Wenn ein Hund bei der Jagd verlorenging, ließ man dort, wo er zuletzt gesehen worden war, einfach irgendeinen Gegenstand mit dem Geruch seines Zwingers liegen – ein Kissen oder eher ein Stück Stoff –, früher oder später kam der Hund dann wieder zu seinem eigenen Geruch zurück und wartete dort, bis er abgeholt wurde.

Wir ließen die Hunde laufen, sie schossen aufgeregt bellend davon. Es war ein ungewöhnlicher, leidender Laut, eigentlich gar kein Bellen oder Jaulen, sondern ein trauriges Winseln wie von einer leidenden Oboe. Faustin schüttelte den Kopf. »Die sind für Tage verschwunden.« Er selbst jagte nicht und betrachtete Jäger und ihre Hunde als Eindringlinge, die kein Recht hatten, inmitten seiner kostbaren Reben herumzuschnüffeln.

Er hatte, wie er uns mitteilte, beschlossen, daß die Zeit gekommen war, die Tafeltrauben zu ernten. Man wolle damit anfangen, sobald Henriette den *camion* in Schuß gebracht hatte. Sie war der Familienmechaniker und hatte im September die Aufgabe, noch ein paar Kilometer aus dem Rebenlaster herauszuholen. Er war mindestens dreißig Jahre alt – vielleicht mehr. Faustin konnte sich nicht genau erinnern. Er war plattnasig und klapprig und hatte offene Planken und abgenutzte Reifen. Er war seit Jahren nicht mehr verkehrstüchtig, aber es kam nicht in Frage, einen neuen Laster zu kaufen. Und warum sollte man Geld verschwenden und ihn in einer Garage instand setzen lassen, wenn man eine Mechanikerin zur Frau hatte? Der Laster wurde jährlich nur ein paar Wochen gebraucht, und Faustin achtete darauf, ihn nur über abgelegene Straßen zu fahren, um nicht irgendeinem beflissenen kleinen *flic* von der Polizeiwache in Les Baumettes mit ihren absurden Regeln über Bremsen und gültige Versicherungen zu begegnen.

Henriettes Bemühungen hatten Erfolg, und eines Morgens keuchte der alte Laster die Einfahrt hoch. Er war mit flachen Holzkisten beladen, die gerade tief genug waren für eine Schicht Trauben. Die Kisten wurden in Haufen neben jeder Rebenreihe gestapelt, und die drei – Faustin, Henriette und

Tochter – nahmen ihre Scheren und machten sich an die Arbeit.

Es war eine langsame und unangenehme körperliche Arbeit. Weil bei Tafeltrauben das Aussehen fast so wichtig ist wie der Geschmack, muß jede Traube genau geprüft werden, muß jede gequetschte oder verschrumpelte Traube abgeschnitten werden. Die Zweige wuchsen tief. Manchmal berührten sie den Boden, manchmal waren die Trauben vom Blattwerk versteckt. Die Winzer kamen stündlich nur meterweise voran – sie hockten, sie schnitten, sie standen auf, musterten, schnitten, packten. Die Hitze war extrem. Sie stieg aus dem Boden auf und knallte gleichzeitig von oben auf Schultern und Nacken. Kein Schatten, kein Lüftchen, keinerlei Erholung während des zehnstündigen Arbeitstags, abgesehen von der Mittagspause zum Essen. Ich würde nie wieder auf eine Weintraube in einer Schüssel blicken können, ohne an Rückenschmerzen und Sonnenstich denken zu müssen. Es war nach sieben, als sie auf ein Glas zu uns kamen, erschöpft und Hitze ausstrahlend, doch zufrieden. Die Trauben waren gut, und innerhalb von drei bis vier Tagen wäre alles abgeerntet. Ich bemerkte zu Faustin, daß er sich doch über das Wetter freuen müsse. Er schob seinen Hut in den Nacken, und ich konnte den scharfen Streifen über seiner Stirn sehen, wo die verbrannte, braune Haut weiß wurde.

»Es ist zu gut«, sagte er. »Das ist nicht von Dauer.« Er nahm einen langen Schluck von seinem *Pastis,* während er über das Spektrum der Katastrophen nachdachte, die sich einstellen konnten. Wenn nicht Stürme, dann überraschender Frost, eine Heuschreckenplage, ein Waldbrand, ein nukleares Desaster. Irgend etwas mußte vor dem zweiten Gang der Traubenernte schiefgehen. Und falls nicht, so konnte er sich mit der Tatsache trösten, daß sein Arzt ihm Diät verordnet hatte, damit sein Cholesterolspiegel sank. Doch, der sei ein großes Problem, meinte er. Und in der beruhigenden Gewißheit, daß ihm das Schicksal erst kürzlich einen schweren Schlag versetzt hatte, genehmigte er sich noch ein Glas.

Ich hatte einige Zeit gebraucht, mich daran zu gewöhnen, einen richtigen Weinkeller zu haben – nicht eine bessere Art von Schrank oder eine enge Nische unter der Treppe, sondern einen echten *cave*. Er war im hinteren Haus eingerichtet, mit stets kalten Steinmauern und einem Kiesboden, und dort gab es Platz für drei- bis vierhundert Flaschen Wein. Ich war stolz auf meinen Weinkeller und fest entschlossen, ihn bis oben zu füllen. So hatte ich aus sozialer Barmherzigkeit einen Grund für Ausflüge, einen Vorwand zum regelmäßigen Besuch von Winzern – damit unsere Gäste nie Durst leiden mußten.

Im Interesse von Forschung und Gastfreundschaft fuhr ich nach Gigondas, Beaumes-de-Venise und Châteauneuf-du-Pape, die alle nicht viel größer sind als ein Dorf, und wo die Menschen einmütig im Dienst an der Rebe leben. Wohin ich auch blickte, tauchten Schilder auf. Sie schienen in Abständen von fünfzig Metern zu stehen und kündigten *caves* an. *Dégustez nos vins!* Nie war eine Einladung mit größerer Freude angenommen worden. Ich nahm in einer Garage in Gigondas an einer *dégustation* teil und ebenso auf einem *Château* oberhalb von Beaumes-de-Venise. Ich fand einen starken und samtenen Châteauneuf-du-Pape für dreißig Francs pro Liter, der mit einem wunderbaren Mangel an Förmlichkeit von einer scheinbaren Garagenpumpe in Plastikbehälter ausgespuckt wurde. In einer erheblich teureren und prätentiöseren Anlage bat ich, den *marc* kosten zu dürfen. Man zauberte eine kleine Flasche aus geschliffenem Glas hervor und träufelte mir einen Tropfen auf den Handrücken; mir war nicht recht klar, ob ich daran riechen oder ihn probieren sollte.

Nach einer Weile ließ ich die Dörfer links liegen und begann Schildern zu folgen, die oft halb von der Vegetation verborgen waren und tief ins Land hinein deuteten, wo in der Sonne der Wein gebacken wurde und ich direkt von Männern kaufen konnte, die ihn erzeugten. Sie waren ausnahmslos gastfreundlich und auf ihre Arbeit stolz, und ihrem Verkaufstalent konnte ich für meinen Teil nicht widerstehen.

Es war früh am Nachmittag, als ich von der Hauptstraße abbog, die nach Vacqueyras führte, und dem schmalen, steinigen Pfad durch die Reben folgte. Man hatte mir gesagt, er würde mich zu dem Winzer des Weines bringen, der mir beim Mittagessen so gemundet hatte; es handelte sich um einen weißen Côtes-du-Rhone. Ein Kasten oder auch zwei würden das Loch in meinem *cave* füllen, das beim letzten Raubzug entstanden war, und anschließend wollte ich nach Hause fahren.

Der Pfad führte zu einer Gruppe von Gebäuden, die in einem offenen Rechteck um einen Innenhof aus festgetretener Erde im Schatten eines riesigen Baumes unter dem Schutz eines schläfrigen Schäferhundes standen, der mich mit einem halbherzigen Bellen begrüßte – womit seiner Pflicht als Klingelersatz Genüge getan war. Ein Mann in einem Overall, der eine schmierige Sammlung Zündkerzen in Händen hielt, kam von seinem Traktor herüber. Er reichte mir seinen Vorderarm.

Ich wolle von dem Weißwein? Selbstverständlich. Er selbst sei mit der Wartung des Traktors beschäftigt, aber sein Onkel würde sich um mich kümmern. »*Edouard! Tu peux servir ce monsieur?*«

Der Vorhang aus Holzperlen, der über der Eingangstür hing, teilte sich, und Onkel Edouard trat blinzelnd ins Sonnenlicht. Er trug ein ärmelloses Unterhemd, blaue Arbeitshosen aus Baumwolle und Hauspantoffeln. Sein Umfang war beeindruckend, wie der Stamm einer Platane, aber seine Nase stellte alles in den Schatten. So eine Nase hatte ich noch nie gesehen – breit, fleischig, verwittert zu einer undefinierbaren Farbe zwischen Rosé und Burgunderrot, mit dünnen Linien, die scharlachrot auf den Backen weiterliefen. Da stand ein Mann vor mir, der die Frucht seiner Arbeit mit vollen Zügen zu genießen wußte.

Er strahlte. Die Linien auf seinen Backen wirkten wie Purpurbarthaare. »*Bon. Une petite dégustation.*« Er geleitete mich über den Hof und schob die Doppeltür eines langen, fensterlosen Gebäudes zurück und sagte mir, ich solle in Türnähe bleiben, während er das Licht anschalten ginge. Nach dem grellen Licht draußen konnte ich überhaupt nichts sehen, doch der Geruch wirkte beruhigend und vertraut. Hier roch sogar die Luft nach gärenden Trauben.

Onkel Edouard machte Licht und schloß die Tür – gegen die Hitze. Unter der hohen Birne mit dem flachen Blechschirm standen ein länglicher Tresentisch und ein halbes Dutzend Stühle. In einer dunklen Ecke konnte ich eine Treppe erkennen und eine Betonrampe, die zum Keller hinabführte. An den Wänden lagerten Weinfässer auf Holzpaletten. Neben einem gesprungenen Abflußrohr summte leise ein alter Kühlschrank.

Onkel Edouard reinigte die Gläser und hielt jedes gegen das Licht, bevor er es auf den Tisch stellte. Er baute eine saubere

Reihe von sieben Gläsern auf und hinter den Gläsern eine Reihe von Flaschen unterschiedlichster Form. Jeder Flasche zollte er ein besonderes Lob. »Den weißen kennt Monsieur, ja? Ein sehr angenehmer junger Wein. Der Rosé – nicht zu vergleichen mit diesen dünnen Rosés, die sie einem an der Côte d'Azur anbieten. Dreizehn Grad Alkohol – ein richtiger Wein. Das hier ist ein leichter Roter – von dem könnte man vor dem Tennisspiel getrost ein Fläschchen trinken. Der da, *par contre,* ist was für den Winter, der wird sich zehn Jahre und länger halten. Und dann ...«

Ich versuchte ihn zu bremsen. Ich sagte ihm, ich wolle nur zwei Kästen von diesem Weißwein, aber er ließ sich nicht abbringen. Monsieur hatte sich die Mühe gemacht, persönlich herzukommen, und es wäre undenkbar, ihn nicht eine Auswahl kosten zu lassen. Bitte, sagte Onkel Edouard, er würde mich auf diesem geschmacklichen Rundgang durch die Weinberge natürlich begleiten. Er ließ eine schwere Hand auf meine Schulter sinken und drückte mich auf einen Stuhl. Es war faszinierend. Er nannte mir den genauen Teil des Weinbergs, aus dem ein jeder Wein stammte, und erklärte, warum bestimmte Hänge leichtere oder schwerere Weine hervorbrachten. Zu jedem Wein, den wir degustierten, gab es ein imaginäres Menü, das mit reichlichem Schmatzen der Lippen und zum gastronomischen Himmel erhobenen Blicken rezitiert wurde. Wir konsumierten im Geiste *écrevisses,* Lachs mit Sauerampfer gekocht, mit Rosmarin zubereitetes Bresse-Huhn, gebratenes Milchlamm mit einer cremigen Knoblauchsauce, eine *estouffade* mit Rindfleisch und Oliven, eine *daube,* Schweinelendchen mit Trüffelscheiben gespickt. Ein Wein mundete besser als der andere. Er wurde von Flasche zu Flasche teurer; da wurde ich von einem Kenner fachgerecht auf das hochpreisige Marktsortiment vorbereitet, und mir blieb gar nichts anderes übrig, als mich zurückzulehnen und es zu genießen.

»Einen müssen Sie unbedingt noch probieren«, sagte Onkel Edouard. »Er ist allerdings nicht jedermanns Geschmack.« Er griff nach einer Flasche und schenkte sorgsam ein halbes Glas ein. Der Wein war tiefrot, fast schwarz. »Ein Wein von großem Charakter«, sagte er. »Warten Sie. Er braucht *une bonne bouche*.« Er ließ mich mit den Gläsern und Flaschen allein; ich spürte das erste Zwicken eines nachmittäglichen Katers.

»*Voilà*.« Er setzte mir einen Teller vor – zwei kleine runde Ziegenkäse mit Kräutern, die vom Öl glänzten – und reichte mir ein Messer mit abgenutztem Holzgriff. Er beobachtete mich, als ich mir ein Stück Käse abschnitt und aß. Der Käse war brutal scharf. Mein Gaumen – oder was von ihm übrigblieb – war auf vollkommene Weise präpariert. Der Wein schmeckte wie Nektar.

Onkel Edouard half mir beim Einladen der Weinkisten ins Auto. Hatte ich das alles tatsächlich bestellt? Es sah ganz danach aus. Wir hatten fast zwei Stunden lang im geselligen Dunkel beisammengesessen, und in zwei Stunden lassen sich viele Dinge entscheiden. Ich fuhr mit einem pochenden Kopf los – und mit der Einladung, im nächsten Monat zur *vendange* wiederzukommen.

Unsere eigene Weinlese, der landwirtschaftliche Höhepunkt des Jahres, fand in der letzten Septemberwoche statt. Faustin hätte sie lieber ein paar Tage später angesetzt, aufgrund einiger persönlicher Wetterinformationen rechnete er aber mit einem nassen Oktober.

Das Dreierteam, das schon die Tafeltrauben gelesen hatte,

wurde verstärkt durch Vetter Raoul und durch Faustins Vater, dessen Beitrag darin bestand, langsam hinter den Pflückern herzugehen, mit dem Stock zwischen den Reben zu stochern, bis er eine Traube gefunden hatte, die übersehen worden war, und dann – für einen 84jährigen hatte er eine volle, tragende Stimme – jemanden zurückzurufen, der anständige Arbeit leistete. Im Unterschied zu den anderen in kurzen Hosen und Unterhemden war er wie für einen kühlen Novembertag gekleidet, im Sweater und schwerem Baumwollanzug und mit Mütze. Als meine Frau mit einer Kamera auftauchte, nahm er die Mütze ab, strich sich das Haar glatt, setzte die Mütze wieder auf und stellte sich, bis an die Taille in Reben, in Pose. Er ließ sich, wie alle unsere Nachbarn, gern porträtieren.

Langsam und geräuschvoll wurden die Reihen saubergepflückt, die Trauben in Plastikkiepen gehäuft und hinten auf den Laster getragen. Abends herrschte auf den Straßen ein lebhafter Verkehr mit Lastwagen und Traktoren, die ihre violetten Traubenberge zur Winzer-Kooperative nach Maubec fuhren, wo sie gewogen und auf ihren Alkoholgehalt geprüft wurden.

Zu Faustins großer Überraschung ging die Weinlese ohne Zwischenfälle zu Ende, und zur Feier des Tages lud er uns ein, ihn auf dem letzten Transport zur Kooperative zu begleiten. »Heute abend werden wir die verbindlichen Zahlen erfahren«, sagte er. »Dann wissen Sie auch, wieviel Sie nächstes Jahr trinken können.«

Wir fuhren hinter dem Laster her, der mit gut dreißig Stundenkilometern dem Sonnenuntergang entgegenschaukelte. Er hielt sich an schmale Straßen, die mit herabgefallenen, zerquetschten Trauben übersät waren. Eine Schlange wartete schon auf das Entladen. Vierschrötige Männer mit verbrannten Gesichtern saßen auf ihren Traktoren, bis sie an die Reihe kamen, rückwärts an die Rampe zu setzen und ihre Fracht in die Schüttelrinne zu kippen – der erste Schritt auf dem Weg der Trauben in die Flasche.

Faustin beendete das Abladen, und wir begleiteten ihn ins Gebäude, um unsere Trauben in die riesigen Kufen aus rostfreiem Stahl rutschen zu sehen. »Sehen Sie die Meßuhr!« sagte Faustin. »Sie zeigt den Alkoholgrad an.« Die Nadel sprang hoch, zitterte und kam bei 12.32 Prozent zum Stehen. Faustin grunzte. 12.5 Prozent wären ihm lieber gewesen, und ein paar zusätzliche Sonnentage hätten es möglich gemacht, doch ab 12 Prozent war alles in Ordnung. Er nahm uns mit hinüber zu dem Mann, der die Messungen für jede Fuhre registrierte, und musterte eine Zahlenreihe auf einem Brett und verglich sie mit einer Handvoll Papierfetzen, die er aus der Tasche zog. Er nickte. Alles korrekt.

»Sie werden nicht unter Durst leiden.« Er machte die provenzalische Trinkgeste: die geballte Faust und der zum Mund gereckte Daumen. »Etwas mehr als zwölfhundert Liter.« Uns kam das wie ein guter Jahrgang vor, und wir sagten Faustin, daß wir recht zufrieden seien. »Na ja«, sagte er, »es hat wenigstens nicht geregnet.«

Oktober

D er Mann stand bei der Wurzel einer alten Krüppeleiche und starrte aufs Moos und ins lichte Unterholz. Sein rechtes Bein steckte bis an den Schenkel in einem grünen Gummistiefel; der linke Fuß saß in einem gewöhnlichen Schuh. Er hielt einen langen Stock vor sich; in der anderen Hand trug er eine blaue Plastiktasche.

Er drehte sich seitlich zum Baum, schob das Bein im Gummistiefel vor und senkte seinen Stock nervös in die Vegetation, ganz nach Art eines Fechters, der einen plötzlichen und heftigen Gegenstoß erwartet. Und noch einmal, mit vorgestrecktem Gummibein: absichernd, stoßend, Rückzug, Vorstoß. Er war so auf sein Duell konzentriert, daß er gar nicht merkte, daß ich ihm vom Weg her ganz fasziniert zusah.

Einer meiner beiden Hunde lief von hinten an ihn heran und schnüffelte an seinem rückwärtigen Bein.

Er sprang auf. *Merde!* Dann sah er den Hund, daraufhin mich und war plötzlich ganz verlegen. Ich entschuldigte mich, ihn erschreckt zu haben.

»Im ersten Moment«, sagte er, »glaubte ich, angegriffen zu werden.«

Ich konnte mir nicht vorstellen, wer vor einem Angriff erst sein Bein beschnüffelt haben würde, und erkundigte mich, wonach er denn suche. Zur Antwort hielt er seine Einkaufstasche hoch. *»Les champignons.«*

Das war ein neuer, ein beunruhigender Aspekt des Lubéron. Der Lubéron war, wie ich längst wußte, voller merkwürdiger Dinge und noch merkwürdigerer Menschen. Doch ein Mensch mußte sich doch nicht fürchten, von Pilzen attackiert zu werden – nicht einmal von wild wachsenden Pilzen. Ich wollte wissen, ob die Pilze gefährlich seien.

»Manche sind tödlich«, sagte er.

Das glaubte ich ihm gern, aber das erklärte noch nicht die Gummistiefel oder die seltsamen Fechtmanöver mit seinem Stock. Auch auf das Risiko hin, als saublöder Großstadtdepp dazustehen, zeigte ich auf sein rechtes Bein.

»Der Stiefel ist zum Schutz?«

»Mais oui.«

»Aber wogegen?«

Er schlug sich mit seinem Holzschwert auf das Stiefelgummi und stakste auf mich zu, als wäre er ein moderner Musketier mit Einkaufstasche. Er führte einen Rückhandschlag gegen einen Klumpen Thymian und kam näher.

»Les serpents.« Er sagte es mit der Andeutung eines Zischens. »Sie bereiten sich auf den Winter vor. Wenn man

sie stört – *ssst!* –, greifen sie an. Das kann sehr gefährlich sein.

Er zeigte mir den Inhalt der Einkaufstasche, den er dem Wald unter Lebensgefahr entrissen hatte. Mir kamen die Pilze äußerst giftig vor, farblich reichten sie von schwärzlichem Blau bis zu grellem Orange; den kultivierten Pilzen, die auf den Märkten verkauft werden, ähnelten sie in keiner Weise. Er hielt mir den Korb unter die Nase, und ich atmete das ein, was er die »Essenz der Berge« nannte. Zu meinem Erstaunen war es ein angenehmer Geruch – erdig, voll, leicht nussig –, und ich sah mir die Pilze daraufhin näher an. Ich hatte sie auf unseren Waldwanderungen unter Bäumen gesehen, in bösartig wirkenden Gruppen, und angenommen, ihr Genuß brächte auf der Stelle den Tod. Mein gestiefelter Freund versicherte mir, sie seien nicht nur völlig ungefährlich, sondern ein Hochgenuß.

»Aber«, so erklärte er, »man muß sie von den giftigen unterscheiden können. Es gibt zwei oder drei ungenießbare Pilzarten. Wenn Sie sich nicht sicher sind, bringen Sie sie zur Apotheke.«

Es war mir nie in den Sinn gekommen, daß ein Pilz klinisch getestet werden könnte, bevor ihm der Weg ins Omelett freistünde. In Frankreich ist der Magen jedoch das bei weitem wichtigste Körperorgan; insofern machte es Sinn. Als ich mich das nächste Mal in Cavaillon aufhielt, suchte ich die Apotheken auf. Und tatsächlich, sie waren zu Pilzführerzentren geworden. Schaufenster, die normalerweise Bruchbändern sowie Abbildungen junger Frauen vorbehalten waren, die schlanke, gebräunte Schenkel von Zellulitis befreiten, enthielten große Pilzbestimmungstafeln. Einige Apotheken gingen noch einen Schritt weiter und füllten ihre Fenster mit

Stapeln von Pilzhandbüchern, die genießbare Pilze aller bekannten Arten beschrieben und illustrierten.

Ich sah Menschen in die Apotheken eilen mit schweren Taschen, die sie an der Theke einigermaßen ängstlich vorzeigten, als müßten sie selbst sich einer Untersuchung auf eine seltene Krankheit unterziehen. Die kleinen, verdreckten Gebilde wurden vom amtierenden Experten im weißen Kittel inspiziert und fachmännisch beurteilt. Es war vermutlich eine angenehme Abwechslung von der üblichen Tagesroutine des Verkaufs von Zäpfchen und Stärkungsmitteln für die Leber. Ich fand das alles so ablenkend, daß ich fast vergessen hätte, weshalb ich nach Cavaillon gekommen war – nicht, um in Apotheken herumzuhängen, sondern um im lokalen Backtempel Brot einzukaufen.

Das Wohnen in Frankreich hatte uns bäckereisüchtig gemacht; Auswahl und Kauf des täglichen Brots machte stets Freude. Die Dorfbäckerei in Ménerbes mit ihren irregulären Öffnungszeiten – »Madame wird nach Beendigung ihrer *toilette* wieder öffnen«, hieß es einmal – hatte uns zunächst angeregt, andere Dorfbäckereien aufzusuchen. Es war eine Offenbarung gewesen. Jahrelang hatten wir das Brot genommen, wie es gerade war. Als Grundnahrungsmittel. Es war wie die Entdeckung einer neuen Speise.

Wir probierten die kompakten, knusprigen Laibe, die dicker und flacher sind als die gewöhnlichen *baguettes,* und die *boules* aus Carbrières mit der dunklen Kruste und der Größe eines zerdrückten Fußballs. Wir lernten, welche Brote sich einen Tag lang hielten und welche innerhalb von drei Stunden schal werden; welches Brot sich am besten eignet für *croutons* oder zum Aufstrich von *rouille* fürs Eintunken in die Fischsuppe. Wir gewöhnten uns an den anfangs überraschenden köstlichen Anblick des Champagners, der neben den Torten und winzigen Küchlein zum Verkauf angeboten wurde, welche jeden Morgen frisch gebacken wurden und bis mittags verschwunden waren.

Die meisten Bäckereien hatten Besonderheiten, die ihre Brote von dem fabrikmäßig produzierten Brot der Supermärkte unterschieden und leichte Veränderungen der konventionellen Backformen – einen Extrakräusel im Krustendekor, ein Ziergebilde, die Signatur des Backkünstlers. Es kam uns ganz so vor, als wäre das vorgeschnittene, abgepackte maschinell gebackene Brot nie erfunden worden.

Die Gelben Seiten im Telefonbuch von Cavaillon führen siebzehn Bäckereien an. Nach unseren Informationen lief aber in Auswahl und Qualität eine Bäckerei allen übrigen den Rang ab; sie war angeblich ein wahrer *palais de pain*. Bei Chez Auzet, so hieß es, sei das Backen und Essen von Broten und Kuchen auf das Niveau einer Volksreligion erhoben worden.

Bei warmem Wetter werden Tische und Stühle auf den Gehsteig vor der Bäckerei gestellt, damit die Hausfrauen von Cavaillon sich setzen können bei heißer Schokolade und Mandelkeksen oder Erdbeertörtchen, während sie dem Brot, das sie zum Mittag- und Abendessen kaufen wollen, die angemessene, ausgedehnte Aufmerksamkeit widmen. Zur hilfreichen Orientierung hat Auzet eine umfassende Brotliste zusammengestellt, die *carte des pains*. Ich holte mir ein Exemplar von der Theke, bestellte einen Kaffee, setzte mich in die Sonne und begann zu lesen.

Es war ein weiterer Schritt in französischer Bildung. Es machte mich nicht nur mit Broten bekannt, von denen ich noch nie gehört hatte; die Karte informierte mich auch äußerst bestimmt und präzis darüber, bei welcher Gelegenheit und auf welche Weise es jeweils zu genießen wäre. Zu meinem Aperitif konnte ich wählen zwischen den kleinen quadratischen *Toasts,* einem *pain surprise,* das mit kleingehacktem Speck aromatisiert sein konnte, oder mit den gut gewürzten *feuillets salés.* Das war leicht zu begreifen. Für die Mahlzeiten war die Wahl komplizierter. Angenommen, ich wollte als ersten Gang *crudités.* Dazu konnte man vier Brotsorten essen: Zwiebelbrot, Knoblauchbrot, Olivenbrot oder *Roquefort*-Brot. Zu kompliziert? In dem Fall konnte ich die Mahlzeit mit Meeresfrüchten beginnen – dazu autorisierte das Evangelium nach Auzet nur eine Brotsorte, nämlich dünn geschnittenes Roggenbrot.

Und so ging es weiter; mit kompromißloser Knappheit wurde angeführt, was ich mit *charcuterie,* mit *foie gras,* zu weißem und dunklem Fleisch, zu Wildgeflügel und Fleisch von Wild mit Fell, zu Geräuchertem, zu gemischten Salaten – nicht zu verwechseln mit separat aufgelisteten grünen Salaten – und drei unterschiedlichen Käsearten zu essen hatte. Ich zählte achtzehn verschiedene Sorten Brot, mit Zutaten von Thymian bis Pfeffer, von Nüssen bis Kleie. In meiner Verwirrung und Unentschlossenheit begab ich mich ins Ladeninnere und bat Madame um Rat. Ich fragte, was sie zu Kalbsleber empfehlen könnte?

Sie machte eine kurze Inspektionsreise zu den Regalen und wählte einen kurzen braunen Laib aus – *banette.* Während sie das Wechselgeld zählte, berichtete sie von einem Restaurant, wo der *Chef* zu jedem der fünf Gänge seines Menüs ein anderes Brot serviert. Das ist ein Mann, der etwas von Brot versteht, sagte sie. Wenn ich dagegen an andere denke ...

Ich begann zu begreifen, so wie ich auch etwas von Pilzen zu verstehen begann. Es war ein lehrreicher Morgen gewesen.

Massot war in lyrischer Stimmung. Er hatte sein Haus eben verlassen, um in den Wald zu gehen und irgend etwas zu töten, als ich ihm auf einem Hügel begegnete, der einen weiten Blick über Weingärten freigab. Mit dem Gewehr unter dem Arm und einer seiner gelben Zigaretten im Mund sinnierte er auf das Tal hinab.

»Sehen Sie sich die Reben an«, meinte er. »Die Natur trägt ihr schönstes Kleid.«

Die unerwartet poetische Bemerkung verlor an Wirkung, als Massot sich räusperte und ausspuckte; aber er hatte recht; die Reben waren spektakulär schön, da lag Feld um Feld von rostroten und gelben und violetten Blättern reglos im Sonnenlicht. Jetzt, da die Trauben gepflückt waren, wurde unsere Freude an solcher Aussicht weder durch Traktoren noch durch menschliche Gestalten mehr gestört. Die Arbeit in den Weinbergen würde ruhen, bis das Laub abgefallen war und die Reben zurückgeschnitten wurden. Wir erlebten einen Freiraum zwischen den Jahreszeiten; es war immer noch heiß, aber eigentlich nicht mehr Sommer und auch noch nicht Herbst.

Ich fragte Massot, ob der Verkauf seines Anwesens Fortschritte mache. Ob sich vielleicht irgendein deutsches Ehepaar beim Campen in sein Haus verliebt habe?

Bei der Erwähnung von Campern sträubten sich ihm die Haare. »Die könnten sich ein Haus wie meins gar nicht leisten. Außerdem habe ich es bis 1992 vom Markt genommen. Sie werden sehen. Wenn die Grenzen fallen, werden sie kommen und nach einem solchen Haus suchen – Engländer, Belgier ...« Er machte eine vage Handbewegung, um die übrigen Nationalitäten der Europäischen Gemeinschaft einzubeziehen. »Die Preise werden steigen. Häuser im Lubéron werden *très recherchés*. Selbst Ihr kleines Häuschen könnte ein bis zwei Millionen bringen.«

Es war nicht das erste Mal, daß 1992 als das Jahr erwähnt wurde, in dem die ganze Provence mit ausländischem Geld überflutet würde, weil dann der Gemeinsame Markt voll in Kraft treten sollte. Wenn wir alle miteinander zu einer einzigen glücklichen Familie von Europäern zusammenkämen, würden die Nationalitäten vergessen sein. Es gäbe zwischen ihnen keine finanziellen Beschränkungen mehr – und was würden die Spanier und die Italiener und all die anderen tun? Was sonst als die Provence zu teilen und ihre Scheckbücher zu zücken und nach Häusern Ausschau zu halten.

Es war ein eingängiger Gedanke; ich konnte jedoch nicht einsehen, warum es so kommen sollte. In der Provence hatten sich bereits erstaunlich viele Ausländer angesiedelt; sie hatten keine Mühe gehabt, Häuser zu finden. Und trotz allem Gerede über eine europäische Integration würde mit einem Datum auf einem Stück Papier das Gezetere, die Bürokratie und das zähe Ringen um Sonderbehandlung nicht aufhören, derer sich alle Mitgliedsstaaten – und insbesondere die Franzosen – befleißigten, wenn es ihnen in den Kram paßte. Ein Zeitraum von fünfzig Jahren könnte da vielleicht eine Änderung herbeiführen. Das Jahr 1992 mit Sicherheit nicht.

Doch Massot war überzeugt. 1992 würde er alles verkaufen und sich zurückziehen oder möglicherweise eine kleine *Bar-Tabac* in Cavaillon erwerben. Ich fragte ihn, was er dann mit seinen drei gefährlichen Hunden machen wolle, und einen

Moment lang kam es mir so vor, als ob er in Tränen aus-
brechen würde.

»Sie würden nicht glücklich sein in der Stadt«, meinte er. »Ich
würde sie erschießen müssen.«

Er begleitete mich ein paar Minuten und brachte sich in
bessere Stimmung, indem er etwas von dem Profit murmelte,
der ihm sicherlich zufallen würde, und das wäre auch höchste
Zeit. Ein Leben harter Arbeit müsse belohnt werden. Ein
Mensch sollte seine alten Tage in Ruhe und Bequemlichkeit
verbringen und nicht mit Arbeit auf dem Lande, die viel
zuviel Mühe machte. Aber gerade sein Land war in diesem
Tal besonders ungepflegt, auch wenn er immer so tat, als ob
es sich bei seinem Grund und Boden um eine Art Kreuzung
zwischen den Parks von Villandry und den manikürten
Weinbergen von Château Lafite handele. Er bog ab in den
Wald, um ein paar Vögel zu terrorisieren – ein brutaler,
habgieriger und verlogener alter Gauner. Ich begann ihn
allmählich gern zu haben.

Auf dem Rückweg fand ich Unmengen von verschossenen
Schrothülsen aus Büchsen von Männern, die Massot *chas-
seurs du sentier* nannte, Fußwegjäger – erbärmliche Weich-
linge, die sich die Füße nicht im Wald schmutzig machen
wollten und warteten, daß ihnen ein paar Vögel ins Schußfeld
flögen. Unter den verstreuten Hülsen lagen Zigarettenenden
und leere Sardinendosen und Flaschen, Souvenirs, die von
eben den Naturliebhabern zurückgelassen worden waren,
die darüber klagten, daß die Schönheit des Lubéron von den
Touristen zerstört würde. Ihr Interesse am Umweltschutz
ging nicht so weit, daß sie den eigenen Müll wegschafften.
Ein unordentlicher Menschenschlag, diese provenzalischen
Jäger.

Als ich nach Hause kam, tagte vor dem Stromzähler, der hinter einigen Bäumen im rückwärtigen Garten versteckt lag, eine Konferenz. Der Mann von der Electricité de France hatte das Gehäuse geöffnet, um den Zähler abzulesen, und dabei entdeckt, daß sich dort eine Ameisenkolonie eingenistet hatte. Die Ziffern waren verdunkelt. Es war unmöglich, unseren Stromverbrauch abzulesen. Die Ameisen mußten entfernt werden. Zu meiner Frau und dem Mann der EDF war Menicucci gestoßen, der, wie wir argwöhnten, bei uns im Boilerraum seßhaft geworden war und nichts so sehr schätzte, wie uns bei etwaigen häuslichen Problemen zu beraten.

»*O là là.*« Pause. Menicucci beugte sich vor, um einen genaueren Blick auf den Zähler zu werfen. »*Ils sont nombreux, les fourmis.*« Es war meines Wissens das erste Mal, daß Menicucci untertrieb. Die Ameisen waren so zahlreich, daß sie wie ein kompakter schwarzer Block wirkten und das Metallgehäuse, in dem sich der Zähler befand, vollständig füllten.

»Ich faß die nicht an«, sagte der Mann von der EDF. »Die kriechen einem in die Kleider und beißen. Als ich das letzte Mal ein Ameisennest wegräumen wollte, bin ich sie den ganzen Nachmittag nicht mehr losgeworden.«

Er stand da, beobachtete den quirligen Haufen und klopfte sich mit dem Schraubenzieher an die Zähne. Er wandte sich Menicucci zu. »Haben Sie eine Lötlampe?«

»Ich bin Klempner. Natürlich habe ich eine Lötlampe.«

»*Bon.* Dann werden wir sie wegbrennen.«

Menicucci war entsetzt. Er trat einen Schritt zurück und bekreuzigte sich. Er schlug sich an die Stirn. Er hob den Zeigefinger in jene Stellung, die äußerstes Mißfallen bekundete oder den Beginn einer Lektion – oder beides zusammen.

»Ich kann es nicht fassen. Habe ich richtig gehört? Eine Lötlampe? Ist Ihnen klar, wieviel Strom durch den Zähler läuft?«

Der Mann von der EDF schaute beleidigt drein. »Klar weiß ich das. Ich bin Elektriker.«

Menicucci tat überrascht. »*Ah bon?* Dann müßten Sie doch wohl wissen, was passiert, wenn man ein Stromkabel durchbrennt.«

»Ich würde mit der Lötlampe schon vernünftig umgehen.«

»Vernünftig! Vernünftig! *Mon dieu,* wir würden mit den Ameisen ums Leben kommen.«

Der Mann von der EDF steckte seinen Schraubenzieher fort und überkreuzte die Arme. »Sehr gut! Ich werde mich nicht mit den Ameisen abgeben. Bitte, ich überlasse sie Ihnen.«

Menicucci dachte einen Augenblick lang nach, dann wandte er sich – wie ein Zauberer, der einen besonders verblüffenden Trick vorbereitet – an meine Frau. »Wenn Madame mir eventuell frische Zitronen bringen könnte – zwei oder drei wären genug – und ein Messer?«

Madame kehrte in ihrer Rolle als Zauberlehrling mit Messer und Zitronen zurück, und Menicucci schnitt sie in vier Teile. »Dies ist ein *astuce,* den mir ein uralter Mann beigebracht hat«, sagte er und murmelte irgendeine Unhöflichkeit über die Dummheit, in einer solchen Situation eine Lötlampe verwenden zu wollen – »*putain de chalumeau*« –, während der Mann von der EDF unter einem Baum schmollte.

Als die Zitronen geviertelt waren, trat Menicucci zum Nest und begann, Zitronensaft über die Ameisen auszupressen, vor und zurück, vor und zurück, und zwischen jedem Auspressen legte er eine Pause ein, um die Wirkung der Zitronensäure auf die Ameisen zu beobachten.

Die Ameisen kapitulierten und verließen den Zählerkasten panikartig *en masse;* im Eifer der Flucht kletterten sie übereinander. Menicucci gefiel sich in diesem Moment des Triumphs. » *Voilà, jeune homme*«, sagte er zum Mann von der EDF, »den Saft von frischen Zitronen können Ameisen nicht leiden. Das haben Sie heute immerhin gelernt. Wenn Sie Zitronenscheiben in Ihre Zähler legen, werden Sie in Zukunft verschont bleiben.«

Der Mann von der EDF nahm es mit einem erstaunlichen Mangel an Lebensart. Er beschwerte sich. Er sei schließlich kein Zitronenhändler, und außerdem habe der Zitronensaft seinen Zähler klebrig gemacht. »Besser klebrig als verbrannt«, sagte Menicucci zum Abschied, als er zu seinem Boiler zurückkehrte. »*Beh oui.* Besser klebrig als verbrannt.«

Die Tage waren zum Schwimmen warm genug, die Nächte kalt genug, um Feuer zu machen – Altweibersommer. Er ging schließlich auf die extreme Art zu Ende, die für das Wetter in der Provence kennzeichnend ist. Wir gingen in einer Jahreszeit zu Bett und standen in einer anderen Jahreszeit wieder auf.

Während der Nacht hatte der Regen eingesetzt; er hielt fast den ganzen Tag über an. Das waren nicht die satten, warmen Tropfen des Sommers; da gingen graue Kaskaden im vertikalen Sturzflug nieder, rauschten durch die Weinberge, plätteten Büsche, verwandelten Blumenbeete in Schlamm und Schlamm in braune Flüsse. Er hörte erst am Spätnachmittag auf, und wir gingen nach draußen, um uns die Einfahrt anzusehen – oder, genaugenommen, die Stelle, wo sich am Vortag die Einfahrt befunden hatte.

Sie hatte bereits unter dem großen Sturm im August gelitten, aber die Furchen, die damals entstanden waren, schienen im Vergleich zu dem, was wir jetzt sahen, bloße Kratzer: Eine Serie von Kraterlöchern reichte bis an die Straße, wo ein Großteil der Einfahrt als Schlammhaufen abgelagert war. Der Rest lag im Melonenfeld gegenüber dem Haus. Der Kies und die Steine waren einige hundert Meter weit weggeschwemmt worden. Ein kürzlich detoniertes Minenfeld hätte kaum schlimmer aussehen können; da würde kein normaler Autofahrer auf die Idee kommen, von der Straße her bis ans Haus heranzufahren. Wir brauchten einen Bulldozer, nur um den Schutt beiseite zu räumen, und mehrere Tonnen Kies, um zu ersetzen, was der Regen fortgeschwemmt hatte.

Ich rief Monsieur Menicucci an. Er hatte sich über die Monate als menschliches Pendant zum Branchentelefonbuch entwickelt, und da er für unser Haus eine Wertschätzung zeigte, die beinahe schon besitzerhaft war, hatte er immer Ratschläge gegeben, wie er uns erklärte, als ob es um sein eigenes Geld ginge. Er hörte zu, als ich ihm die Geschichte von der abgetragenen Auffahrt berichtete, unterbrach – sein *quelle catastrophe* war mehr als einmal deutlich zu vernehmen –, um zu signalisieren, daß er das Ausmaß des Problems erkannt hatte.

Ich kam zum Schluß und hörte, wie Menicucci eine Liste unserer Erfordernisse aufzählte: »*Un bulldozer, bien sur, un camion, une montagne de gravier, un compacteur ...*« Ein paar Augenblicke lang war ein Summen zu hören, wahrscheinlich eine Melodie von Mozart, mit der er seinen Geist beflügelte, dann faßte er sich ein Herz. »*Bon.* Es gibt da einen jungen Mann, den Sohn eines Nachbarn, der mit einem Bulldozer Wunder vollbringt, und seine Preise sind in Ordnung. Er heißt Sanchez. Ich werde ihn bitten, daß er morgen zu Ihnen kommt.«

Ich erinnerte Menicucci, daß die Auffahrt für einen gewöhnlichen Wagen nicht passierbar sei.

»Daran ist er gewöhnt«, sagte Menicucci. »Er wird auf seinem *Moto* mit Spezialreifen kommen. Damit kommt er überallhin.«

Ich beobachtete am nächsten Morgen, wie Sanchez die Straßenverhältnisse meisterte: im Slalom, um den Löchern auszuweichen, und auf den Fußstützen stehend, wenn er über Erdhügel hinwegfuhr. Er stellte den Motor ab und schaute auf die Einfahrt zurück. Dabei repräsentierte er farblich genau abgestimmten *moto chic*. Er hatte schwarzes Haar und trug eine schwarze Lederjacke und selbstverständlich war auch das Motorrad schwarz. Er trug eine Pilotensonnenbrille mit undurchsichtigem Spiegelglas. Ich fragte mich, ob er wohl unseren Versicherungsagenten kannte, den formidablen modischen Monsieur Fructus. Die beiden paßten zusammen.

Innerhalb einer halben Stunde hatte er das Minenfeld abgeschritten, ein Kostenangebot kalkuliert und uns einen festen Termin genannt, in zwei Tagen, wenn er mit seinem Bulldozer wiederkommen würde. Wir hatten unsere Zweifel, ob es ernstgemeint sei, und als abends Menicucci in seiner Funktion als Katastrophenoberaufseher bei uns anrief, ließ ich ihn wissen, daß Monsieur Sanchez uns mit seiner Effizienz beeindruckt habe.

»Das liegt in der Familie«, sagte Menicucci. »Sein Vater ist Melonenmillionär. Der Sohn wird Bulldozermillionär. Sie sind sehr tüchtig, auch wenn sie Spanier sind.« Er führte aus, das Sanchez *père* als junger Mann nach Frankreich gekommen sei und eine Methode entwickelt habe, Melonen zu produzieren, die früher reiften und saftiger waren als irgendwo sonst in der Provence. Er sei jetzt, erklärte Menicucci, so reich, daß er pro Jahr nur zwei Monate arbeite und während des Winters in Alicante wohne.

Sanchez *fils* kam wie versprochen und brachte den Tag damit zu, die Landschaft mit seinem Bulldozer neu zu formen. Es war faszinierend, ihm zuzuschauen, wie er mit einer Akkuratesse, als ob er einen Spachtel verwendete, ganze Tonnen von Erde umlagerte. Als die Einfahrt wieder ebenerdig war, strich er die Oberfläche mit einem Riesenkamm glatt und lud uns ein, sein Werk in Augenschein zu nehmen. Die Einfahrt schien so makellos, daß wir sie nicht zu betreten wagten, und er hatte ihr eine leichte Neigung gegeben, so daß künftige Regengüsse in die Reben abfließen würden.

»*C'est bon?*«

So gut wie die Autobahn nach Paris, erwiderten wir.

»*Bieng. Je revieng demaing.*« Er stieg in den Kontrollturm seines Bulldozers und fuhr mit behäbigen 25 Kilometern pro Stunde davon. Der Kies sollte am nächsten Tag aufgeschüttet werden.

Das erste Vehikel, das diese mustergültige Oberfläche stören sollte, kroch am nächsten Morgen aufs Haus zu und blieb im Parkbereich erschauernd stehen. Es war ein Laster, der noch altehrwürdiger ausschaute als Faustins Trauben-Express; er hing in der Federung so tief durch, daß das rostige Auspuffrohr fast den Boden berührte. Ein Mann und eine Frau – beide rundlich und wettergehärtet – standen neben dem Vehikel und blickten mit Interesse auf unser Haus. Es handelte sich offenbar um Wanderarbeiter, die auf einen letzten Auftrag hofften, bevor sie für den Winter weiter südwärts zogen.

Sie schienen ein nettes altes Paar zu sein und taten mir leid.
»Bedaure, aber die Weinlese ist vorbei«, sagte ich.

Der Mann grinste und nickte. »Das ist gut so. Sie haben Glück gehabt, sie vor dem Regen zu ernten.« Er deutete auf den Wald hinter dem Haus. »Eine Menge Pilze, würde ich meinen.«

Doch, sagte ich, eine ganze Menge.

Sie machten keine Anstalten zu gehen. Ich sagte, ich hätte nichts dagegen, wenn sie ihren Wagen draußen vor dem Haus stehen ließen, um Pilze zu suchen.

»Nein, nein«, sagte der Mann. »Wir arbeiten heute. Mein Sohn ist mit dem Kies hierher unterwegs.«

Der Melonenmillionär öffnete die rückseitigen Türen des Lasters und holte eine Maurerschaufel mit langem Stiel herunter und einen weitgezahnten Holzrechen. »Das übrige soll er selbst abladen«, sagte er. »Ich will mir nicht die Füße zerquetschen.«

Ich schaute ins Wageninnere. Dicht gegen die Rücklehnen der Sitze geschoben stand über die ganze Länge des Lasters eine Miniaturdampfwalze, der *compacteur*.

Während er auf seinen Sohn wartete, erzählte Monsieur Sanchez von Leben und Glück. Nach all den Jahren, so erklärte er, mache ihm ein bißchen körperliche Arbeit noch immer gelegentlich Spaß. Mit den Melonen sei er Ende Juli fertig, und Nichtstun finde er langweilig. Es sei recht angenehm, reich zu sein, aber man brauche noch etwas anderes, und warum solle er da nicht seinem Sohn helfen?

Ich hatte noch nie einen Millionär beschäftigt. Ich habe in der Regel nicht gern mit ihnen zu tun. Aber dieser schuftete tatsächlich einen ganzen Tag lang. Da traf eine Kiesladung nach der anderen ein und wurde von seinem Sohn auf den

Weg ausgekippt. Der Vater schaufelte und verteilte, und Madame Sanchez ging mit dem Holzrechen hinterher, schob und glättete. Dann wurde der *compacteur* ausgeladen; er sah aus wie ein massiver Kinderwagen mit Handgriffen und wurde feierlich die Einfahrt auf und ab gefahren; Sanchez junior steuerte, schrie seinen Eltern Anweisungen zu – dort noch eine Schaufel! Dort noch ein bißchen harken! Paßt auf eure Füße auf! Tretet nicht auf die Reben!

Es war eine echte familiäre Leistung, und am Ende des Nachmittags hatten wir einen jungfräulichen Streifen von feinem Kies, der der Teilnahme am *concours d'élegance* unter der Schirmherrschaft des *Bulldozer Magazine* würdig gewesen wäre. Der *compacteur* wurde hinten auf den Laster verfrachtet, die Eltern nach vorn. Sanchez junior bemerkte, es würde weniger kosten als der Voranschlag, er müsse es aber noch genau ausrechnen, und sein Vater würde die Rechnung vorbeibringen.

Als ich am nächsten Morgen aufstand, hatte ein unbekannter Kleintransporter vor dem Haus geparkt. Ich hielt nach einem Fahrer Ausschau, doch im Weinberg oder in den Nebengebäuden war niemand zu sehen. Wahrscheinlich war es ein fauler Jäger, der die Mühe scheute, zu Fuß von der Straße heraufzukommen.

Wir hatten eben unser Frühstück beendet, als es am Fenster klopfte. Wir sahen das runde, braune Gesicht von Monsieur Sanchez. Er wollte nicht hereinkommen, dafür seien seine Stiefel zu dreckig, meinte er. Er war seit sechs Uhr früh im Wald gewesen und hatte uns ein Geschenk mitgebracht. Hinter seinem Rücken zog er seine alte Mütze hervor, die von Pilzen überquoll. Er gab uns sein Lieblingsrezept – Öl, Butter, Knoblauch und kleingehackte Petersilie – und erzählte uns eine schreckliche Geschichte von drei jungen Männern, die noch am gleichen Abend nach dem Genuß schlecht ausgesuchter Pilze gestorben waren. Ein Nachbar hatte sie mit weitgeöffneten, starrenden Augen am Tisch sitzend gefunden – Monsieur machte es vor, indem er seine Augen rollte. Das bösartige Gift des Pilzes hatte sie völlig gelähmt. Aber wir müßten uns keinerlei Sorgen machen, sagte er. Für die Pilze in seiner Mütze sei er bereit, sein Leben zu wetten. *Bon appétit.*

Meine Frau und ich aßen sie abends und musterten uns zwischen den Bissen nach Zeichen von Lähmung und rollenden Augen. Sie schmeckten um so viel besser als gewöhnliche Pilze, daß wir beschlossen, uns ein Pilzbestimmungsbuch zu kaufen und uns ein Paar Stiefel zu teilen – gegen die Schlangen.

Im Laufe der Restaurierung eines Hauses kommt ein Punkt, an dem der Wunsch, sie endlich abgeschlossen zu sehen, die hehre ästhetische Absicht gefährdet, auch alles perfekt zu Ende zu bringen. Anlässe, die Abstriche nahelegen, lassen einem keine Ruhe, und sie häufen sich: Der Schreiner hat eine Fingerspitze verloren, der Laster des Maurers ist gestohlen worden, der Anstreicher hat *la grippe,* Dinge, die im Mai bestellt wurden und für Juni zugesagt waren, kommen nicht vor September, und unterdessen nehmen der Betonmixer und das Gerümpel und die Schaufeln und Pickäxte immer mehr den Charakter einer Dauerstaffage an. Während der Sommermonate war es dank des beruhigenden Einflusses der Sonnenwärme möglich gewesen, die unvollendeten Arbeiten im Hause mit Geduld zur Kenntnis zu nehmen. Jetzt, da wir mehr Zeit im Innern des Hauses verbrachten, empfanden wir statt Geduld nur Irritation.

Mit Christian, dem Architekten, schritten wir durch die Zimmer, um festzustellen, wer was zu tun hatte und wie lang es dauern würde.

»*Normalement*«, sagte Christian, ein Mann von großem Charme und unerschöpflichem Optimismus, »fehlen eigentlich nur noch sechs oder sieben Tage Arbeit. Ein bißchen Maurerarbeit, ein bißchen Gipsen, zwei Tage Anstreichen, *et puis voilà. Terminé.*«

Wir schöpften Mut. Wie wir Christian gegenüber bemerkten, hatte es düstere Momente gegeben, in denen wir uns schon am Weihnachtsmorgen aufwachen und noch immer vom Bauschutt umgeben sahen.

Er warf vor Entsetzen alles gleichzeitig in die Höhe – Hände, Augenbrauen und Schultern. Welch ein Gedanke! Es war unvorstellbar, daß diese letzten Retuschen noch länger aufgeschoben werden sollten. Er würde die verschiedenen Mitglieder der *Équipe* sofort anrufen, um eine Woche intensiver Arbeit zu organisieren. Es würde vorangehen. Nein, mehr als vorangehen: Alles würde fertig werden.

Sie kamen zu ungewöhnlichen Zeiten, einer nach dem andern. Didier mit seinem Hund um sieben Uhr früh. Der Elektriker während des Mittagessens. Ramon der Gipser eines Abends zum Aperitif. Sie kamen, nicht um zu arbeiten, sondern um sich anzusehen, was getan werden mußte. Sie waren ganz erstaunt, daß sich alles so lang hingezogen hatte, als ob nicht sie, sondern ganz andere Leute dafür verantwortlich wären. Jeder von ihnen teilte uns mit, im Vertrauen, das Problem bestehe immer nur darin, daß man auf die anderen zu warten habe, bevor man selbst anfangen könne. Als wir auf Weihnachten hinwiesen, brüllten sie vor Lachen. Weihnachten sei noch *Monate* entfernt; bis Weihnachten könnten sie ja beinahe noch ein komplettes Haus bauen. An einem Punkt aber zögerten alle – dann wenn ein genauer Termin genannt werden sollte.

Wann können Sie kommen? fragten wir.

Bald, bald, antworteten sie.

Wir mußten uns damit zufriedengeben. Wir traten vor das Haus, wo der Betonmixer bei der Treppe Wache stand, und träumten an seiner Stelle von einer Zypresse.

Bald, bald.

November

Der französische Bauer ist ein findiger Mensch und haßt Verschwendung. Er wirft nicht rasch Dinge weg, weil er weiß, daß der abgewetzte Traktorreifen, die beschädigte Sense, das zerbrochene Hufeisen und der Transmissionsriemen des 1949er Renault-Kombis eines Tages noch nützen und ihn vor unnötigen Ausgaben bewahren könnte.

Das Gebilde, das ich am Rande des Weinbergs fand, war ein Beispiel solcher Einstellung. Die verrostete 100-Liter-Öltrommel war längs in zwei Teile geschnitten und auf einen Rahmen aus engen Eisenröhren montiert worden. Ein altes Rad, eher oval als rund, war vorn aufgestülpt worden. Zwei Griffe von ungleicher Länge ragten hinten hervor. Es war, so berichtete mir Faustin, eine *brouette de vigneron* – eine Schubkarre, maßgeschneidert, zu minimalen Kosten, für die Zeit des Beschneidens der Reben.

Inzwischen hatten die Herbstwinde sämtliche Reben ihrer Blätter entkleidet, und die gekrümmten Schößlinge sahen wie Klumpen aus verbogenem Stacheldraht aus. Bevor im kommenden Frühjahr der Saft in die Höhe zu steigen begann, mußten sie bis zum Hauptstamm zurückgeschnitten werden. Die Abfälle oder *sarments* waren für die Landwirtschaft nutzlos, zu fasernreich, um während des Winters im Boden zu faulen, und zu zahlreich, als daß sie aufgehäuft zwischen den Reihen der Reben liegen bleiben konnten, wo die Traktoren vorbeifuhren. Sie würden gesammelt und verbrannt werden müssen; eben dazu diente die *brouette de vigneron*. Sie war die einfachste Art eines mobilen Verbrennungsapparates. Unten in der Öltrommel wurde ein Feuer entfacht, die *sarments* wurden zerschnitten und ins Feuer geworfen und der Karren zum nächsten Haufen weitergeschoben. War die Trommel voll, so wurde die hellgraue Asche über den Boden ausgestreut, und das Ganze begann von neuem. Auf primitive Art war das Gerät musterhaft effizient.

Als ich kurz vor Einbruch der Dämmerung heimwärts wanderte, sah ich eine dünne, blaue Rauchfahne an der Ecke des Felds aufsteigen, wo Faustin schnitt und brannte. Er reckte sich und rieb sich den Rücken. Seine Hand fühlte sich kalt und steif an, als ich sie schüttelte. Er deutete auf die Reihen der beschnittenen Reben; Krallen, die sich schwarz vom sandigen Boden abhoben.

»Hübsch ordentlich, was? Ich hab es gern hübsch und ordentlich.« Ich bat ihn, einige *sarments* für mich liegenzulassen, damit ich sie im nächsten Sommer zum Grillen im Garten verwenden könnte, und erinnerte mich, sie einmal in einem New Yorker Geschäft gesehen zu haben, das sich »Nahrungsboutique« nannte – dort waren sie als echte Rebenholzzweige angepriesen worden, die »den authentischen Grillgeruch« lieferten. Sie waren auf gleichmäßige Länge gestutzt und mit Stroh gebündelt und kosteten pro Bündel zwei Dollar. Faustin konnte es gar nicht fassen.

»Und die Leute kaufen das?«

Er sah sich die Reben noch einmal an, überschlug, wie viele hundert Dollar er im Laufe des Tages schon verbrannt hatte und schüttelte den Kopf. Noch ein Schicksalsschlag. Er zuckte mit den Schultern.

»*C'est curieux.*«

Unser Freund, der tief in der Region des Côtes-du-Rhone wohnte, nördlich von Vaison-la-Romaine, sollte von den Winzern seines Dorfes geehrt und in die Confrèrie Saint-Vincent aufgenommen werden, dem örtlichen Pendant zu den Chevaliers du Tastevin. Die »Amtseinkleidung« sollte im Gemeindehaus stattfinden, mit anschließendem Abendessen und Tanz. Die Weine würden stark sein und reichlich fließen, die Winzer nebst ihren Frauen in voller Besetzung aufkreuzen. Festkleidung war vorgeschrieben – *diese* Art von Veranstaltung.

Wir hatten vor Jahren in Burgund an einem Essen mit den Chevaliers teilgenommen. Zweihundert Menschen in festlicher Abendkleidung, zu Beginn der Mahlzeit steif vor Anstand und Sitte, hatten sich nach dem Hauptgang in einen freundlichen Mob verwandelt, der burgundische Trinklieder sang. Wir hatten verschwommene, aber glückliche Erinnerungen an beschwipste Chevaliers, die nach dem Essen – mit freundlicher Unterstützung der Polizei von Clos Vougeot – ihre Autos zu finden und dann aufzuschließen versuchten. Es war unser erster Abend gewesen, der formaliter einem Massenbesäufnis gewidmet war, und wir hatten einen Heidenspaß gehabt. Jeder Freund der Rebe war auch unser Freund.

Der Saal des Gemeindehauses wurde offiziell *salle des fêtes* genannt. Erst kürzlich war er unter totaler Mißachtung der mittelalterlichen Umgebung geplant und errichtet worden – von einem überarbeiteten, anonymen französischen Architekten, dessen Lebensaufgabe darin bestand, jedem Dorf sein eigenes Schandmal zu geben. Hier handelte es sich um einen klassischen Fall zeitgenössischer Blockhaus-Architektur – ein Kasten aus nacktem roten Backstein mit Aluminiumfenstern in einem Asphaltgarten ohne Charme, aber mit vielen Neonlichtröhren.

Wir wurden von zwei massigen Männern mit rosigen Gesichtern in weißen Hemden, schwarzen Hosen und breiten violetten Schärpen an der Tür willkommen geheißen. Wir gaben uns als Gäste des neuen Confrère zu erkennen.

»*Bieng, bieng. Allez-y!*« Fleischige Hände klopften uns auf den Rücken und schoben uns in den großen Raum hinein.

An einem Ende stand eine erhöhte Plattform mit einem langen Tisch und einem Mikrofon. Gedeckte kleinere Tische standen unten zu beiden Seiten und am Ende gegenüber; so gab es viel Platz in der Mitte, wo die Winzer und ihre Freunde sich drängten.

Der Lärm war ohrenbetäubend. Männer und Frauen, die es gewohnt sind, sich über die Länge eines Weinbergs hinweg zu unterhalten, finden es offenbar schwer, ihr Stimmvolumen veränderten Verhältnissen anzupassen. Der Raum hallte und schallte von Stimmen, die geübt waren, mit dem Mistral zu wetteifern. Wenn die Lautstärke der Stimmen von den Feldern herrührte, so stammten die Anzüge und Kleider dagegen mit Sicherheit aus dem *armoire* des Sonntagsstaates: dunkle

Anzüge und Hemden, deren Kragen um wettergegerbte Hälse unangenehm eng wirkten; bunte und hochverzierte Kleider bei den Frauen. Ein Paar, das kleidungsbewußter war als die übrigen, hatte sich mit alarmierendem Glanz herausgeputzt. Die Frau flimmerte in einem Kleid aus grauen Glasperlen, ihren Strümpfen waren hinten passende graue Federn angenäht, so daß ihre Beine zu flattern schienen, wenn sie sich bewegte. Ihr Mann trug ein weißes Jackett mit schwarzen Paspeln, ein Kräuselhemd mit weiteren schwarzen Borten und schwarze Smokinghosen. Dann mußte ihn entweder sein Selbstvertrauen oder aber seine Finanzkraft im Stich gelassen haben, denn sein Schuhwerk war ein ganz normales braunes Paar mit dicken Sohlen. Wir waren jedenfalls überzeugt, diese beiden im Laufe des Abends beobachten zu müssen, wenn das Tanzturnier begann.

Wir entdeckten unseren Freund und seine Familie. Er schaute im Raum umher; er wirkte verwirrt und verkrampft; wir dachten schon, daß ihn die Feierlichkeiten nervös machten. Es handelte sich jedoch um ein viel ernsteres Problem.

»Ich sehe hier nirgends eine Bar«, sagte er. »Könnt ihr eine sehen?«

An einer der beiden Wände lagerten Weinfässer. Auf den Tischen standen Weinflaschen. Wir befanden uns in einem Dorf, das auf einem Meer von Côtes du Rhone schwimmen würde, falls alle *caves* entleert würden – doch eine Bar gab es nicht. Und während wir unsere Mitfeiernden betrachteten, machten wir eine weitere beunruhigende Entdeckung. Niemand hielt hier ein Glas in der Hand.

Fast waren wir in Versuchung, nach einer Flasche auf dem nächstgelegenen Tisch zu grabschen. Glücklicherweise hinderte uns eine Fanfare aus der Lautsprecheranlage. Die Confrères marschierten ein und gingen hinter dem Tisch auf dem Podium in Stellung – ein Dutzend Gestalten in Umhängen und mit breitkrempigen Hüten; einige hielten Pergamentrollen; einer trug ein überwältigend dickes Buch. Nun müßte, so nahmen wir an, der *vin d'honneur* doch jeden Moment serviert werden, um den Beginn der Feierlichkeiten zu signalisieren.

Der Bürgermeister umarmte das Mikrofon und hielt die Eröffnungsansprache. Der führende Confrère hielt eine Rede. Sein Assistent, der Hüter des dicken Buches, hielt eine Rede. Die drei neuen Confrères wurden einer nach dem anderen zum Podium gerufen und lang und breit für ihre Liebe zum Wein und ihr geselliges Wesen gepriesen. Sie antworteten einer nach dem anderen mit Reden, in denen sie die Ehrung, die ihnen zuteil wurde, annahmen. Ich entdeckte in der Stimme unseres Freundes eine gewisse Trockenheit; andere mögen es für Rührung gehalten haben. Ich wußte genau – es war der Durst.

Zum Finale wurden wir aufgefordert, in ein Lied einzustimmen, das Frédéric Mistral in provenzalischer Sprache gedichtet hatte.

»*Campo santo e versanto*«, sangen wir zum Lobe des überfließenden Bechers. »*A-De-Reng beguen en troupo lou vin pur de nostre plant*« – so lasset uns trinken den Wein unserer Ernte –, und dazu war es auch wirklich höchste Zeit. Die Investitur hatte etwas über eine Stunde gedauert, und noch immer hatte kein einziger Tropfen unsere Lippen berührt. Alle nahmen mit spürbarer Erleichterung Platz, und endlich wurden die heiligen Becher gefüllt, geleert und wieder gefüllt. Wir konnten uns entspannen und das Menü studieren.

Als erstes gab es Wachteln in Aspik; die Köpfe, die, wie

berichtet wurde, zwei Francs kosteten, waren abnehmbar und konnten bei einem künftigen Bankett aufs neue verwendet werden. Dann gab es Seehecht. Das war bloßes Vorgeplänkel, Fingerübungen des *Chefs,* bevor er sich an ein Steak vom *Charolais*-Rind *en croûte* machte. Doch zuvor wurde ein kleiner, tückischer Gang serviert, der als *trou provençal* bezeichnet wurde – ein Sorbet, das mit einem Minimum an Wasser und einem Maximum an *marc* hergestellt war. Sein Zweck bestand angeblich darin, den Gaumen zu klären; in Wirklichkeit war er so stark, daß er nicht nur den Gaumen, sondern auch die Nasengänge und den vorderen Teil des Schädels betäubte. Aber der *Chef* wußte, was er tat. Nachdem der erste Schock des gefrorenen Alkohols sich verflüchtigte, konnte ich in meinem Magen eine Leere spüren – und dem weiteren Mahl mit einer gewissen Zuversicht entgegensehen, bis zum Schluß durchessen zu können.

Das Rindfleisch wurde zu den Tönen einer zweiten Fanfare herein- und von den Kellnerinnen und Kellnern zwischen den Tischen zur Schau getragen, bevor sie es servierten. Der Weißwein wich dem Stolz der hiesigen Winzer, einem formidablen schweren Roten, und die Gänge kamen und kamen, bis – nach dem reichen Angebot an Soufflés und Champagner – die Zeit gekommen war, aufzustehen und zu tanzen.

Die Kapelle gehörte zur alten Schule. Sie war ganz offensichtlich nicht daran interessiert, für Leute zu spielen, denen bloß am Auf-und-ab-Hopsen lag. Sie wollte, daß *getanzt* wurde. Es gab Walzer und schnellen Foxtrott und verschiedene Nummern, bei denen es sich um Gavotten gehandelt haben könnte. Für mich persönlich bildete die Tangoeinlage den Höhepunkt des Abends. Ich glaube nicht, daß es vielen

Menschen vergönnt ist, fünfzig bis sechzig Paare im fortgeschrittenen Stadium des Besäuseltseins bei dem Versuch zu beobachten, die Kurven und Drehungen und hackenstampfenden Schnörkel wahrer Tangokünstler vorzuführen. Es war ein Anblick, den ich nie vergessen werde. Ellbogen wurden gestemmt, Köpfe von einer Seite zur anderen geruckt, trotz gestörtem Gleichgewicht und rutschenden Füßen wurden Attacken von einem Ende des Saales zum anderen gewagt – überall drohten potentielle Kollisionen und Katastrophen. Ein winziger Mann tanzte blind mit dem Kopf in der *décolletage* seiner hochgewachsenen Partnerin versunken. Das Paar in Glasperlen und Kräuselhemd, das bei ineinander verschmolzenen Lenden die Rücken herausgedrückt hatte, stürmte und stürzte mit einer Geschicklichkeit durch die Menge, die es außerhalb der Tangopaläste von Buenos Aires nirgends mehr zu sehen gibt.

Es war ein Wunder, daß niemand zu Schaden kam. Als wir irgendwann nach ein Uhr früh aufbrachen, spielte die Musik noch immer, und die Tänzer, vollgestopft mit Essen und gutem Wein, tanzten immer noch unentwegt. Es war nicht das erste Mal, daß uns die Konstitution der Provenzalen in Staunen versetzte.

Als wir am nächsten Tag heimkamen, entdeckten wir vor unserem Haus eine Veränderung. Vor den Stufen, die zur Eingangstür hinaufführten, war eine ungewohnte Sauberkeit zu bemerken. Der Betonmixer, der seit Monaten ein integraler Bestandteil der Hausfassade war, stand nicht mehr da.

Das war ein ominöses Zeichen. Sosehr uns der vor dem Haus abgestellte Koloß mißfiel – er war wenigstens eine Garantie, daß Didier und seine Mannen zurückkehren würden. Und nun hatten sie sich herangeschlichen und ihn – *unseren*

Betonmixer – fortgeschleppt; wahrscheinlich, um ihn für die nächsten sechs Monate für einen anderen Auftrag auf der anderen Seite von Carpentras zu benutzen. Unsere Hoffnung, das Weihnachtsfest in einem fertigen Haus zu erleben, schien plötzlich ein fehlgeleiteter Optimismus gewesen zu sein.

Christian war mitfühlend und optimistisch wie üblich.

»Sie mußten nach Mazan ... ein Noteinsatz ... das Dach des Hauses einer alten Witwe ...«

Ich hatte Schuldgefühle. Was waren unsere Probleme im Vergleich mit der Not einer alten Witwe, die den Naturelementen ausgesetzt war?

»Keine Sorge«, sagte Christian. »Zwei Tage, vielleicht drei, dann werden sie zurück sein und die Arbeit beenden. Bis Weihnachten ist's noch lang hin. Wir haben noch wochenlang Zeit!«

Nur wenige Wochen, dachten wir. Meine Frau schlug vor, Didiers Cockerspaniel zu entführen, der seinem Herzen noch näher stand als der Betonmixer, und ihn als Geisel zu nehmen. Es war ein schöner, ein kühner Plan – der Hund wich jedoch nie von Didiers Seite. Na schön, wenn nicht seinen Hund, dann vielleicht seine Frau. Wir waren zu allem bereit.

Die noch nicht erledigten Dinge – provisorische Fenster und besonders die Ritzen im Mauerwerk – wurden uns beim ersten anhaltenden Mistral des Winters noch klarer bewußt. Er wehte drei Tage lang. Er bog die Zypressen im Innenhof zu einem grünen C. Er rüttelte an den Plastikstreifen im Melonenfeld. Er heulte durch die Nacht. Er war bösartig und unentrinnbar, ein Wind, der uns die gute Laune verdarb, als er sich in einem fort gegen das Haus warf und einzudringen versuchte.

»Das richtige Wetter für Selbstmord«, bemerkte Massot

eines Morgens zu mir, als der Wind ihm den Schnurrbart gegen die Backen flachdrückte. »*Beh oui.* Wenn der anhält, werden wir noch das eine oder andere Begräbnis erleben.«

Da sei natürlich gar nichts, sagte er, im Vergleich zum Mistral seiner Kindheit. In jenen Tagen wehte der Wind wochenlang, und er tat dem menschlichen Geist Merkwürdiges und Schlimmes an. Massot erzählte mir die Geschichte von Arnaud, einem Freund seines Vaters.

Arnauds Pferd war müde und alt und für die Arbeit auf dem Hof nicht mehr kräftig genug. Deshalb beschloß Arnaud, es zu verkaufen und sich ein junges Pferd anzuschaffen, und ging eines windigen Morgens mit seinem Klepper an der Leine fünfzehn Kilometer zu Fuß zum Markt nach Apt. Er fand einen Käufer, man einigte sich über den Preis, doch die jungen Pferde, die an jenem Tag zum Verkauf standen, waren erbärmliche, magere Tiere. Arnaud kehrte allein nach Hause zurück. Er wollte die Woche darauf wiederkommen, in der Hoffnung, daß bessere Pferde angeboten würden.

Der Mistral hielt sich die ganze Woche über und blies noch immer, als Arnaud erneut zum Markt nach Apt wanderte. Diesmal hatte er Glück, und er kaufte ein großes, dunkles Pferd. Es kostete ihn fast das Doppelte, als was er durch den Verkauf des alten erlöst hatte, doch, wie der Händler bemerkte, zahlte er ja für die Jugend: Das neue Pferd würde jahrelang für ihn arbeiten.

Arnaud war nur ein paar Kilometer von seinem Hof entfernt, als das Pferd sich von der Leine losriß und davonlief. Arnaud rannte hinter ihm her, bis er nicht mehr laufen konnte. Er suchte im Gebüsch und in den Weinbergen, er schrie in den Wind, er verfluchte den Mistral, der das Pferd störrisch gemacht hatte, er fluchte über sein Pech, fluchte über das verlorene Geld. Als es zum weiteren Suchen zu finster wurde, machte er sich wütend und verzweifelt auf den Heimweg. Ohne Pferd konnte er seinen Acker nicht bestellen. Er war ruiniert.

Seine Frau kam ihm an der Tür entgegen. Da war etwas Unglaubliches geschehen: Ein großes, dunkles Pferd war vom Weg direkt in eins der Nebengebäude gelaufen. Sie hatte ihm zu trinken gegeben und einen Karren vor den Eingang geschoben, damit es nicht weglaufen konnte.

Arnaud holte eine Lampe und ging in den Stall. Um den Hals des Pferdes hing eine abgerissene Leine. Er tätschelte ihm den Hals und hatte völlig verschmierte Finger. Im Schein der Lampe konnte er den Schweiß von den Flanken rinnen sehen – und helle Stellen, wo die Farbe sich gelöst hatte. Arnaud hatte sein altes Pferd zurückgekauft. Vor Wut und Scham lief er in den Wald hinter seinem Hof und hängte sich auf.

Massot steckte sich eine Zigarette an. Er zog die Schultern herunter und formte die Hände zu einem Windschutz.

»Bei der Gerichtsuntersuchung«, sagte er, »hatte jemand Humor. Als Todesursache wurde angegeben – Selbstmord in einer durch ein Pferd ausgelösten geistigen Verwirrung.«

Massot grinste und nickte. Seine Geschichten hatten anscheinend immer ein brutales Ende.

»Aber er war ein Narr«, sagte Massot. »Er hätte zurückgehen sollen, um den Händler zu erschießen, – *paf!* Er hätte es auf den Mistral schieben können. So hätte ich es jedenfalls gemacht.« Seine Reflexionen über das Wesen der Gerechtigkeit wurden vom Heulen eines Motors im unteren Gang unterbrochen. Ein Toyota-Truck mit Vierrad-Antrieb – und so breit wie der Weg – verlangsamte kurz die Fahrt, um uns Zeit zu geben, zur Seite zu springen. Es war Monsieur

Dufour, der Gemüsehändler des Dorfes, die Geißel der *sangliers* im Lubéron.

Wir hatten die Köpfe von *sangliers* an den Mauern von Fleischerläden aufgespießt gesehen und hatten ihnen nicht mehr Aufmerksamkeit geschenkt als irgendwelchen anderen merkwürdigen ländlichen Schmuckstücken, die uns von Zeit zu Zeit zu Gesicht kamen. Doch während des Sommers waren die Wildschweine ein- oder zweimal von den trockenen oberen Hängen des Gebirges heruntergekommen, um im Swimmingpool zu trinken und Melonen zu stehlen, und nachdem wir die lebenden Tiere gesehen hatten, konnten wir nie mehr ungerührt einen ausgestopften Kopf anschauen. Sie waren schwarz und stämmig und hatten längere Beine als ein gewöhnliches Schwein und besorgte Gesichter mit Backenhaaren. Wir liebten ihren seltenen Anblick und wünschten, die Jäger würden sie in Frieden lassen. Leider schmeckt das Fleisch der *sangliers* aber wie Reh, und deshalb werden sie vom einen Ende des Lubéron bis zum anderen gejagt.

Monsieur Dufour war der unbestrittene Spitzenjäger, ein moderner, mechanisierter Nimrod. In seiner Kampfkleidung und mit seinem Truck, der von hochkarätiger Rüstung strotzte, konnte er die felsigen Pfade hochfahren und die von *sangliers* bevölkerten oberen Hänge erreichen, während weniger gut ausgerüstete Jäger ihren Weg noch zu Fuß aufwärts keuchten. Auf der Ladefläche seines Trucks befand sich ein großer Holzkasten mit sechs Jagdhunden, die für eine pausenlose, tagelange Verfolgung abgerichtet waren. Die armen Schweine hatten keine große Chance.

Ich sagte zu Massot, ich empfände es als eine Schande, daß die *sangliers* von so vielen Jägern so erbarmungslos gejagt würden.

»Aber sie schmecken vorzüglich«, sagte Massot. »Vor allem die jungen, die *marcassins*. Und außerdem ist es ganz natürlich. Die Engländer sind in bezug auf Tiere viel zu sentimental. Mit Ausnahme der Engländer, die Füchse jagen, und die sind verrückt.«

Der Wind wurde steifer und kälter, und ich fragte Massot, wie lang er wohl dauern würde.

»Einen Tag. Eine Woche. Wer weiß?« Er starrte mich an. »Ist Ihnen nach Selbstmord zumute?«

Ich entgegnete, es täte mir leid, ihn da enttäuschen zu müssen, doch es gehe mir gut und ich sei bester Laune und freue mich schon auf den Winter und auf Weihnachten.

»Nach Weihnachten gibt's meist eine Menge Morde.« Er sagte das so, als ob er einem Lieblingsprogramm im Fernsehen entgegenfiebere, einer blutrünstigen Folge auf die Selbstmordserie während des Mistrals.

Ich hörte Gewehrfeuer auf dem Heimweg und hoffte, daß Dufour sein Ziel verfehlt hatte. Wie lang ich auch hier wohnen würde, ein richtiger Landmann würde ich nie. Und beim Anblick eines lebenden wilden Ebers würde ich nie wie ein echter Franzose empfinden. Sollte der Franzose seinen Bauch vergöttern – ich wollte auf zivilisierte Distanz zur Blutgier in meiner Umgebung gehen.

Die edle Selbstzufriedenheit währte bis zum Abendessen. Henriette hatte uns ein Wildkaninchen geschenkt, das meine Frau mit Kräutern und Senf gebraten hatte. Ich aß zwei Portionen. Der Bratensaft, der mit Blut angedickt war, schmeckte wundervoll.

Madame Soliva, die achtzigjährige Köchin, deren *nom de cuisine* Tante Yvonne lautete, hatte uns als erste von einem

Olivenöl berichtet, das sie als das beste in der Provence bezeichnete. Niemand war für uns glaubwürdiger als sie. Abgesehen davon, daß sie ausgezeichnet kochte, hatte sie sämtliche Öle ausprobiert, von Alziari in Nizza bis zu den Vereinten Erzeugern in Nyons, und nach ihrem Expertenurteil war das in Les Baux hergestellte Öl das beste. Man konnte es, wie sie uns mitteilte, in der kleinen Mühle in Maussane-les-Alpilles kaufen.

Als wir noch in England lebten, war Olivenöl ein Luxus gewesen, den man für eine frische Mayonnaise und für Salate aufsparte. In der Provence war es ein reichlich vorhandenes Produkt für den Tagesgebrauch, das man in 5-Liter-*bidons* kaufte und zum Kochen, zum Marinieren von Ziegenkäse und rotem Paprika und zum Konservieren der Trüffel verwendete. Wir tunkten unser Brot hinein, wir badeten unseren grünen Salat in Olivenöl und nahmen es sogar als Mittel gegen Kater. (Ein Eßlöffel Öl pur vor Alkoholgenuß isoliert angeblich die Magenwände und schützt sie vor den Nebenwirkungen von zuviel jungem Rosé.) Wir saugten Olivenöl auf wie Schwämme und lernten allmählich zwischen Arten und Geschmacksrichtungen zu unterscheiden. Wir wurden wählerisch und zweifelsohne pedantisch, wenn es um unser Öl ging. Wir kauften es nie in Supermärkten und Geschäften, sondern immer nur in einer Ölmühle oder bei einem Erzeuger, und auf meine Ölkauftourneen freute ich mich fast so sehr wie auf die Besuche bei Winzern.

Ein wesentlicher Teil eines Tags außer Haus ist das Mittagessen, und bevor wir in eine neue Gegend fuhren, studierten wir den Gault-Millau genauso gründlich wie die Landkarte. Wir entdeckten, daß Maussane in verführerischer Nähe zum Restaurant Beaumanière in Les Baux lag, wo die Rechnungen nicht minder denkwürdig sind als die Speisen, doch vor dieser Versuchung bewahrte uns Madame Soliva.

»Fahren Sie zu Le Paradou«, sagte sie, »und essen Sie dort im Café. Aber seien Sie mittags pünktlich da.«

Es war ein kalter, strahlender Tag, ein richtig gutes Wetter zum Essen, und wir kamen ein paar Minuten vor zwölf im Bistro du Paradou an, mit einem Appetit, der durch den Geruch von Knoblauch und Holzfeuer geschärft wurde. Ein riesiges Feuer, ein länglicher Raum mit Marmortischen, eine gefliese einfache Bar, ein geschäftiges Klappern aus der Küche – das Bistro hatte einfach alles. Außer, wie uns der *Patron* erklärte, einen Sitzplatz für uns.

Der Saal war noch leer, doch würde er, wie der *patron* uns zu verstehen gab, binnen einer Viertelstunde gedrängt voll sein. Er zuckte zur Entschuldigung die Achseln. Er sah meine Frau an, die einem guten Mittagessen so nahe und doch so fern war; ihr Gesicht war von Entbehrung gezeichnet. Beim Anblick einer Frau, die so offenkundig litt, wurde sein Herz weich, und er setzte uns an einen Tisch nahe dem Feuer und stellte uns eine dicke Glaskaraffe mit Rotwein hin.

Die Stammgäste traten in lärmenden Gruppen durch die Tür und schritten schnurstracks auf die Plätze zu, die sie Tag für Tag einnahmen. Bis 12.30 Uhr war jeder Platz besetzt, und der *patron*, der auch der einzige Kellner war, verschwomm beim Hin- und Herlaufen mit den Tellern vor unseren Augen. Das Restaurant folgte dem einfachen Rezept, den Kunden die Last der Entscheidung abzunehmen. Hier aß und trank man, wie im Bahnhofsrestaurant von Bonnieux, was einem vorgesetzt wurde. Wir bekamen einen knackigen, öligen Salat und Scheiben von rosiger Landwurst, eine *aioli* von Schnecken, Barsch und hartgekochten Eiern mit Knoblauch-

mayonnaise, cremigen Käse aus Fontvieille und eine hausgemachte Obsttorte. Es war die Art von Mahlzeit, die Franzosen für etwas Selbstverständliches halten, an die Touristen
sich aber noch Jahre später erinnern. Für uns, die wir uns
irgendwo in der Mitte befanden, war es eine weitere glückliche Entdeckung, um die wir unsere Liste ergänzen konnten,
ein Ort, wo wir an einem kalten Tag mit einem leeren Magen
und der Gewißheit einkehren konnten, daß wir ihn warm
und satt wieder verlassen würden.

Die Ölmühle von Maussane besuchten wir zwei Monate zu
früh. Die neue Olivenernte würde nicht vor Januar gepflückt
werden – das sei die Zeit, da man das Öl ganz frisch kaufen
müßte. Zum Glück, so meinte der Mühlendirektor, sei die
letzte Ernte jedoch reichlich ausgefallen und noch Öl übriggeblieben. Wenn wir uns umschauen wollten, würde er uns
zwölf Liter abfüllen.

Der offizielle Name des Etablissements – Coopérative Oléi-
cole de la Vallée des Baux – war beinahe zu lang, um an der
Fassade des bescheidenen Gebäudes Platz zu finden, das
neben einer schmalen Gasse versteckt lag. Im Inneren schien
jede Oberfläche wie mit einer feinen Ölschicht poliert; Böden
und Wände waren glatt, die Treppen, die zur Sortierbühne
führten, waren rutschig. An einem Tisch saß eine Gruppe von
Männern, die die dekorativen Goldetiketten der Coopérative
auf Flaschen und Krüge drückten, die mit dem grüngelben
Öl abgefüllt waren – reines, natürliches Öl, wie die Nachricht
an der Wand meldete –, das Ergebnis einer einzigen Kalt-
pressung.

Wir gingen ins Büro, um die dicklichen Zweiliterkrüge abzuholen, die der Direktor für uns in einen Karton gepackt
hatte, und er schenkte jedem von uns ein Stück Olivenseife.

»Es gibt für die Haut nichts Besseres«, sagte er und klopfte sich mit zarten Fingerspitzen die Backen. »Und was das Öl betrifft, das ist meisterlich. Sie werden sehen.«

Wir kosteten es abends vor dem Essen, träufelten es auf Brot, das wir mit dem Fleisch von Tomaten eingerieben hatten. Es war, als ob wir Sonnenschein äßen.

Es kamen uns immer noch Gäste besuchen. Sie waren hochsommerlich gekleidet und hofften auf Wetter zum Schwimmen. Sie waren überzeugt, daß die Provence ein Mittelmeerklima besäße, und entsetzt, als sie uns in Pullovern vorfanden, als wir abends Feuer im Kamin machten, als wir Winterweine tranken und winterlich aßen.

Ist es im November immer so kalt? Ist es denn nicht das ganze Jahr über heiß? Sie wirkten niedergeschlagen, wenn wir ihnen von Sandstürmen erzählten, von Nächten mit Temperaturen unter Null und von schneidenden Winden – als ob wir sie mit falschen Versprechungen aus den Tropen an den Nordpol gelockt hätten.

Die Provence ist korrekt beschrieben worden als ein kaltes Land mit viel Sonnenschein, und die letzten Novembertage waren so strahlend und blau wie im Mai, klar und erfrischend und, was Faustin anging, zutiefst ominös. Er sagte einen harten Winter voraus, mit so niedrigen Temperaturen, daß die Olivenbäume an der Kälte eingehen würden wie schon 1976. Er spekulierte mit grimmiger Freude über steifgefrorene Hühner und alte Menschen, die in ihren Betten blau anliefen. Er meinte, es würde bestimmt längere Stromausfälle geben, und riet mir, den Kamin sauberzuhalten.

»Sie werden Tag und Nacht mit Holz heizen«, sagte er, »und dann fangen Kamine Feuer. Und wenn die *pompiers* kom-

men, um das Feuer zu löschen, werden sie Ihnen Wahnsinns-
rechnungen stellen, falls Sie kein Kaminkehrer-Zertifikat
vorweisen können.«

Und es könnte noch viel schlimmer kommen. Falls das Haus
infolge eines Kaminbrandes niederbrannte, würde die Versi-
cherungsgesellschaft nichts zahlen, es sei denn, man könnte
ein solches Zertifikat vorweisen. Faustin sah mich an und
nickte bedeutungsschwer, während die Vorstellung, ohne ein
Zuhause und bankrott zu sein, von mir Besitz ergriff – und
alles nur, weil der Kamin nicht gekehrt worden war.

Aber was würde passieren, fragte ich ihn, wenn das Zertifikat
mit dem Haus zusammen verbrannt wäre? Daran hatte er
nicht gedacht, und ich glaube, er war mir dankbar, daß ich
ihn auf eine weitere Katastrophen-Möglichkeit aufmerksam
gemacht hatte. Wer mit den Schrecken vertraut ist, braucht
von Zeit zu Zeit frische Sorgen, oder er wird selbstzufrieden.
Ich sorgte dafür, daß der beste Schornsteinfeger aus Cavaillon, Monsieur Beltramo, mit seinen Besen und Saugappara-
ten herüberkam. Der hochgewachsene Mann mit den höf-
lichen Manieren und einem rußigen Pferdeprofil war seit
zwanzig Jahren im Geschäft. Kein Kamin, den er gekehrt
hatte, hatte je Feuer gefangen. Nach getaner Arbeit händigte
er mir ein *certificat de ramonage* aus, das durch schmutzige
Fingerabdrücke beglaubigt war, und wünschte mir einen
angenehmen Winter. »Er wird dies Jahr nicht besonders
kalt«, sagte er. »Wir hatten drei kalte Winter nacheinander.
Der vierte Winter wird dann immer mild.«

Ich erkundigte mich, ob er auch Faustins Kamin kehren ginge
und die Wetteraussichten mit ihm vergleiche.

»Nein. Zu dem geh ich nie. Bei dem kehrt die Frau den
Kamin.«

Dezember

Der Briefträger fuhr mit hoher Geschwindigkeit zum Parkplatz hinter dem Haus hoch und setzte mit großem Elan rückwärts gegen die Garagenmauer, die seine Rückleuchten zermalmte. Er schien den Schaden nicht bemerkt zu haben, denn er trat lächelnd in den Hof und schwenkte einen großen Umschlag. Er ging gleich zur Bar, stützte den Ellbogen auf und schaute erwartungsvoll drein.

»Bonjour, jeune homme.«

Ich war seit Jahren nicht mehr als junger Mann tituliert worden, und es entsprach auch hier nicht der Gepflogenheit eines Briefträgers, die Post ins Haus zu bringen. Leicht verwirrt bot ich ihm den Drink an, den er erwartete.

Er zwinkerte. »Ein kleiner *Pastis*«, sagte er. »Warum nicht?« Hatte er etwa Geburtstag? Ging er in Pension? Hatte er in der Staatslotterie das große Los gezogen? Ich wartete, daß er den Grund für seine gute Laune bekanntgab. Er war jedoch zu sehr damit beschäftigt, mir von dem *sanglier* zu berichten, das sein Freund am Wochenende zuvor erlegt hatte. Ob ich wüßte, wie diese Geschöpfe für ein Festmahl zubereitet würden? Er führte mich durch den ganzen schauerlichen Prozeß, vom Ausnehmen der Eingeweide bis zum Abhängen, Vierteln und Kochen. Der *Pastis* verschwand – es war, wie mir auffiel, an diesem Morgen nicht sein erster –, und ein Nachschenken wurde akzeptiert. Dann kam er zum Geschäftlichen.

»Ich habe Ihnen den offiziellen Postkalender gebracht«, sagte der Briefträger. »Es zeigt alle Heiligentage und enthält einige attraktive Bilder von jungen Damen.«

Er zog den Kalender aus dem Umschlag und blätterte durch die Seiten, bis er das Foto eines Mädchens fand, das nur zwei Kokosnußschalen anhatte.

»*Voilà!*«

Ich bedankte mich. Das sei wirklich nett von ihm.

»Er ist umsonst«, sagte er. »Wenn Sie wollen, können Sie ihn aber auch kaufen.«

Er zwinkerte erneut, und ich begriff endlich den Zweck seines Besuchs. Er sammelte seine Weihnachtsgelder ein. Da es jedoch würdelos gewesen wäre, einfach mit ausgestreckter Hand vor dem Hauseingang zu erscheinen, mußten wir auf das Ritual mit dem Kalender eingehen.

Er nahm das Geld entgegen, leerte sein Glas und röhrte zu seinem nächsten Besuch davon. Die letzten Überreste seines Schlußlichts ließ er in der Einfahrt zurück.

Meine Frau sah sich den Kalender an, als ich wieder ins Haus kam.

»Ist dir eigentlich klar«, wollte sie wissen, »daß in drei

Wochen Weihnachten ist und wir immer noch nichts von den Bauleuten gesehen haben?«

Und dann hatte sie eine Idee, wie sie nur Frauen haben können. Offensichtlich, dachte sie, war Christi Geburtstag keine hinreichend wichtige Zäsur, um die Arbeiten an einem Haus abzuschließen. Irgendwie würde das Weihnachtsfest kommen und gehen, und bis alle sich vom Silvesterkater und von den Feiertagen erholt hätten, würde es Februar werden. Wir müßten die Bauleute zu einem Fest einladen, um den Abschluß ihrer Arbeiten zu feiern. Aber nicht die Männer allein; sie müßten mit ihren Frauen kommen.

Die intuitive Gerissenheit dieses Vorschlags basierte auf zwei Annahmen. Zum einen: Die Ehefrauen, die die Arbeit, welche ihre Männer in den Häusern anderer Menschen verrichteten, nie zu sehen bekamen, würden eine derartige Einladung unwiderstehlich finden. Und zweitens: Keine Frau würde es dulden wollen, daß ausgerechnet ihr Mann seinen Teil der Arbeit nicht zu Ende gebracht hätte – dadurch würde sie nämlich gegenüber den anderen Ehefrauen und in der Öffentlichkeit ihr Gesicht verlieren, und der gute Ehemann müßte auf der Heimfahrt mit häßlichen Vorwürfen rechnen. Es war eine Inspiration. Wir setzten den Termin für den letzten Sonntag vor Weihnachten fest und schickten die Einladungen aus: Champagner ab 11 Uhr morgens.

Innerhalb von zwei Tagen stand der Betonmixer wieder vor unserem Haus. Didier und seine Helfer nahmen fröhlich und laut die Arbeit dort wieder auf, wo sie vor der dreimonatigen Unterbrechung steckengeblieben war. Entschuldigungen wurden nicht vorgebracht; eine Erklärung für die plötzliche Wiederaufnahme der Tätigkeit wurde auch nicht gegeben. Didier kam einer Entschuldigung noch am nächsten mit der wie nebenbei hingeworfenen Bemerkung, er wolle vor seinem Skiurlaub alles abgeschlossen haben. Er und seine Frau, sagte er, nähmen die Einladung mit Vergnügen an.

Wir hatten uns ausgerechnet, daß wir zweiundzwanzig Menschen sein würden, falls alle die Einladung annähmen – zweiundzwanzig Menschen mit einem herzhaften provenzalischen Appetit. Und weil Weihnachten bevorstand, würden sie auch etwas Festlicheres erwarten als eine Schüssel mit Oliven und ein paar Scheibchen *saucisson*. Meine Frau begann Einkaufslisten zusammenzustellen. Im ganzen Haus lagen Merkzettel verstreut: Kaninchenterrine! *Gambas* und Mayonnaise! Pizzas für jeden! Pilzkuchen! Olivenbrot! Wie viele *quiches*? – überall lagen Zettel herum. Im Vergleich dazu war meine Liste mit nur einem Wort – Champagner! – knapp und bescheiden.

Die gastronomische Spitzenleistung wurde an einem kalten Morgen von einem Freund geliefert, der Verwandte im Périgord hatte – eine ganze *foie gras*, roh, und daher kostete sie nur den Bruchteil vom Preis des Endprodukts. Blieb nur, sie zu kochen und einige Scheiben von schwarzem Trüffel dazuzugeben.

Wir packten sie aus. Die Leber mußte von einem Vogel von der Größe eines kleinen Flugzeugs stammen. Sie war riesig – eine fette, dunkelgelbe Masse, die mir beide Hände füllte, als ich sie auf das Hackbrett hob. In Befolgung der Anweisungen unseres Freundes schnitt ich sie auf und drückte sie in Gläser, wobei mich das Hinzutun der Trüffelstückchen ganz nervös machte. Es war, als ob man Geld kochte.

Die Gläser wurde abgedichtet und für genau neunzig Minuten in einen Riesentopf mit kochendem Wasser gestellt. Nach dem Abkühlen kamen sie in einen Kühlschrank und dann in den *cave*. Meine Frau strich die *foie gras* auf ihrer Liste durch.

Es war ein merkwürdiges Gefühl, das Jahresende unter blauem Himmel zu erleben – und ohne die Hektik, die die Vorweihnachtszeit in England kennzeichnet. Das einzige Zeichen der Festvorbereitung in unserem Tal war das seltsame Geräusch, das aus dem Haus von Monsieur Poncet drang, der knapp zwei Kilometer von uns entfernt wohnte. An zwei Morgen hörte ich beim Vorbeigehen schreckliches Quieken – es waren keine Schreckens- oder Schmerzens-, sondern Wutschreie. Ich hielt sie nicht für menschlich, war mir jedoch nicht sicher. Ich fragte Faustin, ob sie auch ihm aufgefallen wären.

»Ach das«, sagte er, »Poncet macht seinen Esel zurecht.«

Am Weihnachtstag sollte es in der Kirche in Ménerbes eine lebendige Krippe geben, und der Esel von Monsieur Poncet spielte eine wichtige Nebenrolle. Er mußte selbstverständlich optimal aussehen, aber er war nicht der Typ von Esel, der sich die entsprechende Pflege still gefallen ließ. Er würde in der fraglichen Nacht gewiß vorzeigbar sein, meinte Faustin, man täte aber gut daran, sich nicht in Nähe seiner Hinterbeine aufzuhalten, da sein Tritt nach hinten angeblich beeindruckend war.

Oben im Dorfe war die Besetzung der Rolle des Jesuskindleins in vollem Gange. Babies entsprechenden Alters und Aussehens mußten vorgeführt werden. Die Frage des Temperaments – die Fähigkeit, sich besonderen Situationen gewachsen zu zeigen – war entscheidend, da die Demonstration nicht vor Mitternacht begänne.

Sonst – und abgesehen von den Weihnachtskarten, die der Briefträger uns in den Briefkasten stopfte – hätte Weihnachten noch Monate entfernt sein können. Wir hatten keinen Fernseher, und so blieb uns der Anblick der verdummend frohmachenden Werbeeinschaltungen erspart. Es gab keine Kinder, die in den Straßen Weihnachtslieder sangen; es gab keine Weihnachtsparties in Büros, kein Abzählen der letzten verbleibenden Einkaufstage. Mir war das recht so. Meine Frau war sich nicht so sicher; irgend etwas fehlte ihr. Wo war meine Weihnachtsstimmung? Wo war der Mistelzweig? Wo war der Weihnachtsbaum? Wir beschlossen, nach Cavaillon zu fahren und all das zu besorgen.

Wir wurden sofort mit dem Anblick des Weihnachtsmanns belohnt. Er trug ausgebeulte rote *bouclé*-Hosen, ein Rolling-Stones-T-Shirt, einen pelzbesetzten roten Hut und einen falschen Bart und schlingerte uns entgegen, als wir den Cours Gambetta hinuntergingen. Von ferne sah es so aus, als ob sein Bart brannte; als wir näher kamen, sahen wir den Stummel der Gauloise zwischen seinen Barthaaren. Er torkelte in einem Nebel von Calvadosduft vorüber und erregte bei einer Gruppe von Kindern großes Aufsehen. Die Mütter würden ihnen einiges zu erklären haben.

Die Straßen waren mit Lichtern behängt. Durch die offenen Türen von Bars und Geschäften drang Musik. Weihnachtsbäume standen in Ballen auf dem Gehsteig zusammengepfercht. Ein Mann mit einem Kehlkopfmikrofon verkaufte an einem Kiosk in der Allee Bettwäsche. »Sehen Sie sich das an, Madame. Reines Dralon! Ich gebe Ihnen fünftausend Francs, wenn Sie einen Makel dran finden.« Eine alte Bauernfrau begann millimeterweise mit der Musterung, und der Mann riß ihr das Tuch aus den Händen.

Wir bogen um die Ecke und kollidierten fast mit dem Kadaver eines Rehs, das an der Tür eines Fleischerladens hing und blind auf den Kadaver eines *sangliers* neben ihm starrte. Das Schaufenster offerierte als vorweihnachtliches Sonderangebot eine Reihe winziger nackter Vögel mit gebrochenen Hälsen und säuberlich an die Brust gehefteten Köpfen – sieben zum Preis von sechs. Der Fleischer hatte ihre Schnäbel geschlossen und sie mit Immergrün und roten Bändern garniert. Wir gingen mit einem Schaudern weiter.

Es gab keinen Zweifel, was der wichtigste Bestandteil eines provenzalischen Weihnachtsfests ist. Nach den Fensterauslagen zu urteilen, nach den Schlangen und dem Geld, das den Besitzer wechselte, waren Kleidung, Spielzeug, Stereoanlagen und Tand von nebensächlicher Bedeutung; Hauptsache an Weihnachten war das Essen. Austern und Krebse, Fasanen und Hasen, Patés und Käse, Schinken und Kapaun, *gateaux* und Rosé-Champagner – nachdem wir das einen ganzen Morgen lang gesehen hatten, begannen wir unter visueller Verstopfung zu leiden. Wir kehrten mit unserem Baum und unserem Mistelzweig und unserer Dosis Weihnachtsstimmung heim.

Zwei Uniformierte warteten in einem nicht gekennzeichneten Wagen vor dem Haus. Ihr Anblick gab mir ein Schuldgefühl, ich wußte nicht wofür, aber Uniformierte üben solche Wirkung auf mich aus. Ich überlegte, welche Verbrechen ich in jüngster Zeit gegen die Fünfte Republik begangen hätte. Da stiegen die beiden Männer aus ihrem Wagen und salutierten. Ich entspannte mich. Selbst in Frankreich, wo bürokratische Förmlichkeit fast einer Kunst gleichkommt, wird man nicht gegrüßt, bevor man verhaftet wird.

Es waren gar keine Polizisten, sondern *pompiers* aus Cavaillon. Die Feuerwehrmänner fragten, ob sie ins Haus kommen dürften, und ich überlegte, wo wir die Kamin-Zertifikate hingelegt hatten. Offensichtlich handelte es sich um eine sporadische Überprüfung, um Hausbesitzer mit nicht ordnungsgemäß gereinigten Kaminen zu überführen.

Wir saßen um den Eßtisch. Einer der beiden Männer öffnete einen Attachékoffer. »Wir bringen Ihnen den offiziellen Kalender der *pompiers de Vaucluse*.« Er legte ihn auf den Tisch. »Wie Sie sehen werden, verzeichnet er alle Heiligentage.«

In der Tat – genau wie unser Postkalender. Doch anstelle von Fotos mit Mädchen in Kokosnußbüstenhaltern war dieser Kalender mit Bildern von Feuerwehrleuten illustriert, die an hohen Fassaden hochkletterten, Unfallopfer mit Erster Hilfe versorgten, Bergsteiger in Not retteten und Feuerwehrschläuche hielten. Die *pompiers* im ländlichen Frankreich leisten einen umfassenden Notdienst. Sie retten Hunde aus Felslöchern in den Bergen oder liefern Verletzte in ein Krankenhaus ein – und natürlich löschen sie Brände. Sie sind in jeder Hinsicht eine bewundernswerte und verdienstvolle Truppe.

Ich fragte, ob ein Beitrag willkommen sei.

»*Bien-sûr.*«

Sie überreichten uns eine Quittung, die uns auch berechtigte, uns Freunde des Feuerwehrdienstes von Cavaillon zu nennen. Nach weiteren Saluten verließen uns die beiden *pompiers*, um ihr Glück im oberen Tal zu versuchen, und wir hofften nur, daß zu ihrer Ausbildung auch das Umgehen mit bösartigen Hunden gehört hatte. Bei Massot einen Beitrag herauszuholen war kaum weniger gefährlich, als ein Feuer zu löschen. Ich konnte ihn mir vorstellen, wie er hinter seinen Vorhängen hervorlugte, die Schrotflinte im Anschlag, und zusah, wie seine Schäferhunde den Ankömmlingen entgegenstürzten. Ich hatte einmal beobachtet, wie die Hunde sich in

Ermangelung menschlicher Wesen in das Vorderrad eines Autos verbissen und den Reifen zerfledderten, als wäre er ein Stück rohes Rindfleisch, während der entsetzte Fahrer im Rückwärtsgang außer Reichweite zu kommen versuchte, und Massot schaute zu, rauchte und lächelte.

Wir waren nun also ein Hausstand mit zwei Kalendern, und während die vorweihnachtlichen Tage verstrichen, rechneten wir mit der Zustellung eines dritten, der tatsächlich einen beachtlichen Beitrag wert wäre. Während der letzten zwölf Monate hatten die Helden der Müllabfuhr an jedem Dienstag, Donnerstag und Samstag am Ende unserer Auffahrt gehalten, um schandbar große Mengen leerer Flaschen aufzusammeln, die übelriechenden Reste von abendlichen Mahlzeiten mit *Bouillabaisse,* Dosen von Hundefutter, zersprungene Gläser, Säcke mit Schutt, Hühnerknochen und häuslichen Unrat jeder Größe und Beschreibung. Sie schafften alles fort. Kein Haufen, so riesig und gärend er auch sein mochte, war dem Mann zuviel, der sich an die Rückseite des Müllasters hängte und bei jedem Halt Müll in eine offene, schmierige Öffnung kippte. Während des Sommers mußte er dem Ersticken, im Winter vor Kälte den Tränen nahe gewesen sein.

Er und sein Partner tauchten schließlich in einem Peugeot auf, der so aussah, als wäre das sein letzter Ausflug, bevor er auf dem Autofriedhof landete – zwei fröhliche, derbe Männer mit festem Händedruck und einem Atem, der nach *Pastis* roch. Auf dem Rücksitz konnte ich zwei Kaninchen und einige Champagnerflaschen erkennen, und ich sagte, es sei schön, sie zur Abwechslung einmal ein paar volle Flaschen mitnehmen zu sehen.

»Die leeren Flaschen machen uns keinen Kummer«, sagte

einer der beiden. »Sie sollten mal sehen, was wir für manche Leute sonst noch alles abtransportieren müssen.« Er runzelte das Gesicht und hielt sich die Nase zu, wobei er den kleinen Finger elegant in die Luft spreizte. »*Dégueulasse.*«

Sie freuten sich über ihr Trinkgeld. Wir hofften, sie würden ausgehen, sich ein herrliches, quietschfideles Mahl gönnen und das Aufräumen anderen überlassen.

Didier hockte mit Kehrblech und Feger auf den Knien und fegte die Betonkrümel aus einer Ecke. Es war wohltuend, diese menschliche Zerstörungsmaschine einmal mit so delikaten Aufgaben beschäftigt zu sehen; es bedeutete, daß seine Arbeit beendet war.

Er stand auf und leerte das Kehrblech in eine Papiertüte und steckte sich eine Zigarette an. »Das wär's«, sagte er. »*Normalement* würde morgen der Anstreicher kommen.« Wir gingen nach draußen, wo Eric die Schaufeln und Eimer und Werkzeugkästen hinten auf den Laster packte. Didier grinste. »Sie haben doch nichts dagegen, wenn wir den Betonmixer mitnehmen?«

Ich sagte, wir kämen wahrscheinlich ohne ihn aus, und die beiden schoben ihn eine Holzplanke hoch und vertauten ihn am Fahrersitz. Didiers Spaniel beobachtete das Verladen des Betonmixers mit aufgestellten Ohren und sprang dann auf den Laster und legte sich neben das Armaturenbrett.

»*Allez!*« Didier streckte die Hand aus. Sie fühlte sich an wie gesprungenes Leder. »Bis Sonntag.«

Der Malermeister kam am Tag darauf, malte und ging. Jean-Pierre, der Teppichleger, kam. Die Frauen hatten sich offenbar durchgesetzt: Anläßlich ihres Staatsbesuches mußte alles fertig sein.

Am Freitag abend waren nur noch ein paar Meter Teppich zu verlegen.

»Ich komme morgen früh«, sagte Jean-Pierre. »Am Nachmittag werden Sie die Möbel stellen können.«

Zur Mittagszeit ging es bloß noch darum, den Teppich unter einer Holzleiste an der Türschwelle des Zimmers zu befestigen. Beim Bohren der Löcher für das Einschrauben der Holzleiste durchstieß Jean-Pierre das Rohr der Heißwasserleitung, die unter dem Fußboden verlief, und im Türrahmen sprudelte ein Wasserstrahl wie ein malerischer kleiner Brunnen.

Wir stellten die Wasserzufuhr ab, rollten den durchnäßten Teppich zurück und riefen Monsieur Menicucci an. Nach einem ganzen Jahr voller Warnzeichen und Notfälle kannte ich seine Nummer auswendig.

»*O là là!*« Er meditierte einen Augenblick schweigend. »Der Fußboden wird aufgebrochen werden müssen, damit ich die Leitung flicken kann. Sie sollten Madame besser darauf vorbereiten. Es wird ein bißchen Staub geben.«

Madame war einkaufen gegangen. Sie erwartete bei ihrer Rückkehr ein trockenes, sauberes und mit Teppich ausgelegtes Schlaf-, Bade- und Ankleidezimmer vorzufinden. Sie würde eine Überraschung erleben. Ich riet Jean-Pierre, im eigenen Interesse nach Hause zu gehen. Sie würde ihn wahrscheinlich umbringen wollen.

»Was ist das für ein Lärm?« fragte sie, als ich zu ihr nach draußen ging, während sie noch den Wagen parkte.

»Der Schlagbohrer von Menicucci.«

»Ach ja. Natürlich.« Sie war auf gefährliche Weise ruhig. Ich war heilfroh, daß Jean-Pierre heimgegangen war.

Auf der Suche nach der lecken Stelle hatte Menicucci einen

Graben im Fußboden ausgehoben. Wir konnten die Heißwasserleitung mit ihrem sauberen Loch erkennen.

»*Bon*«, sagte er. »Jetzt müssen wir sichergehen, daß es in der Leitung keine Blockade gibt, bevor ich löte. Bleiben Sie da, um zu beobachten. Ich werde durch den Hahn im Badezimmer blasen.«

Ich beobachtete. Menicucci blies. Ich bekam einen Stoß staubigen Wassers ins Gesicht.

»Was sehen Sie?« rief er vom Badezimmer.

»Wasser!« rief ich zurück.

»*Formidable*. Dann muß die Leitung frei sein.«

Er führte die Reparatur durch und ging heim, um sich das Rugbyspiel im Fernsehen anzusehen.

Wir machten sauber und versicherten uns gegenseitig, daß alles gar nicht so schlimm sei. Der Teppich würde trocknen. Der Schutt füllte kaum einen Eimer. Die Spuren vom Lötkolben konnte man übermalen. Sofern man den zackigen, gähnenden Graben außer acht ließ, konnte man die Zimmer als fertig und vollendet betrachten. Außerdem hatten wir gar keine Wahl. In wenigen Stunden würde Sonntag sein.

Vor 11.30 Uhr erwarteten wir niemanden, hatten jedoch die magnetische Anziehungskraft des Champagners auf Franzosen unterschätzt. Als es erstmals an der Tür klopfte, war es nicht einmal halb elf. Innerhalb einer Stunde waren bis auf Didier und seine Frau alle eingetroffen. Sie stellten sich an der Wand des Eßzimmers auf. Alle waren im Sonntagsstaat und stürzten von Zeit zu Zeit von der schützenden Wand nach vorn, um sich Essen zu schnappen.

Als Kellner, der verantwortlich war, daß die Gläser gefüllt blieben, wurde ich mir eines weiteren fundamentalen Unterschieds zwischen Engländern und Franzosen bewußt. Wenn die Engländer auf einen Drink hereinkommen, bleibt während der Unterhaltung, beim Rauchen und Essen das Glas wie festgeschraubt in der Hand. Es wird beiseite gestellt, ungern, wenn die Natur ruft – wenn man sich die Nase putzen oder aufs WC muß –, und beide Hände vonnöten sind, doch ist es immer irgendwie in der Nähe und nie außerhalb des Gesichtsfelds.

Bei den Franzosen ist das anders. Kaum hat man ihnen ein Glas in die Hand gedrückt, so haben sie es auch schon irgendwo hingestellt, vermutlich weil sie es schwierig finden, sich zu unterhalten, wenn sie nur eine Hand frei haben. So bilden sich Grüppchen von Gläsern, und nach ein paar Minuten wird es völlig unmöglich, die einzelnen Gläser zuzuordnen. Die Gäste, die nicht bereit sind, das Glas eines andern zu nehmen, doch unfähig sind, ihr eigenes zu entdecken, starren sehnsüchtig auf die Champagnerflasche. Es werden frische Gläser verteilt, und die gleiche Geschichte beginnt von neuem.

Ich überlegte, wie lang es wohl dauern würde, bis unser Vorrat an Gläsern erschöpft wäre und wir uns der Teetassen bedienen müßten, als das vertraute Geräusch eines jaulenden Dieselmotors vernehmbar wurde und Didiers Laster hinters Haus fuhr und er mit seiner Frau durch die Hintertür vom Hof hereinkam. Es war seltsam. Ich wußte, daß Didier ein Auto besaß, und seine Frau war von Kopf bis Fuß in feinstes Wildleder gekleidet, mit dem sich's auf dem sandigen Sitz im Laster bestimmt nicht angenehm saß.

Christian kam durchs Zimmer auf mich zu und nahm mich beiseite.

»Ich glaube, wir könnten da ein kleines Problem haben«, meinte er. »Sie sollten besser mit nach draußen kommen.«

Ich folgte ihm. Didier nahm den Arm meiner Frau und kam hinter mir her. Als wir durch das Haus gingen, schaute ich mich um und bemerkte, daß alle folgten.

»*Voilà!*« sagte Christian und deutete auf Didiers Lastwagen. Hinten, dort, wo normalerweise der Betonmixer stand, befand sich ein birnenförmiges Gebilde von einem Meter Höhe und etwas größerer Breite. Es war in ein grelles grünes Crèpepapier eingewickelt und mit weißen, roten und blauen Pfeilen übersät.

»Das ist für Sie. Von uns allen«, sagte Christian. »*Allez.* Packen Sie es aus.«

Didier formte mit den Händen einen Steigbügel, und mit müheloser Galanterie, die Zigarette zwischen den Lippen, hob er meine Frau vom Boden und auf Schulterhöhe, so daß sie auf den Laster steigen konnte. Ich kletterte nach, und wir lösten das grüne Geschenkpapier.

Die letzten Streifen Papier fielen unter Beifall der umstehenden Gäste und einigen schrillen Pfiffen von Ramon dem Gipser, und wir standen im Sonnenschein hinten auf dem Laster und blickten in die hochgereckten Gesichter und auf unser Geschenk.

Es war eine *jardinière,* eine Antiquität, ein massives kreisrundes Becken, das per Hand aus einem einzigen Steinblock geschnitten worden war, lange bevor Steinfräsmaschinen erfunden wurden. Sie hatte dicke Seitenwände, die ein ganz klein bißchen unregelmäßig waren, aus blassem, verwittertem Grau. Sie war mit Erde gefüllt und mit Primeln bepflanzt. Wir wußten nicht, was wir sagen sollten oder wie wir es sagen sollten. Wir waren überrascht, gerührt und kamen mit unserem unzureichenden Französisch ins Straucheln. Gott sei Dank unterbrach uns Ramon der Gipser.

»*Merde!* Ich hab Durst. Es hat genug Reden gegeben. Laßt uns was trinken.«

Die Formalität der ersten Stunde verschwand. Jacketts wurden ausgezogen. Man sprach dem Champagner zu. Die Männer zeigten ihren Frauen das Haus, gaben mit ihrer Arbeit an, deuteten im Badezimmer auf die englischen Wasserhähne, die mit »Hot« und »Cold« beschriftet waren, öffneten die Schubladen, um nachzusehen, ob der Schreiner auch die Innenseite glatt gekriegt hatte, berührten alles wie neugierige Kinder.

Christian organisierte ein Team, das den schweren Steinblock vom Lastwagen lud, und acht beschwipste Männer in ihren besten Anzügen schafften es irgendwie, ohne verletzt zu werden, die gefährliche Masse über zwei durchhängende Holzplanken nach unten auf den Boden zu manövrieren. Madame Ramon hatte die Oberaufsicht. »*Ah, les braves hommes!*« sagte sie. »Paßt auf, daß ihr euch nicht die Fingernägel schmutzig macht.«

Die Menicuccis gingen als erste. Nachdem sie sich inmitten von *patés,* Käse, Kuchen und Champagner alle Ehre gemacht hatten, waren sie auf und davon zu einem späten Mittagessen, allerdings nicht, ohne den Feinheiten geselliger Pflicht genügt zu haben. Sie absolvierten eine zeremonielle Tour an allen übrigen Gästen vorbei, schüttelten Hände, küßten Wangen, tauschten *bons appetits* aus. Ihr Abschied nahm eine Viertelstunde in Anspruch.

Die anderen machten den Eindruck, als hätten sie sich für den Rest des Tages bei uns häuslich eingerichtet. Sie aßen und tranken sich unbeirrbar durch alles, was sich in Reichweite befand. Ramon ernannte sich selbst zum Hofkomiker und erzählte eine Reihe von Witzen, die jedesmal gröber und komischer wurden. Nachdem er uns erläutert hatte, daß man das Geschlecht von Tauben bestimmen könnte, indem man sie in den Kühlschrank legt, legte er eine Trinkpause ein.

»Wie hat ein nettes Mädchen wie deine Frau nur einen so alten *mec* wie dich heiraten können?« wollte Didier wissen. Mit großer Anstrengung setzte Ramon sein Champagnerglas ab und hielt sich beide Hände vor den Körper wie ein Fischer, der veranschaulicht, wie ihm ein Fisch entkommen ist. Von weiteren Offenbarungen wurde er glücklicherweise durch ein großes Stück Pizza abgehalten, das ihm seine Frau in den Mund schob. Sie wußte genau, was sonst kommen würde.

Als die Sonne quer über den Hof glitt und er bereits im Schatten des Nachmittags lag, begannen die Gäste ihre Abschiedstouren zu drehen – weiteres Händeschütteln und Küssen und Innehalten zu einem letzten Glas.

»Kommen Sie mit. Zum Mittagessen«, sagte Ramon. »Oder zum Abendessen. Wie spät ist es?«

Es war drei Uhr. Nach vier Stunden Essen und trinken befanden wir uns nicht im geeigneten Zustand für das *Cous-Cous*, das Ramon vorschlug.

»Schön«, sagte er. »Wenn Sie unbedingt Diät halten wollen, *tant pis.*«

Er gab seiner Frau die Autoschlüssel und lehnte sich im Beifahrersitz zurück, beide Hände über dem Bauch gefaltet und mit strahlendem Gesicht beim Gedanken an eine solide Mahlzeit. Er hatte die anderen Paare überredet, mit ihm zu kommen. Wir winkten ihnen zum Abschied und kehrten ins leere Haus zurück, zu den leeren Tellern und den leeren Gläsern. Es war ein schönes Fest gewesen.

Wir schauten durchs Fenster zur alten Steinurne mit den leuchtenden Blumen. Es würde wenigstens vier Männer brauchen, um sie von der Garage in den Garten zu bugsieren, und vier Männer zu organisieren – das ließ sich in der Provence nicht über Nacht in die Wege leiten. Dazu waren Inspektionsbesuche, gemeinsames Trinken, hitzige Debatten nötig. Termine würden vereinbart und vergessen werden. Man würde mit den Schultern zucken. Die Zeit würde vergehen. Möglicherweise würden wir das Becken im nächsten Frühjahr an der richtigen Stelle sehen. Wir lernten, in Jahreszeiten zu denken statt in Tagen oder Wochen. Die Provence würde unseretwegen ihr Tempo nicht ändern.

Es war genügend *foie gras* übriggeblieben, um einen Salat mit dünnen Scheiben zu garnieren, und am flachen Ende des Swimmingpools kühlte eine letzte Flasche Champagner. Wir legten noch ein paar Scheite aufs Kaminfeuer und dachten an unsere erste provenzalische Weihnacht.

Es war nicht ohne Ironie: Während des ganzen Jahres hatten wir Gäste gehabt, die wegen der Arbeiten am Haus oft große Unannehmlichkeiten und primitive Lebensumstände ertragen mußten. Jetzt hatten wir das saubere und fertige Haus ganz für uns allein. Die letzten Gäste hatten uns in der vergangenen Woche verlassen, und die nächsten würden erst im neuen Jahr kommen. Weihnachten würden wir alleine verbringen.

Als wir aufwachten, schien die Sonne. Das Tal war still und leer – und die Küche ohne Elektrizität. Die Lammkeule, die nur in den Herd geschoben werden mußte, erhielt eine Gnadenfrist, und wir sahen uns der entsetzlichen Wahrscheinlichkeit gegenüber, mit einem Festmahl von Brot und Käse auskommen zu müssen. Sämtliche Restaurants der Umgebung würden seit Wochen ausgebucht sein.

In Zeiten, wenn eine Krise das Wohlbefinden des Magens

gefährdet, zeigen die Franzosen sich von ihrer angenehmsten Seite. Erzählen Sie ihnen Geschichten von Körperverletzungen oder finanziellem Ruin – sie werden lachen oder höfliches Mitgefühl bekunden. Erzählen Sie ihnen aber, Ihnen stünden gastronomische Härtesituationen bevor, und sie werden Himmel und Erde und sogar Restauranttische in Bewegung setzen, um Ihnen zu helfen.

Wir riefen bei Maurice an, dem *Chef* der Auberge de la Loube in Buoux, und fragten an, ob es bei den Reservierungen eventuell Annullierungen gegeben habe. Nein. Jeder Tisch war besetzt. Wir erläuterten unser Problem. Darauf folgte ein entsetztes Schweigen, dann: »Sie werden vielleicht in der Küche essen müssen, aber kommen Sie auf jeden Fall. Irgendwie kriegen wir das schon hin.«

Wir aßen an einem winzigen Tisch zwischen Mücheneingang und offenem Kaminfeuer gleich neben einer großen Familie in Feststimmung.

»Ich habe Lammkeule, wenn Sie mögen«, sagte Maurice. Wir erzählten ihm, daß wir schon daran gedacht hätten, unsere Lammkeule mitzubringen und ihn zu bitten, sie für uns zuzubereiten. Er lächelte. »Das ist nicht der Tag, um ohne Herd zu sein.«

Wir aßen geruhsam und gut und sprachen von den Monaten, die vorübergegangen waren wie Wochen. Da gab es so viel, was wir noch nicht getan oder gesehen hatten. Unser Französisch war noch immer ein unschönes Gemisch aus schlechter Grammatik und dem Jargon von Bauleuten. Wir hatten es irgendwie fertiggebracht, die Festspiele von Avignon komplett zu versäumen, die Eselsrennen in Goult, den Ziehharmonikawettbewerb, Faustins Familienausflug in die Basses-Alpes im August, das Weinfest in Gigondas, die Hundeschau in Ménerbes und eine Menge von Dingen, die sich draußen abgespielt hatten. Es war ein Jahr gewesen, in dem wir sehr mit uns selbst beschäftigt und meist ans Haus und an dieses Tal gebunden gewesen waren. Ein faszinierendes, in manchem frustrierendes, oft unbequemes Jahr, das aber nie langweilig oder enttäuschend gewesen war. Vor allem fühlten wir uns hier zu Hause.

Maurice brachte Gläser mit *Marc* und zog einen Stuhl heran. *»Happy Christmas«*, sagte er. Dann war es aus mit seinem Englisch. *»Bonne Année.«*

Peter Mayle

Toujours Provence

Für Jennie, wie immer,
und für meine Freunde und Partner
bei meinen Untersuchungen,
die auf so vielfältige Weise großzügig waren:
Michel aus Châteauneuf, Michel aus Cabrières,
Henriette und Faustin, Alain, der Trüffeljäger,
Christopher, Catherine und Bernard.

Mille mercis

Inhaltsverzeichnis

Les Invalides

Ich war in eine Apotheke in Apt gefahren, um Zahnpasta und Sonnenöl zu kaufen, zwei völlig harmlose und gesunde Produkte. Als ich wieder zu Hause ankam und sie aus der Tasche holte, merkte ich, daß mir das Mädchen, das mich bedient hatte, ein lehrreiches, doch verwirrendes Geschenk dazugelegt hatte. Es war ein aufwendiger, vierfarbig gedruckter Prospekt, der vorn eine Schnecke zeigte, die auf einer Toilette saß. Sie wirkte leidend, ganz als hätte sie dort bereits ein Weilchen gesessen, ohne Großes zu leisten. Die Fühler hingen schlaff herunter. Ihr Blick war trüb. Über dem Bild stand als Text: *La Constipation.*

Womit hatte ich das verdient? Machte ich den Eindruck eines verstopften Menschen? Oder lieferte die Tatsache, daß ich Zahnpasta und Sonnenöl gekauft hatte, dem fachfraulichen Auge der Apothekerin ein Indiz – einen Hinweis, daß mit meinem Verdauungssystem etwas nicht in Ordnung war? Ob das Mädchen etwas wußte, was ich nicht wußte? Ich begann den Prospekt zu lesen.

»Nichts«, hieß es da, »ist so alltäglich und kommt so häufig vor wie Verstopfung.« Laut Verfasser litten rund zwanzig Prozent der französischen Bevölkerung unter den Schrecken des *ballonnement* und der *gêne abdominale.* Trotzdem war für einen flüchtigen Beobachter wie mich den Menschen auf den Straßen, in den Bars und Cafés keinerlei Unwohlsein anzusehen – nicht einmal in den Restaurants, wo vermutlich zwanzig Prozent der Kundschaft trotz ihres *ballonnement* täglich zwei kräftige Mahlzeiten aßen. Welche Charakterstärke im Angesicht der Gefahr!

Ich hatte die Provence immer für eine besonders gesunde Gegend gehalten. Die Luft ist rein, das Klima trocken; es gibt frisches Obst und frisches Gemüse in Hülle und Fülle, man kocht mit Olivenöl, und Streß scheint es hier nicht zu geben – eine bekömmlichere Kombination von Lebensumständen war kaum mehr vorstellbar. Wenn jedoch zwanzig Prozent dieser Menschen mit ihren rotbackigen Gesichtern und ihrem herzhaften Appetit die Leiden verheimlichten, die durch einen Verkehrsstau im *transit intestinal* verursacht werden, mußte man sich fragen, was sie wohl sonst noch alles verheimlichten.

Ich beschloß, ein aufmerksameres Auge auf provenzalische Wehwehchen und Heilmittel zu richten, und so wurde mir nach und nach klar, daß es tatsächlich ein Lokalleiden gibt, das, wie ich inzwischen glaube, das ganze Land erfaßte. Es ist die Hypochondrie.

Ein Franzose fühlt sich nie unwohl: Er hat eine *crise*. Die beliebteste Krise ist die *crise de foie*, die eintritt, wenn die Leber endlich gegen die Strafen rebelliert, die ihr zugemutet werden durch *pastis*, Mahlzeiten mit fünf Gängen und den *vin d'honneur*, der zu allen Gelegenheiten serviert wird – von der Eröffnung eines Autoverkaufssalons bis zur Jahresversammlung der Kommunistischen Partei im Dorfe. Es gibt dagegen ein einfaches Mittel: keinen Alkohol und viel Mineralwasser. Doch eine viel befriedigendere Lösung des Problems – sie bestärkt den Patienten nämlich in dem Gefühl, er sei krank, und erspart ihm somit das Eingeständnis, über die

Stränge geschlagen zu haben – ist ein Besuch der Apotheke und die Inanspruchnahme der mitfühlenden Dame im weißen Kittel hinter dem Ladentisch.

Ich habe mich früher oft gefragt, warum die meisten Apotheken zwischen Bruchbändern und Packungen zur Behandlung von *cellulite* Stühle aufgestellt haben. Heute kenne ich den Grund: Damit man es bequemer hat beim Warten, während Monsieur Machin im Flüsterton und unter beträchtlichem Massieren der entzündeten Kehle, der empfindlichen Niere, des zurück-haltenden Darms oder was immer sonst ihm zu schaffen macht detailreich erläutert, wie es zu diesem schmerzvollen Zustand gekommen ist. Die Apothekerin, in Geduld und im Diagnostizieren geübt, hört aufmerksam zu, stellt ein paar Fragen und schlägt dann eine Reihe von möglichen Behandlungsmitteln vor. Sie holt Tüten, Töpfe und Ampullen herbei. Dann setzt die Diskussion von neuem ein. Schließlich wird eine Entscheidung getroffen, und fürsorglich faltet Monsieur Machin die wichtigen Zettel, bei deren Vorzeigen ihm die Sozialversicherung den größten Teil der Rezeptkosten zurückerstattet. Die ganze Geschichte hat fünfzehn oder auch zwanzig Minuten gedauert. Die Wartenden rücken einen Stuhl auf.

Solche Besuche beim Apotheker sind nur etwas für die gesünderen Invaliden. Bei ernsthaften Erkrankungen – oder auch eingebildeten ernsthaften Leiden – gibt es selbst in relativ abgelegenen Regionen wie der unsrigen ein ganzes Netz von Spezialisten für Erste Hilfe, das Gäste aus Großstädten überrascht, wo man erst Millionär werden muß, bevor man bequem krank sein kann. Alle Städte und viele Dörfer haben Ambulanzen, die täglich vierundzwanzig Stunden Dienst tun; ausgebildete Krankenschwestern machen

Hausbesuche, Ärzte ebenfalls – in London soll diese Praxis nahezu ausgestorben sein.

Im Frühsommer letzten Jahres hatten wir eine kurze, aber intensive erste Erfahrung mit dem französischen Gesundheitswesen. Unser Versuchskaninchen war Benson, ein junger Amerikaner, der Europa zum erstenmal besuchte. Als ich ihn vom Bahnhof in Avignon abholte, begrüßte er mich mit einem Krächzen und hielt sich ein Taschentuch vor den Mund. Ich wollte wissen, was mit ihm los sei.

Er deutete auf seinen Hals und gab keuchende Geräusche von sich.

»Mono«, sagte er.

Mono? Ich hatte keine Ahnung, was das war. Mir war jedoch bekannt, daß Amerikaner unter wesentlich komplizierteren Dingen leiden als wir – statt Prellungen haben sie Hämatome, statt Kopfweh Migräne, sie leiden unter Influenza. Ich murmelte, ein bißchen frische Luft würde ihn gewiß bald gesunden lassen, und half ihm in den Wagen. Wie ich auf der Heimfahrt erfuhr, war Mono der Kosename für Mononucleose – eine Virusinfektion, die unangenehmes Halsweh verursacht. »Wie Glassplitter«, erklärte Benson, der hinter Sonnenbrille und Taschentuch Schutz suchte. »Wir müssen meinen Bruder in Brooklyn anrufen. Er ist Arzt.«

Als wir zu Hause ankamen, war das Telefon kaputt. Da ein langes Wochenende begann, würden wir drei Tage lang ohne Telefon sein; normalerweise ein Segen. Wir mußten jedoch unbedingt in Brooklyn anrufen. Es gab nämlich ein ganz bestimmtes Antibiotikum, das Neueste, das Nonplusultra der Antibiotika, das, wie Benson erklärte, sämtliche bekannten Arten des Mono heilt. Ich fuhr also zur Telefonzelle in Les Baumettes und fütterte den Apparat mit Fünf-Franc-

14

Stücken, während man im Krankenhaus in Brooklyn Bensons Bruder suchte. Er nannte den Namen der Wunderdroge. Ich rief einen Arzt an und bat um einen Hausbesuch.

Binnen einer Stunde war er da und untersuchte den Kranken, der hinter seiner Sonnenbrille in einem abgedunkelten Zimmer ruhte.

»*Alors, monsieur ...*« hob der Arzt an, doch Benson ließ ihn nicht zu Wort kommen.

»Mono«, sagte er und zeigte auf seinen Hals.

»*Comment?*«

»Mono, Mann. Mononucleose.«

»*Ah, mononucléose. Peut-être, peut-être.*«

Der Arzt sah sich Bensons entzündeten Hals an und machte einen Abstrich. Er wollte den Virus einem Labortest unterziehen. Würde Monsieur jetzt bitte die Hosen herunterlassen? Er nahm eine Spritze in die Hand, die Benson mit einem Blick über die Schulter mißtrauisch beäugte, während er seine Calvin-Klein-Jeans langsam auf halbmast zog.

»Sagen Sie ihm, ich reagiere auf die meisten Antibiotika allergisch. Er soll meinen Bruder in Brooklyn anrufen.«

»*Comment?*«

Ich erläuterte das Problem. Ob der Herr Doktor die Wunderdroge zufällig in seiner Arzttasche bei sich habe? *Non.* Wir warfen uns, um Bensons Hintern herum, einen Blick zu. Der Hintern zuckte, als Benson schmerzhaft hustete. Der Arzt erklärte, er müsse dem Patienten gegen die Entzündung etwas verabreichen; Nebenwirkungen seien bei diesem Impfstoff extrem selten. Ich übersetzte.

»Na schön ... okay.« Benson bückte sich. Der Arzt impfte mit Schwung, wie ein Matador, der in hohem Bogen über die Hörner eine Stiers segelt.

»*Voilà!*«

Während Benson auf allergische Körperreaktionen wartete, die ihn in die Knie zwingen würden, informierte mich der Arzt, er würde für weitere Spritzen zweimal täglich eine Krankenschwester vorbeischicken. Mit den Laborergebnissen rechne er am Samstag, danach würde er die erforderlichen Verschreibungen sofort vornehmen. Er wünschte uns eine *bonne soirée*. Benson kommunizierte lauthals mit dem Taschentuch. Eine *bonne soirée* hielt ich für eher unwahrscheinlich.

Die Krankenschwester kam und ging, die Laborergebnisse trafen ein, und am Samstag abend erschien, wie versprochen, wieder der Arzt. Der junge Monsieur hatte recht gehabt. Es war *mononucléose*, die wir jedoch mit allen verfügbaren Mitteln französischer Medizin kurieren würden. Der Arzt begann zu kritzeln wie ein Poet unter Hochdruck. Aus seiner Feder floß ein Rezept nach dem anderen; es schien ganz so, als ob er sämtliche verfügbaren Arzneien zum Generalangriff forderte. Er reichte mir einen Stapel Rezepte mit Hieroglyphen und wünschte uns ein *bon weekend*. Auch das war unwahrscheinlich.

Der Sonntag eines langen Wochenendes ist nicht eben die beste Zeit, um auf dem französischen Land eine geöffnete Apotheke zu finden. Die einzige meilenweit war die *pharmacie de garde* am Stadtrand von Cavaillon. Ich kam um acht Uhr dreißig dort an, fast gleichzeitig mit einem Mann, der ein Bündel von Rezeptscheinen umklammerte, das fast so dick war wie meins. Gemeinsam lasen wir den Zettel, der an die Glasscheibe der Tür geklebt war: vor zehn Uhr wurde nicht geöffnet.

Der Mann seufzte und musterte mich von Kopf bis Fuß.

»Sind Sie ein Notfall?«

Nein. Ich war nur für einen Freund hier.

Er nickte. Er hatte eine starke *arthrose* in der Schulter und außerdem irgendeinen bösartigen Pilz am Fuß. Er würde auf keinen Fall eineinhalb Stunden lang in der Sonne stehen, bis die Apotheke öffnete. Er ließ sich neben der Tür auf dem Bürgersteig nieder und vertiefte sich in das erste Kapitel seiner Rezeptur. Ich beschloß, frühstücken zu gehen.

»Kommen Sie rechtzeitig zurück«, riet er mir. »Heute kommen viele Leute.«

Wie konnte er das wissen? War ein Sonntagsbesuch der Apotheke vor dem Mittagessen hier etwa gang und gäbe? Ich dankte und ignorierte den Rat: Ich vertrieb mir die Zeit in einem Café mit der Lektüre einer alten Ausgabe von *Le Provençal.*

Als ich kurz vor zehn Uhr zur Apotheke zurückkehrte, schien sich *le tout Cavaillon* vor dem Eingang versammelt zu haben. Da standen Dutzende von Menschen mit ihren umfangreichen Verschreibungen und tauschten Symptome aus wie Angler, die einen Preisfisch beschreiben. Monsieur *Angine* prahlte mit seinem heiseren Hals. Madame *Varices* revanchierte sich mit ihrer Krampfadergeschichte. Die Hinkenden und Gelähmten plauderten fröhlich drauflos, schauten zwischendurch immer wieder mal auf die Uhr und drängten noch ein Stückchen näher zur nach wie vor verschlossenen Tür. Doch endlich – ein Murmeln, *enfin* und *elle arrive* – erschien ein Mädchen aus der hinteren Apotheke, schloß auf und wich geschickt zur Seite, als die Herde ins Innere stampfte. Mir fiel nicht zum erstenmal auf, daß die angelsächsische Gewohnheit eines geordneten Anstehens in Frankreich unbeliebt ist. Ich mußte wohl eine halbe Stunde warten, bis ich eine

17

Lücke im Gedränge nutzen konnte, um der Apothekerin meine Papiere zu reichen. Sie nahm eine Plastiktasche, die sie mit Schachteln und Flaschen zu füllen begann, und stempelte jedes Rezept ab – das Original für mich, eine Kopie für sich –, während sie sich durch den Stapel arbeitete. Die Tasche drohte bereits zu platzen; ein Rezept stand noch aus. Die Apothekerin verschwand und kam nach fünf Minuten mit leeren Händen zurück. Was immer es sein mochte – es war leider nicht vorrätig: Ich müßte es mir bei einer anderen Apotheke besorgen, das sei allerdings kein Problem, die wesentlichen Medikamente befänden sich in der Tasche – genug, wie mir schien, um ein ganzes Regiment von den Toten zu erwecken.

Benson lutschte und gurgelte und inhalierte sich durch das Menü. Am nächsten Morgen trat er aus dem Schatten des Grabes und fühlte sich hinreichend wiederhergestellt, um uns auf der Suche nach der letzten, noch fehlenden Medizin zur Apotheke in Ménerbes zu begleiten.

Drinnen saß bei unserer Ankunft einer der Dorfältesten wartend auf einem Hocker, bis seine Einkaufstasche mit Heilmitteln vollgestopft war. Da er neugierig war, unter was für exotischen Gebrechen die Ausländer litten, blieb er sitzen, als unser Rezept bearbeitet wurde, und beugte sich vor, um zu sehen, was die Schachtel enthielt, die dann auf die Theke gelegt wurde.

Die Apothekerin machte die Schachtel auf und nahm einen in Folienpapier eingewickelten Gegenstand von der Größe einer Alka-Seltzer-Schachtel heraus, den sie Benson überreichte.

»*Deux fois par jour*«, sagte sie.

Benson schüttelte den Kopf und legte die Hand auf den Hals.

»Zu groß«, sagte er. »So was Großes krieg ich nicht hinunter.«

Wir übersetzten der Apothekerin seine Bedenken. Bevor sie antworten konnte, bekam der Alte einen Lachkrampf, so daß er auf seinem Hocker gefährlich ins Schaukeln geriet. Er wischte sich mit dem Rücken seiner verknoteten Hand die Augen.

Die Apothekerin setzte ein freundliches Lächeln auf und machte behutsame Gesten, mit denen sie das Objekt in der Folie sanft nach oben schob. »C'est un suppositoire.«

Benson war verwirrt. Der Alte, der immer noch lachte, sprang vom Hocker und nahm das Zäpfchen in die Hand. »Regardez«, sagte er zu Benson. »On fait comme ça.«

Er trat ein paar Schritte von der Theke weg, um Platz zu haben, bückte sich, hielt das Zäpfchen über den Kopf und führte es mit einer fließenden Rückwärtsbewegung des Arms fest und bestimmt ans Gesäß. »Tok!« sagte der Alte und sah Benson an. »Vous voyez?«

»In den Arsch?« Benson schüttelte erneut den Kopf. »He, ist das komisch. Großer Gott!« Er setzte die Sonnenbrille auf und wich zurück. »Bei uns daheim macht man das nicht.«

Wir versuchten es ihm zu erklären: Es handele sich um eine äußerst wirksame Methode, Arznei in den Blutkreislauf zu bringen. Er war nicht zu überzeugen. Und als wir drauf hinwiesen, davon würde er wenigstens kein Halsweh bekommen, fand er uns gar nicht lustig. Ich habe mich oft gefragt, was er seinem Bruder in Brooklyn wohl erzählt hat.

Kurz darauf begegnete ich auf einem Spaziergang im Wald unserem Nachbarn Massot, dem ich vom Vorfall mit dem Zäpfchen berichtete. Er fand das sehr komisch, wußte aber von einer Begebenheit, die wirklich dramatique gewesen sei und alles in den Schatten stelle – die Geschichte von einem alten Mann, der wegen seines Blinddarms ins Krankenhaus gebracht wurde und ohne sein linkes Bein wieder aufwachte. Amputiert. *Beh oui.*

Das sei ganz bestimmt keine wahre Geschichte, warf ich ein. Massot hielt an ihr fest.

»Wenn ich einmal krank werden sollte«, sagte er, »dann geh ich zum Veterinär. Ärzten trau ich nicht.«

Glücklicherweise ist Massots Meinung über die französische Medizin so realitätsfern wie die meisten seiner Ansichten. Vielleicht gibt es in der Provence Ärzte mit einer Schwäche fürs Amputieren; wir haben von keinem gehört. Abgesehen vom Fall der Mononucleose, haben wir überhaupt nur ein einziges Mal mit dem Arzt zu tun gehabt, und da handelte es sich um einen Anfall von Bürokratie.

Es war der Höhepunkt eines monatelangen Hin und Hers von Papieren, die wir benötigten, um unsere *cartes de séjour* zu bekommen – die Ausweispapiere für in Frankreich ansässige Ausländer. Wir waren auf der *mairie* gewesen, der *préfecture,* dem *bureau des impôts* und noch einmal auf der *mairie.* Wir mußten jedesmal erfahren, daß ein zusätzliches Formular erforderlich sei, welches, *naturellement,* nur bei einer anderen Behörde erhältlich war. Als wir am Ende überzeugt waren von der Vollständigkeit unserer Dossiers mit Urkunden, Bescheinigungen, Erklärungen, Fotos und einschlägigen Statistiken, machten wir uns auf den Weg zum, wie wir meinten, letzten, siegreichen Besuch der *mairie.*

Die Dossiers wurden überprüft. Da schien alles ganz in Ordnung. Wir würden dem Staat nicht zur Last fallen. Wir waren nicht vorbestraft. Wir würden französischen Arbeitern keine Arbeit wegnehmen. *Bon.* Die Dossiers wurden zugeklappt. Nun hatten wir endlich den offiziellen Wohnsitz in Frankreich.

Die Sekretärin der *mairie* lächelte, schob uns zwei neue Formulare zu und erklärte: Wir müßten uns ärztlich untersuchen lassen und den Nachweis erbringen, daß wir an Körper und Seele gesund seien. Docteur Fenelon in Bonnieux sei gern bereit, uns zu untersuchen. Ab nach Bonnieux.

Docteur Fenelon war freundlich und prompt, röntgte uns und ging mit uns zusammen das Kleingedruckte eines kurzen Fragebogens durch. Ob wir verrückt seien? Nein. Epileptiker? Nein. Drogensüchtig? Alkoholiker? Mit Neigung zu Ohnmachtsanfällen? Ich rechnete schon mit einem Verhör über unser Verdauungssystem – vielleicht aus Sorge, daß wir den verstopften Bevölkerungsanteil in Frankreich erhöhen könnten –, das schien die Einwanderungsbehörden dann aber doch nicht zu interessieren. Wir unterzeichneten die Formulare. Docteur Fenelon unterschrieb und öffnete eine Schublade, der er zwei weitere Formulare entnahm.

Er war verlegen. »*Bien sûr, vous n'avez pas le problème, mais ...*« Er zuckte die Achseln und erklärte, wir müßten mit den Formularen zu einer Blutuntersuchung nach Cavaillon, ehe er uns unsere *certificats sanitaires* aushändigen könne.

Ob wir auf etwas Bestimmtes hin untersucht würden?

»*Ah, oui.*« Er wurde noch verlegener. »*La syphilis.*«

Der englische *Écrevisse*

S chriftsteller führen ein Hundeleben, aber es ist das einzige Leben, das sich lohnt.« So sah es Flaubert, und es ist eine recht gute Umschreibung dessen, was man empfindet, wenn man beschlossen hat, den Arbeitstag damit zu verbringen, Wörter auf Papier zu schreiben.

Die meiste Zeit ist es eine einsame, monotone Tätigkeit. Gelegentlich wird man mit einem guten Satz belohnt – oder, besser, mit dem, was man selbst für einen guten Satz hält; es sagt einem ja keiner. Es gibt lange unproduktive Phasen, die einen verleiten, darüber nachzudenken, ob man nicht doch besser einer regelmäßigen und nützlichen Beschäftigung nachginge – etwa als Buchhalter. Man wird ständig von Zweifeln geplagt, ob überhaupt jemand lesen will, was man da schreibt; von Panikgefühlen, Termine nicht einhalten zu können, die man sich selber gesetzt hat; von der demütigenden Erkenntnis, daß solche Termine der übrigen Menschheit völlig gleichgültig sind. Ob tausend Wörter am Tag oder keines – das ist für niemanden (außer einem selbst) von Bedeutung. Der Teil des Lebens als Schriftsteller ist ganz zweifellos ein Hundeleben.

Was das Ganze lebenswert macht, ist der Schock des Glücksmoments angesichts der Entdeckung, daß man Menschen, denen man nie begegnet ist, ein paar Stunden Entspannung und Unterhaltung geschenkt hat. Und falls solche Menschen einem das sogar schreiben, bedeutet das Eintreffen solcher Briefe Applaus. Es macht die ganze Schinderei wieder wett. Man legt den Gedanken an eine Karriere als Buchhalter neuerlich ad acta und stellt erste Überlegungen zu einem neuen Buch an.

Der erste Brief erreichte mich kurz nach der Publikation meines Buchs *Mein Jahr in der Provence* im April. Er kam aus Luxemburg, ein höflicher Brief voller Komplimente, und ich habe ihn mir an dem Tag immer wieder angesehen. In der folgenden Woche erkundigte sich ein zweiter Briefschreiber, wie man in Neuseeland Trüffel anbauen kann. Dann tröpfelten Briefe herein aus London, aus Beijing, aus Queensland, von Ihrer Majestät Gefängnisanstalt in Wormwood Scrubs, von der englischen Kolonie an der Riviera, aus abgelegenen Teilen der Grafschaft Wiltshire und dem Hügelland Surreys – einige auf feinstem Briefpapier mit einer noblen, geprägten Adresse, andere auf Blättern, die aus Kladden herausgerissen worden waren, einer auf der Rückseite eines Streckenplans der Londoner U-Bahn. Sie waren oft so ungenau adressiert, daß die Post Wunder an detektivischer Arbeit geleistet haben mußte. Ein Brief an »*Les Anglais,* Bonnieux« kam an, obwohl wir nicht in Bonnieux wohnen. Mich hat auch ein Brief mit folgender Adresse erreicht: »*L'Écrevisse Anglais,* Ménerbes, Provence.« Dieser Umschlag ist mir von allen der liebste.

Es waren freundliche und ermutigende Briefe, die ich, wenn die Absender ihre Anschrift angaben, auch beantwortete, in der Annahme, das sei das Ende vom Lied. Oft war dem aber nicht so. Es dauerte gar nicht lang, und wir fanden uns in der Rolle von Beratern vor Ort wieder, die über alle Aspekte des Lebens in der Provence Auskunft gaben – vom Häuserkauf bis zum Finden eines Babysitters. Eine Frau aus Memphis in den Vereinigten Staaten rief an, um sich nach der Einbruchsrate im Vaucluse zu erkundigen. Ein Fotograf aus der englischen Grafschaft Essex wollte wissen, ob er mit Aufnahmen vom Lubéron seinen Lebensunterhalt verdienen könnte. Ehepaare, die überlegten, ob sie sich in der Provence niederlassen sollten, stellten seitenlang Fragen. Würden ihre Kinder ohne Probleme die Schulen am Ort besuchen können? Wie hoch die Lebenskosten seien? Wie stand es mit Ärzten? Mit der Einkommensteuer? Ob es einsam sei? Ob sie hier wohl glücklich werden würden?

Wir antworteten nach bestem Wissen und Gewissen, empfanden es aber doch als leicht beunruhigend, in persönliche Entscheidungen von Menschen hineingezogen zu werden, die uns völlig fremd waren.

Mit dem Sommer kam an Stelle der Post im Briefkasten etwas anderes: Briefschreiber wurden zu Menschen, die plötzlich leibhaftig in unserer Einfahrt standen.

Es war ein heißer, trockener Tag, und ich befreite die steinharte Erde gerade auf provenzalische Art mit der Spitzhacke von Unkraut, da fuhr ein Wagen vor, der Fahrer stieg mit einem breitem Lächeln aus und wedelte mit meinem Buch.

»Hab Sie aufgespürt!« sagte er. »Hab im Dorf ein bißchen Detektiv spielen müssen. War aber kein Problem.«

Ich signierte das Buch und fühlte mich wie ein richtiger Schriftsteller. Als meine Frau aus Cavaillon zurückkehrte, war sie beeindruckt. »Ein Fan! Warum hast du kein Foto von ihm gemacht? Erstaunlich! Daß sich jemand *die* Mühe macht!«

Als wir ein paar Tage später zum Abendessen ausgehen

wollten und hinter der Zypresse im Vorgarten eine hübsche Blondine lauerte, war sie nicht beeindruckt.

»Sind Sie's?« fragte die Blondine.

»Ja«, antwortete meine Frau. »Was für ein Pech! Wir gehen gerade aus.«

»Sie hätte ein Fan von mir sein können«, sagte ich später zu meiner Frau.

»So ein Fan kann mir gestohlen bleiben«, sagte meine Frau. »Und laß das selbstzufriedene Grinsen!«

Im Juli und August gewöhnten wir uns an unbekannte Gesichter vor der Haustür. Die meisten waren wohlerzogen, entschuldigten sich, wollten nur ein signiertes Exemplar meines Buches und waren dankbar, wenn sie bei einem Glas Wein ein paar Minuten im schattigen Hof sitzen durften. Der große Steintisch, den wir mit so großer Mühe am Ende doch hatten aufstellen können, schien alle zu faszinieren.

»*Das* ist also der Tisch«, hieß es dann wohl, und sie liefen um ihn herum und ließen die Finger über die Platte gleiten, als wäre er ein großes Meisterwerk von Henry Moore. Es war ein merkwürdiges Gefühl, uns, unsere Hunde (die es genossen) und unser Haus mit so großem Interesse bestaunt zu sehen. Es war aber unvermeidlich, daß gelegentlich Besuch kam, der eher wie eine Invasion wirkte und uns gar nicht merkwürdig schien, sondern schlicht irritierte.

Eines Nachmittags war die Temperatur auf über dreißig Grad angestiegen, als, von uns unbemerkt, Ehemann und Ehefrau nebst einer Freundin der Gattin mit farblich genauestens aufeinander abgestimmten sonnenverbrannten knallroten Nasen und Knien am Ende unserer Einfahrt parkten und zum Haus herüberkamen. Unsere schlafenden Hunde hatten nichts gehört. Als ich ein Bier aus dem Haus holen wollte, fand ich sie im Wohnzimmer vor, wo sie sich munter über die Bücher in den Regalen und die Möbel unterhielten. Ich war sprachlos. Sie nicht.

»Da sind Sie ja«, sagte der Mann. »Wir haben Teile Ihres Buchs im Vorabdruck der *Sunday Times* gelesen und wollten nur mal vorbeischauen.«

Das war alles. Keine Entschuldigung, keinerlei Anzeichen von Verlegenheit, kein Gedanke daran, daß *ich* von dem Besuch möglicherweise nicht begeistert sein könnte. Sie hatten noch nicht einmal mein Buch gekauft: Wollten warten, bis die Taschenbuchausgabe herauskäme; gebundene Bücher seien heute so teuer. Sie strahlten eine besonders unglückliche Mischung von Anbiederung und Herablassung aus.

Es kommt selten vor, daß ich beim ersten Anblick etwas gegen Menschen habe. Aber gegen die hatte ich was. Ich forderte sie auf, das Haus zu verlassen.

Die roten Flechten des Mannes wurden noch röter. Er plusterte sich auf wie ein beleidigter Truthahn, der gerade die schlechte Nachricht vom Weihnachtsfest erfahren hat.

»Aber wir sind den ganzen Weg von Saint-Rémy hierhergekommen.« Ich bat ihn, den ganzen Weg sofort wieder zurückzufahren, und sie verschwanden mit finsterem Murmeln: *Das* Buch kaufen wir uns bestimmt nicht, wir wollten doch nur mal *schauen*, der tut ja, als ob er im Buckingham-Palast wohnt. Ich folgte ihnen, bis sie, mit vor Empörung steifen Schultern, ihren Volvo erreichten, und überlegte, ob ich mir einen Rottweiler anschaffen sollte.

Nach dieser Erfahrung löste der Anblick eines Autos, das die Fahrt verlangsamte und dann auf der Straße vor dem Haus stehenblieb, bei uns jedesmal den sogenannten »Kriechalarm« aus. »Mach dich zurecht«, sagte meine Frau, »da kommt jemand die Einfahrt hoch, wie mir scheint. Nein – sie haben beim Briefkasten haltgemacht. « Als ich später die Post aus dem Briefkasten holte, fand ich in einer Plastiktüte ein Exemplar meines Buchs mit der Bitte, es zu signieren und unter einen Stein auf den Brunnen zu legen. Am nächsten Tag war es fort; ich hoffte nur, daß es die rücksichtsvollen Menschen mitgenommen hatten, die uns nicht stören wollten, als sie es brachten.

Bei Sommerende waren wir nicht die einzigen gewesen, die eine gewisse öffentliche Beachtung gefunden hatten. Auch unser Nachbar Faustin war um ein signiertes Exemplar gebeten worden, was ihn überraschte: Er sei doch kein *écrivang*. Als ich ihm erzählte, daß die Leute in England über ihn gelesen hätten, nahm er die Mütze ab, strich sich das Haar glatt, sagte zweimal *Ah bon?* und klang recht zufrieden. Auch Maurice, der *Chef*, hatte signieren müssen und erklärte, in seinem Restaurant noch nie so viele englische Gäste gehabt zu haben. Einige seien ganz erstaunt gewesen, daß er tatsächlich existierte; sie hätten angenommen, er sei eine Erfindung von mir. Andere seien mit einem Buch in der Hand gekommen und hätten ihr Menü einschließlich des Glases *marc* zum Schluß gemäß Lektüre bestellt.

Und da gab es den berühmten Klempner Monsieur Menicucci, der zwischen seinen *œuvres* manchmal vorbeischaut, um uns seine Ansichten über Politik, wilde Pilze, Anomalitäten des Klimas, die Chancen der französischen Rugby-Mannschaft, das Genie Mozarts und aufregende neue Entwicklungen im Bereich sanitärer Anlagen mitzuteilen. Ich überreichte ihm ein Buch und zeigte ihm die Stellen, wo *er* der Star war; einige Gäste hätten den Wunsch geäußert, sagte ich, ihn kennenzulernen.

Er zog seine Wollmütze und den Kragen seines alten karierten Hemdes zurecht. »*C'est vrai?*«

Doch, erwiderte ich. Absolut wahr. Sein Name hätte sogar in der *Sunday Times* gestanden. Ob ich für ihn eine Signierstunde organisieren solle?

»*Ah, Monsieur Peter, vous rigolez.*« Ich merkte aber, daß der Gedanke ihm keinesfalls mißfiel, und beim Fortgehen hielt er sein Buch so vorsichtig, als ob er ein zerbrechliches, teures Bidet in Händen hielte.

Die fröhliche, näselnde Stimme am anderen Ende der Leitung hätte von weit, weit her, aus Sydney kommen können.

»Tag. Hier Wally Storer vom englischen Bookshop in Cannes. 'ne Menge Briten in der Gegend, Ihr Buch geht prima. Wie wär's, wenn Sie mal rüberkämen und während der Filmfestspiele ein paar Exemplare signierten?«

Am literarischen Interesse der Filmleute habe ich schon immer Zweifel gehabt. Ein alter Freund, der in Hollywood arbeitet, hat mir einmal gestanden, er läse alle sechs Jahre ein Buch – und der galt dort fast als Intellektueller. Wenn man in Bel Air Rimbaud erwähnt, glauben sie, man spräche von Sylvester Stallone. Ich machte mir keine großen Hoffnungen – weder daß in Cannes viele Bücher verkauft werden würden, noch daß ich dort vom Signieren einen Schreibkrampf bekäme. Aber vielleicht machte es trotzdem Spaß. Vielleicht sähe ich einen Filmstar oder auf der Croisette eine Oben-ohne-Sensation oder – die größte Seltenheit in der Stadt – auf der Terrasse des Carlton-Hotels einen freundlich lächelnden Ober. Ich habe zugesagt.

Es war heiß und sonnig, Schlechtwetter für Buchhändler, als ich mich in den Schleichverkehr stadteinwärts einreihte. An den Straßenlampen gaben grelle neue Schilder bekannt, daß Cannes und Beverly Hills Partnerstädte waren, und ich konnte mir die endlosen Ausflüchte vorstellen, mit denen die beiden Bürgermeister im gemeinsamen Interesse an kostenlosem Urlaub Gegenbesuche zur Festigung der Freundschaft zwischen ihren Städten arrangierten.

Vor dem Palais des Festivals ging offenbar die gesamte Polizeitruppe von Cannes mit Revolvern, Walkie-talkies und Sonnenbrillen ihrer Aufgabe nach, serienweise Verkehrsstaus auszulösen und eine Entführung Clint Eastwoods zu verhindern. Mit einer Geschicklichkeit, die jahrelange Übung verriet, lenkten sie Autos in Verkehrsstockungen und pfiffen die Fahrer wütend zurecht, nur um sie gleich darauf mit einem irritierten Zurückwerfen des Kopfes ins nächste chaotische Verkehrsknäuel zu dirigieren.

Ich brauchte für fünfzig Meter ganze zehn Minuten. Als ich die Tiefgarage endlich erreichte, fiel mir an der Mauer das Gekritzel eines früheren Opfers auf: »Cannes lohnt einen Besuch, aber ich würde den Tag nicht gern hier verbringen.«

Ich lief zu einem Café an der Croisette, um dort zu frühstükken und – wie alle Gäste – nach Filmstars Ausschau zu halten. Nie haben so viele einander Unbekannte sich so aufmerksam gemustert. Alle Mädchen hatten einen Schmollmund und gaben sich angestrengte Mühe, gelangweilt zu wirken. Alle Männer hatten die Programme mit den Vorführungsterminen der Filme für den Tag und machten sich am Rand wichtige Notizen. Mit auffälliger Nonchalance wurde hier und da ein schnurloses Telefon neben die Croissants plaziert. Alle trugen die Plastikschildchen der Festival-Delegierten so, daß sie nicht übersehen wurden, und die obligate Festival-

Tragetasche mit dem Aufdruck *Le Film Français/Cannes 90*. Einen Hinweis auf *Le Film Américain* oder *Le Film Anglais* gab es nicht; bei solchen Anlässen gehört es wohl zu den Vorteilen des Gastgeberlandes, über den Aufdruck der Tragetaschen entscheiden zu dürfen.

Die Croisette war mit einem ganzen Wald von Postern bepflanzt: Sie verkündeten die Namen der Schauspieler, Regisseure, Produzenten und vermutlich auch die der zuständigen Friseure. Sie waren den großen Hotels gegenüber postiert, sicherlich zu dem Zweck, daß der betreffende Held vor dem üblichen Frühstück mit Eiern und Speck vom Fenster seines Schlafzimmers aus allmorgendlich seinen Namen lesen konnte. Die Luft roch nach großen Aktivitäten, großen Abschlüssen und großem Geld; da hatten die Grüppchen der Prostituierten auf der Croisette einfach kein Auge mehr für den alten Bettler, der mit einer einzigen 20-Centime-Münze im umgedrehten, verbeulten Hut auf dem Bürgersteig vor dem Hotel Majestic saß.

Durch meine Dosis Glamour gestärkt, überließ ich die Filmleute ihren Geschäften und machte mich durch die enge Rue Bivouac-Napoléon auf den Weg zum englischen Bookshop. Ich stellte mich darauf ein, mit einem komischen Gefühl wie in einem Schaufenster zu sitzen und hoffnungsvoll darauf zu warten, daß jemand – irgendwer – mich bitten würde, ein Buch zu signieren. Ich hatte die eine oder andere Signierstunde hinter mir. Es waren entnervende Anlässe gewesen, bei denen mich Menschen, die sich nicht mal in Rufnähe wagten, aus einer sicheren Entfernung angestarrt hatten. Möglicherweise hatten sie mich für bissig gehalten. Sie wußten ja nicht, wie erleichtert ein Schriftsteller ist, wenn sich ein mutiger Mensch seinem Tisch nähert. Man ist nach einigen Minuten des Für-sich-allein-Sitzens bereit, nach jedem Strohhalm zu greifen und alles zu signieren – von Büchern und Fotos bis zu alten Nummern des *Nice-Matin* und Schecks.

Wally Storer und seine Frau hatten, Gott sei Dank, derartige Autorenängste geahnt und die Buchhandlung mit Freunden und Kunden gefüllt. Ich weiß nicht, mit welchen Versprechungen sie diese Leute vom Strand gelockt hatten; ich war dankbar, beschäftigt zu sein, und wünschte sogar, Monsieur Menicucci mitgebracht zu haben. Fragen, warum Abwasserleitungen in Frankreich so und nicht anders funktionieren und riechen, hätte er viel besser beantworten können – solche Dinge waren jedoch, wie sich zeigte, unter hiesigen Auslandsengländern ein Thema von allgemeinem Interesse. Ist es nicht seltsam, sagen sie, daß die Franzosen sich ganz ausgezeichnet auf hochtechnologische Produkte wie TGV-Züge und elektronische Telefonsysteme und die Concorde verstehen und im Badezimmer dann wieder ins 18. Jahrhundert zurückfallen? Vor ein paar Tagen erst, so erzählte mir eine ältere Dame, hätte sie die Toilettenspülung betätigt, und dabei wären Reste von einem gemischten Salat in der Toilettenschüssel aufgetaucht. Das sei wirklich arg. So etwas könne einem in Cheltenham nicht passieren.

Die Signierstunde war zu Ende. Wir gingen in eine Bar um die Ecke. Es gab dort mehr Amerikaner und Engländer als Einheimische, aber in Cannes sind Einheimische sowieso eine Seltenheit. Man hat mir berichtet, daß sogar viele Polizisten Importe aus Korsika sind.

Als ich mich auf den Heimweg machte, patrouillierten sie immer noch die Croisette auf und ab. Sie spielten mit dem Verkehr und beäugten die Mädchen, die in unterschiedlichem Grad von Bekleidungsfreiheit vorbeiflanierten. Der alte

Bettler vor dem Hotel Majestic hielt die Stellung noch immer, ein 20-Centime-Stück war immer noch mutterseelenallein. Ich ließ ein paar Münzen in seinen Hut fallen, und er wünschte mir einen schönen Tag – auf Englisch. Ich fragte mich, ob er wohl für Beverly Hills übte.

Boy

Zum erstenmal sah ihn meine Frau auf der Straße nach Ménerbes. Er lief neben einem Mann her, dessen ordentliche, saubere Kleider einen scharfen Kontrast bildeten zu seinem unansehnlichen Erscheinungsbild: Ihm hing ein dreckiges Fell über den Knochen. Und doch – trotz seines verfilzten Pelzes und seinem Kopf mit verkletteten Haaren war ihr klar, daß der Hund einer Frankreich eigentümlichen Rasse angehörte, einer Spezies des rauhhaarigen Vorstehhunds mit dem offiziellen Namen Griffon Korthals. Unter dem schäbigen Äußeren steckte ein *chien de race*.

Einer unserer beiden Hunde war ein Korthals; man sieht sie jedoch nicht häufig in der Provence, und deshalb hielt meine Frau an, um seinen Besitzer anzusprechen. Welch ein Zufall, sagte sie, sie hätte einen Hund von der gleichen seltenen Rasse.

Der Mann schaute auf den Hund herunter, der die Pause nutzte, um ein Staubbad zu nehmen, und trat zurück, um sich von dem Knäuel aus Beinen und Ohren zu distanzieren, das sich im Straßengraben wälzte.

»*Madame*«, sagte der Mann, »er begleitet mich zwar, aber mein Hund ist das nicht. Wir sind uns auf der Straße begegnet. Ich weiß nicht, wem er gehört.«

Als meine Frau vom Dorf zurückkam und von dem Hund berichtete, hätte ich die Probleme kommen sehen müssen.

Für sie haben Hunde die gleiche Bedeutung, die andere Frauen Nerzmänteln beimessen; sie hätte gern ein ganzes Haus voller Hunde gehabt. Zwei hatten wir schon. Ich meinte, das sei genug. Sie gab mir recht – allerdings ohne Überzeugung. In den nächsten Tagen fiel mir auf, wie oft sie mit einem hoffnungsvollen Blick die Straße hinunterschaute; sie fragte sich vermutlich, ob die Erscheinung nicht vielleicht noch in der Nachbarschaft weilte.

Das wäre wahrscheinlich das Ende der Geschichte gewesen, wenn nicht ein Freund aus dem Dorf angerufen hätte, daß ein Hund – er sähe übrigens genauso aus wie die eine Hündin von uns – täglich vor der *épicerie* läge, weil ihn der Geruch von Schinken und hausgemachten *pâtés* locke. Nachts sei er fort. Niemand im Dorf wisse, wer der Besitzer sei. Womöglich hätte er seinen Herrn verloren.

Meine Frau hatte eine *crise de chien*. Sie hatte in Erfahrung gebracht, daß verlorengegangene oder ausgesetzte Hunde bei der *Société Protectrice des Animaux* (also dem französischen Tierschutzverein) nur bis zu einer Woche versorgt werden. Wenn niemand Anspruch auf sie erhebt, werden sie eingeschläfert. Wie könnten wir einen Hund solch einem Schicksal überlassen, geschweige denn ein edles Tier mit unstrittigem Stammbaum?

Ich rief bei der SPA an. Dort war er nicht. Unter dem Vorwand, Brot kaufen zu wollen, begann meine Frau Tag für Tag mehrere Stunden ins Dorf zu fahren. Aber der Hund war nicht mehr da. Als ich zu bedenken gab, er sei eventuell wieder nach Hause gelaufen, sah meine Frau mich an, mit einem Blick, als hätte ich ihr empfohlen, fürs Abendessen ein Baby zu grillen. Ich rief wieder bei der SPA an.

Zwei Wochen vergingen; kein Zeichen vom Hund. Meine

Frau litt. Dem Menschen bei der SPA begannen unsere täglichen Anrufe auf die Nerven zu gehen. Und dann hatte unser V-Mann in der *épicerie* Konkretes zu melden: Der Hund lebte im Wald, vor dem Haus einer seiner Kundinnen, die ihm Reste zu fressen gab; nachts durfte er auf der Terrasse schlafen.

Selten habe ich eine Frau so rasch aktiv werden gesehen. Binnen einer halben Stunde war sie mit dem Wagen zurück; sie parkte in der Einfahrt; ihr Lächeln war sogar aus einer Entfernung von fünfzig Metern unübersehbar. Neben ihr im Auto – der riesige, struppige Kopf des Mitfahrers. Beim Aussteigen strahlte sie immer noch.

»Er muß ja umkommen vor Hunger«, rief sie. »Hätte er sonst seinen Sicherheitsgurt gefressen? Ist er nicht wundervoll?«

Sie lockte den Hund von dem Sitz. Und da stand er nun und wedelte von Kopf bis Fuß. Er sah schrecklich aus – ein ungepflegtes Pelzknäuel von der Größe eines Schäferhunds, mit einem verfilzten Fell, in dem Zweige und Laub hingen; die Knochen standen hervor, und aus dem Gestrüpp seines Schnurrbarts ragte eine immense braune Nase heraus. Er hob das linke Bein gegen das Auto und kratzte dann mit den Pfoten den Kies weg, bevor er sich mit ausgestreckten Hinterbeinen auf den Bauch legte. Die hechelnde rosarote Zunge mit Flecken von Teilchen des Sicherheitsgurts hing ihm aus dem Maul.

»Ist er nicht wundervoll?« wiederholte meine Frau.

Ich hielt ihm meine Hand hin. Er erhob sich, nahm mein Armgelenk zwischen die Zähne und begann mich in den Hof zu zerren. Er hatte ein beeindruckendes Gebiß.

»Da siehst du's. Er mag dich.«

Ich fragte, ob wir ihm etwas zu essen anbieten könnten, und

entzog ihm die Hand. Nach drei Maulvoll war eine große Schüssel Hundefutter leer; er trank geräuschvoll aus einem Wassereimer und wischte sich die Barthaare ab, indem er sich im Grase wälzte. Unsere zwei Hündinnen wußten nicht so recht, was sie von ihm halten sollten. Mir ging es nicht anders.

»Der arme Kerl«, sagte meine Frau. »Wir müssen ihn dem Tierarzt zum Scheren bringen.«

Es gibt in jeder Ehe Augenblicke, in denen Argumentieren sinnlos ist. Ich vereinbarte also für den Nachmittag einen Termin mit Madame Hélène, *toilettage de chiens;* in seinem jetzigen Zustand würde kein Tierarzt ihn auch nur anfassen. Hoffentlich kannte sich Madame Hélène mit den Problemen der Haarpflege von Landhunden aus.

Sie verhielt sich – nach dem ersten Schrecken – sehr tapfer. Ihr anderer Kunde, ein aprikosenfarbener Minipudel, suchte jaulend hinter dem Zeitschriftenständer Schutz.

»Es wäre vielleicht am besten«, meinte Madame Hélène, »wenn ich mich zuerst um ihn kümmern würde. Er ist ungemein stark parfümiert, *n'est-ce pas?* Wo ist er bloß gewesen?«

»Ich glaube, im Wald.«

»Mmm.« Madame Hélène rümpfte ihre Nase und zog sich ein Paar Gummihandschuhe an. »Könnten Sie in einer Stunde wiederkommen?«

Ich kaufte ein Flohhalsband und trank ein Bier im Café in Robion, wo ich mich an den Gedanken eines Haushalts mit drei Hunden zu gewöhnen suchte. Es war natürlich immer noch möglich, daß der frühere Besitzer gefunden wurde – dann hätte ich nur zwei Hunde und eine verzweifelte Frau. Aber ich hatte in diesem Fall nicht die Wahl. Falls es einen

Schutzengel für Hunde gäbe, so läge die Entscheidung bei ihm. Ich hoffte nur, daß er nicht schlief.

Bei meiner Rückkehr war der Hund in Madame Hélènes Garten an einen Baum gebunden und winselte vor Freude, als ich durch die Tür trat. Sein Fell war so kurz geschnitten, daß der Kopf nun noch viel größer wirkte und seine Knochen noch stärker vorstanden. Nur sein Schwanz war dem radikalen Schnitt entgangen; der hatte ein backenbartartiges Ende, das zu einer Art Pompom getrimmt worden war. Der Hund sah ganz und gar *extraordinaire* und völlig verrückt aus, etwa so wie ein mit wilden Strichen gezeichneter Hund auf einem Kinderbild. Aber er stank wenigstens nicht mehr. Er freute sich riesig, wieder hinten im Wagen zu sitzen, und hielt sich auf seinem Sitz kerzengerade, um sich ab und an zu mir herüberzulehnen, an meinem Armgelenk zu knabbern und dabei leise Summtöne von sich zu geben, die ich als Zeichen der Zufriedenheit deutete.

In Wirklichkeit müssen es Hungerlaute gewesen sein; denn er stürzte sich auf das Fressen, das zu Hause auf ihn wartete, und legte eine Pfote in die leere Schüssel, damit sie sich nicht bewegte, als er die Emaille abzulecken versuchte. Meine Frau beobachtete ihn mit einer Miene, die Frauen meist braven, klugen Kindern vorbehalten. Ich wappnete mich und schlug vor, wir sollten nun aber einmal darüber nachdenken, wie wir den Besitzer des Hundes ausfindig machen könnten.

Die Diskussion dauerte während des Abendessens an. Der Hund lag laut schnarchend unter dem Tisch, auf den Füßen meiner Frau. Wir einigten uns, daß er die Nacht in einem Nebengebäude verbringen dürfe; die Tür solle offenbleiben, damit er fort könnte, sofern er das wünsche. Falls er am Morgen noch da wäre, wollten wir den einzigen anderen

Menschen in der Umgebung anrufen, der einen Korthals besaß, und ihn um Rat fragen.

Meine Frau war mit dem Morgengrauen auf den Beinen. Wenig später wurde ich wach, weil sich ein haariges Etwas in mein Gesicht drückte. Der Hund war noch da. Uns wurde rasch klar, daß er bleiben wollte und genau wußte, wie er uns überzeugen könnte, daß ein Leben ohne ihn für uns undenkbar würde: Er war ein unverschämter Schmeichler. Ein Blick nur, und er zitterte vor unübersehbarer Freude am ganzen Körper. Ein Klaps, und er geriet in Ekstase. Ich wußte – noch ein oder zwei Tage, und wir wären verloren. Mit gemischten Gefühlen meldete ich mich telefonisch bei Monsieur Grégoire, dem Mann, den wir eines schönen Tages mit seinem Korthals in Apt kennengelernt hatten.

Am nächsten Tag kam er mit seiner Frau, um unseren Gast zu begutachten. Monsieur suchte in seinen Ohren nach einer eintätowierten Nummer, die Hunde mit Stammbaum für den Fall kennzeichnet, daß sie einmal weglaufen. Alle seriösen Hundehalter, kommentierte Monsieur, tätowierten ihre Tiere auf diese Art. Die Nummern seien in Paris in einem Computer gespeichert, und wenn man einen tätowierten Hund findet, kommt man über diese Zentralstelle mit dem Eigentümer in Kontakt.

Monsieur Grégoire schüttelte den Kopf. Da war keine Nummer. »Alors«, sagte er, »er ist nicht *tatoué* worden und auch nicht richtig ernährt. Er muß ausgesetzt worden sein – wahrscheinlich ein Weihnachtsgeschenk, das zu groß wurde. Das kommt häufig vor. Bei Ihnen wird es ihm besser ergehen.« Der Hund wackelte mit den Ohren und gab mit einem lebhaften Wedeln des Schwanzes zu verstehen, daß er dagegen bestimmt nichts einzuwenden hätte.

»*Comme il est beau*«, meinte Madame Grégoire und machte dann einen Vorschlag, der die Hundebevölkerung in unserem Haushalt leichthin verdoppelt hätte. Was wir von einer Ehe zwischen unserem Findling und ihrer jungen Hündin hielten? Was einer in dieser Runde davon hielt, wußte ich ganz genau. Aber es war zu spät. Die beiden Damen planten die Romanze bereits.

»Sie müssen zu uns kommen«, sagte Madame Grégoire, »und wir trinken Champagner, während die beiden ...« sie suchte nach einem hinreichend feinfühligen Ausdruck, »... draußen sind.«

Ihr Mann war, Gott sei Dank, praktischer eingestellt. »Zuerst einmal«, sagte er, »müssen wir sehen, ob sie sich mögen. Und dann ...« Er betrachtete den Hund mit dem abschätzenden Blick des prospektiven Schwiegervaters. Der Hund legte ihm eine Pfote aufs Knie. Madame gurrte. Wenn ich mich je einem *fait accompli* gegenübergesehen habe, dann hier.

»Aber wir haben etwas vergessen«, sagte Madame nach nochmaligem Gurren. »Wie heißt er überhaupt? Wäre nicht ein irgendwie heldischer Name das richtige? Bei dem Kopf!« Sie klopfte dem Hund auf den Kopf. Der Hund verdrehte die Augen. »So etwas wie Victor. Oder Achilles.«

Der Hund legte sich auf den Rücken, die Beine in der Luft. Er konnte beim besten Willen nicht heroisch genannt werden, aber auffallend maskulin war er jedenfalls, und in dem Augenblick entschieden wir seinen Namen.

»Wir dachten, wir sollten ihn Boy nennen. *Ça veut dire ›garçon‹ en Anglais.*«

»Boy? *Oui, c'est génial*«, sagte Madame. Und dabei blieb es denn auch.

Wir verabredeten einen Besuch bei seiner Verlobten, wie

Madame ihre Hündin nannte; in zwei oder drei Wochen, nachdem Boy geimpft, tätowiert, aufgepäppelt worden war und sich alles in allem zu einem bestmöglichst präsentablen Galan entwickelt hätte. Zwischen Besuchen beim Tierarzt und enormen Mahlzeiten tat Boy alles, um sich in unserem Haushalt einzuschmeicheln. Morgen für Morgen wartete er draußen vor dem Eingang zum Hof; er quietschte vor Freude bei dem Gedanken an den vor ihm liegenden Tag und schnappte nach dem ersten Armgelenk, das in Reichweite kam. Innerhalb einer Woche wurde er von einer Decke im Nebengebäude zu einem Korb im Hof befördert. Innerhalb von zehn Tagen schlief er im Haus unter dem Eßtisch. Unsere beiden Hündinnen ließen ihm den Vortritt. Meine Frau kaufte ihm Tennisbälle zum Spielen. Er fraß sie. Er jagte Echsen und entdeckte die Freuden der Abkühlung, wenn er auf den Stufen saß, die ins Schwimmbecken hinunterführten. Er fühlte sich wie im Hundehimmel.

Es kam der Tag für das *rendez-vous d'amour,* wie Madame Grégoire es bezeichnet hatte. Wir fuhren in die sanfte Hügellandschaft oberhalb von Saignon, wo Monsieur Grégoire einen alten Stalltrakt in ein längliches, niedriges Haus mit Blick auf das Tal und das Dorf St. Martin-de-Castillon umgebaut hatte.

Boy hatte zugenommen. Sein Fell war dichter geworden. An gesellschaftlichen Umgangsformen mangelte es ihm nach wie vor. Er sprang aus dem Wagen, hob an einem jungen Schößling das Bein und riß mit der Hinterpfote ein Stück des jungen Rasens auf. Madame fand ihn reizend. Monsieur war sich da wohl nicht so sicher; er musterte Boy mit einem eher kritischen Blick. Die Hündin ignorierte ihn; sie konzentrierte sich auf eine Reihe von Hinterhalten, die sie gegen unsere beiden

Hündinnen errichtet hatte. Boy kletterte auf eine Erdauf-
schüttung hinter dem Haus, und von dort sprang er aufs
Dach. Wir begaben uns nach drinnen. Es gab Tee und in
eau-de-vie eingelegte Kirschen.

»Gut schaut er aus, der Boy«, sagte Monsieur Grégoire.

»*Magnifique*«, sagte Madame.

»*Oui, mais …*« Da gab es etwas, was Monsieur Sorge
bereitete. Er stand auf und holte eine Zeitschrift. Es war das
neueste Heft des offiziellen Organs des *Club Korthals de
France* mit Fotos Seite für Seite, von Hunden in Sprungstel-
lung, von Hunden mit Vögeln im Maul, von schwimmenden
Hunden, von Hunden, die gehorsam neben ihrem Herrn
saßen.

»*Vous voyez*«, sagte Monsieur. »All diese Hunde haben
dasselbe Fell, das *poil dur*. Es ist ein Kennzeichen der Rasse.«
Ich sah mir die Fotos an. Sämtliche Hunde hatten ein flaches
Rauhhaarfell. Ich sah Boy, der seine große braune Nase
gerade gegen die Fensterscheibe drückte. Nach dem Trimmen hatte sich sein Fell zu einer dicken Masse grauer und
brauner Löckchen gemausert. Wir fanden das recht *distingué*. Nicht so Monsieur Grégoire.

»Ich bedaure«, erklärte er, »aber jetzt ähnelt er einem *mou-
ton*. Vom Hals aufwärts ist er ein Korthals. Vom Hals
abwärts ist er ein Schaf. Es tut mir außerordentlich leid, aber
es wäre eine *mésalliance*.«

Meine Frau wäre beinahe an ihrer Kirsche erstickt. Madame
Grégoire schaute unglücklich vor sich hin. Ich war erleich-
tert. Mir würden zwei Hunde und ein Schaf fürs erste reichen.
Soweit wir wissen, ist Boy noch immer Junggeselle.

Über fünfzig, ohne das Tempolimit
zu überschreiten

Ich habe meinen Geburtstagen nie viel Beachtung geschenkt, nicht einmal solchen, die das Ende eines Taumelns durch weitere runde zehn Jahre bedeuteten. An dem Tag, als ich dreißig wurde, habe ich gearbeitet. Ich habe gearbeitet, als ich vierzig wurde, und ich war recht glücklich bei dem Gedanken, auch an meinem fünfzigsten Geburtstag zu arbeiten. Es sollte nicht sein. *Madame,* meine Frau, hatte eine andere Idee.

»Du wirst ein halbes Jahrhundert alt«, sagte sie. »In Anbetracht der Weinmengen, die du konsumiert hast, ist das eine ganz schöne Leistung. Die sollten wir feiern.«

Es hat keinen Zweck, ihr zu widersprechen, wenn ihr Kinn eine gewisse Entschiedenheit andeutet, und so unterhielt ich mich mit ihr darüber, wo und wie wir die Feier gestalten sollten. Ich hätte eigentlich wissen müssen, daß meine Frau längst alles arrangiert hatte; sie hörte sich meine Vorschläge an – eine Reise nach Aix, ein *déjeuner flottant* im Swimmingpool, ein Tag an der Küste bei Cassis. Sie tat es aus reiner Höflichkeit. Als meine Inspirationen aussetzten, meldete sie sich. Ein Picknick im Lubéron, sagte sie, mit einigen wenigen, engen Freunden. So müßte man in der Provence seinen Geburtstag feiern. Sie malte idyllische Bilder einer vor Sonnenlicht zittrigen Waldlichtung. Ich müßte mir nicht einmal lange Hosen anziehen. Es würde mir dort bestimmt gefallen.

Ich konnte mir wirklich nicht vorstellen, daß ich an einem Picknick Gefallen finden könnte. So begrenzt meine Erfahrungen mit einem Picknick in England auch gewesen sein mochten, sie hatten Erinnerungen hinterlassen – an Feuchtigkeit, die aus einer permanent nassen Erde die Wirbelsäule hochkroch; an Ameisen, die mir mein Essen streitig machten; an lauwarmen Weißwein; an die wilde Jagd unter ein schützendes Dach, wenn die unvermeidlichen Wolken am Himmel aufzogen und just über unseren Köpfen zerplatzten. Ich haßte Picknicks. Ich war so ungalant, es auch auszusprechen.

Diesmal, so erklärte meine Frau, würde alles ganz anders. Sie habe alles genau bedacht, sich eingehend mit Maurice beraten; was er ausgearbeitet hätte, sei nicht nur zivilisiert, sondern obendrein malerisch schön; es würde ein Tag werden, wie selbst ein trockener Tag in Glyndebourne schöner nicht sein könnte.

Maurice – der Chef und Eigentümer der Auberge de la Loube in Buoux und ein ernsthafter Pferdenarr – hatte über die Jahre zwei oder drei *calèches,* offene Kutschen, aus dem 19. Jahrhundert gesammelt und restauriert, außerdem noch eine von Pferden gezogene Limousine, eine Postkutsche, *une vraie diligence.* Seinen wagemutigeren Kunden offerierte er die Chance, im Pferdetrott zum Mittagessen zu kutschieren. Ich würde begeistert sein.

Ich schicke mich ins Unausweichliche, wenn es mir ins Auge sticht. Ich stimmte zu. Wir luden acht Freunde ein und drückten die Daumen – nicht gar so fest, wie wir es in England getan hätten –, daß es an diesem Tag schönes Wetter gäbe. Seit Anfang April, seit zwei Monaten also, hatte es nur einmal geregnet. Aber der Juni ist in der Provence unberechenbar und gelegentlich naß.

Als ich dann aufwachte und in den Hof trat, war der Sieben-Uhr-Himmel ein unendliches Blau von der Farbe einer Gauloise-Schachtel. Die Steinplatten unter meinen nackten Füßen waren warm; unsere Echsen hatten bereits ihre Plätze zum Sonnenbaden eingenommen; flach und reglos lagen sie an der Hauswand. Welch ein Geburtstagsgeschenk, an so einem Morgen aufzuwachen!

Zu Beginn eines heißen Sommertags im Lubéron bei einer Schale *café crème* auf der Terrasse zu sitzen, während die Bienen im Lavendel summen und das Licht den Wald in ein tiefleuchtendes Grün taucht – das ist besser, als plötzlich als reicher Mensch aufzuwachen. Die Wärme gibt mir ein Gefühl des Wohlbehagens und stimmt mich optimistisch; ich fühlte mich nicht einen Tag älter als Neunundvierzig, schaute auf zehn braune Zehen hinunter und hoffte, so würde es mir auch noch an meinem sechzigsten Geburtstag gehen.

Als wenig später Wärme in Hitze umschlug, wurde das Bienensummen vom Knattern eines Dieselmotors ausgelöscht, und ich sah einen ehrwürdigen, tarnfarbengrünen Landrover mit abgenommenem Dach die Einfahrt hochkeuchen und inmitten einer Staubwolke anhalten. Es war Bennett; er sah aus wie ein Kundschafter einer Long Range Desert Group auf Erkundungstour – mit Shorts und Hemd von militärischem Schnitt, einer Sonnenbrille, wie Panzerkommandeure sie trugen, und mit tiefgebräuntem Gesicht; das Fahrzeug war mit Kanistern und Seesäcken behangen. Nur seine Kopftracht – eine Baseballmütze von Louis Vuitton – wäre in El Alamein als Fremdkörper aufgefallen. Er hatte die feindlichen Linien der N 100 gekreuzt, war erfolgreich in Ménerbes eingefallen und nun bereit für den letzten Vorstoß in die Berge.

»Großer Gott, siehst du alt aus!« sagte er. »Hast du was dagegen, wenn ich mal kurz telefoniere? Ich habe meine Badehose im Haus vergessen, wo ich übernachtet habe. Khakifarbe – wie die Unterhosen von General Noriega. Sehr ungewöhnlich. Ich wäre ganz unglücklich, wenn ich sie verlöre.«

Während Bennett telefonierte, schnappten wir uns die beiden Gäste und unsere drei Hunde und setzten sie in den Wagen für die Fahrt bis Buoux, wo wir mit den übrigen verabredet waren. Bennett kam aus dem Haus, zog gegen das grelle Licht die Mütze ins Gesicht, und los ging's, im Konvoi. Der Landrover und sein Fahrer weckten ziemliches Interesse bei der Landbevölkerung, die zu beiden Seiten der Straße bis zur Hüfte in Reben stand.

Hinter Bonnieux wurde die Landschaft wilder und rauher. Die Reben wichen Felsen, Krüppeleichen und Lavendelfeldern mit Purpurstreifen. Da gab es weder Häuser noch Autos. Es war so, als befänden wir uns Hunderte von Kilometern von den schicken Dörfern des Lubéron entfernt. Ich war froh, daß es noch so viel an wilder, unbewohnter Landschaft gab. Es würde lange dauern, bis hier oben eine Boutique oder das Büro eines Immobilienmaklers aufmachen würden.

Wir fuhren hinab in ein tiefes Tal. Buoux döste vor sich hin. Der Hund, der auf dem Holzstoß gleich hinter der *mairie* residierte, öffnete ein Auge und bellte kurz; bei dem ungewohnten Anblick von so viel Verkehr, schaute ein Kind mit einem Kätzchen im Arm auf: zwei weiße Untertassen in einem runden, braunen Gesicht.

Die Umgebung der Auberge ähnelte einer Szene mit Probeaufnahmen für einen Film, bei dem Handlung, Charaktere,

Garderobe oder Zeitepoche noch nicht festgelegt waren. Man sah einen weißen Anzug mit einem breitkrempigen Panamahut; man sah Shorts und *espadrilles,* ein Seidenkleid, eine mexikanische Peontracht, Schals und bunte Halstücher, Hüte aller möglichen Farben und Moden, ein makellos herausgeputztes Baby und unseren Helden der Wüste, der aus seinem Landrover sprang, um die Kontrolle über die gesamte Ausrüstung zu behalten.

Vom Pferdeareal her erschien Maurice, der über uns und das herrliche Wetter strahlte. Er trug provenzalischen Sonntagsstaat – weißes Hemd, weiße Hosen, schwarze Schnürsenkel-Krawatte, pflaumenrote Weste und einen alten flachen Strohhut. Sein Freund, der die zweite Kutsche lenken sollte, war ebenfalls in Weiß, das sich gegen die breiten karmesinroten Hosenträger und einen großartigen graumelierten Schnurrbart abhob – ganz und gar das Ebenbild Yves Montands im Film *Jean de Florette.*

»*Venez!*« rief Maurice. »Kommen Sie! Schauen Sie sich die Pferde an!« Er führte uns durch den Garten, erkundigte sich nach unserem Appetit. Der Vortrupp war mit dem Lieferwagen losgefahren, um das Picknick zu richten, mit einer Ladung, die ausgereicht hätte, ganz Buoux abzufüttern.

Die Pferde standen mit glänzendem Fell und gestriegelten Mähnen und Schweifen angebunden im Schatten. Eins wieherte und rieb auf der Suche nach Zucker die Nase an Maurices Weste. Unser jüngster Gast saß hoch oben auf Papas Schultern und beugte sich vor, um vorsichtig ein rosarotes Fingerchen in die glänzende, kastanienfarbene Flanke zu drücken. Das Pferd hielt es für eine Fliege und schlug mit dem Schwanz.

Wir schauten zu, als Maurice und Yves Montand die Pferde

vor die offene schwarze *calèche* spannten, die innen rot ausgelegt war, und vor die siebensitzige rote *diligence* mit ihrem schwarzen Inneren – beide Fahrzeuge waren geölt und gewachst und wie für eine Ausstellung herausgeputzt worden. Maurice hatte den ganzen Winter über an ihnen gearbeitet; sie waren, wie er sich ausdrückte, »*impecc*«. Einziger moderner Zusatz war eine Oldtimer-Autohupe von der Größe und Form eines Jagdhorns, zum Einsatz beim Überholen von Kutschen mit geringerer Triebkraft und zum *éclater* von Hühnern, die die Straße zu überqueren gedachten. »*Allez! Montez!*«

Wir stiegen ein und fuhren los. Innerhalb des Dorfes beachteten wir die Höchstgeschwindigkeit. Der Hund auf dem Holzstoß bellte zum Abschied. Wir nahmen Kurs auf die offene Landschaft.

Wer so reist, kann über die Erfindung des Automobils nur Bedauern empfinden. Alles sieht anders aus, gebieterischer, irgendwie interessanter. Es kommt zu einem angenehmen schaukelnden Rhythmus, wenn die Federung sich auf die Gangart der Pferde und auf die Veränderungen in Straßenwölbung und -belag einstellt. Es gibt die angenehme Hintergrundmusik von altmodischen Lauten, wenn das Pferdegeschirr knarrt, die Hufe klappern und die Stahlränder der Räder den Splitt auf der Straße mahlen. Da ist das *parfum* – eine Mischung von warmen Pferdeleibern, Sattelseife, Holzlack und den Gerüchen der Felder, die einem ohne das Hindernis von Fenstern in die Nase dringen. Und dann die Geschwindigkeit – sie läßt Zeit zum *Schauen*. Im Auto sitzt man in einem schnellfahrenden Raum; man ist von der Landschaft isoliert. In einer Kutsche ist man ein Teil der Landschaft.

»*Trottez!*« Maurice tippte den Pferderumpf mit der Peitsche an. Wir legten den zweiten Gang ein. »Faul ist die Stute, jawohl, faul«, sagte er, »und gefräßig. Auf dem Heimweg läuft sie schneller. Dann weiß sie, es gibt bald zu fressen.« Im Tal ein lang hingezogenes Purpurfeld, das mit Mohnblumen übersät war. Hoch oben in den Lüften kreiste ein Bussard und ließ sich mit ausgestreckten, ruhenden Schwingen fallen. Ich sah ihm zu. Für einige wenige Sekunden legte sich ein Schatten vor die Sonne, und ich konnte ihre Strahlen sehen, die wie dunkle, beinahe schwarze Speichen hinter der Wolke hervorkamen.

Wir bogen von der Straße ab und folgten einer schmalen Fahrrinne, die sich durch die Bäume schlängelte. Schartige, duftende Teppiche aus wildem Thymian dämpften den Klang der Pferdehufe. Ich fragte Maurice, wie er solche Picknick-plätze fände, und er erzählte mir, daß er an seinem freien Tag Woche für Woche auf dem Pferderücken kundschaften ge-wesen sei, manchmal sei er stundenlang geritten, ohne einem Menschen zu begegnen. »Wir sind nur zwanzig Minuten von Apt entfernt«, sagte er, »aber hier herauf kommt keiner. Nur ich und die Kaninchen.«

Der Wald wurde dichter, die Wegspur schmaler; sie war für die Kutschen kaum mehr breit genug. Dann kamen wir an einer vorstehenden Felsgruppe vorbei, duckten uns in einem Tunnel aus Zweigwerk, und dann stand es ausgebreitet vor uns: das Mittagessen

»*Voilà!*« sagte Maurice. »*Le restaurant est ouvert.*«

Am Ende einer ebenen, grasigen Lichtung war im Schatten einer ausladenden Krüppeleiche ein Tisch für zehn Personen gedeckt – ein Tisch mit einem steifen weißen Tischtuch, mit Eiseimern, mit gestärkten Baumwollservietten, mit Vasen voll frischer Blumen, mit richtigem Besteck und richtigen Stühlen. Hinter dem Tisch war eine seit langem leerstehende, trockene *borie* aus Stein zu einer rustikalen Bar umfunktioniert worden. Ich hörte das Korkenknallen und Gläserklingen. Meine Vorbehalte gegen Picknicks lösten sich in Wohlgefallen auf. Das war etwas völlig anderes als ein feuchter Boden und Sandwiches mit Ameisen.

Maurice teilte mit Seilen eine Ecke für die Pferde ab, spannte sie aus, und die Pferde wälzten sich im Gras wie zwei ältliche Damen, die ihren Korsetten entkommen sind. Bei der *diligence* wurden die Jalousien heruntergelassen, und unser jüngster Gast zog sich zu einem Nickerchen zurück, während wir uns in dem winzigen kleinen Hof der *borie* mit einem Glas eisgekühlten Pfirsichchampagner stärkten.

Nichts versetzt Menschen in so gute Stimmung wie ein bequemes Abenteuer, und ein dankbareres Publikum hätte Maurice sich gar nicht wünschen können. Er hatte es verdient. Er hatte an alles gedacht, von einer hinreichenden Menge an Eis bis zu Zahnstochern. Und wie er uns fest versprochen hatte – es bestand kein Anlaß zur Befürchtung, daß wir hungrig ausgehen könnten. Er bat uns, Platz zu nehmen, und machte eine Führung durch den ersten Gang: Melone, Wachteleier, cremige *brandade* vom Dorsch, Wildpastete, gefüllte Tomaten, eingelegte Pilze – es hörte gar nicht mehr auf, es erstreckte sich vom einen Ende des Tisches bis zum anderen, und in dem gefilterten Sonnenlicht sah das alles aus wie ein unglaublich vollkommenes Stilleben aus einem jener kunstvollen Kochbücher, die nie in die Küche gelangen. Es gab eine kurze Pause, in der mir die schwerste und akkurateste Geburtstagskarte überreicht wurde, die ich je bekommen habe – ein rundes Verkehrszeichen aus Metall mit etwa sechzig Zentimeter Durchmesser, das mich mit schwarzen Ziffern grob an die verstreichenden Jahre erinnerte: 50. *Bon anniversaire* und *bon appetit*.

Wir aßen und tranken heldenhaft, erhoben uns zwischen den Gängen mit dem Glas in der Hand, um uns zur Erholung ein wenig die Füße zu vertreten, bevor wir zu mehr Speis und Trank an den Tisch zurückkehrten. Das Essen dauerte etwa vier Stunden, und als schließlich Kaffee und der Geburtstagskuchen serviert wurden, hatten wir jenen Zustand zufriedener Trägheit erreicht, in dem selbst die Unterhaltung im Zeitlupentempo geführt wird. Die Welt war rosarot. Fünfzig war ein wunderbares Alter.

Die Pferde müssen das Mehrgewicht ihrer Fracht gespürt haben, als sie uns aus der Lichtung zur Straße nach Buoux zogen, und doch wirkten sie munterer als am Morgen, schüttelten die Mähnen und prüften die Luft mit zuckenden Nüstern. Plötzlich zerrten uns Windstöße an den Strohhüten, es war Donnergrollen zu hören. Innerhalb von Minuten wurde der blaue Himmel schwarz.

Wir hatten eben die Straße erreicht, als es zu hageln begann – erbsengroße Hagelkörner, die weh taten, die uns in der offenen *calèche* auf den Kopf hämmerten und von dem hüpfenden nassen Pferderücken prallten. Die Stute brauchte keine Peitsche, um schneller zu laufen. Sie lief mit gesenktem Kopf und dampfendem Leib, was das Zeug hielt. Die Krempe von Maurices Strohhut hing herunter; die Weste färbte seine weißen Hosen rot. Er lachte und schrie in den Wind: »*Oh là là! Le pique-nique Anglais!*«

Meine Frau und ich machten uns aus den Decken ein Zelt und drehten uns nach hinten um, um zu sehen, wie die *diligence* mit dem Schauer fertig wurde. Das Dach war offenbar weniger wetterfest, als es schien. Hände streckten sich seitlich durch das Fenster, um das Wasser aus den Hüten zu kippen.

Als wir in Buoux ankamen, war Maurice erschöpft und steif vom Zerren an der Leine, um das rückhaltlos begeisterte Pferd im Zaum zu halten. Die Stute hatte das Zuhause und ihr Futter gerochen. Zur Hölle mit den Menschen und ihren Picknicks!

Die durchnäßten, aber fröhlichen Opfer des Sturms sammelten sich im Restaurant, wo sie mit Tee und Kaffee und *marc* erfrischt wurden. Von der Eleganz der Picknickgäste am Morgen war nichts geblieben; statt dessen sah man triefende Gestalten in mehr oder weniger durchsichtiger Kleidung mit strähnig hängendem Haar. Durch ein Paar einst weißer und fester Hosen schimmerte ein rotes Höschen mit den besten Wünschen für *Fröhliche Weihnacht*. Kleider, die sich vorher gebauscht hatten, klebten am Körper; die Strohhüte sahen aus wie Teller mit zusammengepappten Cornflakes. Jeder von uns stand in seiner ganz persönlichen Pfütze.

Madame und Marcel, der Kellner, der mit dem Lieferwagen zurückgefahren war, reichten uns trockene Kleidungsstücke; aus dem Restaurant wurde ein Umkleideraum. Bennett stand nachdenklich unter seiner Baseballmütze und überlegte, ob er sich für die Heimfahrt wohl eine Badehose ausleihen könnte: Der Landrover war innen überschwemmt, der Fahrersitz klatschnaß. Immerhin, sagte er, ist der Sturm vorbei.

Was in Buoux vorüber war, hatte es in Ménerbes nie gegeben. Die Einfahrt zu unserem Haus war noch immer staubig, das Gras immer noch verbrannt, der Hof nach wie vor warm. Wir sahen die Sonne einen Augenblick lang in der Scharte zwischen den beiden Bergkuppen im Westen des Hauses schweben, bevor sie an einem rötlichen Himmel versank.

»Nun«, fragte meine Frau, »wie gefallen dir Picknicks?«

Was für eine Frage! Natürlich gefallen mir Picknicks. Sogar sehr!

clancy

Die singenden Kröten
von St. Pantaléon

Von den vielen außergewöhnlichen Ereignissen, die zur Feier der Massenenthauptungen französischer Aristokraten vor zweihundert Jahren veranstaltet worden sind, ist über eine absolut außergewöhnliche Sache bis heute nirgends berichtet worden. Selbst unsere Regionalzeitung, die oft sogar so unwichtige Vorfälle wie den Diebstahl eines Lieferwagens auf dem Markt von Coustellet oder ein *boules*-Turnier zwischen mehreren Dörfern als Aufmacher für die Titelseite hernimmt – selbst die jagenden Reporter von *Le Provençal* verfügten nicht über die notwendigen Kontakte, um an die Informationen heranzukommen. Was hier folgt, ist weltexklusiv.

Ich habe davon erstmals bei Winterende gehört. Im Café gegenüber der *boulangerie* von Lumières unterhielten sich zwei Männer über eine Frage, über die ich noch nie nachgedacht hatte: Können Kröten singen?

Der Größere der beiden – den starken, vernarbten Händen und der feinen Staubschicht auf seiner blauen *combinaison* nach zu urteilen ein Maurer – hielt das eindeutig für völlig unmöglich.

Er behauptete: »Wenn Kröten singen können, bin ich französischer Staatspräsident.« Er nahm einen tiefen Schluck aus seinem Glas Rotwein. »Eh, Madame«, brüllte er der Frau hinter der Bar zu, »was meinen Sie?«

Madame fegte den Boden, schaute hoch und ließ die Hände auf dem Besenstiel ruhen, als sie über die Sache nachdachte.

»Daß Sie nicht französischer Staatspräsident sind, ist sonnenklar«, sagte sie. »Das was die Kröten betrifft ...« Sie zuckte die Achseln. »Mit Kröten kenne ich mich nicht aus. Möglich ist alles. Das Leben ist seltsam. Ich habe einmal eine siamesische Katze gehabt, die immer auf die Toilette ging. Ich kann Ihnen die Farbfotos zeigen.«

Der Kleinere lehnte sich auf seinem Stuhl zurück, als ob damit etwas bewiesen wäre.

»Sehen Sie? Möglich ist alles. Ich hab's von meinem Schwager gehört. In St. Pantaléon gibt's einen Mann mit vielen Kröten. Er trainiert sie für den *Bicentenaire*.«

»*Ah bon?*« sagte der Große. »Und was werden sie machen? Fähnchen schwenken? Tanzen?«

»Sie werden singen.« Der Kleinere leerte sein Glas und schob seinen Stuhl zurück. »Man hat mir versichert, daß sie bis zum 14. Juli die *Marseillaise* vortragen können.«

Die beiden setzten ihre Auseinandersetzung fort, als sie das Café verließen. Ich versuchte mir vorzustellen, wie man solchen Kreaturen mit ihrem begrenzten Stimmumfang jene bewegende Melodie beibringen könnte, die jeden Franzosen beim Gedanken an Körbe voll edler geköpfter Häupter mit Stolz erfüllt. Vielleicht war es machbar. Mir waren nur die unausgebildeten Kröten bekannt, die in Sommernächten vor unserem Haus quaken. Eine größere, möglicherweise begabtere Kröte hätte eventuell kein Problem, mehr Oktaven zu umspannen und die langen Noten zu halten. Aber wie sollte man Kröten im Gesang unterrichten? Was für ein Typ von Mensch könnte sich für solch eine Herausforderung Zeit nehmen? Mich packte die Neugier.

Doch bevor ich mich auf die Suche nach dem Mann in St. Pantaléon begab, wollte ich eine zweite Meinung einholen. Mein Nachbar Massot wußte bestimmt über Kröten Bescheid. Wie er mir häufig versicherte, wußte er alles, was es zu wissen gab, über die Natur, das Wetter und sämtliche Lebewesen, die durch die Provence kreuchten und fleuchten. Über politische Dinge und Immobilienpreise war er nicht gerade gut informiert, doch was die freie Natur betraf – da konnte ihm keiner das Wasser reichen.

Ich begab mich über die Fahrspur am Waldrand zu der feuchten, kleinen Mulde, wo Massots Haus sich an einen steilen Hang schmiegte. Seine drei Hunde warfen sich mir entgegen, bis sie, von ihren Ketten gehalten, auf den Hinterbeinen standen. Ich blieb außer Reichweite und pfiff laut. Ich hörte aus dem Haus ein Geräusch, als fiele dort etwas zu Boden, dann einen Fluch – *putain!* –, und in die Tür trat Massot mit triefenden, orangerot verfärbten Händen.

Er kam die Einfahrt herauf und brachte seine Hunde mit Fußtritten zum Schweigen. Er reichte mir seine Ellbogen zum Gruß. Er hatte sein Haus angestrichen, wie er sagte, um seinen Besitz noch attraktiver zu machen, ehe er seine Verkaufsbemühungen im Frühjahr von neuem aufnehme. Ob ich das Orange nicht auch als fröhliche Farbe empfände?

Nachdem ich seinen künstlerischen Geschmack bewundert hatte, bat ich ihn um Informationen über Kröten. Er faßte sich an den Schnurrbart, der sich bereits zur Hälfte orangerot verfärbt hatte, als ihm die Farbe an seinen Fingern einfiel.

»*Merde.*« Er rieb sich den Schnurrbart mit einem Lappen, wodurch er Farbe über sein ohnehin verschmiertes Gesicht verteilte, das von Wind und billigem Wein die Tönung eines frisch gebrannten Ziegelsteins angenommen hatte.

Er wirkte nachdenklich und schüttelte den Kopf.

»Ich habe nie Kröten gegessen«, sagte er. »Frösche ja. Aber Kröten – nie. Aber in England gibt es dafür sicherlich ein Rezept. Nein?«

Ich beschloß, ihm nichts von der englischen Delikatesse zu erzählen, die wir *toad-in-the-hole* nennen – in Pfannkuchen-teig gebratenes Fleisch. »Ich will die Kröten nicht *essen*«, erklärte ich. »Ich hätte nur gern gewußt, ob sie singen können.«

Massot warf mir einen Blick zu. Er war sich nicht sicher, ob ich es ernst meinte. Er zeigte seine gräßlichen Zähne. »Hunde *können* singen«, sagte er. »Man braucht sie nur in die *couilles* zu treten, dann ...« Er reckte den Kopf in die Höhe und stieß einen Heulton aus. »Vielleicht auch Kröten. Wer weiß? Bei Tieren ist alles nur eine Frage der Ausbildung. Mein Onkel in Forcalquier hatte einmal eine Ziege, die jedesmal zu tanzen anfing, wenn sie ein Akkordeon hörte. Sie war sehr komisch, die Ziege, aber für meine Begriffe nicht so elegant wie das Schwein, das ich einmal bei Zigeunern tanzen gesehen habe – *das* nenne ich tanzen. *Très délicat,* trotz seiner Größe.«

Ich berichtete Massot, was ich im Café mitgehört hatte. Ob ihm dieser Krötentrainer zufällig bekannt sei?

»*Non. Il n'est pas du coin.*« St. Pantaléon lag nur ein paar Kilometer entfernt, aber auf der anderen Seite der Hauptver-kehrsader, der N 100, und wurde deshalb als Fremde be-trachtet.

Massot begann eine unglaubliche Geschichte von einer ge-zähmten Eidechse zu erzählen, als ihm plötzlich seine Maler-arbeiten einfielen. Ich durfte ihm wieder den Ellbogen drücken, und er kehrte zu seinen orangeroten Wänden zu-rück. Ich kam zu dem Schluß, daß es völlig zwecklos sei, andere Nachbarn über Dinge zu befragen, die sich so weit von uns entfernt zutrugen. Ich würde selbst nach St. Pantaléon fahren und dort persönlich Nachforschungen anstellen müssen.

St. Pantaléon ist nicht einmal für dörfliche Maßstäbe groß. Es wohnen dort vielleicht einhundert Menschen, es gibt eine *auberge* und ein winziges Kirchlein aus dem 12. Jahrhundert mit einem Friedhof, der in den Felsen geschlagen wurde. Die Gräber stehen seit langem leer, doch ihre Umrisse sind geblieben – manche haben Kindergröße. Es war ein unheimlicher, kalter Tag. Der Mistral rüttelte in den Zweigen der Bäume: Sie waren blank wie Knochen.

Eine alte Frau fegte mit dem Rücken zum Wind vor ihrer Tür und half dem Staub und den leeren Gauloise-Packungen, die zum Nachbarn wehten, ein wenig nach. Ich fragte, ob sie mir den Weg zum Herrn mit den singenden Kröten zeigen könnte. Sie rollte mit den Augen, verschwand im Haus und knallte die Tür hinter sich zu. Als ich weiterging, bewegte sich der Vorhang ihres Fensters. Sie würde ihrem Mann beim Mittagessen sicherlich von einem verrückten Ausländer berichten, der die Straßen unsicher machte.

Unmittelbar vor der Biegung der Straße, die zu Monsieur Audes Werkstatt führt – der *Ferronerie d'Art* –, krümmte sich ein Mann über sein Moped, das er mit einem Schraubenzieher traktierte. Ich fragte ihn.

»*Beh oui*«, sagte er. »Es ist Monsieur Salques. Angeblich ist er ein *amateur* von Kröten. Ich bin ihm persönlich nie begegnet. Er wohnt außerhalb.«

Ich befolgte seine Anweisungen, bis ich ein kleines Steinhaus etwas abseits der Straße fand. Der Kies in der Einfahrt wirkte wie gekämmt, der Briefkasten frisch gemalt, und eine Visi-

tenkarte in gestochen scharfer Handschrift unter Plastik-
schutz präsentierte HONORÉ SALQUES, ÉTUDES DIVERSES.
Das schien ein weites Feld. Ich fragte mich, was er zwischen
den Chorstunden mit seinen Kröten wohl sonst alles trieb.
Als ich die Einfahrt entlangging, öffnete er die Haustür und
behielt mich mit vorgestrecktem Kopf und klaren Augen
hinter einer Goldrandbrille fest im Blick. Vom akkurat mit-
telgescheitelten schwarzen Haar bis zu den bemerkenswert
auf Hochglanz polierten kleinen Schuhen – er strahlte Sauberkeit aus. Die Hosen hatten scharfe Bügelfalten. Er trug
eine Krawatte. Aus dem Inneren des Hauses vernahm ich
Flötenmusik.
»Endlich«, sagte er. »Seit drei Tagen ist mein Telefon *en
panne*. Eine Schande!« Er nörgelte mich an: »Wo haben Sie
Ihren Werkzeugkasten?«
Ich sei nicht gekommen, sein Telefon zu reparieren, erklärte
ich, sondern um etwas über seine interessante Arbeit mit
Kröten zu erfahren. Er plusterte sich auf und strich sich die
bereits makellose Krawatte mit sauberer, weißer Hand glatt.
»Sie sind Engländer. Ich höre es. Wie erfreulich zu wissen,
daß die Nachricht von meinem bescheidenen Beitrag zur
Zweihundertjahrfeier der Revolution England erreicht hat.«
Ich mochte ihn nicht aufklären, daß diese Nachricht bereits
im nahen Lumières auf massive Skepsis gestoßen war. Da er
nun einmal so guter Laune war, erkundigte ich mich statt
dessen lieber, ob ich seinem Chor beim Musizieren zuhören
dürfe. Er gab leise Schnalzlaute von sich und fuchtelte mit
seinem Finger vor meiner Nase herum. »Man merkt gleich,
daß Sie von Kröten nichts verstehen. Kröten werden erst im
Frühling aktiv. Ich werde Ihnen zeigen, wo sie sind. Warten
Sie hier auf mich.«

Er ging ins Haus und kam im dicken Pullover gegen die Kälte wieder heraus. In der Hand hielt er eine Taschenlampe und einen großen alten Schlüssel mit einem angehängten Zettel, auf dem in klarer Handschrift STUDIO geschrieben stand. Ich folgte ihm durch den Garten bis zu einem bienenkorbförmigen Gebäude aus trockenen, flachen Steinen – es war eine *borie*, eine Architektur, die vor tausend Jahren für das Vaucluse charakteristisch gewesen ist.

Salques schloß die Tür auf und leuchtete mit der Taschenlampe in die *borie* hinein. An den Wänden zogen sich Sandbänke entlang, die sich zum aufblasbaren Plastikplanschbecken in der Mitte des Raums hin senkten. An der Decke über dem Becken hing ein Mikrofon. Von den *artistes* war nichts zu sehen.

»Sie schlafen im Sand«, sagte Salques. Er winkte mit der Taschenlampe. »Hier« – er leuchtete die Sandbank am Ende der Mauer zur Linken ab – »haben wir die Spezies *Bufo viridis*. Sie gibt Laute von sich, die an den Kanarienvogel erinnern.« Er spitzte die Lippen und trillerte mir vor. »Und drüben« – der Lichtstrahl glitt über die Wand gegenüber – »haben wir die Spezies *Bufo calamita*. Sie hat einen Stimmsack von enormer Dehnbarkeit. Ihr Laut ist *très, très fort.*« Er drückte sein Kinn auf die Brust herunter und gab einen krächzenden Ton von sich. »Sehen Sie? Die beiden Töne bilden einen starken Kontrast.«

Anschließend erläuterte mir Monsieur Salques, wie er solchem – meines Erachtens nicht eben vielversprechenden – Grundmaterial Musik abzugewinnen gedachte. Im Frühjahr, wenn sich die Aufmerksamkeit des Bufos dem Gedanken an Paarung zuwende, kämen die Bewohner der Sandbänke hervor und tollten zum Gesang ihrer Liebeslieder im Planschbecken. Aus Gründen angeborener Bescheidenheit fände dergleichen nur bei Nacht statt, aber – *pas de problème* – jedes vogelähnliche Zirpen und jeder maskuline Krächzlaut wurde über Mikrofon auf ein Tonband in Monsieur Salques' Arbeitszimmer übertragen und dort geschnitten, neu gemischt und synthetisch aufbereitet, kurzum: durch den Zauber moderner Elektronik transformiert, bis es als *Marseillaise* vernehmbar würde.

Das sollte jedoch nur ein erster Schritt sein. Angesichts der bevorstehenden Entwicklungen des Jahres 1992 komponierte Monsieur Salques ein absolut einmaliges Opus – eine Nationalhymne der Europäischen Gemeinschaft. Ob ich das alles nicht aufregend fände?

Weit entfernt: Ich war zutiefst enttäuscht. Ich hatte eine Live-Aufführung erwartet, Massenchöre von Kröten mit riesigen Stimmsäcken, die im Einklang anschwollen, Salques als Dirigent auf dem Podium, das markante Krötensolo eines Star-Contralto, ein Publikum, das jeden einzelnen Piepser und Quaklaut mit atemloser Spannung verfolgte. Das wäre ein unvergeßliches musikalisches Erlebnis gewesen.

Doch elektronisch aufbereitetes Krächzen? Gewiß, es war nichts eben Alltägliches, aber der ganze herrliche, absolute Wahnsinn eines lebendigen Krötenchors ginge verloren. Und was eine EG-Hymne anging, so hatte ich ernste Bedenken. Wenn diese Bürokraten in Brüssel Jahre brauchten, um bereits für so einfache Dinge wie die Farbe des gemeinsamen Reisepasses und die zulässige Bakterienquote für Joghurt Übereinstimmung zu erzielen – wie sollte man von ihnen dann Einigung über eine Melodie erwarten, ganz zu schweigen über eine von Kröten vorgebrachte Melodie: Was würde Mrs. Thatcher sagen?

Ich wußte natürlich genau, was Mrs. Thatcher sagen würde – »Aber es müssen *britische* Kröten sein« –, doch ich wollte Kunst nicht mit politischen Überlegungen vermengen und stellte deshalb nur die eine Frage, die auf der Hand lag. Warum Kröten?

Monsieur Salques sah mich an, als ob ich mit Absicht den Dummen spielte. »Weil«, sagte er, »das noch nie jemand gemacht hat.«

Natürlich.

Ich habe im Frühling und bei Sommerbeginn oft daran gedacht, noch einmal nach St. Pantaléon zu gehen, um zu erfahren, welche Fortschritte Monsieur Salques mit seinen Kröten gemacht hatte, verschob meinen Besuch dann aber auf den Juli – bis Juli müßte er sein *concerto Bufo* aufgenommen haben. Mit ein wenig Glück würde ich auch die EG-Hymne hören können.

Als ich hinfuhr, war von Monsieur Salques keine Spur zu sehen. Die Tür wurde von einer Frau mit einem Walnußgesicht geöffnet, die in der anderen Hand das operative Ende eines Staubsaugers hielt.

Ob Monsieur zu Haus sei? Die Frau wich ins Haus zurück und schaltete den Staubsauger aus.

Non. Er sei nach Paris verreist. Nach einer Pause fügte sie noch hinzu: Zu den Feiern anläßlich des *Bicentenaire*.

Dann wird er seine Musik mitgenommen haben?

Davon weiß ich nichts. Ich bin die Haushälterin.

Ich wollte die Reise nicht ganz umsonst gemacht haben und erkundigte mich, ob ich die Kröten sehen dürfe.

Non. Sie seien erschöpft. Monsieur Salques habe gesagt, sie dürften nicht gestört werden.

Danke, *Madame.*

De rien, Monsieur.

In den Tagen vor dem 14. Juli waren die Zeitungen voll mit Meldungen über die Vorbereitungen des Festes in Paris – die geschmückten Umzugswagen, das Feuerwerk, die erwarteten ausländischen Staatsoberhäupter, die Garderobe von Cathérine Deneuve –, doch nirgends, nicht einmal in den Feuilletons, habe ich einen Hinweis auf die singenden Kröten gefunden. Der Tag der Bastille kam und verging ohne eine einzige Kröte. Ich hatte es doch gewußt – er hätte das Konzert live geben sollen.

doney

In Châteauneuf-du-Pape wird nicht ausgespuckt

Während des Augusts bleibt man in der Provence am besten still und ruhig im Schatten zu Hause; Ausflüge sollten auf kurze Strecken beschränkt bleiben. Die Eidechsen verstanden das am besten; ich hätte es besser wissen müssen.

Um halb zehn hatten wir bereits etwa dreißig Grad. Als ich ins Auto stieg, kam ich mir vor wie ein Hähnchen, das *sauté* werden sollte. Ich suchte auf der Landkarte nach einer Route über Nebenstraßen, um dem Touristenverkehr und den vor Hitze durchgedrehten Fernkraftfahrern auszuweichen, und dabei tropfte eine Schweißperle von meiner Nase auf meinen Bestimmungsort – Châteauneuf-du-Pape, die Kleinstadt mit dem großen Wein.

Es war im Winter gewesen und lag Monate zurück, daß ich bei einem Abendessen zur Feier einer Verlobung in unserem Freundeskreis einen Mann namens Michel kennengelernt hatte. Das erste Glas wurde eingeschenkt. Man stieß an. Da fiel mir auf: Während wir einfach tranken, zelebrierte Michel konzentriert ein besonderes, persönliches Ritual.

Er schaute ins Glas, bevor er es hob, hielt es in der Wölbung seiner Hand und schwenkte es drei- oder viermal behutsam. Er brachte das Glas in Augenhöhe und folgte den Spuren des Weins an der Innenwand. Die Nase senkte sich mit bebenden Nüstern dem Glas zu, zum Zweck einer eingehenden Geruchsprüfung des Weins. Ein tiefes Schnüffeln. Ein letzter Schwenk, und Michel nahm den ersten Schluck, allerdings nur zur Probe.

Der Wein mußte offenbar mehrere Tests bestehen, bevor er die Kehle hinunter durfte. Michel kaute ihn nachdenklich ein paar Sekunden lang. Er schürzte die Lippen, sog etwas Luft in den Mund ein und machte diskrete Laute des Spülens. Er richtete die Augen gen Himmel: Er spannte die Backen und entspannte sie wieder, damit der Wein in freiem Fluß die Zunge und die Geschmacksnerven umkreisen konnte, und dann, offenbar von der Qualität des Weins zufriedengestellt, der die orale Attacke überstanden hatte, schluckte er ihn hinunter.

Er merkte, daß ich sein Ritual beobachtet hatte, und grinste. »*Pas mal, pas mal.*« Er nahm einen weiteren, weniger umständlichen Schluck und salutierte mit gehobenen Brauen: »Ein guter Jahrgang, der 85er.«

Michel war, wie sich während des Abendessens herausstellte, ein *négociant,* ein professioneller Weintrinker, jemand, der Reben einkaufte und Nektar verkaufte. Er hatte sich auf Weine des Südens spezialisiert, vom Tavel rosé (dem Lieblingswein Ludwigs XIV., wie er behauptete) über die goldgetönten Weißweine bis hin zu den schweren, berauschenden Roten von Gigondas. Doch unter all den Weinen seiner umfangreichen Kollektion gab es einen, seine *merveille,* den er sich für den Augenblick des Todes auf den Lippen wünschte – das war der Châteauneuf-du-Pape.

Er sprach von ihm, als spräche er von einer Frau: Er streichelte die Luft mit den Händen; zarte Küsse netzten seine Fingerspitzen, und es gab viel zu hören von Körper und Blume und *puissance.* Es sei, so gab er mir zu verstehen, vorgekommen, daß ein Châteauneuf es bis auf fünfzehn Prozent Alkoholgehalt gebracht habe. Und in Zeiten wie diesen, da der Bordeaux immer dünner wird und Burgunder nur noch für Japaner erschwinglich sind, seien die Weine aus Châteauneuf-du-Pape ein Schnäppchen. Ich müsse mir einmal seine *caves* ansehen und mich persönlich überzeugen. Er würde mich zu einer *dégustation* einladen.

Die Zeit, die in der Provence zwischen der ersten Vorbereitung und der tatsächlichen Ausführung eines Besuchs vergeht, kann sich über Monate und sogar Jahre erstrecken. Ich rechnete deshalb nicht gleich mit einer konkreten Einladung. Aus dem Winter wurde Frühling, aus dem Frühling Sommer, und der Sommer floß über in den August. Das heißt, der für Experimente mit fünfzehnprozentigem Wein gefährlichste Monat im Jahr war angebrochen. Da meldete sich Michel.

»Morgen früh um elf«, sagte er. »In den *caves* von Châteauneuf-du-Pape. Und essen Sie zum Frühstück viel Brot.«

Ich hatte seinen Rat befolgt und aus besonderer Vorsicht noch einen großen Löffel reines Olivenöl geschluckt, was, wie mir ein Gourmet aus der Umgebung bedeutet hatte, ein vorzügliches Mittel sei, um die Magenwände zu schützen und den Verdauungsapparat gegen Serienangriffe junger, starker Weine zu polstern. Ich würde, dachte ich während der Fahrt über die gewundenen, heißgebackenen kleinen Landstraßen, sowieso nicht viel Wein trinken, sondern es machen wie die Experten – den Mund spülen und ausspucken.

Kurz vor elf kam das in der Hitze vibrierende Châteauneuf in Sicht. Der Ort ist total auf Wein eingestellt. Überall lauern verführerische Einladungen – auf sonnengebleichten, abblätternden Holztafeln, auf frisch gemalten Plakaten, hand-

schriftlich auf Flaschenungetümen, die an Mauern festge-
macht, neben Weinbergen aufgepflanzt, vor den Einfahrten
auf Pfosten gepfropft sind. *Dégustez! Dégustez!*

Ich fuhr in den Torweg durch die hohe Steinmauer, die die
Caves Bessac vor der Außenwelt schützt, stellte den Wagen
im Schatten ab und schob mich aus meinem Sitz. Vor mir
stand ein längliches Gebäude mit zinnenartigem Aufsatz und
riesigen Doppeltüren; Fenster hatte die Fassade nicht. Im
offenen Türrahmen stand ein Grüppchen von Menschen, die
sich von der Schwärze des Inneren abhoben und große
Schüsseln hielten, die in der Sonne glitzerten.

Die *cave* kam mir fast kalt vor. Das Glas, das Michel mir
reichte, lag angenehm kühl in der Hand. Es war eines der
größten Gläser, die ich je gesehen habe – eher ein Kristall-
eimer am Stiel, mit einem zwiebelartigen Bauch vom Durchmesser eines Goldfischbeckens, der sich nach oben hin ver-
jüngte. Laut Michel faßte es zwei Drittel vom Inhalt einer
Weinflasche.

Nach dem blendenden Licht draußen mußten meine Augen
sich erst an das Dunkel gewöhnen. Ich befand mich, wie ich
langsam begriff, keineswegs in einer bescheidenen *cave*. In
einer der schummerigen hinteren Ecken hätten leicht fünf-
undzwanzigtausend Flaschen liegen können. Man sah aber
nirgends Flaschen, nur Gänge mit Fässern – riesige runde
Fässer, die, gestützt von Rampen in Hüfthöhe, auf der Seite
lagen; die obere Wölbung erreichte eine Höhe von vier bis
fünf Metern über dem Boden. Auf den Stirnseiten der Fässer
war mit Kreide eine Angabe des Inhalts notiert. Es war das
erste Mal in meinem Leben, daß ich durch eine Weinkarte
wandeln konnte: Côtes-du-Rhône-Village, Lirac, Vacqueyras, Saint-Joseph, Crozes-Hermitage, Tavel, Gigondas –

Tausende von Litern nach Jahrgängen geordnet schlummer-
ten schweigend ihrer Reife entgegen.

»*Alors*«, sagte Michel, »Sie können hier nicht mit einem
leeren Glas herumlaufen. Was hätten Sie gern?«

Die Auswahl war einfach zu groß. Ich wußte nicht, wo
beginnen. Ob Michel mich durch die Reihen mit Weinfässern
führen würde? Die anderen hätten doch, wie ich sehe, bereits
etwas in ihren Goldfischbecken. Könnte ich nicht dasselbe
haben?

Michel nickte. Das wäre wohl am besten, meinte er, wir
hätten nämlich nur zwei Stunden, und er möchte unsere Zeit
nicht gern mit den ganz jungen Weinen vergeuden, da doch
so viele ausgereifte Schätze warteten. Ich war froh, am
Morgen meinen Löffel Olivenöl geschluckt zu haben: So
kostbare Schätze würde man wohl kaum ausspucken dürfen.
Andererseits – nach zwei Stunden Schlucken wäre ich träge
wie ein Weinfaß. Ich fragte, ob man hier spucken dürfe.

Michel deutete mit seinem Glas zu einer schmalen Rinne, die
den Eingang zum *Boulevard Côtes-du-Rhône* markierte.
»*Crachez si vous voulez, mais …*« Völlig klar, was er dachte:
Es wäre geradezu tragisch, bei solchen Weinen auf das volle
Vergnügen des Schluckens zu verzichten, auf das Aufsprin-
gen der Geschmacksknospen, die in sich gerundete Harmo-
nie zum Schluß und auf die tiefe Befriedigung, die das
genießerische In-sich-Aufnehmen eines Kunstwerks vermit-
telt.

Der *maître de chai*, ein drahtiger alter Mann in einer Baum-
wolljacke von der Farbe eines verblaßten blauen Himmels,
erschien mit einem Gerät, das mir wie ein riesiger Lutscher
vorkam – eine ein Meter lange Glasröhre mit einem faust-
großen Gummiglobus an einem Ende. Er drückte die Zapf-

schnauze ein und ein großzügiges Maß weißen Weins in mein Glas, und während des Drückens murmelte er ein Gebet: »*Hermitage 86, bouquet aux aromes de fleurs d'accacia. Sec, mais sans trop d'acidité.*«

Ich schwenkte und schnupperte und spülte und schluckte. Köstlich. Michel hatte völlig recht. Es wäre eine Sünde, so etwas dem Abfluß anheimzugeben. Zu meiner nicht geringen Erleichterung bemerkte ich dann allerdings, daß die anderen ihre Gläser nicht leerten und den Rest in einen großen Krug auf einem nahen Gestell gossen, der später in ein Gefäß mit einer *mère vinaigre* umgeschüttet werden sollte, um ein Vier-Sterne-Essig zu werden.

Wir arbeiteten uns langsam durch die Boulevards voran. Bei jedem Halt kletterte der *maître de chai* eine Tragleiter empor, auf das Faß, schlug den Spundzapfen heraus, steckte seine durstige Zapfschnauze hinein und kam dann die Leiter so vorsichtig wieder herunter, als trüge er eine geladene Waffe – der sein Rohr im Verlauf der Weinprobe dann allerdings auch immer ähnlicher wurde.

Die ersten paar Schüsse waren auf die Weißen, die Rosés und die leichteren Rotweine beschränkt. Als wir uns in die tiefere Dunkelheit der hinteren *cave* begaben, wurden auch die Weine dunkler. Und schwerer. Und merklich stärker. Jeder Wein wurde zur Begleitung einer eigenen, kurzen, aber ehrwürdigen Litanei serviert. Der rote Hermitage mit seiner kräftigen Blume von Veilchen, Himbeeren und Maulbeeren war ein *vin viril*. Der Côtes-du-Rhône »*Grande Cuvée*« war ein eleganter Vollblüter, reinrassig und *étoffé*. Das erfinderische Vokabular beeindruckte mich fast so stark wie die Weine selbst – fleischig, animalisch, muskulös, wohlgeformt, wollüstig, sehnig –, und der *maître* wiederholte sich kein einziges Mal. Ich fragte mich, ob ihm die Gabe poetischer Beschreibung wohl angeboren sei oder ob er Abend für Abend mit dem Synonymlexikon zu Bett ginge.

Zu guter Letzt erreichten wir Michels *merveille*, den 1981er Châteauneuf-du-Pape. Obwohl er noch eine Reihe von Jahren warten konnte, war er bereits ein Meisterwerk mit seiner *robe profonde*, seinem Hauch von Gewürz und Trüffel, seiner Wärme, seiner Ausgewogenheit – von seinem Alkoholgehalt, der auf fünfzehn Prozent zuging, ganz zu schweigen. Es kam mir fast so vor, als ob Michel sich mit einem Kopfsprung in sein Glas stürzen wollte. Es ist etwas Schönes, einem Mann zuzusehen, der in seiner Arbeit aufgeht.

Mit einigem Widerstreben stellte er nach einem Blick auf die Uhr sein Glas ab. »Wir müssen gehen«, sagte er. »Ich hole uns noch ein paar Flaschen fürs Mittagessen.« Er verschwand in einem Büroraum im vorderen Bereich der *cave* und kam wieder mit einem Kasten von zwölf Flaschen, gefolgt von einem Kollegen, der gleichfalls zwölf Flaschen trug. Wir würden beim Mittagessen zu acht sein. Wie viele von uns würden es überleben?

Wir verließen die *cave* und zuckten unter der prallen Sonne zusammen. Ich hatte mich beherrscht und vom Wein nur genippt, statt in mundvollen Schlucken zu trinken; trotzdem pochte mir auf dem Weg zu meinem Auto der Schädel – ein Warnsignal: Wasser; ich mußte Wasser trinken, bevor ich auch nur mehr an Wein röche.

Michel schlug mir auf den Rücken. »Eine *dégustation* macht durstig!« sagte er. »Aber keine Sorge! Wir haben reichlich.« Du lieber Himmel!

Michel hatte ein Restaurant gewählt, das eine halbe Stunde entfernt in der Nähe von Cavaillon lag. Es war eine *ferme auberge*, die, wie er sagte, echtes provenzalisches Essen in ländlicher Atmosphäre anbot. Das Gasthaus sei abgelegen und schwer zu finden, ich solle mich besser an ihn anhängen. Leichter gesagt als getan. Meines Wissens gibt es keine Statistiken zum Beweis meiner These, doch auf der Basis von persönlichen Beobachtungen und Erlebnissen unter Todesangst bin ich fest überzeugt: Ein Franzose fährt mit leerem Magen doppelt so schnell wie ein satter Franzose (und der fährt schon schneller, als Vernunft und Tempolimit es ihm eigentlich erlauben). Und so war es auch mit Michel. In einer Minute war er vor mir, in der nächsten bereits ein verschwommener Staubfleck am flimmernden Horizont; in den Kurven spurte er über das trockene Gras des Straßenrands; wie ein Rasender donnerte er durch die schmalen Gassen der Dörfer im Mittagsschlaf. Als wir vor dem Restaurant hielten, waren all meine frommen Gedanken an Wasser dahin. Ich brauchte unbedingt einen Drink.

Der Speiseraum des Bauernhofs war kühl und laut. In der Ecke plapperte ein sich selbst überlassenes Fernsehgerät. Die anderen Gäste – hauptsächlich Männer – waren von der Sonne braungebrannt und trugen zur Arbeit im Freien alte Hemden; das plattgedrückte Haar und die weiße Stirn verrieten, daß sie bei der Arbeit Mützen aufhatten. In der Ecke lag ein Hund von undefinierbarer Rasse; die Nase zuckte verschlafen ob der würzigen Gerüche von bratendem Fleisch in der Küche. Ich war plötzlich heißhungrig.

Wir wurden mit André, dem *patron*, bekanntgemacht, dessen Erscheinung –, dunkel, ein voller Körper – der Beschreibung gewisser Weine entsprach, die wir in der *cave* gekostet hatten; in seinem *bouquet* gab es Untertöne von Knoblauch, Gauloises und *pastis*. Er trug ein loses Hemd, kurze Hosen,

Gummisandalen und einen herausragend schwarzen Schnurrbart. Er besaß eine Stimme, die den Lärm im Raum übertönte.

»*Eh, Michel! Qu'est-ce que c'est? Orangina? Coca-Cola?*« Er begann die Weinkisten auszupacken und suchte in seiner Gesäßtasche nach einem Korkenzieher. »*M'amour! Un seau, des glaçons, s'il te plaît.*«

Seine kompakte, lächelnde Frau kam mit einem Tablett aus der Küche und lud es auf unserem Tisch ab: zwei Eimer mit Eis, Teller mit rosaroten *saucissons* mit eingesprenkelten winzigen Pfefferkörnern, einen kleinen Teller mit knackend frischen Radieschen und eine tiefe Schüssel mit dicker *tapenade* – die Oliven-und-Anchovis-Pastete, die gelegentlich als die schwarze Butter der Provence bezeichnet wird. André entkorkte Flaschen wie am Fließband. Er beroch jeden Korken, bevor er ihn herauszog, und stellte die Flaschen in einer Doppelreihe in der Mitte des Tisches auf. Es handelte sich dabei, wie Michel erklärte, um ein paar Weine, für die wir in der *cave* keine Zeit gehabt hätten, hauptsächlich junge Côtes-du-Rhône sowie, als Verstärkung zum Käse, ein halbes Dutzend älterer, seriöser Gigondas.

Das Mittagessen in Frankreich hat etwas, was meine zugegebenermaßen geringen Reserven an Willenskraft immer übersteigt. Ich kann mich hinsetzen und noch so entschlossen sein, mich zu mäßigen, wenig zu essen und wenig zu trinken, und dann sitze ich drei Stunden später immer noch mit dem Glas in der Hand da und bin für weitere Anregungen offen. Ich glaube nicht, daß Gier der Grund ist. Ich glaube, es liegt vielmehr an der Atmosphäre, die ein Raum voller Menschen erzeugt, die völlig auf Essen und Trinken konzentriert sind. Und während sie essen und trinken, reden sie von Essen und

Trinken; nicht etwa über Politik oder Sport oder Geschäftliches, sondern über das, was sich auf ihrem Teller und in ihrem Glas befindet. Da werden Saucen verglichen, man streitet sich über Rezepte, erinnert sich an vergangene Mahlzeiten und plant Menüs für die Zukunft. Mit der Welt und ihren Problemen kann man sich später abgeben; im Moment hat *la bouffe* Priorität, und die Luft ist durchdrungen von einem Gefühl seliger Zufriedenheit. Solch eine Atmosphäre finde ich einfach unwiderstehlich.

Wir begannen zu essen wie Athleten, die sich warmlaufen. Ein Radieschen, aufgeschlitzt, um eine Scheibe fast weißer Butter zu halten, mit einer Prise von grobkörnigem Salz; eine Scheibe *saucisson* mit Pfeffer, der auf der Zunge prickelte; Runden von getoastetem Brot von gestern, das vor lauter *tapenade* glänzte. Gekühlte Weißweine und Rosés. Michel beugte sich über den Tisch zu mir herüber. »Aber nicht ausspucken!«

Der *Patron*, der, wenn seine Pflicht ihm dazu Zeit ließ, selbstvergessen an einem Glas Rotwein nippte, zelebrierte den ersten Gang so, wie es einem Mann in kurzen Hosen und Gummisandalen gegeben ist. Er stellte eine tiefe *terrine* auf den Tisch, deren Wände fast schwarz gebrannt waren. Er steckte ein altes Küchenmesser in die *pâté* und kam anschließend mit einem hohen Glastopf von *cornichons* und einer Schüssel Zwiebelmus zurück. »*Voilà, mes enfants! Bon appétit!*«

Der Wein wechselte die Farbe. Michel schenkte seine jungen Rotweine ein. Die *terrine* wurde für eine zweite Scheibe herumgereicht. André ließ das Kartenspiel im Stich, um sein Glas nachzufüllen. »*Ça va? Ça vous plaît?*« Ich sagte ihm, wie gut mir sein Zwiebelmus schmecke. Er riet mir, ein

bißchen Platz für den nächsten Gang übrigzulassen, für etwas
– er schnalzte mit der Zunge – absolut Großartiges, *alouettes
sans tête*, die seine bewundernswerte Monique extra für uns
zubereitet hatte.

Ungeachtet seines einigermaßen grauenhaften Namens
(wörtlich übersetzt: Lerchen ohne Kopf), besteht dieses Gericht aus dünnen Rindfleischscheiben, die um gepökeltes
Schweinefleisch gerollt werden; man bestreut sie mit kleingehacktem Knoblauch und Petersilie, legt sie in Olivenöl,
trockenen Weißwein, Rinderbrühe und Tomaten-*coulis* ein
und wickelt das Ganze hübsch in Küchenzwirn. Es sieht
überhaupt nicht nach Lerche aus; eher wie eine opulente
Wurst, aber irgendein kreativer provenzalischer Koch muß
wohl gedacht haben, daß Lerchen appetitlicher klingen als
gerolltes Rindfleisch, und so hat sich der Name durchgesetzt.

Monique trug die *alouettes* herein, die André erst am Morgen
geschossen zu haben behauptete. Er gehörte zu den Männern, denen es schwerfällt, einen Witz zu machen, ohne die
Pointe physisch zu unterstreichen. Der Stoß, den er mir mit
dem Arm versetzte, hätte mich fast in eine Wanne von
ratatouille befördert.

Die kopflosen Lerchen waren heiß und jubilierten vor Knoblauch. Sie hätten, behauptete Michel, einen solideren Wein
verdient. Der Gigondas wurde vorgezogen. Die Ansammlung
leerer Flaschen am Tischende hatte mittlerweile eine zwei-
stellige Zahl erreicht. Ich fragte Michel, ob er etwa vorhabe,
am Nachmittag noch zu arbeiten.

Er tat überrascht. »Aber ich arbeite doch schon«, sagte er.
»So verkaufe ich meinen Wein am liebsten. Trinken Sie noch
ein Glas.«

Dann kam der Salat und ein Tablett mit Käse – fette, weiße Scheiben von frischem Ziegenkäse, ein milder Cantal und ein Rad sahniger St. Nectaire aus der Auvergne –, was André, der sich inzwischen am Kopfende unseres Tisches niedergelassen hatte, zu einem zweiten Witz anregte. In der Auvergne lebte ein kleiner Junge, der wurde gefragt, wen er denn lieber hätte, den Vater oder die Mutter. Der kleine Junge dachte kurz nach. »Speck ist mir am liebsten«, sagte er. André schüttelte sich vor Lachen. Ich war froh, außer Reichweite zu sitzen.

Es wurden *scoops* von Sorbet angeboten und *tartes aux pommes*, dünn, glasiert, doch ich gab mich geschlagen. Als André mein Kopfschütteln sah, brüllte er über den Tisch: »Sie müssen essen. Damit Sie stark werden. Wir gehen jetzt *boules* spielen.«

Er führte uns nach dem Kaffee ins Freie, um uns seine Ziegen zu zeigen, die er in einem Pferch von der Größe des Restaurants hielt. Sie dösten im Schatten eines Nebengebäudes; ich beneidete sie; von ihnen erwartete niemand, *boules* zu spielen unter einer Sonne, die mir Laserstrahlen in den Kopf bohrte. Es war zwecklos. Mir taten vom grellen Licht die Augen weh; mein Magen brauchte Ruhe, um alles verdauen zu können. Ich entschuldigte mich, suchte mir ein Fleckchen Rasen unter einer Platane und ließ mein Mahl rutschen.

André weckte mich irgendwann nach sechs Uhr und erkundigte sich, ob ich zum Abendessen bliebe. Es gäbe *pieds et pasquets*, sagte er, und durch einen glücklichen Zufall seien noch zwei oder drei Flaschen Gigondas übriggeblieben. Ich hatte einige Mühe, ihm zu entkommen und nach Hause zu fahren.

Meine Frau hatte den Tag vernünftigerweise am Swimmingpool im Schatten verbracht. Sie nahm meine zerknitterte Erscheinung zur Kenntnis und erkundigte sich, ob es mir Spaß gemacht hätte.

»Hoffentlich hast du etwas zu essen bekommen«, sagte sie.

Trüffelkauf bei Monsieur X

Die ganze Heimlichtuerei begann mit einem Telefonanruf aus London. Es war mein Freund Frank, den eine Hochglanzzeitschrift einmal als zurückgezogen lebenden Magnaten beschrieben hat. Mir war er eher als Gourmet der Spitzenklasse vertraut; als ein Mann, der sein Abendessen so wichtig nimmt wie andere Männer die Politik. In der Küche ist Frank wie ein Jagdhund auf der Fährte; er schnuppert herum, späht in blubbernde Töpfe und ist vor Erregung ganz zittrig. Der Geruch eines üppigen *cassoulet* versetzt ihn in Trance. Meine Frau behauptet, sie habe selten für einen so dankbaren Esser gekocht.

In seiner Stimme klang ein Hauch von Besorgnis mit, als er den Grund seines Anrufs erklärte.

»Wir haben März«, sagte er, »ich mache mir Sorgen wegen der Trüffel. Sind noch welche zu haben?«

Im März klingt die Trüffelsaison aus. In unserer Umgebung, und wir waren nicht weit vom Trüffelland in den Fußhügeln des Mont Ventoux entfernt, waren die Händler von den Märkten verschwunden. Ich ließ Frank wissen, daß er vielleicht doch ein wenig zu lang gewartet habe.

Entsetztes Schweigen, als er sich der drohenden gastronomischen Entbehrung bewußt wurde, der er sich nun ausgesetzt sah – keine Trüffelomelettes, keine Trüffel *en croûte*, kein mit Trüffeln gespickter Schweinebraten.

»Es gibt nur einen Mann«, sagte ich, »der vielleicht noch ein paar haben könnte. Ich könnte es versuchen.«

Frank schnurrte. »Ausgezeichnet, ausgezeichnet. Nur ein paar Kilo. Ich werde sie in Eierkartons abpacken und im Tiefkühlschrank aufbewahren: Trüffel für den Frühling, Trüffel für den Sommer. Nur ein paar Kilo.«

Zwei Kilo frische Trüffel hätten zu gängigen Pariser Preisen über dreitausend Mark gekostet. Selbst in der Provence – unter Umgehung aller Mittelsmänner, also bei Direktkauf von den Trüffeljägern mit ihren schmutzigen Stiefeln und Lederhauthänden – bedeuteten sie eine recht hübsche Investition. Ich fragte Frank, ob er tatsächlich zwei Kilo Trüffel haben wollte.

»Der Gedanke, daß sie mir ausgehen könnten, ist mir unerträglich«, erwiderte Frank. »Sieh mal zu, was sich machen läßt.«

Mein einziger direkter Kontakt zur Trüffelbranche bestand aus einer Telefonnummer, die mir der Chef eines Restaurants in der Nähe auf die Rückseite einer Rechnung gekritzelt hatte. Er hatte uns versichert, das sei, wenn es um Trüffel ginge, *un homme sérieux*, ein Mann von absoluter Integrität – die in der Welt des Trüffelhandels nicht immer gegeben ist, wo kleinere Schwindeleien, Gerüchten zufolge, so häufig sind wie Sonnentage in Aix. Ich hatte Geschichten von Trüffeln gehört, die zur Erhöhung des Gewichts mit Schrotkörnern versetzt oder mit Dreck eingerieben worden waren, und – schlimmer noch – von minderwertigen Trüffeln aus Italien, die als heimische Ware verkauft worden waren. Ohne zuverlässigen Lieferanten konnte man in ziemlich teuren Ärger geraten.

Ich wählte die Nummer und nannte dem Mann den Namen

des Chefs, von dem ich sie hatte – worauf ein *Ah, oui* als Antwort kam. Die Beglaubigung war akzeptiert. Was er für mich tun könnte?

Ein paar Trüffel? Vielleicht zwei Kilogramm?

»*Oh là là*«, meinte die Stimme. »Gehört Ihnen ein Restaurant?«

Nein, erwiderte ich, ich kaufe im Auftrag eines englischen Freundes.

»Für einen Engländer? *Mon Dieu.*«

Nachdem er eine Zeitlang an seinen Zähnen gelutscht und die immensen Schwierigkeiten angedeutet hatte, ohne die so spät in der Saison so viele Trüffel nun einmal nicht zu finden seien, versprach Monsieur X (sein *nom de truffe*), mit seinen Hunden in die Berge zu gehen und nach Trüffeln zu suchen. Er würde mir Bescheid geben; schnell wäre die Angelegenheit allerdings nicht zu erledigen. Ich solle in der Nähe des Telefons bleiben und warten.

Eine Woche verging. Die zweite war fast schon vorbei, als das Telefon läutete.

Eine Stimme sagte: »Ich habe, was Sie wollen. Wir könnten uns für morgen abend verabreden.«

Er bat mich, um sechs Uhr bei einer Telefonkabine auf der Straße nach Carpentras zu sein. Was für ein Modell mein Auto sei? Welche Farbe? Ein wichtiger Punkt: Schecks würden nicht akzeptiert. Bares, so hieß es, sei angenehmer. (Was, wie ich später entdecken sollte, im Trüffelhandel die Norm ist. Diese Händler halten nichts von Papierkram, stellen keine Quittungen aus und finden die Idee einer Einkommensteuer lächerlich.)

Ich traf kurz vor sechs bei der Telefonzelle ein. Die Straße lag leer und verlassen vor mir; das dicke Bündel Geldscheine in meiner Tasche machte mich ein wenig nervös. Die Zeitungen waren voll gewesen mit Berichten über Raubüberfälle und sonstige Unannehmlichkeiten auf den unbelebten Straßen im Vaucluse. Laut dem Kriminalreporter von *Le Provençal* trieben Banden von *voyous* ihr Unwesen; kluge Bürger blieben zu Hause.

Was hatte ich mit einer Salamirolle aus 500-Franc-Scheinen hier im Dunkeln zu suchen? War ich etwa keine wehrlose Zielscheibe? Ich suchte im Auto nach einer Verteidigungswaffe, fand aber nichts Brauchbareres als einen Einkaufskorb und eine alte Ausgabe des *Guide Michelin*.

Zehn endlose Minuten verstrichen, ehe ich ein Paar Scheinwerfer sah. Ein verbeulter Citroën-Lieferwagen keuchte heran und hielt auf der anderen Seite der Telefonzelle. Der Fahrer und ich musterten einander heimlich vom sicheren Terrain unserer Wagen aus. Er war allein. Ich stieg aus.

Ich hatte einen alten Bauern mit schwarzen Zähnen, Stoffstiefeln und Schurkengesicht erwartet, doch Monsieur X war ein junger Mann mit kurzgeschnittenem Haar und einem ordentlichen Schnurrbart. Er sah nett aus. Er grinste sogar, als er meine Hand schüttelte.

»Sie hätten mein Haus im Dunkeln nie gefunden«, sagte er. »Fahren Sie hinter mir her.«

Wir fuhren los und verließen die Hauptstraße, um in einen gewundenen, steinigen Weg abzubiegen, der tiefer und tiefer in die Berge führte. Monsieur X fuhr, als ob er über die *autoroute* rase; ich holperte und schaukelte hinter ihm her. Schließlich drehte er durch eine schmale Toreinfahrt ab und parkte vor einem unbeleuchteten Haus, das von Krüppeleichen umstanden war. Als ich die Wagentür öffnete, tauchte aus dem Schatten ein großer Schäferhund auf und beschnüffelte nachdenklich mein Bein. Ich hoffte, daß er zu fressen bekommen hatte.

Wir waren kaum durch die Haustür getreten, da konnte ich Trüffel riechen – diesen reifen, ein wenig faulen Geruch, der außer Glas und Aluminium alles durchdringt. Selbst Eier, die mit einer Trüffel lagern, werden nach Trüffeln schmecken.

Und da standen sie auch, mitten auf dem Küchentisch, in einem alten Korb: schwarz, knorrig, häßlich, köstlich – und teuer.

»*Voilà!*« Monsieur X hielt mir den Korb unter die Nase. »Ich habe den Dreck abgebürstet. Erst unmittelbar vor Genuß waschen!«

Er ging zu einem Schrank und holte eine uralte Waage, die er an einem Haken am Balken über dem Tisch aufhängte. Mit Fingerdruck prüfte er eine Trüffel nach der anderen, um sicherzugehen, daß sie auch noch fest waren, um sie dann auf die geschwärzte Waagschale zu legen, und beim Wiegen erzählte er mir von einem neuen Experiment. Er hatte sich ein kleines vietnamesisches Schwein gekauft, das er zu einem Trüffelfinder *extraordinaire* ausbilden zu können hoffte. Schweine hatten einen empfindlicheren Geruchssinn als Hunde, wie er sagte. Da ein gewöhnliches Schwein jedoch die Größe eines kleinen Traktors habe, sei es für Fahrten in die Trüffelgründe unterhalb des Mont Ventoux kein idealer unauffälliger Reisebegleiter.

Die Zeiger der Waage zitterten und blieben schließlich bei zwei Kilo stehen. Monsieur X packte die Trüffel in zwei Leinensäckchen. Er leckte den Daumen und zählte das Bargeld, das ich ihm überreichte.

»*C'est bieng.*« Er holte eine Flasche *marc* und zwei Gläser. Wir tranken auf den Erfolg seines Trainingsprogramms für das Schwein. Ich müsse ihn während der nächsten Saison einmal begleiten, meinte er, und das Schwein bei der Arbeit beobachten. Es bedeute einen Riesenfortschritt in der Technologie des Aufspürens von Trüffeln – *le super-cochon*. Zum Abschied schenkte er mir eine Handvoll winziger Trüffel und sein Omelett-Rezept und wünschte mir *bon voyage* nach London.

Der Duft der Trüffel begleitete mich auf der Heimfahrt. Am nächsten Tag roch mein Flugköfferchen nach Trüffeln, und als das Flugzeug in Heathrow landete und ich mich geistig darauf einstellte, mein Handgepäck am Röntgenblick des britischen Zolls vorbeizubringen, drang ein betörender Duft aus der Gepäckablage über mir. Andere Reisende musterten mich neugierig und drückten sich zur Seite, als ob ich einen ansteckenden, tödlichen Mundgeruch hätte.

Es war in der Zeit von Edwina Curries Salmonellen-Alarm. Ich sah mich schon von einer Meute von Suchhunden umzingelt und wegen des Imports exotischer Substanzen, die eine Gefahr für die Volksgesundheit bedeuten, in Quarantäne gesteckt. Ich spazierte durch den Zoll. Da blähte sich keine Nase. Aber der Taxifahrer war zutiefst mißtrauisch.

»Lieber Himmel«, sagte er. »Was haben Sie denn bei sich?«
»Trüffel.«
»Ach so. Trüffel. Wohl schon lange tot, was?«
Er schob die Trennwand zwischen dem Fahrersitz und dem hinteren Abteil für die Fahrgäste zu, und deshalb blieb mir der übliche Monolog der Taxifahrer erspart. Als er mich vor Franks Haus absetzte, ließ er es sich nicht nehmen, selbst auszusteigen und die Fenster hinten zu öffnen.

An der Haustür hieß mich der zurückgezogen lebende Magnat höchstpersönlich willkommen und stürzte sich auf die

Trüffel. Er ließ das Leinensäckchen am Eßtisch herumgehen
– einige Gäste wußten nicht so recht, *was* sie da riechen
sollten – und beorderte dann seinen häuslichen Oberkom-
mandierenden aus der Küche: einen Schotten von so statuen-
haften Dimensionen, daß ich an ihn stets als an den General-
Domo denke.

»Ich denke, wir sollten uns sofort um sie kümmern, Vaughan«,
sagte Frank.

Vaughan hob die Brauen und zog genießerisch die Luft ein.
Er wußte, was sich in dem Säckchen befand.

»Ah«, meinte er, »die gute, alte Trüffel. Sie kommt gerade
rechtzeitig für die *foie gras* morgen.«

Monsieur X wäre zufrieden gewesen.

Es war ein seltsames Gefühl, nach zweijähriger Abwesenheit
wieder einmal in London zu sein. Ich kam mir fremd und fehl
am Platz vor und war erstaunt, wie sehr ich mich verändert
hatte. Oder hatte sich London verändert? Man redete hier
unentwegt über Geld, Immobilienpreise, den Börsenmarkt
und die eine oder andere Finanzakrobatik der Konzerne. Das
Wetter, einst ein traditionelles englisches Klagethema, wurde
nie erwähnt – was mir nur recht sein konnte. Das hatte sich
nämlich nicht geändert, und die Tage vergingen in der Ver-
schwommenheit des grauen Nieselregens, und die Menschen
auf der Straße duckten sich gegen das kontinuierliche Ge-
tropfe von oben. Der Verkehr kam kaum von der Stelle; die
meisten Fahrer schienen es nicht einmal zu bemerken, sie
waren am Autotelefon in Gespräche vertieft, es ging wahrscheinlich um Geld und Immobilienpreise.

Mir fehlte das Licht und das Raumgefühl und der weite,
offene Himmel der Provence, und mir wurde klar, daß ich

freiwillig nie mehr zurückkommen und in einer Großstadt leben würde.

Auf dem Weg zum Flughafen fragte der Taxifahrer, wohin ich denn fliege, und als ich sagte, wohin, da hat er verständnisvoll genickt.

»Ich bin mal da unten gewesen«, sagte er. »In Fréjus, mit dem Wohnwagen. Verdammt teuer.«

Dann verlangte er für die Fahrt fünfundzwanzig Pfund Sterling. Er wünschte mir noch einen guten Flug und warnte mich vor dem Genuß frischen Wassers – das habe ihn in Fréjus umgeworfen. Drei Tage im Bett, sagte er. Hätte seine Frau da geschimpft.

Ich entfloh dem Winter und flog in den Frühling hinein und passierte die ungeheuer lockeren Kontrollen bei der Ankunft – was ich nie verstehe: Marseille ist angeblich das Zentrum, über das die Hälfte des europäischen Drogenhandels abgewickelt wird, doch Passagiere mit Haschisch, Kokain, Heroin, englischem Cheddar oder irgendeinem anderen Schmuggelgut im Handgepäck können den Flughafen verlassen, ohne durch den Zoll zu müssen. Es war, wie das Wetter, ein totaler Gegensatz zu Heathrow.

Monsieur X war erfreut zu hören, wie willkommen seine zwei Kilo Trüffel in London gewesen waren.

»Ihr Freund ist ein *amateur?* Ein wahrer Trüffelliebhaber?« Doch, das sei er, aber einige seiner Freunde hätten wegen des Geruchs die Nase gerümpft.

Ich konnte am Telefon fast hören, wie er die Schultern zuckte. Der Geruch sei ein wenig eigen, er gefalle nicht jedem. *Tant mieux* für die, denen er gefalle. Er lachte. Seine Stimme wurde vertraulich.

»Ich habe Ihnen etwas zu zeigen«, sagte er. »Einen Film, den ich selbst gedreht habe. Wir könnten zusammen *marc* trinken und ihn uns ansehen, wenn Sie wollen.«

Als ich sein Haus schließlich fand, begrüßte sein Schäferhund mich wie einen lang verlorenen Knochen. Monsieur X befreite mich, indem er den Hund anzischte, wie ich es bereits bei Jägern im Wald gehört hatte.

»Er will nur spielen«, sagte er. Auch das hatte ich schon einmal gehört.

Ich folgte ihm ins Haus, in die kühle, trüffelduftende Küche, und er goß uns zwei Trinkgläser *marc* ein. Ich solle Alain zu ihm sagen – er sprach seinen Namen mit einem zünftigen provenzalischen Näseln aus: *Alang*. Wir begaben uns ins Wohnzimmer, wo die Fensterläden gegen das Sonnenlicht zugezogen waren, und er hockte sich vor seinen Fernseher, um die Kassette ins Videogerät zu schieben.

»*Voilà!*« sagte Alain. »Es ist kein Truffaut, aber ich habe einen Freund, dem eine Videokamera gehört. Ich möchte einen zweiten drehen, den aber ein bißchen mehr *professionnel*.«

Dann setzte die Leitmusik ein, aus dem Film *Jean de Florette*, und auf dem Fernsehschirm erschien ein Bild: Alain, von hinten, stieg mit zwei Hunden einen felsigen Hügel hinauf; fern im Hintergrund weiße Gipfel des Mont Ventoux. Der Titel rückte ins Bild: *Rabasses de Ma Colline*. Alain erläuterte: *Rabasses* sei der provenzalische Ausdruck für Trüffel.

Trotz der leicht zittrigen Hand des Kameramanns und einer gewissen Abruptheit bei den Schnitten war es ein faszinierender Film. Man sah die Hunde zunächst zaghaft schnüffeln, dann kratzen und endlich energisch graben, bis Alain sie beiseite schob und mit enormer Sorgfalt in den aufgelockerten Erdboden griff. Jedesmal, wenn er eine Trüffel fand, erhielten die Hunde zur Belohnung einen Keks oder ein Stückchen Wurst, und die Kamera zoomte ruckartig für eine Nahaufnahme auf die mit Erde bedeckte Hand, die einen mit Erde bedeckten Klumpen hielt. Es war ein Stummfilm. Alain kommentierte die Bildfolgen live.

»Sie arbeitet gut, die Kleine«, sagte Alain, als eine kleine Hündin unbestimmter Rasse den Wurzelbereich einer Trüffeleiche inspizierte, »aber sie wird alt.« Sie begann zu graben; Alain kam ins Bild. Es gab eine Nahaufnahme einer schmutzigen Hundenase; Alain drückte den Kopf der Hündin weg. Seine Finger durchsuchten die Erde, entfernten Steine, gruben geduldig nach – bis er ein fünfzehn Zentimeter tiefes Loch ausgehoben hatte.

Ein abrupter Filmschnitt – das hungrige, wache Gesicht eines Frettchens. Alain stand auf und drückte die Vorspultaste des Videogeräts. »Das ist bloß eine Kaninchenjagd«, sagte er, »aber ich habe da noch etwas. Was man heute nicht mehr oft zu sehen bekommt. Es wird bald ganz der Geschichte angehören.«

Als auf dem Bildschirm das Frettchen mit einem gewissen Widerstand in einen Rucksack gesteckt wurde, spulte Alain den Film langsamer vor. Wieder ein plötzlicher Schnitt – eine Gruppe von Eichen. Ein Citroën-2CV-Lieferwagen schaukelte ins Bild und hielt an; ein uralter Mann mit einer Stoffmütze auf dem Kopf stieg in einer blauen Jacke aus, die ihre Form verloren hatte, lachte in die Kamera und begab sich langsam hinter den Lieferwagen. Er machte die Tür auf und zog eine primitive Holzrampe aus. Er schaute zur Kamera und lachte erneut, bevor er in den Wagen hineingriff. Er richtete sich auf, hielt das Ende eines Seils in der Hand, lachte noch einmal und begann zu ziehen.

Der Lieferwagen schwankte. Heraus kam, zentimeterweise, das schmutzigrosa Profil eines Schweinskopfes. Der alte Mann zerrte von neuem, fester, und das arme Geschöpf schlitterte unsicher über die Rampe auf die Erde und blinzelte. Die Ohren zuckten. Ich rechnete schon damit, daß es, dem Beispiel seines Herrn folgend, in die Kamera grienen würde, aber es stand einfach nur da in der Sonne, riesig, träge und ohne sich etwas auf seine Starrolle einzubilden.

»Letztes Jahr«, sagte Alain, »hat dieses Schwein beinahe dreihundert Kilo Trüffel gefunden. *Un bon paquet.*«

Ich konnte es kaum glauben. Da sah ich ein Tier vor mir, das in einem Jahr – und das völlig ohne Zuhilfenahme eines Autotelefons – mehr verdient hatte als die meisten Manager in London.

Wie auf einem ziellosen Spaziergang wanderten der alte Mann und das Schwein in den Schatten der Bäume: zwei rundliche Gestalten mit Lichttupfern von der Wintersonne. Der Bildschirm verdunkelte sich. Die Kamera fuhr zu einer Nahaufnahme von ein Paar Stiefeln heran und über ein Stück Erde. Eine schmutzige Schnauze von der Größe einer Regenrinne schob sich ins Bild – das Schwein machte sich an die Arbeit, seine Schnute bewegte sich rhythmisch hin und her, die Ohren hingen ihm über die Augen: Es war eine Maschine, geschaffen, das Erdreich zu bewegen.

Der Kopf des Schweins ruckte. Die Kamera fuhr zurück, um den alten Mann zu zeigen, der am Seil zerrte. Das Schwein ließ sich von dem offenbar höchst verführerischen Geruch nur widerwillig wegziehen.

»Für ein Schwein«, sagte Alain, »ist der Geruch von Trüffeln ein sexueller Reiz. Deshalb kann man es oft nur mit größter Mühe zum Weggehen überreden.«

Der alte Mann hatte kein Glück mit dem Seil. Er bückte sich und lehnte sich mit der Schulter gegen die Flanke des Schweins, und die beiden drückten eine Zeitlang gegeneinander, bis endlich das Schwein nachgab. Der alte Mann griff in seine Tasche und schob dem Schwein etwas ins Maul. Er würde es doch wohl nicht etwa mit Trüffeln zu fünfzig Francs pro Biß füttern?

»Eicheln«, sagte Alain. »Und jetzt aufgepaßt!«

Der kniende Alte richtete sich von der Erde auf und drehte sich mit einer ausgestreckten Hand zur Kamera hin. In der Hand lag eine Trüffel, etwas größer als ein Golfball; im Hintergrund war das lächelnde Gesicht des alten Bauern zu sehen. Seine goldenen Zahnkronen funkelten in der Sonne. Die Trüffel verschwand in einem fleckigen Seetuchtornister, und der Bauer führte sein Schwein zum nächsten Baum. Die Bildfolge endete mit einem Schnappschuß vom Alten, der beide Hände ausstreckte, die voll waren mit verdreckten Klumpen: die Arbeit eines erfolgreichen Morgens.

Ich freute mich schon auf die Bilder, wie das Schwein wieder in den Lieferwagen bugsiert würde, wozu, dachte ich mir, List, Geschicklichkeit und eine Menge Eicheln erforderlich sein müßten. Statt dessen endete der Film jedoch mit einer langen Aufnahme des Mont Ventoux und noch ein bißchen Filmmusik aus *Jean de Florette*.

»Da sehen Sie das Problem mit einem gewöhnlichen Tier«, sagte Alain. In der Tat. »Mein vietnamesisches Schwein wird hoffentlich den gleichen Spürsinn haben, aber ohne ...« Er breitete die Arme aus, um die Größe anzudeuten. »Kommen Sie. Ich zeige es Ihnen. Es hat einen englischen Namen. Es heißt Peegy.«

Peegy lebte in einer Einzäunung gleich neben Alains beiden

Hunden. Die Sau war kaum größer als ein fetter Corgi, schwarz, mit Hängebauch, und scheu. Wir lehnten uns auf den Zaun, um sie eingehend zu betrachten. Sie grunzte, drehte uns den Rücken zu und rollte sich in der Ecke zusammen. Alain behauptete, sie sei äußerst liebenswürdig. Der Winter sei vorbei, da habe er Zeit, er wolle jetzt mit der Ausbildung beginnen. Ich fragte ihn, wie er sie trainieren wolle.

»Mit Geduld«, antwortete Alain. »Ich habe den Schäferhund zum *chien truffier* ausgebildet, obwohl ihm dazu der Instinkt fehlt. Da muß es doch auch bei einem Schwein möglich sein.« Ich würde das Schwein liebend gern bei der Arbeit sehen, sagte ich, und Alain lud mich für den kommenden Winter zu einem Jagdtag unter den Trüffeleichen ein. Er war das genaue Gegenteil zu den mißtrauischen, heimlichtuerischen Bauern, die im Vaucluse den Trüffelhandel in der Hand haben sollen. Alain war ein Enthusiast, der seine Begeisterung gern mit anderen teilte.

Zum Abschied schenkte er mir einen Poster, der einen Meilenstein in der Geschichte der Trüffel ankündigte. Im Dorf Bédoin am Fuß des Mont Ventoux sollte ein Weltrekord aufgestellt werden: das größte Trüffelomelett aller Zeiten sollte »*enregistrée comme record mondial au* Guinness-Buch der Rekorde« werden. Die Zahlen waren grandios: In einer Omelettpfanne von zehn Metern Durchmesser sollten – vermutlich von einer Mannschaft provenzalischer Riesen – 70 000 Eier, 100 Kilo Trüffel, 100 Liter Öl, 11 Kilo Salz und 6 Kilo Pfeffer hin und her geworfen werden. Der Erlös sollte wohltätigen Zwecken zugute kommen. Es würde ein denkwürdiger Tag, meinte Alain. Im Augenblick stehe man in Verhandlungen über eine Flotte von Betonmixern, welche unter der Aufsicht einiger besonders angesehener *Chefs* der Provence die Zutaten zur richtigen Konsistenz verrühren sollten.

Das sei aber nicht die Art von Ereignis, das man normalerweise mit dem Trüffelhandel verbinde, wandte ich ein: Es sei zu öffentlich, zu offen, ganz und gar nicht wie die dunklen Geschäfte, die, wie gemunkelt würde, in den Hintergassen und auf den Märkten stattfänden.

»Ach die«, meinte Alain. »Sie haben recht, es gibt da gewisse Leute, die sind ein wenig ...« er machte mit der Hand eine Schlängelbewegung, »*serpentin*.« Er grinste mich an. »Beim nächsten Mal werde ich Ihnen da ein paar Geschichten erzählen.«

Er winkte zum Abschied, und auf der Heimfahrt überlegte ich, ob ich Frank überreden könnte, aus London herüberzufliegen, um dem Versuch beizuwohnen, einen Weltrekord für Trüffelomeletts zu erzielen. Es wäre genau die Art von gastronomischer Kuriosität, die ihm gefallen würde, und sein General-Domo Vaughan müßte natürlich auch mitkommen. Ich sah ihn vor mir, in seiner tadellosen Trüffel-Bekleidung, sah ihn Anweisungen geben, während die Betonmixer die Zutaten verrührten: »Noch einen Eimer Pfeffer, dort, *mon bonhomme*, wenn's recht ist.« Vielleicht könnte ich für ihn eine *Chef*mütze auftreiben, die zu seinem Clan-Tartan und den entsprechenden schottischen Hosen passen würde. Ich kam zu der Einsicht, es sei wohl doch besser, wenn ich am Nachmittag keinen *marc* tränke. Er bringt einen auf komische Gedanken.

Napoléons hinten im Garten

An einem Ende des Swimmingpools hatten unsere Bauleute auf einem langen, niedrigen Haufen eine Ansammlung von Souvenirs an ihre Arbeit an unserem Haus zurückgelassen. Schutt und geborstene Steinplatten, alte Lichtschalter und verbogener Leitungsdraht, Bierflaschen und zersprungene Fliesen. Eines schönen Tages sollten Didier und Claude mit einem leeren Laster zurückkommen und den ganzen Schrott fortschaffen, so war es geplant; dann würde dieses Stückchen Land *impeccable* sein, und wir könnten die geplante Rosenallee anpflanzen.

Aber aus irgendeinem Grund war der Laster nie leer, oder Claude hatte sich einen Zeh gebrochen, oder Didier hatte irgendwo in den Basses-Alpes eine Ruine abzureißen, und der Souvenirhaufen blieb am Ende des Schwimmbeckens liegen. Mit der Zeit wurde er sogar recht hübsch: eine zwanglose Felsgruppe, die durch einen kräftigen Überwuchs von Unkraut mit Zugaben von Mohnblumen ein gefälliges Äußeres bekam. Ich meinte zu meiner Frau, das Ganze besitze einen gewissen unerwarteten Charme. Davon war sie nicht überzeugt. Sie wandte ein, daß Rosen im allgemeinen als reizvoller gelten als Schutt und Bierflaschen. Ich begann, den Haufen wegzuräumen.

Mir macht manuelle Arbeit Spaß. Ich mag die rhythmische Bewegung und schätze das Gefühl, aus einem vernachlässigten, unordentlichen Haufen unter meinen Händen Ordnung erwachsen zu sehen. Nach ein paar Wochen stieß ich zur nackten Erde durch. Mit Blasen an den Händen zog ich mich voller Triumph zurück. Meine Frau war hocherfreut. Jetzt, betonte sie, müßten nur noch zwei Gräben ausgehoben und fünfzig Kilo Dünger herbeigeschafft werden und schon könnten wir pflanzen. Sie studierte den Rosenkatalog. Ich pflegte meine Blasen und ging mir eine neue Spitzhacke kaufen.

Ich hatte etwa drei Meter hartgepreßter Erde aufgelockert, als ich unter den Unkrautwurzeln etwas schmutziges Gelbes aufleuchten sah. Offenbar hatte ein längst verstorbener Bauer vor vielen, vielen Jahren hier an einem heißen Nachmittag eine leere *pastis*-Flasche weggeworfen. Als ich die Erde wegkratzte, entdeckte ich allerdings keinen antiken Flaschendeckel. Es war eine Münze. Ich spülte sie mit dem Schlauch ab. Das war Gold, was da in der Sonne glänzte. Die Wassertropfen tropften von einem bärtigen Profil.

Es war ein 20-Franc-Stück aus dem Jahr 1857. Auf einer Seite befand sich der Kopf Napoléons III. mit seinem gepflegten Ziegenbärtchen; dem Namen gegenüber war in markanter Schrift seine gesellschaftliche Funktion eingeprägt – *Empereur*. Auf der Rückseite: Ein Lorbeerkranz, gekrönt mit weiteren markanten Buchstaben zur Verkündung des *Empire Français*. Am Rand der Münze stand die beruhigende Feststellung geschrieben, deren Wahrheit jedem Franzosen vertraut ist: *Dieu protège la France*.

Meine Frau war nicht minder begeistert als ich. »Da gibt's vielleicht noch mehr«, sagte sie. »Grab weiter.«

Zehn Minuten später fand ich eine zweite Münze, wieder ein 20-Franc-Stück, diesmal aus dem Jahr 1869, und die Jahre hatte Napoléons Profil nicht im geringsten gezeichnet; nur daß seinem Haupte ein Kranz entsprossen war. Ich stand in dem Loch, das ich gegraben hatte und kalkulierte. Ich hatte noch zwanzig Meter Graben auszuheben. Bei der momentanen Fundrate von einer Münze pro Meter besäßen wir am Ende möglicherweise eine ganze Tasche voller *Napoléons* und könnten uns eventuell sogar ein Mittagessen im *Beaumanière* in Les Baux leisten. Ich schwang die Spitzhacke, bis meine Hände wundgerieben waren, stieß tiefer und tiefer in die Erde hinein und hielt durch den Schweiß auf meinem Gesicht hindurch Ausschau nach einem weiteren Zeichen Napoléons.

Ich war bei Tagesende nicht reicher; das Loch allerdings war tief genug, um einen ausgewachsenen Baum pflanzen zu können, und die Hoffnung auf weitere Funde am nächsten Tag groß. Niemand würde zwei mickerige Münzen vergraben; die beiden waren offensichtlich aus einem prallen Sack gefallen, der in Reichweite meiner Spitzhacke lag: ein Vermögen für den widerspenstigen Gärtner.

Um die Höhe unseres Vermögens abzuschätzen, zogen wir die Wirtschaftsseiten von *Le Provençal* zu Rate. In einem Land, dessen Menschen ihre Ersparnisse in Gold unter der Matratze horten, mußte man eine Münzpreisliste zum Tageswert in der Zeitung finden. Und tatsächlich – wir fanden das Gesuchte zwischen der Listung des Ein-Kilo-Goldbarrens und der mexikanischen 50-Peso-Münze: Napoléons 20 Francs waren inzwischen 396 Francs wert – vielleicht sogar mehr, falls das Profil des alten Knaben wie neu wäre.

Nie ist eine Spitzhacke mit größerer Begeisterung in die Hand genommen worden. So etwas mußte natürlich Faustins Aufmerksamkeit erregen. Auf dem Anmarsch in den Kampf gegen Mehltau, von dem er einen Angriff auf seine Reben befürchtete, blieb er stehen, um sich zu erkundigen, was ich vorhätte. Rosen pflanzen, erwiderte ich.

»*Ah bon?* Das müssen aber große Rosen sein, wenn Sie so ein riesiges Loch brauchen. Rosenbäume vielleicht? Aus England? Hier bei uns haben es Rosen schwer. *Tache noire* wo man hinschaut.«

Er schüttelte den Kopf, und mir war klar: Jetzt käme seine Mahnung zur Vorsicht. Faustin hat enge Beziehungen zu allen Arten von Naturkatastrophen und ist glücklich, sein umfassendes, einschlägiges Wissen jedem zur Verfügung zu stellen, der dumm genug ist, mit dem Besten zu rechnen. Um ihn aufzumuntern, erzählte ich ihm von den Goldnapoléons. Er hockte sich auf den Rand des Grabens und schob seine Mütze, die vom Spray gegen Mehltau blau gefärbt war, auf den Hinterkopf, um sich ganz auf die Nachricht zu konzentrieren.

»Wenn man ein oder zwei *Napoléons* findet«, räumte er ein, »so bedeutet das, *normalement*, daß es dort noch mehr gibt. Aber das hier ist kein gutes Versteck.« Er winkte mit seiner großen, braunen Hand in Richtung des Hauses. »Im Brunnen wären sie sicherer gewesen. Oder hinter dem *cheminée*.«

Sie hätten in Eile versteckt worden sein können, schlug ich vor. Faustin schüttelte wieder den Kopf; ich verstand, daß Eile für ihn kein plausibler Begriff war, schon gar nicht, wenn es darum ging, sich eines Sacks voller Gold zu entledigen.

»So *pressé* ist auf dem Land niemand. Nicht mit *Napoléons*. Da hat jemand Pech gehabt und die beiden hier verloren.«

Das sei mein Glück, meinte ich, und mit diesem deprimierenden Gedanken zog Faustin weiter, um im Weinberg nach einer Katastrophe Ausschau zu halten.

Tage vergingen. Die Blasen an meinen Händen blühten auf.

Der Graben wurde länger und tiefer. Es blieb bei den zwei *Napoléons*. Aber irgendwie schien mir das nicht plausibel. Kein Bauer würde mit Goldmünzen in der Tasche zur Arbeit auf dem Felde gehen. Hier mußte sich einfach, ganz in der Nähe, ein *cache* befinden, redete ich mir ein.

Ich beschloß, bei der selbsternannten Autorität zu allen Fragen über das Tal eine zweite Meinung einzuholen, von dem Mann, dem in der Provence nichts verborgen war, dem weisen, käuflichen und durchtriebenen Massot. Falls jemand nur durch ein Schnuppern im Wind und ein Ausspucken auf den Boden raten könnte, wo ein gerissener alter Bauer seine Lebensersparnisse versteckt hatte, dann Massot.

Ich lief durch den Wald zu seinem Haus und hörte das Bellen seiner Hunde, die mit frustrierter Blutgier meine Witterung aufnahmen. Eines Tages würden sie sich von den Ketten losreißen und alles zerfleischen, was sich in diesem Tal bewegt; ich hoffte nur, er würde sein Haus noch vorher verkaufen können und fortziehen.

Massot schlenderte durch das, was er gern als seinen Vorgarten bezeichnete, eine Fläche bloßer, plattgelaufener Erde mit Schmuckstücken von Hundekot und hartnäckigem Unkraut. Er schaute hoch, kniff die Augen gegen das Sonnenlicht und den Rauch seiner fetten gelben Zigarette zusammen und gab einen Grunzlaut von sich.

»*On se promène?*«

Nein, sagte ich. Heute käme ich, ihn um Rat zu fragen. Er grunzte erneut und trat die Hunde mit Füßen; sie gaben das Bellen auf. Wir standen durch die rostige Kette getrennt, die seinen Besitz vom Waldweg scheidet; ich war nah genug, um seinen wilden Geruch von Knoblauch und schwarzem Tabak zu riechen. Ich berichtete ihm von den beiden Münzen, woraufhin er sich die Zigarette von seiner Unterlippe abzog und den feuchten Stummel kritisch untersuchte, während die Hunde an ihren Ketten hin und her liefen und ein unterdrücktes Knurren hören ließen.

Er fand an einer Stelle seines verfärbten Schnurrbarts für seine Zigarette eine Bleibe und beugte sich zu mir herüber.

»Wem haben Sie das schon erzählt?« Er schaute über seine Schulter nach hinten, wie um sich zu vergewissern, daß wir allein waren.

»Meiner Frau. Und Faustin. Sonst niemandem.«

»Sagen Sie es keinem«, riet er und klopfte sich mit einem schmutzigen Finger an die Nase. »Es könnte sein, daß es dort noch mehr Münzen gibt. Behalten Sie es für sich.«

Wir liefen zusammen zurück, damit Massot sich die Stelle ansehen konnte, wo ich die beiden Münzen gefunden hatte, und er gab unterwegs eine persönliche Erklärung ab über das leidenschaftliche Interesse, das eine ganze Nation an Gold zeigte. Das sei so seit der Französischen Revolution, behauptete er, und daran seien die Politiker schuld. Erst die Revolution selbst, dann Kaiser, Kriege, unzählige Staatspräsidenten – die meisten von ihnen Kretins, meinte er und spuckte aus – und Geldentwertungen, die hundert Francs über Nacht zu hundert Centimes reduzieren konnten. Kein Wunder, daß der einfache Mann auf dem Land den Papierfetzen nicht traute, die von diesen *salauds* ausgegeben wurden. Gold dagegen – Massot hielt sich die Hände vor die Brust und wühlte mit den Fingern in einem imaginären Berg von *Napoléons* –, Gold zu besitzen war immer gut und in schwierigen Zeiten noch besser. Das allerbeste Gold sei das Gold von toten Menschen, weil Tote sich nicht streiten. Wie glücklich sind wir doch, Sie und ich, sagte Massot, daß wir über eine so unkomplizierte Sache stolpern. Ich hatte offenbar einen Teilhaber gefunden.

Wir standen in dem Graben. Massot zupfte an seinem Schnurrbart und blickte sich um. Der Boden war eben, teils mit Gras bedeckt, teils mit Lavendel. Nirgends eine Stelle, die sich in besonderer Weise als Versteck angeboten hätte; was Massot positiv deutete: ein Platz, der sofort als Versteck erkennbar ist, wäre bereits vor fünfzig Jahren entdeckt und »unser« Gold dann herausgenommen worden. Er kletterte aus dem Graben und schritt die Entfernung zum Brunnen ab, um sich dann auf die Brunnenwand zu setzen.

»Es könnte irgendwo hier sein«, sagte er und umschrieb mit einer Armbewegung etwa fünfzig Quadratmeter. »*Évidemment*, eine so große Fläche können Sie nicht umgraben.« Unsere Teilhaberschaft schloß körperliche Arbeit für ihn offenbar aus. »Was wir brauchen, ist ein *machin* zum Aufspüren von Metall.« Er formte seinen Arm zu einem Metalldetektor und führte ihn mit schwungvollen Bewegungen über das Gras und klickte mit den Fingern. »*Beh oui*. Der wird es entdecken.«

»*Alors, qu'est-ce qu'on fait?*« Massot machte die universelle Geste der Andeutung von Geld: Er rieb Daumen und Zeigefinger gegeneinander. Der geschäftliche Teil hatte begonnen.

Wir kamen überein, daß ich den Graben bis zum Ende ausheben und Massot sich um die Hochtechnologie kümmern, also einen Metalldetektor ausleihen würde.

Ungeklärt waren nur noch die finanziellen Aspekte unserer Partnerschaft. Ich schlug ihm zehn Prozent vor – das sei ein anständiger Preis für die schonende Arbeit mit dem Metalldetektor. Massot meinte, fünfzig Prozent seien ihm lieber. Er müsse nach Cavaillon fahren, um den Metalldetektor zu holen, sich an den Grabenarbeiten beteiligen, falls Gold gefunden würde und, am allerwichtigsten, er sei ein völlig vertrauenswürdiger Partner, der Einzelheiten unseres neuen Wohlstands nicht in der ganzen Nachbarschaft herumerzählen würde. Man müsse alles für sich behalten.

Ich sah ihn an. Er lächelte und nickte. Ich dachte, man könne auf unserer Seite des Gefängnisses von Marseille wohl schwerlich einen des Vertrauens unwürdigeren alten Ganoven finden. Ich sagte: zwanzig Prozent. Er zuckte zusammen, seufzte, schimpfte, ich sei ein *grippe-sous,* und ließ sich zu fünfundzwanzig Prozent herab. Wir gaben uns darauf die Hand, und er spuckte, bevor er ging, einmal in den Graben. Für unser Glück.

Danach habe ich ihn tagelang nicht gesehen. Ich hob den Graben zu Ende aus, schichtete den Dünger ein und pflanzte die Rosen. Der Mann, der sie anlieferte, sagte, ich hätte viel zu tief gegraben und fragte, warum, doch den Grund behielt ich für mich.

Es gibt in der Provence eine weitverbreitete Abneigung gegen alles, was nach Terminabsprachen aussieht. Der Provenzale kommt lieber unangemeldet, statt vorher anzurufen, um sicherzugehen, daß man auch Zeit für ihn hat. Wenn er ankommt, erwartet er, daß man sich die Zeit nimmt für die Annehmlichkeiten eines Drinks und einer Konversation über Gott und die Welt, bevor man sich dem Anlaß für seinen Besuch zuwendet, und wenn man ihm mitteilt, man müsse weg, ist er verständnislos. Wozu die Eile? Eine halbe Stunde spielt doch keine Rolle. Man käme nur zu spät, und das sei doch normal.

Es herrschte schon fast Dämmerung, die Tageszeit *entre chien et loup*, als wir vor unserem Haus einen Lieferwagen anklappern und halten hörten. Wir wollten mit Freunden in Goult zu Abend essen, und deshalb ging ich nach draußen, um den Besucher abzufangen, bevor er die Bar erreichen konnte und dann nicht mehr loszueisen wäre.

Die hintere Tür des Lieferwagens stand weit offen. Er schaukelte seitlich hin und her. Es gab einen dumpfen Laut, als etwas zu Boden knallte, dem folgte ein Fluch. *Putaing!* Es war mein Geschäftspartner, der sich mit einer Spitzhacke herumschlug, die sich im Metallgitter der Hundeabtrennung hinter dem Fahrersitz verfangen hatte. Die Spitzhacke kam nach einer letzten krampfartigen Erschütterung frei, und Massot stürzte, ein wenig rascher als beabsichtigt, rückwärts aus dem Gefährt.

Er trug Tarnhosen, einen mausgrauen Pullover und eine dschungelgrüne Kopfbedeckung aus Restbeständen der Armee, die allesamt ihre besten Zeiten hinter sich hatten. Er sah aus wie ein schlecht bezahlter Söldner, als er seine Geräte auslud und auf dem Boden abstellte – die Spitzhacke, eine Schaufel mit langem Stiel und einen Gegenstand, der in altes Sacktuch gehüllt war. Er sah sich um, ob er beobachtet würde, dann nahm er das Tuch ab und hielt den Metalldetektor in die Höhe.

»*Voilà!* Er ist *haut de gamme,* modernste Ausführung. Er funktioniert bis in drei Meter Tiefe.«

Er stellte ihn an und bewegte ihn über seine Werkzeuge. Und natürlich – er klapperte wie ein aufgeregtes falsches Gebiß, als er eine Schaufel und eine Spitzhacke entdeckte. Massot war entzückt. »*Vous voyez?* Er spricht, wenn er auf Metall stößt. Das ist besser als graben, was?«

Ich sagte, das sei in der Tat eindrucksvoll, und ich würde ihn zur Sicherheit bis morgen im Haus aufbewahren.

»Morgen?« sagte Massot. »Aber wir müssen gleich anfangen.«

Ich wies darauf hin, daß es in einer halben Stunde dunkel sei. Massot nickte geduldig, als ob ich einen äußerst komplizierten Sachverhalt endlich begriffen hätte.

»Genau!« Er stellte den Metalldetektor ab und faßte mich am Arm. »Wir wollen doch nicht, daß uns die ganze Welt beobachtet, oder? Die Art von Arbeit erledigt man am besten nachts. So ist's mehr *discret. Allez!* Bringen Sie die Werkzeuge.«

Da gebe es aber noch eine kleine Schwierigkeit, sagte ich. Meine Frau und ich gingen aus.

Massot blieb wie angewurzelt stehen und starrte mich an. Seine Augenbrauen zogen sich vor Erstaunen in die höchste Höhe.

»Ausgehen? Heut abend? *Jetzt?*«

Meine Frau rief aus dem Haus, wir seien bereits verspätet. Massot kümmerten unsere merkwürdigen Pläne nicht. Er bestand darauf: Es müsse heute abend geschehen. Dann müsse er eben alles allein machen, klagte er. Ob ich ihm eine Taschenlampe leihen könne? Ich zeigte ihm, wie man das Spotlight hinter dem Brunnen anschaltet, das er so lange veränderte, bis es die Stelle am Rosenbeet beleuchtete, und er murmelte irritiert vor sich hin, weil er *tout seul* arbeiten mußte.

Wir hielten auf der Hälfte der Einfahrt an und schauten uns nach Massots verlängertem Schatten um, der sich durch die Bäume bewegte, die in den Schein des Spotlights getaucht waren. In der Abendluft war das Tickern des Metalldetektors laut und deutlich zu hören, und mir kamen Zweifel, ob das Unternehmen auch wirklich geheim bleiben könnte. Wir hätten genausogut am Ende der Einfahrt ein Schild anbringen können mit der Aufschrift MANN SUCHT GOLD.

Wir erzählten unseren Freunden beim Abendessen von der Schatzsuche, die da mehr oder weniger im Schutze der Dunkelheit vor sich ging. Der Mann, der im Lubéron geboren und aufgewachsen ist, gab sich nicht optimistisch. Als die Metalldetektoren aufgekommen seien, seien sie bei der Landbevölkerung zunächst noch beliebter gewesen als Hunde, berichtete er. Man habe auch tatsächlich ein wenig Gold gefunden. Inzwischen sei die Gegend jedoch so gründlich abgesucht worden, daß Massot Glück hätte, wenn er nur ein Hufeisen fände.

Trotzdem, unsere zwei *Napoléons* konnte er nicht in Frage stellen. Sie lagen ja vor ihm auf dem Tisch. Er hob sie auf und klinkerte mit ihnen in der Hand. Wer weiß? Vielleicht hätten wir Glück. Oder vielleicht hätte Massot Glück, und wir würden es nie erfahren. Ob man ihm vertrauen könne? Meine Frau und ich schauten uns an. Wir beschlossen, es sei Zeit für die Heimfahrt.

Mitternacht war gerade vorbei, als wir ankamen. Massots Lieferwagen war fort. Das Spotlight war ausgeschaltet, der Mond jedoch hell genug, so daß wir die großen Erdhügel erkennen konnten, die wild durcheinander aufgeworfen waren, dort, wo wir einen Rasen anzulegen hofften. Wir kamen überein, das volle Ausmaß des Schadens erst am Morgen in Augenschein zu nehmen.

Es war, als hätte ein Riesenmaulwurf in einem Anfall von Platzangst nach Luft geschnappt und Metall ausgespuckt. Da lagen Nägel, Stücke von einem Wagenrad, ein alter Schraubenzieher, eine halbe Sichel, ein Schlüssel von Burgkerkergröße, die Messinghülse einer Gewehrkugel, die zerbröckelnden Überreste eines Hufeisens, Messerklingen, der Boden eines Siebs, Vogelnester aus Drahtballen, unidentifizierbare Klumpen reinen Rosts. Nur kein Gold.

Die meisten neugepflanzten Rosen hatten überlebt, und die Lavendelrabatte war heil. Massot mußte die Begeisterung verloren haben.

Ich ließ ihn bis in den Nachmittag hinein schlafen, bevor ich hinüberging, um mir seinen Bericht über die Nachtarbeit anzuhören. Ich konnte den Metalldetektor schon hören, als ich sein Haus noch längst nicht erreicht hatte, und ich mußte zweimal rufen, bis er von dem Dornbuschhügel aufschaute, den er abtastete. Er fletschte zur Begrüßung seine scheußlichen Zähne. Ich war ganz überrascht, ihn bei so guter Laune zu sehen. Vielleicht hatte er doch etwas gefunden.

»*Salut!*« Er schulterte den Metalldetektor wie ein Gewehr und watete, immer noch lächelnd, durch das Unterholz auf mich zu. Ich sagte ihm, er sähe aus wie ein Mann, der Glück gehabt hätte.

Noch nicht, sagte er. Er habe seine Arbeit in der vergangenen Nacht notgedrungen abbrechen müssen, weil meine Nachbarn sich lauthals über den Lärm beschwert hätten. Ich verstand gar nichts mehr. Deren Haus liegt zweihundert Meter von der Stelle entfernt, wo er gearbeitet hatte. Was er denn gemacht hätte, um sie wachzuhalten?

»*Pas moi!*« erklärte er. »*Lui*«, und klopfte auf den Metalldetektor.

Aber kein Gold, sagte ich.

Massot lehnte sich so nah zu mir herüber, daß ich für eine

Schrecksekunde schon befürchtete, er wolle mich küssen. Seine Stimme sank zu einem unterdrückten Flüstern. »Aber ich weiß, wo es ist.« Er wich zurück und atmete einmal tief durch. »*Beh oui*. Ich weiß, wo es ist.«

Obwohl wir im Wald standen und das nächste menschliche Wesen mindestens einen Kilometer entfernt war, war Massots Sorge, wir könnten belauscht werden, ansteckend. Ich flüsterte ebenfalls.

»Wo ist es?«

»Am Ende der *piscine*.«

»Unter den Rosen?«

»Unter der *dallage*.«

»Unter der *dallage*?«

»*Oui. C'est certaing*. Beim Haupt meiner Großmutter.«

Das war keineswegs die schlichtweg gute Nachricht, für die Massot sie offenbar hielt. Die *dallage* rund um das Schwimmbecken bestand aus fast sechs Zentimeter hohen Steinplatten, die in ein Stahlbetonbett eingebettet worden waren, das genauso tief war wie die Steinplatten hoch. Es würde eine Totaldemontage bedeuten, bevor man ans Erdreich herankäme. Massot ahnte, was mir durch den Kopf ging, und er stellte den Metalldetektor ab, damit er mit beiden Händen reden konnte.

»In Cavaillon«, sagte er, »kann man einen *marteau-piqueur* mieten. Der kommt durch alles durch. *Paf!*«

Er hatte völlig recht. Ein kleiner Preßlufthammer würde die Steinplatten, den Stahlbeton, die Wasserleitungen, die das Becken speisten, und die elektrischen Kabel der Filterpumpe im Nu durchtrennen. *Paf!* Und vielleicht sogar *Boum!* Und wenn sich danach der Staub setzte, hätten wir womöglich nicht mehr als ein weiteres Sichelblatt unserer Sammlung hinzuzufügen. Ich sagte nein. Mit einem Ausdruck unendlichen Bedauerns, aber nein.

Massot nahm es gut auf und freute sich über die Flasche *pastis*, die ich ihm gab, zum Dank für seine Mühe. Von Zeit zu Zeit sehe ich ihn jedoch auf dem Weg hinter dem Haus stehen, wie er auf den Swimmingpool blickt und gedankenverloren an seinem Schnurrbart nagt. Weiß Gott, wozu er in einer trunkenen Nacht fähig wäre, falls ihm zu Weihnachten jemand einen *marteau-piqueur* schenken sollte.

Wie in *Vogue* annonciert

Vielleicht liegt es an Erinnerungen, die er noch immer an sein früheres Leben als heimatloser, hungrig streunender Hund hat, daß Boy jede Gelegenheit nutzt, sich im Haus so angenehm bemerkbar zu machen wie möglich. Er bringt uns Geschenke – ein heruntergefallenes Vogelnest, die Wurzel einer Rebe, eine zur Hälfte durchgekaute *espadrille,* die er versteckt hat, Unterholz aus dem Wald – und deponiert sie mit einer unordentlichen Generosität, mit der er uns, wie er wohl meint, für sich einnehmen kann. Er hilft bei der Hausarbeit, indem er auf dem Fußboden Spuren von Blättern und staubigen Pfotenabdrücken hinterläßt. Er hilft in der Küche, indem er als mobiler Mülleimer für alles Eßbare dient, was von oben herabfällt. Er ist immer in unserer Nähe. Er versucht verzweifelt, laut und ungeschickt zu gefallen.

Seine liebenswürdigen Bemühungen beschränken sich nicht nur auf uns. Er hat eine eigene, unkonventionelle, aber gutgemeinte Form der Begrüßung von Besuchern entwickelt. Er läßt den Tennisball fallen, den er normalerweise in einem Teil seines riesigen Mauls herumträgt. Er drückt sein gleichermaßen riesiges Haupt jedem, der durch die Tür kommt, in die Leistengegend – seine Variante eines kräftigen Händedrucks. Unsere Freunde haben sich daran gewöhnt. Sie lassen sich in der Unterhaltung nicht stören. Boy zieht sich nach

Erfüllung seiner gesellschaftlichen Pflichten zurück, um sich auf das nächststehende Paar Füße fallen zu lassen.

Die Reaktionen auf seine Begrüßung spiegeln mit einiger Genauigkeit den Wechsel der Jahreszeiten. Während des Winters, wenn unsere Gäste Menschen sind, die, wie wir auch, das ganze Jahr über im Lubéron leben, wird der Hundekopf in der Leistengegend ignoriert oder getätschelt, man wischt sich die Blätter und Zweige von den Kordhosen, und das Glas Wein findet ohne Unterbrechung seinen Weg zum Mund. Wenn es statt dessen ein überraschtes Hochschrecken, verschüttete Getränke und nervöse Bemühungen gibt, die forschende Nase von der sauberen, weißen Kleidung fernzuhalten – dann wissen wir: Es ist Sommer, und mit dem Sommer sind die Sommermenschen gekommen.

Es kommen Jahr um Jahr mehr. Sie kommen der Sonne und der Landschaft wegen, wie eh und je: neuerdings aber auch aufgrund von zwei neuen, verführerischen Entwicklungen.

Die erste ist praktischer Natur: Die Provence wird mit jedem Jahr leichter erreichbar. Man spricht davon, daß der TGV-Hochgeschwindigkeits-Expreß die ohnehin schnelle Paris–Avignon-Verbindung noch mal um eine halbe Stunde verkürzt. Der winzige Flughafen vor der Stadt wird vergrößert und zweifelsohne in Kürze bereits als Avignon International firmieren. Vor dem Flughafen von Marseille ist zur Ankündigung von zwei wöchentlichen Direktflügen von und nach New York eine riesige, grüne Imitation der Freiheitsstatue errichtet worden.

Gleichzeitig ist die Provence wieder einmal »entdeckt« worden – und zwar nicht die Provence generell, sondern eben die Städte und Dörfer, wo wir einkaufen gehen und über die Märkte bummeln. Der Trend hat uns eingeholt.

Die Bibel der Schönen Menschen, *Women's Wear Daily*, die in New York die korrekte Rocklänge, die Busennorm und das zulässige Gewicht der Ohrringe bestimmt, ist im letzten Jahr auch nach Saint-Rémy und in die Lubéron vorgestoßen. Die Zeitschrift hat prominente Sommerbewohner vorgeführt, wie sie Auberginen betasten, beim Nippen ihres *kir,* beim Bestaunen der gestutzten Zypressen, auf ihrer Flucht vor allem – aber natürlich immer in Gemeinschaft mit ihresgleichen und mit einem Fotografen als Begleitung – und beim Genießen der Freuden eines einfachen Lebens auf dem Lande.

In der amerikanischen *Vogue* mit ihrer duftenden Parfümreklame – es ist die penetranteste Zeitschrift der Welt – wurde zwischen dem Horoskop der Athena Starwoman und einem Bericht über die Aktualität eines Pariser Bistros ein Artikel über den Lubéron eingeschoben. In der Einleitung des Artikels wurde der Lubéron gepriesen als »das heimliche Südfrankreich« – ein Geheimnis, das zwei Zeilen lang hielt; dann wurde er nämlich auch als populärster Landesteil bezeichnet. Solchen Widerspruch gegenteiliger Aussagen könnte wohl nur ein kompetenter Zeitschriftenredakteur aufklären.

Den Redakteuren der französischen *Vogue* war das Geheimnis natürlich bereits vertraut, ja, sie kannten es seit geraumer Zeit, wie sie dem Leser in der Einleitung ihres Artikels zu verstehen gaben. In überzeugend weltmüdem Ton begannen sie mit der Feststellung: »*Le Lubéron, c'est fini*«, der ein paar abfällige Bemerkungen folgten: Die Gegend sei snobistisch, teuer und insgesamt *démodé*.

Sollten sie das wirklich gemeint haben? Aber mitnichten. Ganz im Gegenteil: Denn der Lubéron lockt offenbar immer noch Pariser und Ausländer an, die, *Vogue* zufolge, oft berühmt sind. (Wie oft? Einmal die Woche? Wöchentlich zweimal? Das wird nicht erwähnt.) Und dann ergeht die Einladung, diese Menschen kennenzulernen: Begleiten Sie uns, sagt *Vogue,* in ihre private Welt.

Ach, ade, private Welt! Auf den nächsten zwölf Seiten werden uns Fotos von den oft Berühmten serviert – mit ihren Kindern, ihren Hunden, ihren Gärten, ihren Freunden und ihren Swimmingpools. Eine Landkarte – *le who's who* – zeigt, wo die schicken Angehörigen der feinen Schichten im Lubéron sich – ziemlich erfolglos, wie es scheint – zu verstecken suchen. Aber aus dem Verstecken wird nichts: Die armen Teufel können ja nicht einmal schwimmen oder etwas trinken, ohne daß ein Fotograf aus dem Gebüsch stürzt, um den Augenblick im Bild festzuhalten, zum Ergötzen der Leser und Leserinnen von *Vogue.*

Unter den Fotos von Künstlern, Schriftstellern, Innenausstattern, Politikern und Tycoons befindet sich das Bild eines Mannes, der, wie die Legende behauptet, sämtliche Häuser im Umkreis kennt und pro Abend drei Einladungen zum Essen annimmt. Nun könnte der Leser ja meinen, das sei auf eine entbehrungsreiche Kindheit zurückzuführen oder auf ein unersättliches Bedürfnis nach *gigot en croûte.* Weit gefehlt. Der Mann tut das aus beruflichen Gründen. Er ist Grundstücksmakler. Er muß wissen, wer nach Immobilien sucht, wer kaufen, wer verkaufen will, und an einem normalen Tag gibt es für ihn nie genug Einladungen, um ihn *au courant* zu halten.

Als Grundstücksmakler im Lubéron führt man ein hektisches Leben, besonders seit die Gegend *à la mode* ist. Die Preise sind aufgebläht wie der Bauch nach einer Mahlzeit mit drei Gängen; selbst in der kurzen Zeitspanne unseres Aufenthalts haben wir Preisentwicklungen erlebt, die mit dem Verstand – und dem Glauben – nicht zu fassen sind. Eine hübsche alte Ruine mit halbem Dach und ein paar Morgen Land wurde Freunden von uns für drei Millionen Francs angeboten. Andere Freunde wollten ihr eigenes Haus errichten, statt ein altes Gemäuer zu modernisieren, und erlitten beinahe einen Herzinfarkt, als der Kostenvoranschlag kam: fünf Millionen Francs. Ein Haus mit großen Möglichkeiten in einem der beliebteren Dörfer? Eine Million Francs.

Die Maklergebühren sind natürlich solchen, mit vielen Nullen verzierten Preisen proportional, wenngleich der konkrete Prozentsatz variiert. Wir haben von Sätzen zwischen drei und acht Prozent gehört, die manchmal vom Verkäufer, manchmal vom Käufer gezahlt werden.

Das kann sich zu einem hübschen Lebensunterhalt addieren. Dem Außenstehenden mag das Maklerdasein eine angenehme Art und Weise des Broterwerbs scheinen; es ist immer interessant, sich Häuser anzuschauen, und Käufer wie Verkäufer sind oft ebenfalls interessiert (nicht immer ehrlich und verläßlich, wie wir noch sehen werden, aber nie langweilig). In der Theorie bietet das *métier,* verbunden mit einer begehrenswerten Ecke der Welt, zwischen den Mahlzeiten einen anregenden und lukrativen Zeitvertreib.

Es ist leider nicht ohne Probleme, und das erste Problem heißt: die Konkurrenz. Das Branchenverzeichnis des Vaucluse enthält allein sechs gelbe Seiten, die mit Makleradressen und -anzeigen gefüllt sind – sie bieten Besitz mit Stil, Besitz mit Charakter, handverlesene Liegenschaften, exklusive Grundstücke, Immobilien von garantiertem Charme: Wer nach einem Haus sucht, hat die Qual der Wahl und mit einer geradezu verwirrenden Terminologie zu kämpfen. Worin besteht der Unterschied zwischen Stil und Charakter? Sollte man nach einem exklusiven oder einem handverlesenen Haus Ausschau halten? Es gibt nur eine Möglichkeit, auf derartige Fragen eine Antwort zu finden – man muß die eigenen Träume nebst Budget der verfügbaren Mittel zu einem Makler mitnehmen und einen Tag, eine Woche inmitten der *bastides,* der *mas,* der *maisons de charme* und der weißen Elefanten verbringen, die zum Verkauf stehen.

Im Lubéron ist ein Makler so problemlos zu finden wie ein Fleischer. Früher hat der Dorfnotar gewußt, ob *Mère* Bertrand ihren alten Bauernhof verkaufen wollte oder ob ein Haus wegen eines Todesfalls leerstand beziehungsweise zu haben war. Heute ist der *notaire* in seiner Eigenschaft als Suchhund für Immobilien weitgehend durch den Makler ersetzt worden. Einen Makler gibt es in jedem Dorf. In Ménerbes haben wir zwei; in Bonnieux arbeiten drei; das mondäne Gordes hat, unserer letzten Zählung zufolge, vier Makler. (In Gordes haben wir die knallharte Konkurrenzsituation erlebt. Ein Makler steckte allen auf der Place du Château geparkten Autos Handzettel unter die Scheibenwischer. Ihm folgte in diskretem Abstand ein zweiter Makler, der diese Prospekte von allen Windschutzscheiben entfernte und durch die eigenen Zettel ersetzte. Leider mußten wir gehen, bevor wir noch beobachten konnten, ob der dritte und der vierte Makler hinter einer Säule standen und auf ihre Chance warteten.)

Die Makler sind zunächst ausnahmslos liebenswürdig und hilfsbereit und haben dicke Dossiers mit Fotos von atemberaubenden Häusern, die gelegentlich sogar zu einem Preis unterhalb siebenstelliger Summen zu haben sind, in solchen Fällen dann allerdings – unweigerlich – leider unmittelbar vor Ihrer Nachfrage verkauft worden sind. Die Dossiers zeigen Mühlen, Konvente, Schäferhütten, grandiose *maisons de maître,* zinnenbewehrte Verruchtheiten und Bauernhöfe in allen Formen und Größen. Welche Auswahl! Und das bei nur einem Makler.

Falls man jedoch noch einen zweiten Makler aufsucht, oder gar einen dritten, bekommt man allzubald ein Gefühl von *déjà vu.* Viele der Häuser kommen einem irgendwie bekannt vor. Die Fotos haben unterschiedliche Blickwinkel, trotzdem – es kann keinen Zweifel geben: Das sind die gleichen Mühlen, Konvente und Bauernhöfe, die man bereits im vorherigen Dossier gesehen hat. Da wird das zweite Problem deutlich, welches das Leben des Maklers im Lubéron erschwert: Es sind einfach nicht genügend Immobilien auf dem Markt.

In den meisten Teilen des Lubéron gibt es recht klare Baubeschränkungen, und bis auf die Bauern, die anscheinend nach Lust und Laune bauen dürfen, werden die Vorschriften praktisch von jedermann beachtet. Die Zahl der Immobilien, die in der Sprache der Makler *beaucoup d'allure* haben, ist deshalb begrenzt. Solch eine Situation weckt Jagdinstinkte, und während der geschäftlich ruhigeren Wintermonate fahren Makler tagelang mit offenen Augen und Ohren durch die Landschaft, auf der Suche nach Hinweisen auf noch unbekannte Juwelen, die in Kürze auf den Markt kommen könnten. Wenn der Makler etwas entdeckt und rasch und mit Nachdruck handelt, hat er die Chance, einen exklusiven Auftrag und somit die volle Provision zu bekommen. In den meisten Fällen arbeitet der Verkäufer jedoch mit zwei oder drei Maklern. Das heikle Problem, wie die Provision zwischen ihnen aufzuteilen sei, überläßt er den Maklern.

Weitere Probleme. Wer hat als erster mit dem Kunden gesprochen? Wer hat den Besitz zuerst gezeigt? Die Makler müssen möglicherweise kooperieren, doch es herrscht eine kaum verschleierte Konkurrenzmentalität, und nichts bringt sie schneller zum Vorschein als ein kleines Mißverständnis über die Teilung der Beute: Beschuldigungen, Gegenvorwürfe, hitzige Telefonate, spitze Kommentare über unethisches Verhalten, letztendlich sogar ein Appell an den Kunden, Schiedsrichter zu spielen – solch unselige Komplikationen haben bekanntermaßen geschäftliche Allianzen zerstört, die so vielversprechend begannen. Der *chère collègue* von gestern kann leicht zum *escroc* von heute werden. *C'est dommage, mais …*

Der Makler hat noch ein anderes, vielleicht noch schwereres Kreuz zu tragen – die Kunden mit ihrem unberechenbaren, oft dubiosen Verhalten. Wie kann aus dem äußerlich so vertrauenswürdigen, respektierlichen normalen Menschen nur so ein Hai werden? Das hat selbstverständlich viel mit Geld zu tun, aber es gibt hier unten eben auch eine weitverbreitete Neigung zum Handeln um jeden Preis, bis zur letzten Minute auch noch um die letzte Glühbirne feilschen zu wollen, und das ist nicht so sehr eine Frage von Francs und Centimes, dahinter steckt vielmehr der starke Wunsch, zu gewinnen und der Gegenseite ein Schnippchen zu schlagen. Und der Makler sitzt zwischen den Stühlen.

Ein Interesse am Feilschen an sich gibt es vermutlich auf der ganzen Welt, im Lubéron kommt jedoch ein zusätzliches Moment hinzu, das alles kompliziert und die stillen Wasser des Verhandelns trübt. Die potentiellen Käufer sind nach aller Wahrscheinlichkeit Pariser oder Ausländer, die potentiellen Verkäufer meistens *paysans du coin*. Beide treten mit völlig unterschiedlichen Vorstellungen in die Verhandlungen ein – was allen an der Transaktion beteiligten Personen Wochen oder Monate der Verzweiflung bescheren kann.

Der Einheimische tut sich schwer, ein Ja als Antwort zu akzeptieren. Falls ihm der Preis, den er für das alte *mas* seiner Großmutter verlangt, sofort ohne Gerangel zugestanden wird, kommt ihm der Verdacht, daß er einen zu niedrigen Preis angesetzt haben könnte. Das aber würde er sich bis an sein Lebensende nie verzeihen, und seine Frau würde ihm unablässig in den Ohren liegen wegen des höheren Preises, den ein Nachbar für das alte *mas* aus dem Erbe seiner Großmutter erzielt hat. Und genau in dem Moment, wenn die Käufer der Auffassung sind, das *mas* definitiv erworben zu haben, kommen dem Verkäufer Bedenken. Er wünscht gewisse preisliche Anpassungen. Er macht einen Termin mit dem Makler, um bestimmte Details zu klären.

Der Bauer eröffnet dem Makler, möglicherweise habe er vergessen zu erwähnen, daß ein angrenzendes Feld – übrigens genau das Feld, wo sich, wie es das Glück so will, der wasserreiche Brunnen befindet – nicht im Preis mit inbegriffen ist. *Pas grande chose*, aber er meint, darauf hinweisen zu müssen.

Die Käufer sind konsterniert. Keine Frage: Das Feld sei im Preis inbegriffen gewesen, es sei schließlich auf dem gesamten Grundstück auch der einzige Teil, der für einen Tennisplatz groß genug wäre. Ihr Entsetzen wird dem Bauern übermittelt. Der Bauer zuckt nur die Achseln. Was gingen ihn Tennisplätze an? Aber er sei ein vernünftiger Mensch, der mit sich reden lasse. Natürlich würde er sich nur ungern von so fruchtbarem, wertvollem Ackerland trennen, doch über ein gutes Angebot könne er ja vielleicht einmal nachdenken.

Käufer sind gewöhnlich ungeduldig und haben keine Zeit. Sie arbeiten in Paris oder Zürich oder London und können nicht alle paar Tage in den Lubéron reisen. Der Bauer hat es andererseits nie eilig. Er muß ja nicht wieder fort. Wenn sein Besitz in dem Jahr nicht verkauft wird, dann wird er den Preis erhöhen und eben im nächsten Jahr verkaufen.

Hin und her gehen die Argumente; der Makler und die Käufer sind zunehmend irritiert. Wenn es schlußendlich doch zum Kauf gekommen ist – und dazu kommt es in den meisten Fällen –, wollen die neuen Besitzer ihre Ressentiments vergessen. Immerhin gehört ihnen jetzt ein wunderbarer Besitz, ein *maison de rêve*, und deshalb beschließen sie, zur Feier ihres Erwerbs ein Picknick zu veranstalten und den Tag damit zu verbringen, durch die Räume zu gehen und zu besprechen, was sie verändern möchten.

Da müssen sie nun allerdings entdecken, daß etwas nicht so ist, wie es sein sollte. Im Badezimmer ist die hübsche gußeiserne Wanne mit dem Krallenfuß verschwunden. Die Käufer rufen den Makler an. Der Makler telefoniert mit dem Verkäufer; wo die Badewanne geblieben sei?

Die Badewanne? Die Badewanne seiner seligen Großmutter? Das alte Familienerbstück? Hätte etwa jemand erwartet, daß ein so seltenes Objekt, welches doch bloß von sentimentalem Wert sei, im Kauf enthalten wäre? Trotzdem, er sei ein vernünftiger Mensch und ließe sich vielleicht überreden, ein gutes Angebot in Erwägung zu ziehen.

Es sind derartige Vorkommnisse, die die Käufer veranlassen, bei den Vorbereitungen zu einem *acte de vente*, nach dem das Haus ihnen offiziell gehört, jede erdenkliche Vorsicht walten zu lassen – dabei ähneln sie manchmal Rechtsanwälten, die eine verbindliche Rechtsauskunft geben sollen. Da werden

Inventarlisten angefertigt über Fensterläden und Türknöpfe und Spülbecken, von Holzscheiten im Schuppen über Fußbodenfliesen bis hin zum Baumbestand des Gartens. In einem wundervollen Beweis von Mißtrauen wurden sogar die Inventarlisten als unzureichender Schutz gegen mögliche Schikanen in letzter Minute empfunden.

Ein Käufer hatte – in Befürchtung des Schlimmsten – einen ortsansässigen *huissier* oder Rechtspfleger angeheuert, der den Schatten eines Zweifels an der rechtsgültigen Verpflichtung des Verkäufers zum Belassen des Klopapierhalters auf der Toilette ausräumen sollte. Man ist versucht, sich die beiden, Verkäufer und *huissier*, in der Enge des Toilettenraums bei den Formalitäten vorzustellen: »Heben Sie Ihre rechte Hand, und sprechen Sie mir nach: Hiermit schwöre ich feierlich, nachstehend angeführte Einrichtungen unangetastet und funktionsfähig im Hause zu belassen ... « Unglaublich!

Trotz solcher und zahlloser anderer Risiken werden nach wie vor Immobilien verkauft, und zwar zu Preisen, die vor zehn Jahren noch unvorstellbar gewesen wären. Ich habe kürzlich miterlebt, wie ein Makler die Provence begeistert als »das Kalifornien Europas« angepriesen hat, nicht etwa nur wegen des Klimas, sondern auch wegen etwas Undefinierbarem, doch Unwiderstehlichem, das in Kalifornien erfunden worden ist – Lifestyle.

Soweit ich es verfolgen kann, entsteht Lifestyle durch die Umwandlung einer Landgemeinde zu einer Art luxuriösem Ferienlager mit möglichst zahlreichen großstädtischen Errungenschaften inklusive – sofern brachliegende Flächen vorhanden – einem Golfplatz. Falls sich dergleichen auch in unserer Gegend zugetragen haben sollte, so war es mir entgangen, und ich erkundigte mich deshalb beim Makler, wo ich mir ein Bild machen könnte von dem, worüber er spräche. Wo sich das nächstgelegene Lifestyle-Zentrum befände?

Er sah mich an, als wäre ich von einer Zeitwelle begraben gewesen. »Sind Sie in letzter Zeit denn nie nach Gordes gefahren?«

Gordes hatten wir zum erstenmal vor sechzehn Jahren besucht; in einer Region mit vielen schönen Dörfern war es das schönste von allen. Honigfarben thronte es auf einem Hügelkamm, von wo aus man über die Ebene hinweg zum Lubéron sehen kann. Um einen Maklerausdruck zu wählen: Gordes war ein »Juwel«, ein zur Realität gewordenes Dorf aus dem Bilderbuch. Da gab es ein Renaissanceschloß, enge Gassen mit Kopfsteinpflaster und die bescheidenen, lebensnotwendigen Unabdingbarkeiten eines noch unberührten Dorfes: einen Metzger, zwei Bäcker, ein einfaches Hotel, ein dämmeriges Café und ein Postamt, dessen Beamter unserer Überzeugung nach nur aufgrund seiner kompromißlosen Griesgrämigkeit eingestellt worden sein konnte.

Die Landschaft hinter dem Dorf war immer grün – mit Krüppeleichen und Föhren und engen Pfaden, die von trockenen Steinmauern eingefaßt waren, Wegen, wo man stundenlang laufen konnte, ohne daß ein Haus zu sehen gewesen wäre – höchstens einmal die Andeutung eines alten Ziegeldachs zwischen den Bäumen. Hier seien die Baubeschränkungen so drastisch, hieß es damals, daß Bauen im Grunde verboten wäre.

Das war vor sechzehn Jahren. Heute ist Gordes noch immer schön – jedenfalls aus der Ferne. Doch am Dorfeingang steht neben der Straße eine Leiter, deren Sprossen aus Schildern bestehen, und jedes Schild wirbt für ein Hotel, ein Restaurant, einen *salon de thé* – kurzum: für jeden Komfort und alle Attraktionen, die Besucher erwarten, mit Ausnahme der *toilettes publiques.*

An der Straße stehen, in regelmäßigen Abständen, Imitationen von Straßenlampen des 19. Jahrhunderts; gegen die verwitterten Steinmauern und Häuser wirken sie spitz und fehl am Platz. An der Kurve, wo das Dorf ins Blickfeld tritt, steht immer mindestens ein Auto, dessen Fahrer und Passagiere zum Fotografieren ausgestiegen sind. An der letzten Kurve vor dem Dorf ist eine große Fläche asphaltiert worden – ein Parkplatz. Falls Sie weiterfahren, kommen Sie höchstwahrscheinlich bald wieder zurück: Die *Place du Château,* inzwischen ebenfalls asphaltiert, ist gewöhnlich mit Autos aus ganz Europa vollgeparkt.

Das alte Hotel steht noch, doch direkt nebenan befindet sich ein neues Hotel. Nur ein paar Meter weiter steht ein Schild für Sidney Food, *Spécialiste Modules Fast-Food.* Gleich danach das ehemals heruntergekommene Café – renoviert. Alles ist renoviert und der Griesgram im Postamt in Pension geschickt worden. Die *toilettes publiques* wurden vergrößert. Das Dorf, das früher für seine Bewohner da war, dient heute Besuchern. Es gibt T-Shirts von Gordes – als Beweis, daß man tatsächlich hiergewesen ist.

Nach einem Kilometer steht noch ein Hotel an der Straße hinter Mauern, damit es von außen nicht einzusehen ist, mit einem Landeplatz für Helikopter. In der *garrique* sind die Baubeschränkungen gelockert worden. Ein riesiges Schild mit englischen Untertiteln preist Luxusvillen an mit elektronisch gesichertem Eingang und komplett ausgestatteten Badezimmern zu Preisen ab zweieinhalb Millionen Francs.

Noch fehlen Wegweiser zu den Landhäusern der »oft be-rühmten« Leute von *Vogue*, so daß die Reisegruppe in den Bussen auf dem Weg zur Abbaye de Sénanque aus dem zwölften Jahrhundert raten müssen, wem das halbversteckte Haus vor ihnen gehört. Eines Tages wird ein unternehme-risch denkender, weitsichtiger Mensch eine Landkarte anfer-tigen nach dem Beispiel der Hollywood-Führer zu den Resi-denzen der Filmstars. Dann werden wir uns Kalifornien noch näher fühlen. Jacuzzis und Jogger sind bereits nicht mehr exotisch genug, um Aufmerksamkeit zu erregen, und von den Hügeln her hört man den Aufschlag der Tennisbälle und das schläfrige Gebrumm der Betonmischmaschinen.

Dies alles ist schon oft genug vorgekommen, in anderen Teilen der Welt. Da fühlen die Menschen sich wegen der Schönheit und des Friedens von einer Gegend angezogen, um sie dann zu transformieren – in einen überteuerten Groß-stadtvorort mit Cocktailpartys, Alarmanlagen, Vierradan-trieb-Freizeitfahrzeugen und sonstigen unerläßlichen Neben-produkten von *la vie rustique*.

Die Einheimischen kümmert es, glaube ich, nicht. Warum auch? Unfruchtbare Streifen Land, die nicht einmal eine Ziegenherde ernährten, sind plötzlich Millionen von Francs wert. Geschäfte, Restaurants und Hotels florieren. *Maçons*, Schreiner, Landschaftsgärtner und Erbauer von Tennisplät-zen haben volle Auftragsbücher. Von *le boum* profitieren alle. Touristen zu kultivieren ist wesentlich lohnender, als im Weinberg zu arbeiten.

Ménerbes ist davon noch nicht berührt; jedenfalls nicht auf deutlich spürbare Weise. Das *Café du Progrès* ist immer noch nicht chic. Das kleine, elegante Restaurant, das vor zwei Jahren eröffnete, hat wieder geschlossen. Und mit Ausnahme des kleinen, mondänen Maklerbüros ist das Dorfzentrum so geblieben, wie wir es vor ein paar Jahren zum erstenmal gesehen haben.

Doch Veränderung liegt in der Luft. Ménerbes ist ein Titel zuerkannt worden: *Un des plus beaux villages de France.* Einige Dorfbewohner scheinen plötzlich medienbewußt geworden zu sein.

Meine Frau sah drei alte Damen auf einer Steinmauer in einer Reihe sitzen, und in einer Reihe davor ihre drei Hunde – ein schönes Bild. Meine Frau erkundigte sich, ob sie ein Foto machen dürfe.

Die älteste Dame hat meine Frau angesehen und dachte einen Augenblick nach.

»Zu welchem Zweck?« wollte sie wissen. *Vogue* war bereits dagewesen.

Meist trocken, mit gelegentlichen Bränden

Wie einige in der Landwirtschaft arbeitende Nachbarn im Tal haben wir eine Broschüre abonniert, die die Wetterstation in Carpentras liefert. So erhalten wir zweimal wöchentlich Abzüge mit detaillierten Wettervorhersagen. Sie prophezeien, meistens sehr korrekt, unseren Anteil an Sonne und Regen, die Wahrscheinlichkeit von Stürmen und *mistral* und die Temperaturspannen für den ganzen Vaucluse.

Als die ersten Wochen des Jahres 1989 vorbei waren, begannen die Vorhersagen und Statistiken ominöse Hinweise zu enthalten – das Wetter war nicht so, wie es sein sollte. Es regnete nicht genügend – längst nicht.

Der Winter war mild gewesen. In den Bergen hatte es so wenig geschneit, daß die Frühjahrsschmelze keine Sturzbäche, sondern nur Rinnsale bilden würde. Außerdem war der Winter auch noch trocken gewesen. Im Januar hatte es neuneinhalb Millimeter Niederschlag gegeben; normalerweise sind es knapp über sechzig Millimeter. Der Februar brachte geringe Niederschläge, der März ebenso. Die Sommervorschriften zur Brandverhütung – offene Feuer sind auf den Feldern verboten – wurden vorzeitig in Kraft gesetzt. Der im Vaucluse traditionell nasse Frühling wurde diesmal bloß feucht. In Cavaillon regnete es im Mai nur einen Millimeter; die durchschnittliche Monatsmenge liegt bei etwas über fünfzig; im Juni sieben Millimeter gegenüber einem Durchschnittswert von vierundvierzig. Brunnen begannen auszutrocknen; es folgte ein gravierendes Absinken des Wasserstandes der Fontaine de Vaucluse.

Eine Dürreperiode bedrückt die Bauern im Vaucluse wie eine überfällige Schuldenlast. Wenn die Ernte verdorrt und die Erde rissig und krustig wird, nehmen die Gespräche auf den Feldern und auf der Dorfstraße einen düsteren Ton an. Es besteht Brandgefahr – schrecklich, daran denken zu müssen, doch unmöglich, nicht daran zu denken.

Es benötigt nur einen Funken im Wald – eine achtlos weggeworfene Zigarettenkippe, ein schwelendes Streichholz –, und den Rest wird der *mistral* besorgen. Aus dem Flämmchen macht er ein Feuer und aus dem Feuer eine Flammenexplosion, die schneller durch die Bäume jagt, als ein Mensch zu laufen vermag. Wir hatten von einem jungen *pompier* gehört, der im Frühjahr in der Nähe von Murs ums Leben gekommen war. Er hatte die Flammen vor sich gehabt, als ein fliegender Funke – möglicherweise von einem Tannenzapfen, der rotglühend zerplatzte – in den Bäumen hinter ihm landete und ihm den Weg abschnitt. Es war eine Frage von Sekunden.

Das alles ist schon schlimm genug, wenn die Brandursache Zufall ist, doch es ist noch entsetzlicher, wenn Absicht dahintersteckt, und das ist leider häufig der Fall. Die Dürre lockt Pyromanen an, und bessere Bedingungen als im Sommer 1989 hätten sie sich gar nicht wünschen können. Im Frühjahr war ein Mann gegriffen worden, der in der *garrigue* Feuer gelegt hatte. Er war jung, hatte Feuerwehrmann werden wollen und war bei der Feuerwehr abgewiesen worden. Er hat sich mit einer Schachtel Streichhölzer gerächt.

Wir haben einen solchen Feuerschein zum erstenmal an dem

heißen, windigen Abend des 14. Juli wahrgenommen. Über uns nicht ein Wölkchen – der klare, tiefblaue Himmel, wie man ihn bei *mistral* oft erlebt. Er hob den schwarzen Schatten noch stärker hervor, der sich, nur ein paar Meilen jenseits des Tals, über dem Dorf Roussillon ausweitete. Wir standen auf dem Pfad oberhalb des Hauses und schauten hin, als wir das Dröhnen von Motoren vernahmen. Eine Formation von Canadair-Flugzeugen mit Wasser im schweren Bauch flog in niedriger Höhe über den Lubéron. Dann kamen die Helikopter, die *bombardiers de l'eau*. Aus Bonnieux drang das anhaltende Gewimmer der Feuersirenen. Meine Frau und ich schauten nervös nach hinten. Unser Haus ist von der Baumlinie nur hundert Meter entfernt, und für ein gutgefüttertes Feuer mit Sturmwind im Rücken bedeuten hundert Meter gar nichts.

Als die Canadairs an jenem Abend zwischen Brand und Meer schwer und träge hin und her flogen, mußten wir die Möglichkeit in Betracht ziehen, daß das nächste Stück Wald, das in Flammen aufgehen würde, unserem Haus näher liegen könnte. Durch die *pompiers*, die uns mit ihren Kalendern zu Weihnachten besucht hatten, wußten wir, was in solch einem Fall zu tun war: Den Strom abschalten, die Holzläden vor die Fenster ziehen und mit dem Schlauch abspritzen, im Haus bleiben. Wir hatten Witze gemacht über die Vorstellung, mit ein paar Gläsern und einem Korkenzieher in der Hand im Weinkeller Zuflucht zu suchen: Besser betrunken zu sein, als nüchtern geröstet zu werden. Jetzt kam uns die Idee gar nicht lustig vor.

In der Nacht nahm der Wind ab. Das Leuchten über Roussillon hätte nun auch dem Flutlicht über den *boules*-Plätzen zugeschrieben werden können. Wir sahen uns vor dem Schlafengehen die Wettervorhersage an. Sie verhieß nichts Gutes: *beau temps très chaud et ensoleillé, mistral fort.*

Einzelheiten über den Brand in Roussillon waren am nächsten Morgen in *Le Provençal* nachzulesen. Bevor vierhundert *pompiers*, zehn Flugzeuge und die *soldats du feu* der Armee das Feuer löschen konnten, hatte es im Umkreis des Dorfes über hundert Morgen Fichtenwald vernichtet. Wir sahen Fotos von Pferden und von einer Ziegenherde, die in Sicherheit gebracht worden waren; ein Foto zeigte die Silhouette eines einsamen *pompier* gegen eine Feuerwand. Der Artikel erwähnte außerdem drei kleinere Brände. Das Ganze wäre Stoff für die Titelseite gewesen, wenn nicht an eben diesem Tag die *Tour de France* Marseille erreicht hätte.

Ein paar Tage später fuhren wir nach Roussillon hinüber. Was vorher grün und wunderschön gewesen war, war nun zerstört – verkohlte, häßliche Baumstümpfe, die wie faule Zähne aus der ockerroten Erde der Hänge ragten. Einige Häuser waren trotz der Zerstörung ringsum wie durch ein Wunder unversehrt. Wir fragten uns, ob die Bewohner geblieben oder geflohen waren, und versuchten uns auszumalen, wie es sich anfühlt, in einem finsteren Haus zu sitzen und das Feuer näher und näher kommen zu hören, während die Hitze bereits in den Mauern zu spüren ist.

Im Juli betrug die Niederschlagsmenge fünf Millimeter. Die weisen Alten im Café erklärten, die Auguststürme würden den Lubéron durchnässen und die *pompiers* arbeitslos machen. *Le quinze août,* so versicherten sie uns, brächte jedes Jahr sintflutartige Regenfälle, die die Camper aus ihren Zelten spülen, Straßen überfluten, den Wald tränken und, mit ein klein bißchen Glück, die Pyromanen ertränken würden. Tag für Tag hielten wir nach Regen Ausschau. Tag für Tag sahen wir bloß die Sonne. Lavendelbüsche, die wir im Früh-jahr gepflanzt hatten, starben ab. Das Stück Gras vor dem Haus vergaß den Ehrgeiz, ein Rasen werden zu wollen, und wurde gelb wie schmutziges Stroh. Die Erde schrumpfte, zeigte Knöchel und Knochen, Felsen und Wurzeln, die zuvor nicht sichtbar gewesen waren. Die glücklichen Bauern, die starke Irrigationsanlagen besaßen, begannen ihre Reben zu wässern. Unsere Reben ließen die Köpfe hängen. Faustin ließ den Kopf nach jeder Inspektion seines Weinbergs ebenfalls hängen.

Der Swimmingpool war warm wie Suppe, doch immerhin naß, und der Geruch des Wassers lockte eines Abends eine Herde von *sangliers* an. Zu elft kamen sie aus dem Wald. Fünfzig Meter vor unserem Haus blieben sie stehen. Ein Eber nutzte die Gelegenheit, bestieg seine Gefährtin, und Boy, der einen ganz und gar untypischen Mut zeigte, tanzte dem glücklichen Paar entgegen und bellte vor Aufregung mit Sopranstimme. Die beiden *sangliers*, obwohl noch immer huckepack, jagten wie bei einem Schubkarrenrennen hinter ihm her, und Boy rannte durchs Hoftor nach Hause zurück, wo die nötige Sicherheit zu lautstarker Tapferkeit gegeben war. Die *sangliers* änderten ihre Meinung und zogen sich durch die Rebenfelder zurück, um im Acker auf der anderen Straßenseite Jackies Melonen zu fressen.

Le quinze août war so trocken wie die erste Monatshälfte, und bei jedem neuen Windstoß des *mistral* rechneten wir mit einem Aufheulen der Sirenen und mit den Canadair-Maschi-nen. Ein Pyromane hatte die *pompiers* angerufen und ihnen, sobald der Wind stark genug wäre, einen weiteren Brand versprochen, und das Tal wurde tagtäglich von Helikoptern kontrolliert.

Sie haben ihn aber nicht gesehen, als er es wirklich tat, diesmal in der Nähe von Cabrières. Der Wind trug Asche in unseren Hof; die Sonne war vom Rauch verdunkelt. Den Hunden jagte der Brandgeruch einen panischen Schrecken ein; sie liefen unruhig winselnd auf und ab und bellten die Windstöße an. Der rosarote Abendhimmel war von einem schmierigen, schwach erhellten, furchterregenden Grauschleier überzogen.

Für die Nacht war eine Bekannte, die sich in Cabrières aufhielt, wo einige Häuser am Rand des Dorfes evakuiert worden waren, zu uns gekommen. Sie brachte ihren Reisepaß mit sowie ein zweites Paar Höschen.

Obwohl der Pyromane weiterhin anrief und seine Drohungen stets dem Lubéron galten, haben wir danach keine Brände mehr beobachtet. Der August ging zu Ende. In unserer Gegend wurden null Millimeter Niederschlag registriert – gegenüber einem Durchschnittswert von zweiundfünfzig. Als im September ein halbherziger Regenschauer einsetzte, gingen wir ins Freie, um die kühle, feuchte Luft in tiefen Zügen zu genießen. Der Wald roch zum erstenmal seit Wochen wieder frisch.

Nachdem die unmittelbare Brandgefahr gebannt war, fühlten sich die Einheimischen hinreichend erleichtert, um die Folgen der Dürre für ihre Mägen zu beklagen. Mit Ausnahme des Weins, der in Châteauneuf als außergewöhnlich gut angekündigt wurde, gab es in gastronomischer Hinsicht nur katastrophale Nachrichten. Nach dem Regenmangel im Juli würde man im Winter nur wenige und nur kleine Trüffel ernten. Die Jäger würden aus sportlichen Gründen aufeinander schießen müssen: Das Wild, das den ausgetrockneten Lubéron verlassen hatte, um weiter nördlich nach Wasser zu suchen, würde wohl kaum zurückkehren. Die Tische würden im Herbst nicht auf die übliche Weise gedeckt sein. Es wäre *pas du tout normal*.

Wir litten unter Bildungsmangel. Monsieur Menicucci, zu dessen mannigfachen Talenten auch die Gabe zählte, im Wald wilde Pilze zu finden und zu bestimmen, hatte versprochen, uns auf eine seiner Expeditionen mitzunehmen – Kilos von Pilzen hatte er uns versprochen: Man brauche sie nur einzusammeln; er würde uns alles zeigen und uns bei einer Flasche Cairanne in der Küche zur Hand gehen.

Der Oktober kam, doch die Expedition mußte abgesagt werden. Der Wald war – zum erstenmal, solange Menicucci sich erinnern konnte – ohne Pilze. Menicucci kam eines Morgens zu uns herüber, einsatzbereit, mit Messer, Stock und Korb, mit festgeschnürten, schlangensicheren Stiefeln, und stocherte eine fruchtlose Stunde lang unter den Bäumen herum. Wir müßten es nächstes Jahr versuchen. Madame, seine Frau, würde untröstlich sein, und der Kater seines Freundes ebenfalls, der sei nämlich auch ein großer *amateur* von wilden Pilzen.

Eine Katze?

Beh oui, aber eine Katze mit einer ungewöhnlichen Nase, die gefährliche oder tödliche Pilze aussondern könne. Die Natur sei geheimnisvoll und wunderbar, sagte Menicucci, und mit wissenschaftlichen Methoden oft gar nicht erklärbar.

Ich fragte, was die Katze denn mit den genießbaren Pilzen mache. »Die ißt sie«, erwiderte Menicucci, allerdings nicht roh. Die Pilze müßten in Olivenöl und mit kleingehackter Petersilie gekocht werden. In dem Punkt zeigte der Kater eine gewisse Schwäche. *C'est bizarre, non?*

Mit der Ankunft des *Office National des Forêts* wurde der Wald im November offiziell als Pulverfaß anerkannt. Ich war an einem trüben, verhangenen Morgen zwei Meilen von unserem Haus entfernt, als ich eine Rauchwolke bemerkte und das Gekrächze von Niederwaldsägen vernahm. Am Ende der Wegspuren parkten Armeewagen neben einer riesigen gelben Maschine, eine Mischung aus Bulldozer und Traktor, die drei Meter hoch sein mochte. Zwischen den Bäumen bewegten sich Männer in olivfarbener Drillichkleidung; es waren finstere Gesellen mit Schutzbrillen und Helmen; sie schlugen das Unterholz aus und warfen es in ein Feuer, das zischte und knackte.

Ein schlanker Offizier mit kantigem Gesicht musterte mich, als befände ich mich auf verbotenem Gelände. Als ich *bonjour* sagte, brachte er nicht einmal ein Kopfnicken zustande für den verdammten Zivilisten und dazu noch Ausländer ... Ich wandte mich heimwärts und blieb stehen, um das gelbe Ungeheuer zu betrachten. Der Fahrer – seiner aufgesprungenen Lederweste und dienstfremden Mütze nach zu urteilen eher auch ein Zivilist – fluchte vor sich hin; er versuchte, eine zu eng angezogene Schraube zu lockern. Er tauschte den Schraubenschlüssel gegen einen Holzhammer – das provenzalische Allheilmittel bei sperriger Mechanik –, was meine Vermutung bestätigte, daß ich einen Zivilisten vor mir hatte. Ich versuchte es noch einmal mit *bonjour;* diesmal wurde es freundlich aufgenommen.

Er hätte ein jüngerer Bruder des Weihnachtsmanns sein können, ohne Bart, aber mit roten runden Bäckchen, leuchtenden Augen und einem Schnurrbart, der mit Sägemehl besprenkelt war, das der Wind herüberwehte. Der Mann deutete mit seinem Hammer in Richtung des Exterminationskommandos unter den Bäumen. »*C'est comme la guerre, eh?*«

Er bezeichnete die Aktion militärisch korrekt als *opération débroussaillage*. Auf beiden Seiten der Fahrrinne, die nach Ménerbes führte, sollte der Wald zur Verringerung des Brandrisikos zwanzig Meter tief von Unterholz gesäubert und ausgedünnt werden. Sein Job bestand darin, in seiner Maschine den Männern zu folgen und alles zu zerkleinern, was nicht verbrannt war. Er schlug mit der flachen Hand auf die gelbe Flanke des Ungeheuers. »Der schluckt einen Baumstamm und spuckt ihn in Form von Zweigen wieder aus.«

Die Männer benötigten eine Woche für die Entfernung des Unterholzes bis zum Haus. Sie hinterließen einen geschorenen Waldrand und Lichtungen, die mit Aschentümpeln verdreckt waren. Und hinter ihnen kaute mit seinem unersättlich mahlenden Appetit das gelbe Ungeheuer täglich ein paar hundert Meter.

Der Fahrer kam eines Abends zu uns herüber und bat um ein Glas Wasser, ließ sich aber doch zu einem Glas *pastis* überreden. Er entschuldigte sich, daß er oben am Garten geparkt hätte. Das Parken sei jeden Tag ein Problem, sagte er. Bei einer Höchstgeschwindigkeit von zehn Kilometern pro Stunde sei es ihm praktisch unmöglich, das Gefährt für die Nacht in die Werkstatt nach Apt zu fahren.

Bei einem zweiten Glas *pastis* nahm er die Mütze ab. Es sei gut, mit Menschen sprechen zu können, meinte er, nachdem er den ganzen Tag lang im Lärm seiner Maschine allein gewesen sei. Aber die Arbeit sei wichtig. Der Wald sei zu lang nicht gepflegt worden. So ersticke der Wald an totem Holz, und falls wir im kommenden Jahr wieder eine Dürre haben sollten … *pof!*

Wir fragten ihn, ob der Pyromane gefaßt worden sei. Er schüttelte den Kopf. Der Verrückte mit dem *briquet* nannte er ihn. Hoffentlich verbringe der seine Ferien im nächsten Jahr in den Cevennen ...

Der Fahrer kam am nächsten Abend wieder, schenkte uns einen Camembert und erklärte, wie wir ihn backen sollten – so, wie er es tat, wenn er im Winter im Wald war und sich gegen die Kälte schützen mußte.

»Sie machen ein Feuer«, sagte er und legte vor sich auf dem Tisch imaginäre Zweige zusammen. »Dann nehmen Sie den Käse aus seiner Schachtel und lösen ihn aus dem Papier. Und danach legen sie ihn wieder zurück, *d'accord?*« Damit wir es ganz bestimmt verstanden, hielt er den Camembert in die Höhe und legte ihn in die Holzschachtel.

»*Bon.* Nun legen Sie die Schachtel in die Glut. Die Schachtel verbrennt, die Käserinde wird schwarz. Der Käse schmilzt, aber ...« ein belehrender Finger schoß in die Höhe, »er ist in der Rinde versiegelt. Deshalb kann er nicht ins Feuer auslaufen.«

Ein Schluck vom *pastis*. Ein Wischen des Schnurrbarts mit dem Handrücken.

»*Alors*, Sie nehmen Ihre *baguette* und spalten Sie von oben bis unten, mittendurch. Und jetzt – *attention aux doigts* – nehmen Sie den Käse aus dem Feuer. In die Rinde machen Sie ein Loch. Und durch das Loch gießen Sie den geschmolzenen Käse ins Brot. *Et voilà!*«

Er grinste. Seine roten Bäckchen unter den leuchtenden Augen blähten sich auf, und er klopfte sich auf den Bauch. Ich hatte wieder etwas gelernt – daß sich nämlich in der Provence früher oder später jedes Gespräch dem Essen und Trinken zuwendet.

Anfang 1990 erhielten wir die Wetterstatistik des Vorjahres zugeschickt. Trotz des ungewöhnlich nassen Novembers war die jährliche Niederschlagsmenge um mehr als die Hälfte niedriger gewesen als normal.

Es hat wieder einen milden Winter gegeben. Der Wasserstand ist noch immer niedriger, als er es sein sollte, und man schätzt, daß im Wald bis zu dreißig Prozent des Unterholzes abgestorben und daher trocken ist. Der erste große Brand hat in der Nähe von Marseille über sechstausend Morgen Wald vernichtet; an zwei Stellen ist er über die *autoroute* hinweggefegt. Und der Verrückte mit dem *briquet* läuft noch immer frei herum; vermutlich verfolgt er die Wettervorhersagen mit ähnlich großem Interesse wie wir.

Wir haben uns einen dickwandigen Metallsafe gekauft zur Aufbewahrung all jener Papiere – Reisepässe, *attestations,* Geburtsurkunden, *contrats*, *permis*, alte Elektrizitätsrechnungen –, die man in Frankreich unbedingt braucht, um die eigene Existenz nachweisen zu können. Der Verlust des Hauses durch einen Brand wäre ein Desaster; dabei auch die Identität zu verlieren würde uns das Leben unmöglich machen. Der Metallsafe wird in die hinterste Ecke der *cave* wandern, direkt neben den Châteauneuf-du-Pape.

Ein Diner mit Pavarotti

Die Werbung eilte dem Ereignis monatelang voraus. Bilder eines bärtigen Gesichts, der Kopf gekrönt von einer Baskenmütze, erschienen in Zeitungen und auf Plakaten, und seit Frühjahr hatte in der Provence jeder mit einem Ohr für Musik die Nachricht gehört: Imperator Pavarotti, wie *Le Provençal* ihn titulierte, würde im Sommer kommen, um für uns zu singen. Mehr noch: Es würde *das* Konzert unseres Lebens, aufgrund des Orts, den er für seinen Auftritt gewählt hatte. Er würde nicht etwa im Opernhaus in Avignon singen oder in Gordes in der *salle de fêtes,* wo er vor den Elementen geschützt wäre, sondern im Freien, in der Umgebung antiker Steine, die seine italienischen Landsleute vor neunzehn Jahrhunderten gelegt hatten, als sie das Antike Theater in Orange erbauten. Wahrhaftig, *un évènement éblouissant.*

Das Antike Theater ist sogar leer überwältigend, eine Stätte kolossaler, nahezu unglaublicher Dimensionen. Es hat die Form eines D; die gerade Mauer, die die beiden Enden des Halbkreises verbindet, ist etwa hundert Meter lang und völlig intakt. Abgesehen von der Patina des Steins, der fast zweitausend Jahre lang Wind und Wetter ausgesetzt gewesen ist, könnte sie gestern errichtet worden sein. Hinter der Mauer wird in einem Aushub des Hügels, wie von der Natur zu diesem Zweck geschaffen, auf abgestuften Steinbänken in einem weiten Bogen etwa zehntausend Besuchern Platz geboten.

Ursprünglich saßen sie nach gesellschaftlichem Rang geordnet: Magistrate und die lokalen Senatoren vorn, hinter ihnen Priester und Mitglieder der Handelsgilden, sodann der Mann von der Straße nebst Eheweib und schließlich, ganz oben und von den Respektspersonen gebührend fern, die *pullati* – Bettler und Prostituierte. Solche Ordnung gab es im Jahre 1990 längst nicht mehr. Die Zuteilung der Sitzplätze erfolgte nicht so sehr nach Zugehörigkeit zu sozialen Schichten; entscheidend war die Geschwindigkeit des Kartenkaufens. Das Konzert würde lange vorher ausverkauft sein – durch einen Kartenvorverkauf; um Karten zu bekommen, mußte man rasch und entschieden handeln.

Das übernahm, als wir noch unentschlossen waren, unser Freund Christopher, der mit militärischer Präzision plant, wenn es um eine große Abendveranstaltung geht. Er hatte alles arrangiert und gab uns die Befehle: Aufbruch um 18.00 Uhr, Essen unter einem Magnolienbaum in Orange um 19.30 Uhr, auf den Plätzen um 21.00 Uhr, alle Dienstgrade ausgerüstet mit Kissen zum Schutz der Hintern auf den Steinsitzen. Für flüssige Rationen während der Pause war vorgesorgt. Rückkehr zum Standort annähernd 1.00 Uhr.

Es gibt im Leben Augenblicke, wo man mit Erleichterung und Vergnügen zur Kenntnis nimmt, daß einem genau mitgeteilt wird, was man zu tun hat. Das galt auch für diesen Anlaß. Wir fuhren um Punkt sechs Uhr los, erreichten Orange eine Stunde später und fanden die Stadt bereits in Feststimmung vor. Alle Cafés waren voll besetzt; zusätzliche Tische und Stühle standen bis an den Rand der Straße und machten das Passieren zur Testfahrt: Wer konnte den meisten Kellnern ausweichen? Zwei Stunden vor Beginn der Aufführung strömten bereits Scharen von Menschen mit Sitzkissen und

Picknickkörben zum Theater. Die Restaurants offerierten spezielle Menüs für *la soirée Pavarotti*. *Le tout Orange* rieb sich in Vorfreude die Hände. Und dann begann es zu regnen. Die ganze Stadt schaute gen Himmel – Kellner, Autofahrer, Sitzkissenträger und zweifelsohne auch der Maestro selbst –, als die ersten Tropfen auf staubige Straßen fielen, die wochenlang ohne Regen geblieben waren. *Quelle catastrophe!* Ob er unter einem Regenschirm singen würde? Wie sollte das Orchester mit feuchten Instrumenten spielen können, wie der Dirigent mit triefendem Taktstock dirigieren? Für die Dauer des Schauers hielten die Leute fast hörbar den Atem an.

Doch um neun Uhr war der Regen längst vorbei, und als wir uns in das Gedränge der Musikbegeisterten mengten und neben dem Eingang an den Verkaufsständen mit Pavarottiana vorbeischoben – CDs, Tonbänder, Poster, T-Shirts, alle Produktarten der Werbung aus der Pop-Industrie, es fehlten nur die Autoaufkleber I love Luciano –, waren über der Mauer des Theaters die ersten Sterne zu sehen.

Die Menschenmenge blieb immer wieder stehen, als ob es hinter dem Eingang ein Hindernis gäbe, und als wir endlich drinnen waren, sah ich, warum. Man blieb stehen – man mußte einfach stehenbleiben –, um von vorn den Blick auf die Ränge zu genießen, den gleichen Blick, den Pavarotti haben würde.

Tausende von Gesichtern, blaß gegen die Dunkelheit, bildeten Reihe um Reihe Halbkreise, die in die Nacht hinein verschwanden. Man bekam ein Gefühl von umgekehrtem Höhenschwindel: Der Winkel der Sitzreihen schien unmöglich steil zu sein, die Zuschauer schienen in gefährliche Höhen emporgehoben, so als könnten sie jeden Moment das Gleichgewicht verlieren und in den Abgrund stürzen. Sie gaben unheimliche Geräusche von sich – lauter als Flüstern, doch leiser als Reden, ein kontinuierliches, unterdrücktes Gesumm aus Konversationen, das von den Steinmauern eingefangen und verstärkt wurde. Ich kam mir wie in einem Bienenkorb vor.

Wir stiegen zu unseren Sitzplätzen empor, die etwa vierzig Meter über der Bühne lagen, genau gegenüber einer hohen Nische in der Mauer, wo im Flutlicht eine Statue von Augustus Caesar in Kaisertoga stand, der die Hand zum Gruß ausstreckte. Zu seiner Zeit hatte Orange eine Bevölkerung von rund achtzigtausend Menschen; heute sind es weniger als dreißigtausend, von denen an diesem Abend die meisten nach ein paar freien Zentimetern Stein als Sitzfläche zu suchen schienen.

Eine Frau von opernhaftem Körperumfang, der vom Aufstieg der Atem schwerer ging, setzte sich neben mir auf ihr Kissen und fächelte sich mit ihrem Programm Luft zu. Sie war aus Orange, hatte ein rundes Gesicht und ein fröhliches Naturell und war schon oft in diesem Theater gewesen, doch so ein Publikum wie an diesem Abend, sagte sie, habe sie noch nie gesehen. Sie ließ ihren Blick über die Köpfe gleiten und begann zu rechnen: dreizehntausend Besucher, da sei sie sich ganz sicher. *Dieu merci*, daß der Regen aufgehört hatte.

Es gab ein plötzliches Einsetzen des Applauses. Die Mitglieder des Orchesters kamen einer nach dem anderen auf die Bühne und begannen die Instrumente zu stimmen; durch das erwartungsvolle Gebrumm der Menge drangen Bruchstücke von Musik. Ein letztes Grollen der Kesselpauke. Das Orchester verstummte und blickte, wie alle Menschen im Theater, zur hinteren Bühne. Der Haupteingang unmittelbar unter der Statue des Augustus war mit schwarzen Vorhängen drapiert.

Die Reihen der Häupter um uns herum neigten sich, als ob sie es einstudiert hätten, im Gleichtakt nach vorn. Hinter dem schwarzen Vorhang trat, in Schwarz und Weiß, der Dirigent hervor.

Eine neuerliche Explosion des Applauses, ein schrilles, abgehacktes Pfeifkonzert auf den Sitzen weit hinter und über uns. Madame nebenan machte psch-pscht: Wir befänden uns hier doch nicht auf dem Fußballplatz. Welch ein Benehmen! *Épouvantable!* Das hatte in diesem Theater aber wahrscheinlich eine alte Tradition: Das Pfeifen kam von den Sitzen für Bettler und Prostituierte; vornehme Beifallskundgebungen hätte man von dort nicht erwartet.

Das Orchester spielte eine Ouvertüre von Donizetti. Die Musik stieg und fiel wie von selbst in der Nachtluft; der Klang überflutete das Theater. Die Akustik war mitleidlos. Falls es heute abend falsche Töne gäbe, so würde ganz Orange es wissen.

Der Dirigent verbeugte sich, ging zum Vorhang zurück, und es gab einen Moment – er dauerte höchstens eine Sekunde –, als dreizehntausend Menschen schwiegen. Erst danach trat der Künstler in Erscheinung: schwarzes Haar, schwarzer Bart, weiße Fliege, Rockschöße; in der linken Hand schwebte ein voluminöses, weißes Taschentuch. Donnernder Applaus, der den Körper traf wie ein Schlag. Pavarotti legte die Hände zusammenn und neigte das Haupt – er war bereit zu singen.

Hoch oben im Bereich der Bettler und Prostituierten war man allerdings noch nicht bereit, mit dem Pfeifen aufzuhören – penetrante Töne, gepfiffen mit zwei Fingern im Mund, die auf der anderen Seite von Orange ein Taxi zum Stehen gebracht hätten. Madame nebenan war empört. Opernrabauken, schimpfte sie. Schhhhh! machte sie. Schhhhh!

147

machten viele tausend andere Stimmen. Erneutes Pfeifen bei den Bettlern und Prostituierten. Pavarotti stand wartend, gesenkten Hauptes, mit hängenden Armen. Der Dirigent hob den Taktstock. Zur Begleitung einiger letzter, trotziger Pfiffe begann die Musik.

»*Quanto e cara, quanto e bella*«, sang Pavarotti. Es klang so leicht. Bei seinem Stimmvolumen wirkte das Theater auf einmal so klein wie ein Zimmer. Er stand ganz still, mit dem Gewicht auf dem rechten Bein, und hatte den Absatz des linken Fußes ein ganz klein wenig gehoben. Das Taschentuch kräuselte sich im Wind. Es war ein entspannter, vollkommener Vortrag.

Es endete mit einem Ritual, das Pavarotti den ganzen Abend hindurch wiederholen sollte: mit einem Ruck des Kopfes zur letzten Note, einem unermeßlich breiten Grinsen und einem Ausbreiten der Arme, bevor er das Haupt neigte und dem Dirigenten die Hand schüttelte, während der Applaus tosend gegen die hintere Mauer brandete.

Er sang wieder und wurde, bevor der Beifall erstarb, vom Dirigenten zum Bühnenausgang mit den schwarzen Vorhängen begleitet, um für eine Weile zu verschwinden. Ich nahm an, er würde seine Stimmbänder ausruhen wollen und ihnen einen Löffel Honig zur Stärkung verabreichen. Doch Madame nebenan hatte eine andere Erklärung für sein Verschwinden, die mich während der nächsten zwei Stunden innerlich beschäftigen sollte.

»*À mon avis*«, bemerkte sie, »nimmt er zwischen den Arien ein leichtes Mahl zu sich.«

»Aber Madame!« sagte ich.

»Schhhhh! Der Flötenspieler.«

Nach Ende des Stücks wandte Madame sich erneut ihrer

Theorie zu. Pavarotti, betonte sie, sei ein schwerer Mann und ein berühmter Gourmet. Die Aufführung dauerte lang. So zu singen, wie er sänge, *comme un ange,* das sei eine harte, anstrengende Arbeit. Logisch, daß er sich in den Pausen, wenn er nicht auf der Bühne stand, ein wenig stärke. Wenn ich das Programm studieren würde, müßte mir auffallen, daß es so aufgebaut sei, den Genuß eines wohlüberlegten Imbisses in fünf Gängen in den Zeiten zu ermöglichen, in denen das Orchester das Publikum ablenkte.

Ich studierte das Programm und mußte zugeben, daß einiges für Madames Theorie sprach. Unmöglich schien das, was sie sagte, nicht; und wenn man zwischen den Zeilen las, ließ sich ein Menü zusammenstellen:

DONIZETTI
(Insalata di carciofi)

CILEA
(Zuppa di fagioli alla Toscana)

ENTRACTE
(Sogliole alla Veneziana)

PUCCINI
(Tonnelini con funghi e piselli)

VERDI
(Formaggi)

MASSENET
(Granita di limone)

ENCORE
(Caffè e grappa)

Es gab noch einen anderen, deutlicheren Hinweis, daß das Gesangssouper nicht bloß eine Schimäre in der Phantasie von Madame war. Wie alle anderen auch hatte ich angenommen, daß das weiße Rechteck, das so elegant um die Finger von Pavarottis linker Hand geschlungen war, ein Taschentuch sein müsse. Es war aber größer als ein Taschentuch. Ich teilte Madame meine Beobachtung mit. »*Évidemment*«, sagte sie, »*c'est une serviette.*« Nach einem so schlüssigen Beweis ihrer These lehnte sie sich zufrieden zurück, um den Rest des Abends zu genießen.

Pavarotti war unvergeßlich, nicht nur wegen seines Gesangs, sondern auch wegen der Art und Weise, wie er auf das Publikum einging, für das er gelegentlich die Andeutung eines Abrutschens von einem Ton riskierte, dem Dirigenten auf die Wange klopfte, wenn alles perfekt geklappt hatte, und sein Kommen und Gehen auf der Bühne in einem makellosen Timing absolvierte.

Nach einer gewissen Zeit hinter dem Vorhang erschien er mit einem langen blauen Schal um den Hals, der ihm bis auf die Taille reichte – aus Vorsicht gegen die kühle Nachtluft, wie ich meinte.

Madame wußte es natürlich besser. Er hätte bestimmt ein kleines Malheur mit einer Sauce gehabt, sagte sie. Der Schal solle die Flecken auf seiner weißen Weste verbergen. Ob er nicht göttlich sei?

Das offizielle Programm war beendet, doch das Orchester blieb noch auf der Bühne. Von den Rängen der Bettler und Prostituierten her erscholl im Chor *Ver–di! Ver–di! Ver–di!*, und diesmal machte die Menge mit, bis Pavarotti kam, um uns einen besonderen Leckerbissen als Zugabe zu geben: *Nessun Dorma, O Sole Mio.* Begeisterung im Publikum.

Verbeugungen seitens des Orchesters. Ein letzter Gruß des Stars. Dann war alles vorbei.

Wir brauchten eine halbe Stunde, um ins Freie zu gelangen, und als wir durch den Ausgang nach draußen traten, sahen wir zwei riesige Mercedes abfahren. »Ich wette, das ist er«, sagte Christopher. »Ich frage mich nur, wo er wohl diniert.« Weil Christopher nicht neben Madame gesessen hatte, konnte er ja nicht wissen, was hinter dem schwarzen Vorhang stattgefunden hatte. Dreizehntausend Menschen hatten mit Pavarotti diniert, ohne es zu wissen. Hoffentlich wird er wieder einmal in Orange auftreten, und ich wünsche mir, daß beim nächsten Mal das Menü im Programm abgedruckt wird.

Eine *Pastis*-Lektion

Die Tische und die abgenutzten Korbstühle sind im Schatten massiver Platanen aufgestellt. Es ist gleich zwölf Uhr, und die Sonnenstäubchen, die von den Stiefeln eines alten Mannes aufgewirbelt werden, der über den Platz schlurft, schweben, in der blendenden Sonne scharf konturiert, für einen Moment in der Luft. Der Kellner des Cafés sieht von der Zeitschrift *L'Équipe* auf und schlendert lässig herüber, um die Bestellung anzunehmen.

Er kommt zurück mit einem kleinen Glas, das, wenn er großzügig eingeschenkt hat, ein Viertel voll ist, und mit einer Karaffe Wasser. Das Glas wird wolkig, wenn man es mit dem Wasser auffüllt, nimmt eine Farbe zwischen Gelb und Nebelgrau an, und man riecht den scharfen, süßen Duft von Anis.

Santé. Man trinkt *pastis,* die Milch der Provence.

Für mich persönlich ist die markanteste Zutat des *pastis* nicht Anis oder Alkohol, sondern *ambiance* – wie und wo er getrunken wird. Ich kann mir nicht vorstellen, ihn hastig zu trinken. Ich kann mir nicht vorstellen, ihn in einem Pub in Fulham zu trinken, in einer Bar in New York oder irgendwo, wo Gästen das Tragen von Socken auferlegt ist. Er würde anders schmecken. Man braucht Hitze und Sonnenschein und die Illusion, daß die Uhr stehengeblieben ist. Ich kann ihn einfach nur in der Provence genießen.

Vor unserem Umzug hierher habe ich *pastis* immer für eine Ware gehalten, ein französisches Nationalgut, das von zwei Mammutinstitutionen hergestellt wird. Damals gab es für mich Pernod, und es gab Ricard, und das war's.

Hier bin ich dann anderen *pastis* begegnet – Casanis, Janot, Granier – und begann mich zu fragen, wie viele *marques* es wohl geben könnte. In einer Bar habe ich fünf gezählt, in einer anderen sieben. Jeder Provenzale, bei dem ich mich erkundigt habe, war selbstverständlich Experte. Jeder hat mir eine andere, so dezidierte wie wahrscheinlich ungenaue Antwort gegeben, zu der immer auch abschätzige Kommentare über die Marken gehörten, die er persönlich nicht einmal seiner Schwiegermutter zu trinken geben würde.

Es war reiner Zufall, daß ich dann einen wahren Professor für *pastis* gefunden habe, und weil er auch ein guter *Chef* ist, empfand ich es nicht als Strafe, bei ihm zur Schule zu gehen. Michel Bosc wurde in der Nähe von Avignon geboren und emigrierte nach Cabrières, das ein paar Meilen entfernt liegt. In diesem Dorf führt er seit zwölf Jahren ein Restaurant, *Le Bistrot à Michel;* Jahr um Jahr hat er alle Gewinne sofort wieder im Restaurant investiert. Er hat es um eine große Terrasse erweitert, die Küchen vergrößert und vier Schlafzimmer eingerichtet, für erschöpfte oder überstrapazierte Gäste. Alles in allem hat er *chez Michel* zu einem angenehmen, vielbesuchten Lokal gemacht.

Doch trotz aller Verbesserungen und dem gelegentlichen Auftreten von *chic* unter den Sommergästen, hat eines sich nicht verändert: Die Bar am Eingang des Restaurants ist noch immer die Dorfbar. Dort steht Abend für Abend ein halbes Dutzend Männer mit sonnenverbrannten Gesichtern in Arbeitskluft herum, die nicht zum Essen gekommen sind, sondern um für die Dauer von zwei oder drei Gläsern über *boules* zu diskutieren. Und sie trinken auch immer nur *pastis*.

An einem Abend stand Michel bei unserer Ankunft hinter der Bar und veranstaltete eine zwanglose *dégustation*. Sieben oder acht Sorten wurden von ortsansässigen Enthusiasten gekostet; einige dieser Sorten kannte ich noch nicht.

Eine *pastis*-Probe ist nicht das ehrfürchtige, stille, beinah religiöse Ritual, wie man es in den Weinkellern von Bordeaux oder Burgund erlebt, und Michel mußte seine Stimme heben, um sich über dem Schmatzen und dem lauten Gläserklirren verständlich zu machen.

»Probieren Sie mal diesen«, sagte er. »Ist genau so, wie Mutter ihn zu machen pflegte. Er kommt aus Forcalquier.« Er schob ein Glas über die Bar und füllte es bis an den Rand mit Wasser aus einem schwitzenden Metallkrug, in dem Eiswürfel rappelten.

Heiliger Strohsack! *So etwas* pflegte Mutter zu machen? Zwei oder drei Gläser davon, und ich könnte von Glück reden, wenn ich oben das Schlafzimmer überhaupt noch auf Händen und Knien erreichte. Ich sagte, der käme mir aber sehr stark vor. Michel zeigte auf die Flasche: fünfundvierzig Prozent Alkohol; stärker als Brandy, aber nicht über die für *pastis* erlaubte Grenze, und wirklich mild im Vergleich zu einem anderen, den Michel einmal bekommen hatte – von dem, so behauptete Michel, wäre ein Mann nach zwei Gläsern mit einem Lächeln im Gesicht nach hinten gekippt, *plof!* Aber etwas Besonderes sei er schon, dieser *pastis* hier. Mit einem Augenzwinkern gab Michel zu verstehen, daß der *pastis* nicht völlig legal war.

Er verließ plötzlich die Bar, als wäre ihm ein *soufflé* im Ofen eingefallen, und kehrte mit einigen Gegenständen zurück, die er vor mir auf die Theke legte. »Wissen Sie, was das ist?«

Ein hohes Glas mit Spiralmustern auf einem kurzen, dicken Stiel; ein kleines, kompakteres Glas, schmal wie ein Fingerhut und doppelt so hoch; und dann etwas, das wie ein plattgedrückter Zinnlöffel aussah, der mit symmetrisch zugeordneten Reihen von Löchern verziert war. Unmittelbar hinter dem flachen Kopf hatte der Stiel einen U-förmigen Knick.

»Das Lokal war ein Café, bevor ich es übernahm«, sagte Michel. »Diese Dinge hier habe ich gefunden, als wir durch eine Wand brachen. Haben Sie so etwas schon mal gesehen?« Ich hatte keine Ahnung, was es sein könnte.

»Die hat es früher in allen Cafés gegeben. Um *absinthe* herzustellen.« Er drehte einen Zeigefinger um das Ende seiner Nase – ein Zeichen für Trunkenheit. Er nahm das kleine Glas in die Hand. »Das hier ist die *dosette,* das alte Maß für Absinth.« Es war solide und griffig und fühlte sich schwer wie eine Bleikugel an, als er es mir reichte. Er nahm das andere Glas und balancierte den Löffel darüber; der Knick des Stiels hing passend über dem Rand.

»*Bon.* Auf das hier« – er klopfte auf den Löffelstiel – »legte man Zucker. Dann goß man Wasser über den Zucker, und der Zucker tropfte durch die Löcher in den Absinth. Das gab ein Getränk, welches Ende des vergangenen Jahrhunderts sehr *à la mode* war.«

Absinthe, so erläuterte Michel, war ein grüner Likör, der ursprünglich aus Wein und der Wermutpflanze destilliert wurde. Sehr bitter, anregend und halluzinös, süchtigmachend und gefährlich. Er hatte einen Alkoholgehalt von achtundsechzig Prozent und konnte Blindheit, Epilepsie und

Wahnsinn verursachen. Unter seinem Einfluß hat van Gogh sich angeblich das Ohr abgeschnitten und Verlaine auf Rimbaud geschossen. Er gab seinen Namen für eine spezielle Krankheit – *absinthisme;* der Süchtige ging nicht selten *casser sa pipe* und starb. Aus diesem Grund wurde das Getränk im Jahre 1915 gesetzlich verboten.

Ein Mann, der den Absinth nicht gern verschwinden gesehen hätte, war Jules Pernod, der nämlich in Montfavet bei Avignon eine Absinthdestillation besaß. Doch er paßte sich den veränderten Zeiten an, indem er die Produktion umstellte auf ein Getränk, das auf dem gesetzlich erlaubten Anis basierte. Es war sofort ein Erfolg und hatte außerdem einen immensen Vorteil – die Kunden blieben am Leben und kauften weiterhin.

»Da sehen Sie«, sagte Michel, »der kommerzielle *pastis* kam in Avignon zur Welt, wie ich. Probieren Sie noch einen.«

Er nahm eine Flasche Granier vom Regal, und ich erlebte die Genugtuung, erklären zu können, daß ich die gleiche Marke zu Hause hätte. Granier, »*Mon pastis*«, wie es auf dem Etikett heißt, wird in Cavaillon hergestellt. Er hat eine sanftere Farbe als der ziemlich brutale Grünton des Pernod; ich finde ihn im Geschmack weicher. Im übrigen neige ich dazu, lokale Produkte zu favorisieren, wenn sie gut schmecken.

Der Granier rann mir wieder die Kehle hinab, und ich stand noch immer auf meinen Beinen. Nach der ersten Lektion, sagte Michel, müsse ich noch einen *pastis* probieren, eine *grande marque,* um mir ein fundiertes Urteil über einige geringere farbliche und geschmackliche Variationen bilden zu können. Er gab mir einen Ricard.

Die distanzierte, wissenschaftliche Haltung, die nötig ist, um einen *pastis* mit dem nächsten vergleichen zu können, fiel mir inzwischen einigermaßen schwer. Ich mochte sie alle – sie schmeckten sauber, weich und irgendwie heimtückisch. Der eine hatte vielleicht einen Tropfen Lakritzensaft mehr als die anderen, doch nach einigen hocharomatischen und hochprozentigen Schlucken steht der Gaumen unter einer gewissen Benommenheit. Es ist eine angenehme Benommenheit, und an diesem Abend waren Ansätze einer kritischen Urteilsfähigkeit, die es anfangs durchaus gegeben haben mochte, irgendwann zwischen dem zweiten und dritten Glas verlorengegangen. Als Kenner des *pastis* war ich ein hoffnungsloser Fall. Glücklich und auch hungrig, gewiß, aber hoffnungslos.

»Wie war der Ricard?« fragte Michel. Der Ricard sei gut gewesen, erwiderte ich, aber ich hätte wahrscheinlich genug Bildung für einen Abend genossen.

Tagelang notierte ich mir Fragen, die ich Michel stellen wollte. Ich fand es beispielsweise seltsam, daß ein Name so bekannt sein und so starke Assoziationen wecken konnte, dessen Ursprung jedoch so unklar war wie das Getränk selbst. Wer hatte den *pastis* erfunden, bevor Pernod ihn übernahm? Warum war er so tief mit der Provence verwachsen und nicht mit Burgund oder mit der Loire-Gegend? Ich begab mich wieder zu meinem Professor.

Wann immer ich einen Provenzalen etwas über die Provence gefragt habe – ob über das Klima, das Essen, Historisches, die Eigenarten von Tieren oder kuriose menschliche Verhaltensweisen –, hat es an Antworten nie gemangelt. Der Provenzale doziert gern, für gewöhnlich mit erheblichen persönlichen Ausschmückungen, und möglichst bei Tisch. So auch diesmal. An dem Wochentag, an dem sein Restaurant normalerweise geschlossen hat, arrangierte Michel ein Mittagessen – für ein paar Freunde, die er als »*hommes responsables*« bezeichnete und die sich glücklich schätzen würden, mich auf den Weg der Erkenntnis zu führen.

Wir waren achtzehn und hatten uns unter dem großen, weißen Segeltuchschirm in Michels Innenhof versammelt. Ich wurde einer Reihe von Gesichtern und Namen und Berufen vorgestellt: einem Regierungsbeamten aus Avignon, einem Winzer aus Carpentras, zwei Managern bei Ricard, einigen handfesten Burschen aus Cabrières, darunter sogar jemand, der eine Krawatte trug, die er allerdings nach fünf Minuten abnahm und über einen Haken am Getränkewagen hängte. Das war Anfang und Ende der Formalitäten.

Die meisten Männer teilten Michels Passion für *boules*. Der Winzer aus Carpentras hatte einige Kästen seiner speziellen *cuvée* mitgebracht, deren Etikett ein Spiel in vollem Gang zeigte. Während der Rosé gekühlt und der Rote entkorkt wurde, erfolgte eine großzügige Verabreichung dieses sportlichen Getränks wie auch des Beistands aller *boules*-Spieler, von *le vrai pastis de Marseille, le pastis Ricard*.

Geboren im Jahre 1909 und, laut einem der beiden Manager am Tisch, noch immer quicklebendig, veranschaulicht Paul Ricard ein klassisches Beispiel für Erfolg durch energische und intelligente Produktverwertung. Sein Vater war Weinhändler gewesen, und diese Arbeit führte den jungen Paul in die Bars und *bistrots* von Marseille. In jenen Zeiten gab es keine strikten gesetzlichen Regelungen zur Herstellung alkoholischer Getränke, und viele Bars brannten ihren *pastis* selbst. Ricard beschloß, einen eigenen *pastis* zu machen, mischte jedoch eine Zutat bei, die den anderen fehlte, nämlich seine geniale Verkaufskunst. *Le vrai pastis de Marseille* mag sich von den übrigen nicht sonderlich unterschieden haben, aber er war gut; besser machte ihn Ricards geschicktes Marketing. Es dauerte gar nicht lang, bis sein *pastis* der beliebteste war, zumindest in Marseille.

Ricard wollte expandieren und traf eine Entscheidung, die seinen Erfolg erheblich beschleunigte. In der Umgebung von Marseille war die Konkurrenz groß; *pastis* gab es dort überall; er war ein Standardgetränk. Und Marseille als Stadt genoß in der Nachbarschaft nicht gerade den besten Ruf. (Noch heute wird ein *marseillais* als ein *blaguer* angesehen, als jemand, der übertreibt und aus einer Sardine einen Walfisch macht – jemand, dem man nicht wirklich glaubt.)

Weiter im Norden ließ der *pastis* sich jedoch als etwas Exotisches verkaufen; und mit der Entfernung wurde auch der Ruf von Marseille besser. Man konnte der Stadt den liebenswerten Charme des Südens anhängen – einen etwas unkonventionellen, entspannten, sonnigen Charme, der einem Menschen des Nordens, der frostreiche Winter und graue Himmel gewöhnt war, verlockend vorkommen mußte. Also reiste Ricard gen Norden, zunächst nach Lyon, dann nach Paris, und sein Werbespruch hat Wirkung gezeigt. Es wäre schwer, heute in Frankreich eine Bar ohne eine Flasche mit *le vrai pastis de Marseille* zu finden.

Der Ricard-Manager, der mir diese Geschichte erzählte, sprach mit sichtlicher Sympathie von seinem *Patron*. Monsieur Paul, sagte er, sei ein Original, jemand, der sich täglich eine neue Herausforderung suche. Als ich fragte, ob er, wie viele einflußreiche Geschäftsleute, auch politisch aktiv sei, schnaubte der Manager vor Lachen. »Politiker? Auf die spuckt er. Auf alle.« Solcher Einstellung konnte ich einiges abgewinnen, in gewisser Weise fand ich es aber auch schade. Mir gefiel die Idee von einem *pastis*-Baron als französischem

Staatspräsident; die Wahl hätte er mit seinem Werbespruch wahrscheinlich gewonnen: *Un Ricard, sinon rien.*

Aber Ricard hatte *pastis* nicht erfunden. Wie Pernod hatte er das in Flaschen gefüllt und vermarktet, was vor ihm dagewesen war. Woher war es gekommen? Wer hatte Anis, Lakritze, Zucker und Alkohol als erster zusammengemischt? Hatte ein Mönch die Entdeckung eines gesegneten Tages in der Klosterküche gemacht? (Mönche haben aus irgendeinem Grunde eine besondere Affinität zu alkoholischen Kreationen, vom Champagner bis zum Benediktinerlikör.)

Niemand an unserem Tisch wußte genau, wie das erste Glas *pastis* in eine durstige Welt gekommen war, doch mangelndes Wissen hält einen Provenzalen niemals davon ab, eine Meinung als Tatsache oder eine Legende als gesicherte historische Wahrheit zu erzählen. Die unplausibelste und daher beliebteste Erklärung zur Genesis von *pastis* war die Theorie vom Eremiten – Eremiten haben natürlich, was die Erfindung ungewöhnlicher *apéritifs* betrifft, inzwischen fast den Nimbus der Mönche.

Dieser spezielle Eremit nun lebte in einer Hütte tief im Wald auf den Hängen des Lubéron. Er sammelte Kräuter, und die kochte er in einem riesigen Topf, dem traditionellen blubbernden Hexenkessel der Zauberer und Alchimisten. Die nach dem Kochen im Kessel zurückgebliebenen Säfte zeigten bemerkenswerte Eigenschaften: Sie stillten nicht nur den Durst des Eremiten, sie schützten ihn auch vor der Pest, die die Bevölkerung des Lubéron zu dezimieren drohte. Der Eremit, der ein generöser Mensch war, teilte seine Mixtur mit Pestkranken, die auf der Stelle gesund wurden. Wie auch Paul Ricard lange nach ihm die potentiellen Möglichkeiten seines Wundertranks erahnte, verließ der Eremit seine Waldhütte und tat, was jeder geschäftstüchtige Eremit getan hätte: Er zog um nach Marseille und machte eine Bar auf.

Es gibt eine weniger folkloristische, doch wahrscheinlichere Erklärung, warum die Heimat des *pastis* die Provence ist: Hier waren die Ingredienzen leicht erhältlich, die Kräuter billig oder gar umsonst. Hier machten die meisten Bauern ihren eigenen Wein und destillierten ihre eigenen kopfschmerzerzeugenden Liköre; und bis vor gar nicht langer Zeit war die Berechtigung, selbst zu brennen, ein wertvolles Familienrecht, das vom Vater auf den Sohn übertragen werden konnte. Dieses Gewohnheitsrecht ist inzwischen aufgehoben worden, doch noch gibt es einige *distillateurs*, die bis zu ihrem Tod per Gesetz das Recht haben, selbst herstellen zu dürfen, was sie trinken; noch existiert *pastis maison*.

Madame Bosc, Michels Frau, wurde in der Nähe von Carpentras geboren und erinnert sich, daß ihr Großvater einen doppelt starken *pastis* herstellte, mit neunzig Prozent Alkoholgehalt – ein Getränk, das eine Statue umhauen konnte. Eines Tags bekam er Besuch vom Dorfgendarmen. Ein offizieller Besuch auf dem offiziellen *moto* in voller Uniform war nie ein gutes Zeichen. Der *Gendarme* wurde also zu einem Glas von Großvaters virulentem *pastis* überredet, zu einem zweiten, zu einem dritten. Der Anlaß des Besuchs wurde nie erwähnt, aber Großvater mußte mit seinem Wagen zwei Fahrten zur *Gendarmerie* unternehmen: Das erste Mal lieferte er den bewußtlosen Polizisten mitsamt Gefährt ab; das zweite Mal brachte er dessen Stiefel und *pistolet*, die unter dem Tisch gefunden worden waren.

Das waren noch Zeiten. Und irgendwo in der Provence sind sie wahrscheinlich noch nicht zu Ende.

Der *Flic*

Es war mein Pech, daß ich genau an einem der wenigen
Tage kein Kleingeld für die Parkuhr bei mir hatte, als die
Verkehrshüter in Cavaillon in voller Stärke ausgeschwärmt
waren. Sie gehen stets zu zweit, wohlbeleibte, gemächliche
Herren, die sich jede erdenkliche Mühe geben, mit ihren
spitzen Mützen und hinter ihren Sonnenbrillen einen finste-
ren Eindruck zu machen, wenn sie zielstrebig von Auto zu
Auto schreiten und nach einer *contravention* suchen.

Ich hatte endlich einen freien Parkplatz gefunden, dessen Uhr
gefüttert werden mußte, und ging in ein nahegelegenes Café,
um mir Ein-Franc-Münzen zu besorgen. Als ich zu meinem
Auto zurückkehrte, schielte gerade ein beleibter Herr ganz
in Blau mißtrauisch auf die Scheibe der Parkuhr. Er blickte
auf und klopfte mit seinem Stift an den Zähler.

»Er ist abgelaufen.«

Ich erläuterte mein Problem. Der Mann war jedoch nicht in
der richtigen Stimmung, um mildernde Umstände in Betracht
zu ziehen.

»*Tant pis pour vous*«, sagte er. »*C'est une contravention.*«

Ich blickte mich um. Ein halbes Dutzend Autos hatte in
doppelter Reihe geparkt. An der Ecke einer Seitenstraße war
der Laster eines *maçon*, der vor Bauabfall und Schutt überquoll, so abgestellt, daß niemand an ihm vorbeifahren konnte. Auf der anderen Straßenseite stand ein Lieferwagen mit-

ten auf einem Fußgängerstreifen. Mir kam mein Verbrechen relativ gering vor im Vergleich zu solch krassen Vergehen, und ich war so dumm, das auch zu sagen.

Daraufhin wurde ich offiziell sofort unsichtbar. Bis auf ein irritiertes Naserümpfen wurde ich keiner Antwort gewürdigt, und der Verkehrswächter ging um mich herum, um meine Wagennummer aufzuschreiben. Er zückte sein Notizbuch und registrierte den Zeigerstand auf seiner Uhr.

Er wollte meine Sünden gerade zu Papier bringen – und mir wahrscheinlich zusätzlich eine Prämie wegen impertinenten Verhaltens aufbrummen –, als von dem Café her, wo ich das Geld gewechselt hatte, ein lauter Schrei herüberdrang.

»Eh, toi! Georges!«

Georges und ich blickten uns um und sahen zwischen den Tischen und Stühlen auf dem Bürgersteig hindurch einen untersetzten Mann auf uns zukommen, der drohend mit einem Finger herumfuchtelte, auf die Art, die auf provenzalisch eine heftige Mißbilligung ausdrückt.

Fünf Minuten lang zuckten Georges und der Untersetzte im Wettstreit mit den Schultern, sie gestikulierten, sie klopften sich gegenseitig streng gegen die Brust und diskutierten über meinen Fall. Genauso sei es gewesen, erklärte der Neuankömmling: Monsieur war gerade erst angekommen und ist tatsächlich zum Café gegangen, um sich Kleingeld zu besorgen. Es gab Zeugen. Er schwang die Arme in Richtung des Cafés, wo drei, vier Gesichter zu uns herübersahen.

Gesetz ist Gesetz, behauptete Georges. Es handelt sich ganz eindeutig um eine *contravention*. Außerdem habe ich den Strafzettel schon auszufüllen begonnen, da ist also nichts mehr zu machen. Die Sache ist unwiderruflich.

Mais c'est de la connerie, ça. Ändere den Zettel, gib ihn dem Kerl da drüben, der mit seinem Laster die Straße blockiert. Georges wurde weich. Er schielte zum Lastwagen hinüber und auf seinen Block, rümpfte noch einmal die Nase und drehte sich zu mir her; er wollte wenigstens das letzte Wort haben. »Passen Sie auf, daß Sie das nächste Mal Kleingeld bei sich haben!« Er starrte mich durchdringend an, zweifellos um sich meine kriminellen Gesichtszüge in sein Gedächtnis einzuprägen, für den Fall, daß er irgendwann einmal einen Verdächtigen wiedererkennen müßte, und wanderte dann über den Bürgersteig zum Lastwagen des *maçon*.

Mein Retter grinste und schüttelte den Kopf. »Der hat *pois chiches* im Kopf, der.« Er wiederholte die Beleidigung. Nur Kichererbsen zwischen den Ohren.

Ich dankte ihm. Dürfte ich ihn zu einem Drink einladen? Wir gingen zusammen ins Café, setzten uns an einen dunklen Tisch in der Ecke, und dort bin ich für die nächsten zwei Stunden geblieben.

Er hieß Robert. Er war beinahe klein, gerade noch nicht fett, hatte einen breiten Brustkasten und einen breiten Bauch, einen kräftigen Nacken, eine dunkle Hautfarbe und einen verwegenen Schnurrbart. Sein Lächeln entblößte eine Mischung aus Goldkronen und nikotinverfärbten Zähnen; seine braunen Augen wirkten lebendig und amüsiert. Er hatte etwas von der Liebenswürdigkeit der Unzuverlässigen, vom Charme eines unterhaltsamen Halunken. Ich konnte ihn mir auf dem Markt in Cavaillon vorstellen, wie er garantiert unzerbrechliches Porzellan und beinah echte Levi's verkaufte – überhaupt alles, was in der Nacht zuvor hinten von einem *camion* heruntergefallen war.

Er war jedoch, wie sich dann herausstellte, Polizist gewesen;

als solcher hatte er Georges kennengelernt und nicht leiden können. Jetzt war er Sicherheitsberater, jemand, der den Eigentümern von Zweitwohnsitzen im Lubéron Alarmsysteme verkaufte. Heutzutage gibt es überall *cambrioleurs*, sagte er, die nach offenen Fenstern oder unverschlossenen Türen Ausschau halten. Ob ich eine Alarmanlage hätte? Nein? *Quelle horreur!* Er schob mir seine Visitenkarte über den Tisch. Da stand sein Name und ein Werbespruch: *Alarmtechnologie der Zukunft,* eine Aussage, die sich in seltsamem Widerspruch zu seinem altmodischen Firmenzeichen befand – ein Papagei auf einer Stange, der krächzte: »*Au voleur!*«

Mich interessierte seine Arbeit bei der Polizei, und warum er dort aufgehört hatte. Er zog sich zurück in eine Wolke vom Rauch der *Gitanes,* winkte dem Barmann mit seinem leeren Glas – mehr *pastis* – und begann zu erzählen.

Zunächst sei alles sehr langsam gegangen, sagte er. Er hatte auf die Beförderung gewartet, wie alle anderen auch, sich mit der Routinearbeit abgeplagt, sich bei der Schreibtischarbeit gelangweilt – so hatte er sich das alles nicht vorgestellt. Und dann war der Durchbruch gekommen, an einem Wochenende in Fréjus, als er ein paar Tage Urlaub genommen hatte.

Er war jeden Morgen zum Frühstücken in ein Café mit Blick aufs Meer gegangen, und zur gleichen Zeit kam Morgen für Morgen ein Mann an den Strand, um Unterricht im Windsurfen zu nehmen. Mit der eher müßigen Anteilnahme eines Urlaubers hatte Robert den Mann auf sein Surfbrett klettern, herunterfallen und wieder hinaufklettern gesehen.

Der Mann kam ihm irgendwie bekannt vor. Begegnet war er ihm nie, das wußte Robert genau; gesehen hatte er ihn aber irgendwo. Der Kerl hatte ein auffälliges Muttermal am Hals und eine Tätowierung am linken Arm – es waren die kleinen besonderen persönlichen Merkmale, die ein Polizist erkennt und sich merkt. Dafür wird er ausgebildet. Das Profil, das Muttermal am Hals und die leichte Hakennase setzten Roberts Gedächtnis in Bewegung.

Zwei Tage später fiel es ihm ein. Das Profil hatte er in Schwarzweiß gesehen, darunter eine Nummer: ein Steckbrief, ein Polizeifoto. Der Windsurfer wurde gesucht.

Robert begab sich zur örtlichen *Gendarmerie,* und es dauerte keine halbe Stunde, bis er in der Kartei das Gesicht eines Mannes gefunden hatte, der im Vorjahr aus dem Gefängnis ausgebrochen war. Er war der Anführer von *le gang de Gardanne* und galt als gefährlich. Zu seinen besonderen Körpermerkmalen gehörten auch ein Muttermal am Hals und eine Tätowierung am linken Arm.

Man stellte eine Falle, die zu beschreiben Robert einige Mühe kostete – weil er so lachen mußte. Zwanzig Polizeibeamte hatten sich mit Badehosen verkleidet und erschienen früh am Strand und suchten trotz der frappierenden, komischen Ähnlichkeit ihrer *bronzage* unauffällig zu wirken – Polizisten haben gebräunte Arme, einen braunen Ausschnitt am Hals und ein gebräuntes Gesicht; der Rest des Körpers ist weiß.

Glücklicherweise war der Gesuchte viel zu sehr damit beschäftigt, auf sein Surfbrett zu steigen, um zwanzig blasse Männer, die nichts taten, verdächtig zu finden, bis sie ihn dann im seichten Wasser umzingelten und abführten. Die anschließende Durchsuchung seiner Studiowohnung in Fréjus erbrachte zwei .357 Magnum Handfeuerwaffen und drei Granaten. Robert bekam seine Beförderung und wurde zum Dienst in Zivil am Marignane-Flughafen abgestellt, um seine exzellente Beobachtungsgabe voll einsetzen zu können.

An dieser Stelle unterbrach ich Robert, weil mich die scheinbaren Mängel in der offiziellen Überwachung des Flughafens in Marseille stets verwundert hatten. Ankommende Passagiere können ihr Handgepäck Freunden geben, während sie ihre Koffer von der Gepäckabfertigung holen, und wenn sie bloß Handgepäck haben, brauchen sie überhaupt nicht durch den Zoll. In Anbetracht des Rufs von Marseille kam mir dies seltsam fahrlässig vor.

Robert legte den Kopf schräg und einen Finger an die Nase. Das alles sei nicht ganz so *décontracté,* wie es schiene, sagte er. Dort gebe es allzeit Polizisten und *douaniers*, die manchmal als Manager, manchmal in T-Shirts und Jeans gekleidet seien, sich unter die Reisenden mischten, durch die Parkzonen wanderten und Augen und Ohren stets offenhielten. Er hatte selbst zwei oder drei kleine Schmuggler erwischt – keine großen Fische, bloß Amateure, die glaubten, sie seien in Sicherheit, sobald sie den Parkplatz erreicht hatten, sich dann auf die Schultern klopften und ungeniert redeten. Verrückt. Doch es gab auch Wochen, in denen nichts los war, und am Ende hätte ihn die Langeweile fertiggemacht. Die Langeweile und sein *zizi.* Er grinste und zeigte mit dem Daumen nach unten zwischen seine Beine.

Er hatte ein Mädchen angehalten – ein gutaussehendes, gut angezogenes Mädchen, sie reiste allein, der typische Drogen-»Maulesel« –, als sie in ein Auto mit Schweizer Kennzeichen stieg. Er stellte ihr die Standardfrage: Wie lang sie sich in Frankreich aufgehalten habe? Sie wurde nervös, dann freundlich, dann sehr freundlich, und die beiden verbrachten den Nachmittag zusammen im Airport-Hotel. Als Robert mit ihr das Hotel verließ, wurde er beobachtet. Das war's. *Fini.* Komischerweise war in der gleichen Woche ein Wärter im Beaumettes-Gefängnis dabei erwischt worden, wie er einem

Gefangenen Whisky in präparierten Yoghurtflaschen zuge-
steckt hatte. *Fini* auch für den.

Robert zuckte die Achseln. Es war falsch gewesen, es war
dumm gewesen, aber Polizisten sind keine Heiligen. Bei der
Polizei gäbe es immer *brebis galeuses*, schwarze Schafe. Er
schaute in sein Glas – ganz das Bild eines schuldbewußten
Mannes, der alte Missetaten bereut. Ein Fehler, und schon
war eine Karriere im Eimer. Ich begann, Mitleid für ihn zu
empfinden; ich sagte ihm das auch. Er griff über den Tisch
und klopfte mir auf den Arm – und mit einer Bemerkung hat
er den ganzen Eindruck dann wieder zerstört. Nach einem
weiteren Drink, sagte er, würde er sich viel besser fühlen. Er
lachte, und ich habe mich gefragt, wieviel von dem, was er
mir erzählt hatte, wohl der Wahrheit entsprach.

In einem Augenblick von *pastis*-rüchiger *bonhomie* hatte
Robert versprochen, eines Tages bei uns vorbeizukommen
und uns in Sicherheitsfragen zu beraten. Ganz unverbindlich,
hatte er gesagt, und falls wir uns entschließen sollten, unein-
nehmbar zu werden, würde er die technisch modernsten
Verbrecherfallen zu einem *prix d'amis* installieren.
Ich habe ihm gedankt und es wieder vergessen.
Gefälligkeiten, die einem in Bars angeboten werden, soll man
nicht zu ernst nehmen, in der Provence schon gar nicht, wo
selbst ein nüchternes Versprechen oft erst Monate später
erfüllt wird. Und nachdem ich bemerkt habe, mit welchem
Engagement Mitglieder der Öffentlichkeit auf den Straßen
das Geheul eines Autoalarms ignorieren, war ich nicht mehr
sehr davon überzeugt, daß elektronische Anlagen für Diebe
und Einbrecher eine große Abschreckung darstellen. Ich
hatte größeres Vertrauen in einen bellenden Hund.

Zu meiner Überraschung kam Robert tatsächlich, ganz wie er es angekündigt hatte, in einem silbernen BMW voller Antennen. Er trug gefährlich enge Hosen und ein schwarzes Hemd, ein aggressives Moschus-After-shave und summte vor sich hin. Der Glanz seiner Erscheinung erklärte sich von selbst angesichts der Begleitung, die er als seine Freundin Isabelle vorstellte. Sie wollten in Gordes zu Mittag essen, und Robert hatte sich gedacht, das sei eine ideale Gelegenheit, um Geschäftliches mit Vergnüglichem zu verbinden. So wie er das sagte, klang es unendlich anzüglich.

Isabelle war nicht älter als zwanzig. Eine blonde Locke fiel auf den Rand ihrer gigantischen Sonnenbrille. Ein kleiner Teil ihres Körpers war mit rosa Lurex überzogen, eine regenbogenfarbig schillernde Röhre, die weit oberhalb der Mitte ihrer Oberschenkel endete. Der höfliche Robert bestand darauf, daß sie auf den Stufen ins Haus voranging; daß ihn jeder ihrer Schritte entzückte, war nicht zu übersehen.

Während Isabelle sich mit dem Inhalt ihres Make-up-Täschchens beschäftigte, führte ich Robert durchs Haus, und er gab mir die erwartete Bewertung der Chancen, die unser Zuhause auch den einfältigsten Dieben mit Schraubenziehern bot. Er sah sich Fenster und Türen und Jalousien an, um sie als praktisch nutzlos abzutun. Und die Hunde? *Aucun problème.* Die ließen sich mit ein paar Brocken vergiftetem Fleisch unschädlich machen, und schon wäre das Haus in der Hand der Diebe. Roberts überwältigendes After-shave schlug mir entgegen, als er mich gegen die Wand drückte. Sie haben keine Ahnung, wozu diese Bestien fähig sind.

Er dämpfte seine Stimme, wurde vertraulich. Er wollte nicht, daß meine Frau mithören konnte, was er mir nun zu sagen hätte, da es etwas Heikles beträfe.

Einbrecher, so sagte er, seien oft abergläubisch. In vielen Fällen – und er hatte es öfter erlebt, als ihm lieb sei – hielten sie es für notwendig, sich in einem geplünderten Haus zu erleichtern, bevor sie es wieder verließen, am liebsten auf einem ausgelegten Teppich. Sie glaubten, auf die Weise bliebe das Unglück statt an ihnen am Haus hängen. *Merde partout*, sagte er, und sprach es so aus, als wäre er eben hineingetreten. *C'est désagréable, non? Désagréable* war ein milder Ausdruck.

Aber, so führte Robert aus, es gebe doch noch Gerechtigkeit in der Welt. Einmal sei eine ganze Gruppe von *cambrioleurs* nur wegen dieses Aberglaubens gefaßt worden. Das Haus war ausgeräumt, die Beute auf einem Laster verstaut worden und bis auf die Abschiedsgeste, um des Glücks willen, war alles erledigt. Dann habe aber der Anführer der Bande ziemliche Schwierigkeiten gehabt, seinen Obulus zu leisten. Er konnte tun, was er wollte – es kam nichts. Er war *très, très constipé*. Und deshalb saß er noch da, gekrümmt und fluchend, als die Polizei eintraf.

Es war eine ermutigende Geschichte, obwohl ich begriff, daß wir der Statistik zufolge eine Chance von eins zu fünf hatten, jemals von einem Einbrecher mit Verstopfung heimgesucht zu werden. Darauf konnten wir uns wirklich nicht verlassen. Robert nahm mich mit nach draußen und begann, mir seinen Plan zu erläutern, wie unser Haus in eine sichere Festung verwandelt werden könnte. Am Ende der Einfahrt sollte ein elektronisch funktionierendes Tor montiert sein. Vor dem Haus ein per Knopfdruck ausgelöstes Lichtsystem: alles, was schwerer war als ein Huhn und die Einfahrt heraufkäme, würde im Schein der Flutlichtlampen gefangen werden. Oft sei das bereits genug, um Einbrecher zum Aufgeben und

Weglaufen zu bewegen. Um aber vollständig geschützt zu sein, um schlafen zu können wie ein unschuldiges Baby, sollte man zusätzlich das letzte Wort in der Abschreckungstechnologie nutzen – *la maison hurlante,* das heulende Haus.

Robert hielt inne, um mir Gelegenheit zur Reaktion auf diesen scheußlichen Vorschlag zu geben, und schickte ein Lächeln zu Isabelle, die über die Sonnenbrille hinweg ihre Fingernägel betrachtete. Sie waren rosa und farblich perfekt auf ihr Kleid abgestimmt.

»*Ça va, chou-chou?*«

Sie schenkte ihm ein honiggelbes Schulterzucken, und es kostete ihn spürbare Anstrengung, seine Gedanken wieder heulenden Häusern zuzuwenden.

Alors, das Ganze funktionierte mit elektronischen Strahlen, die jede Tür, jedes Fenster, jede Öffnung schützten, die größer als ein Mauerriß ist. Falls ein entschlossener und leichtfüßiger Einbrecher also tatsächlich über die Stahltore klettern und auf Zehenspitzen die Flutlichter durchschreiten sollte, würde ein bloßer Fingerdruck an Fenster oder Tür das Haus zum Schreien bringen. Man könnte, *bien-sûr,* die Wirkung noch dadurch erhöhen, indem man auf dem Dach einen Lautsprecher anbrächte, damit die Schreie kilometerweit zu hören wären.

Damit nicht genug. Zur gleichen Zeit würde ein Partner von Robert, dessen Haus in der Nähe von Gordes mit dem System verbunden sei, unverzüglich mit geladenem *pistolet* und seinem großen Schäferhund herkommen. Bei solch vielschichtigem Schutz könnte ich vollkommen *tranquille* bleiben.

Es klang überhaupt nicht *tranquille.* Ich mußte sofort an Faustin denken und seinen Traktor, der auf dem Wege zu seinen Weinbergen morgens um sechs gegen die Stahltore rattern würde; an das Flutlicht, das die ganze Nacht über aufleuchten würde, wenn Füchse oder *sangliers* oder die Katze von nebenan über die Einfahrt liefen; an den dummen Zufall, der den Heulmechanismus auslösen konnte, und wie ich mich gegenüber einem wütenden Mann mit einer Knarre entschuldigen müßte, bevor sein Hund mich in Stücke zerrisse. Solche Strapazen schienen nicht einmal vertretbar, wenn sie eine Barrikade gegen die Touristen-Invasion im August garantiert hätten.

Glücklicherweise wurde Robert abgelenkt, so daß er mich nicht zum Kauf drängte. Isabelle war mit dem Zustand ihrer Fingernägel, mit der Positionierung ihrer Sonnenbrille, mit der Paßform ihrer Beinröhrchen zufrieden. Sie turtelte ihn über den Hof an. »*Bobo, j'ai faim.*«

»*Oui, oui, chérie. Deux secondes.*« Er drehte sich zu mir um und versuchte noch einmal, auf das Geschäftliche zu kommen, doch inzwischen war sein eigenes Heul- und Alarmsystem aktiviert und die Sicherheit unseres Hauses zweitrangig geworden.

Ich fragte, wo er zu Mittag essen wolle.

»*La Bastide*«, sagte er. »Kennen Sie's? War früher mal die *Gendarmerie*. Ein *flic* bleibt immer ein *flic*, eh?«

Ich erwähnte, meines Wissens sei *La Bastide* auch ein Hotel. Er zwinkerte mir zu. Er besaß die Fähigkeit, sich mit Zwinkern sehr deutlich auszudrücken. Diesmal war sein Zwinkern absolut schmierig.

»Ich weiß«, sagte er.

Bissen für Bissen mit dem sportlichen Gourmet

Durch Freunde hatten wir von Régis gehört. Sie hatten ihn bei sich zu Hause zum Abendessen eingeladen, und er rief morgens an, um sich zu erkundigen, was sie ihm vorsetzen würden. So etwas läßt selbst in Frankreich auf mehr als das übliche Interesse am Menü schließen, und die Gastgeberin war neugierig. Warum er das wissen möchte? Es gäbe kalte gefüllte *moules*, Schweinebraten mit Trüffelsauce, es gäbe verschiedenen Käse und zum Schluß hausgemachte Sorbets. Irgendein Problem? Ob er Allergien bekommen hätte? Ein Vegetarier geworden wäre? Sich, Gott behüte, an eine Diät halten müsse?

Aber nein, sagte Régis. Das klänge alles ganz köstlich. Doch es gäbe da *un petit inconvénient,* und zwar folgendes: Er litt momentan stark unter Hämorrhoiden und hatte Mühe, ein ganzes Diner sitzend durchzuhalten. Er schaffte zur Zeit nur einen Gang ohne Beschwerden und wollte sich den Gang aussuchen, der ihm am verlockendsten schien. Er war sicher, daß die Gastgeberin seine Lage verstand.

Sie verstand – weil es Régis war. Régis war, wie sie uns später erläuterte, ein Mann, dessen Leben ganz den Tafelfreuden gewidmet war; er war nahezu besessen vom Gedanken an Essen und Trinken. Aber kein Vielfraß, o nein – Régis war ein Gourmet, der zufällig einen riesigen, wählerischen Appetit hatte. Außerdem könnte er, sagte sie, über sich und seine

Leidenschaft scherzen und amüsant sein; und er hätte einige interessante Ansichten über die englische Einstellung zum Essen. Es würde uns vielleicht Freude machen, ihn kennenzulernen, wenn er sich von seiner *crise postérieure* erholt hätte. Und so lernten wir ihn ein paar Wochen später kennen.

Er kam in Eile mit einer Flasche Champagner – Krug – unter dem Arm, die nicht ganz die ideale, kühle Temperatur hatte, und brachte die ersten fünf Minuten damit zu, sich um einen Eiskübel zu kümmern und den Champagner auf die richtige Temperatur zu bringen, die ihm zufolge zwischen null und zwei Grad lag. Während er die Flasche behutsam im Eimer drehte, erzählte er uns von einem großen Diner, an dem er eine Woche zuvor teilgenommen hatte – eine gastronomische Katastrophe. Der einzig genüßliche Moment war, seiner Erzählung zufolge, erst zum Schluß gekommen, als sich eine Dame von der Gastgeberin verabschiedete.

»Welch ein außergewöhnlicher Abend!« hatte sie gemeint. »Bis auf den Champagner war alles kalt.«

Régis bebte vor Lachen und zog den Korken mit solcher Behutsamkeit heraus, daß beim Öffnen der Flasche nur ein leichter, schäumender Seufzer zu hören war.

Régis war ein kräftig gebauter Mann mit tiefblauen Augen, wie man sie in dunkelhäutigen provenzalischen Gesichtern überraschenderweise manchmal findet. Im Unterschied zu der übrigen, konventionell gekleideten Runde, trug er einen Trainingsanzug – blaßblau, mit rotem Saum und auf der Brust eingestickt *Le Coq Sportif*. Sportlich war auch sein Schuhwerk – komplizierte Kreationen mit mehrfarbig geschichteten Gummisohlen, die eher für einen Marathonlauf geeignet waren als dazu, einen ganzen Abend unter dem Eßtisch zu verbringen. Er bemerkte meinen Blick.

»Ich muß es beim Essen bequem haben«, erklärte er, »und es gibt nichts Bequemeres als Sportkleidung. Im übrigen …« er zog am Gummiband seiner Hose und ließ es wieder zurückschnellen, »… kann man sich auf die Weise Platz für eine zweite Portion verschaffen. *Très important.*« Er hob grinsend das Glas. »Auf England und die Engländer, solange sie ihr Essen für sich behalten.«

Die Franzosen, die wir kennengelernt hatten, hatten meist nur Verachtung übrig für *la cuisine Anglaise,* ohne sie wirklich zu kennen. Das war bei Régis anders. Er hatte die Engländer und ihre Eßgewohnheiten studiert und ließ uns beim Essen wissen, was wir falsch machten.

Es beginnt, wie er ausführte, bereits im Babyalter. Das englische Kleinkind wird mit fadem Brei gefüttert, mit jener Art von Futter, das man eigentlich nur dummen Hühnern geben könnte, *sans caractère, sans goût.* Dagegen wird das französische Baby bereits vor dem Zahnen wie ein menschliches Wesen mit Geschmacksnerven behandelt. Zum Beweis beschrieb Régis das Warenangebot von Gallia, einem der führenden Hersteller von Kindernahrung. Es enthielt Hirn, Schollenfilet, Obst, Gemüse, Pudding aus Quitten und Heidelbeeren, *crème caramel* und *fromage blanc.* Und all das und mehr, betonte Régis, bevor das Kind achtzehn Monate alt ist. Sie verstehen? Der Gaumen wird erzogen. Er hielt inne, um den Kopf über das Hähnchen in Estragon zu beugen, das ihm soeben vorgesetzt worden war; er atmete ein und zog die Serviette zurecht, die er in den Kragen seines Trainingsanzugs gesteckt hatte.

Er übersprang dann ein paar Jährchen bis zu dem Zeitpunkt, wenn der werdende Gourmet die Schule besucht. Ob ich mich an meine Schulnahrung erinnern könne, wollte er wissen. Und ob, mit Entsetzen – ich nickte verständnisvoll. Das Essen an englischen Schulen, so sagte er, ist berühmtermaßen schlecht. Es ist langweilig, *triste* und rätselhaft, weil man nie weiß, *was* man da hinunterzuwürgen versucht. An der Dorfschule dagegen, die seine fünfjährige Tochter besucht, wird der Speisezettel für die ganze Woche am Schwarzen Brett ausgehängt, damit es zu Hause nicht noch einmal dasselbe gäbe, und es gibt mittags immer drei Gänge. So hatte die kleine Mathilde gestern in der Schule beispielsweise einen Selleriesalat mit einer Scheibe Schinken und Käse-*quiche, riz aux saucisses* und gebackene Bananen bekommen. *Voilà!* Der Gaumen wird ausgebildet, und deshalb ist es ganz natürlich, daß der erwachsene Franzose ein besseres kulinarisches Verständnis hat und an seine Nahrung höhere Erwartungen stellt.

Régis schnitt eine dicke Birne durch, die er zum Käse essen wollte, und richtete das Messer auf mich, als ob ich für den schlecht ausgebildeten englischen Gaumen verantwortlich wäre. Und nun, sagte er, zu den Restaurants. Er schüttelte sorgenvoll den Kopf und legte die Hände auf den Tisch, die Handteller nach oben, die Finger zusammengepreßt. Auf der einen Seite – er hob seine linke Hand ein paar Zentimeter – gibt es *le pub*. Malerisch, aber das Essen dort dient nur als Schwamm für das Bier. Auf der anderen Seite – er hob die Rechte, ein wenig höher – gibt es die teuren Restaurants für *hommes d'affaires,* deren Essen von Firmen bezahlt wird.

Und dazwischen? Régis schaute auf die Fläche zwischen seinen beiden Händen, die Mundwinkel nach unten gezogen, auf seinem Gesicht zeigte sich ein Ausdruck von Verzweiflung. Dazwischen die Wüste, *rien*. Wo sind Ihre *bistrots,* wollte er von mir wissen. Wo sind die Restaurants mit einer anständigen *bourgeois* Küche? Wo sind Ihre *relais routiers*? Wer, außer den Reichen, kann sich in England den Besuch eines Restaurants überhaupt leisten?

Ich hätte ihm gern widersprochen, doch dazu fehlte es mir an Munition. Er stellte Fragen, die wir uns oft genug selbst gestellt hatten, als wir in England auf dem Lande wohnten, wo man zwischen Pubs und aufgedonnerten Restaurants mit vorgetäuschter Qualität zu Londoner Preisen zu wählen hatte. Am Ende hatten wir kapituliert – vor den Spezialitäten aus dem Mikrowellenherd und vor Tafelweinen, die von inkompetenten Menschen mit Namen wie Justin und Emma in anspruchsvollen Weinkörben serviert wurden.

Régis rührte in seinem Kaffee und schwankte kurz zwischen Calvados und der hohen, überfrorenen Flasche von *eau de vie de poires* von Manguin in Avignon. Ich erkundigte mich nach seinen Lieblingsrestaurants.

»Da gibt es natürlich immer Les Baux«, meinte er. »Aber die Rechnungen dort sind spektakulär.« Er schüttelte seine Hand, als ob er sich die Finger verbrannt hätte. »Das ist nichts für jeden Tag. Im übrigen sind mir bescheidenere, weniger bekannte Lokale lieber.«

Mit anderen Worten, bemerkte ich, typisch französische Restaurants.

» *Voilà!* « sagte Régis. »Französische Restaurants und solche mit einem *rapport qualité-prix*. Das Preis-Leistungs-Verhältnis muß stimmen. Und das ist hierzulande noch immer gegeben. Ich habe das gründlich studiert.« Da war ich sicher, aber er hatte mir außer Les Baux noch keine weiteren Namen genannt, und Les Baux hatten wir aufgeschoben für die Zeit, sobald wir in der Klassenlotterie gewonnen hätten. Ob er etwas weniger Grandioses empfehlen könne?

»Wenn Sie wollen«, sagte Régis, »wäre es ganz amüsant, in zwei Restaurants zu essen. Sehr unterschiedliche Restaurants, aber beide von hohem Niveau.« Er schenkte sich einen zweiten Calvados ein – »für die Verdauung« – und lehnte sich zurück. »Jawohl«, sagte er, »das ist mein Beitrag zur Erziehung der Engländer. Ihre Frau kommt mit, *naturellement*.« Selbstverständlich würde sie mitkommen. Die Frau von Régis konnte leider nicht bei uns sein. Sie blieb zu Hause, um das Abendessen vorzubereiten.

Wir sollten ihn in Avignon treffen, in einem der Cafés an der Place de l'Horloge, wo er uns das erste von den beiden Restaurants nennen würde. Er küßte sich am Telefon lautstark die Fingerspitzen und riet uns, uns für den Nachmittag nichts mehr vorzunehmen. Nach einem Mittagessen, wie er es plante, wäre ein *digestif* alles, wozu man noch fähig wäre. Wir beobachteten ihn vom Café aus, wie er über die *place* auf uns zu kam; für einen so gewichtigen Menschen bewegte er sich in seinen schwarzen Baseball-Stiefeln und seinem Trainingsanzug leicht und unbeschwert. Der Trainingsanzug war ebenfalls schwarz; auf dem einen Oberschenkel stand in rosa Buchstaben UCLA. Régis trug einen Einkaufskorb und eine Handtasche mit Reißverschluß, wie französische Manager sie für ihre persönlichen Utensilien und Fläschchen von *eau de cologne* für alle Fälle bei sich haben.
Er bestellte ein Glas Champagner und zeigte uns zwei winzige Melonen – sie waren kaum größer als Äpfel –, die er soeben auf dem Markt gekauft hatte. Sie mußten ausgelöffelt und mit einer Füllung von Grapefruitsaft-Likör und Brandy für vierundzwanzig Stunden in den Kühlschrank gestellt werden. Sie schmeckten, so versicherte er uns, wie die Lippen eines

jungen Mädchens. Daran hatte ich bei Melonen wirklich noch nie gedacht – was ich allerdings auf die Mängel des englischen Erziehungswesens zurückführte.

Mit einem letzten zärtlichen Quetschen ihrer winzigen grünen Popos legte Régis die Melonen in den Korb zurück und wandte sich dem Geschäft des Tages zu.

»Wir werden«, erklärte er, »zu Hiély gehen, gleich drüben in der Rue de la République. Pierre Hiély ist ein Fürst der Köche. Er steht seit zwanzig Jahren am Herd, seid fünfundzwanzig Jahren, und ist ein wahres Wunder. Nie ein enttäuschendes Mahl!« Régis drohte uns mit dem Finger. »*Jamais.*«

Abgesehen von einer kleinen gerahmten Karte am Eingang unternimmt Hiély nichts, Vorübergehende anzulocken. Die schmale Tür öffnet sich in einen schmalen Gang; zum Restaurant führt eine Treppe nach oben. Es ist ein großer Raum mit einem hübschen Parkettfußboden in Fischgrätmuster und nüchternen Farben, und die Tische stehen angenehm weit voneinander entfernt. Wie in den meisten guten französischen Restaurants wird der Gast, der für sich allein ißt, genausogut behandelt wie eine Gruppe. Tische für den einzelnen Gast sind nicht irgendwo in eine tote Ecke geklemmt, sondern stehen im Alkoven mit Fenster, aus denen man auf die Straße hinausblickt. Sie waren bereits besetzt – von Männern in Anzügen, vermutlich Geschäftsleuten der Stadt, die ihr Mittagessen in zwei Stunden hinter sich zu bringen hatten, bevor sie wieder ins Büro mußten. Die anderen Gäste, bis auf uns nur Franzosen, waren weniger förmlich gekleidet. Ich erinnerte mich an ein hochnobles Restaurant in der englischen Grafschaft Somerset, wo man mich nicht eingelassen hatte, weil ich keine Krawatte trug – dergleichen ist mir in Frankreich nie passiert. Hier saß Régis, obwohl er in seinem Trainingsanzug aussah wie ein Flüchtling aus der Turnhalle der Weight Watchers, und wurde von Madame wie ein König begrüßt, als er seinen Einkaufskorb in der Garderobe abgab und fragte, ob Monsieur Hiély in Form sei. Madame gestattete sich ein Lächeln. »*Oui, comme toujours.*«

Régis strahlte und rieb sich die Hände, als wir zu unserem Tisch begleitet wurden; er schnüffelte in die Luft, ob er irgendwelche Hinweise auf das Weitere entdecken könnte. In einem anderen Lieblingsrestaurant, so berichtete er, durfte er in die Küche und schloß dort die Augen, um sich bei der Wahl der Speisen von seiner Nase leiten zu lassen.

Er steckte sich die Serviette in den Kragen und murmelte dem Kellner etwas zu. »*Un grand?*« fragte der Kellner. »*Un grand*«, sagte Régis, und sechzig Sekunden später wurde ein großer, beschlagener Glaskrug vor uns abgestellt. Régis wurde professoral; der Unterricht sollte beginnen. »In einem seriösen Restaurant«, setzte er an, »kann man sich immer auf die offenen Weine verlassen. Dieser hier ist ein Côtes-du-Rhône. *Santé.*« Er nahm einen großzügigen Schluck und kaute ihn ein paar Sekunden lang, bevor er seine Zufriedenheit mit einem Seufzer bekundete.

»*Bon.* Gestatten Sie mir einige Ratschläge zum Menü? Es gibt hier, wie Sie sehen, eine *dégustation,* und sie ist köstlich, doch vielleicht für ein einfaches Mittagessen ein bißchen zu umfangreich. Es gibt auch eine gute Auswahl *à la carte.* Wir dürfen aber nicht vergessen, aus welchem Anlaß wir hier sind.« Er schaute uns über sein Weinglas hinweg an. »Es geht darum, daß Sie den *rapport qualité-prix* kennenlernen. Für fünfhundert Francs pro Person kann Sie jeder gute Koch verköstigen. Bei weniger als der Hälfte muß er beweisen, was er kann. Ich schlage deshalb das kleine Menü vor. *D'accord?«*

Wir waren *d'accord*. Das kurze Menü reichte völlig aus, um einem Michelin-Gutachter den Mund wäßrig zu machen; von uns beiden Engländern ganz zu schweigen. Wir hatten ein wenig Mühe, uns zu entscheiden, während Régis sich summend mit der Weinkarte beschäftigte. Er rief den Kellner zu einer zweiten ehrfürchtig gemurmelten Beratung.

»Ich breche meine eigene Regel«, sagte Régis. »Der offene Rotwein ist natürlich makellos. Doch hier«, er klopfte auf die aufgeschlagene Seite vor ihm, »gibt es einen kleinen Schatz, *pas cher*, von der Domaine de Trévallon nördlich von Aix. Nicht zu schwer, aber mit dem Charakter eines großen Weins. Sie werden sehen.«

Während ein Kellner sich in den Weinkeller begab, brachte ein anderer einen Imbiß, der uns bei Kräften halten sollte, bis der erste Gang zubereitet war – kleine Aufläufe mit einer Füllung aus cremiger *brandade* von Kabeljau gekrönt mit einem winzigen, perfekt gebratenen Wachtelei und garniert mit schwarzen Oliven. Régis schwieg konzentriert. Ich vernahm das feuchte Quietschen von Korken, die aus den Flaschen gezogen wurden, die leisen Stimmen der Kellner und das unterdrückte Klappern von Messern und Gabeln auf Porzellantellern.

Régis wischte die Reste seines Auflaufs mit einem Stück Brot vom Teller – er gebrauchte Brot wie ein Instrument, um die Speise auf die Gabel zu schieben – und schenkte Wein nach. *»Ça commence bien, eh?«*

Und das Mittagessen ging weiter, wie es begonnen hatte: *bien*. Einem Stück *foie gras* in einer dickflüssigen, doch delikaten Sauce von wilden Pilzen und Spargel folgten hausgemachte Würste vom Sisteron-Lamm mit Salbei und dazu eine *confiture* roter süßer Zwiebeln und, auf einem eigenen, flachen Teller, ein *gratin* aus Kartoffeln, die so dünn geschnitten waren wie meine Serviette – nur eine knusprige Schicht, die mir auf der Zunge zerging.

Nachdem der schlimmste Hunger gestillt war, konnte Régis das Gespräch wieder aufnehmen, und er berichtete uns von einem Buchprojekt. Er hatte in der Zeitung gelesen, daß während des Festivals in Avignon ein internationales Zentrum für Studien über Marquis de Sade eröffnet werden sollte. Zu Ehren des *divin marquis* sollte auch eine Oper aufgeführt werden und ein Champagner seinen Namen tragen. Diese Ereignisse signalisierten ein neuerwachtes öffentliches Interesse an dem alten Ungeheuer und, wie Régis zu Recht betonte, selbst Sadisten müssen essen. Er hatte die Idee, ihnen adäquate Rezepte zu liefern.

»Ich werde es *Cuisine Sadique* nennen: Das *Marquis-de-Sade-Kochbuch*«, erklärte er. »Alle Zutaten werden geschlagen, ausgepreßt, zerstoßen und angebraten. In den Beschreibungen werden zahlreiche schmerzbezogene Wörter verwendet, und damit, da bin ich mir sicher, wird das Buch in Deutschland ein *succès fou*. Für England brauche ich Ihren Rat.« Er beugte sich vor; seine Stimme wurde vertraulich. »Ist es wahr, daß alle Männer, die eine Public School besucht haben, scharf sind auf ... *comment dirais-je?* ... eine gewisse kleine Bestrafung?« Er nippte an seinem Wein und hob die Brauen. »*Le spanking, non?*«

Er solle versuchen, einen Verleger zu finden, der in Eton zur Schule gegangen sei, riet ich ihm, und ein Rezept zusammenstellen, das *flogging* berücksichtigte.

»*Qu'est-ce que ça veut dire, flogging?*«

Ich erläuterte die Sache, so gut ich konnte. Régis nickte. »*Ah, oui.* Vielleicht könnte man *flogging* mit einer Hühnerbrust praktizieren, sie mit einer sehr scharfen Zitronensauce ›auspeitschen‹. *Très bien.*« Er machte sich in einer kleinen, ordentlichen Handschrift Notizen auf der Rückseite seines Scheckhefts. »*Un bestseller, c'est certain.*«

Der Bestseller wurde zur Seite gelegt, als Régis uns auf eine Tour zum Käsewagen mitnahm. Unterwegs blieb er oft stehen, um uns und den Kellner zu belehren über das korrekte Verhältnis von hart und weich, *piquant* und *doux*, frisch und gereift. Von den zwanzig und mehr Käsesorten wählte er fünf aus und beglückwünschte sich zu der weisen Voraussicht, daß wir eine zweite Flasche Trévallon brauchen würden.

Ich biß in einen gepfefferten Ziegenkäse und spürte auf meiner Nase das Prickeln von Schweiß. Der Wein glitt hinab wie Seide. Es war eine wundervolle Mahlzeit gewesen, wirklich zufriedenstellend, und mit der unauffälligen Effizienz professioneller Kellner serviert. Ich ließ Régis wissen, wie sehr ich das alles genossen hätte. Er schaute mich voller Verwunderung an.

»Aber es ist noch nicht zu Ende. Es gibt noch mehr.« Ein Teller mit winzigen Meringen wurde auf den Tisch gestellt. »Ah«, meinte er, »die sollen uns auf das Dessert vorbereiten. Sie schmecken zart wie Wolken.« Er aß rasch zwei davon und schaute sich in der Runde um, ob der Ober für Dessert uns auch nicht vergessen hatte.

Ein zweites Gefährt – größer und voller beladen als der Käsewagen – wurde vorsichtig zu unserem Tisch gerollt und vor unsere Augen gestellt. Er hätte jedem, der mit Gewichtsproblemen zu kämpfen hat, tiefstes Unbehagen verursacht: Da standen Schüsseln mit frischer Sahne und *fromage blanc,* getrüffelter Schokoladenkuchen mit Schokoladenglasur, Gebäck, *vacherins*, rumgetränkte *babas*, Torten, Sorbets, *fraises de bois,* in Sirup eingelegtes Obst – das alles war für Régis zu viel, er konnte es sitzend nicht begutachten, und so stand er auf und schlich um den Wagen herum, um sich zu vergewissern, daß hinter den frischen Himbeeren nicht noch etwas versteckt war.

Meine Frau bestellte Eiscreme mit Honig aus der Umgebung, und der Kellner nahm einen Löffel aus dem Topf mit heißem Wasser, formte das Eis mit einer eleganten Bewegung des Handgelenks. Er stand mit Teller und Löffel da und wartete auf weitere Instruktionen. »*Avec ça?*«

»*C'est tout, merci.*«

Régis machte die Zurückhaltung meiner Frau wett, indem er eine Auswahl von »Texturen« bestellte – Schokolade, Gebäck, Obst und Sahne – und die Ärmel seines Trainingsanzugs bis über die Ellbogen hochschob. Selbst ihm war die Anstrengung anzumerken.

Ich bestellte Kaffee. Entsetztes Schweigen. Régis und der Kellner starrten mich an.

»*Pas de dessert?*« fragte der Kellner.

»Es gehört zum Menü«, sagte Régis.

Die beiden schienen beunruhigt, als wäre ich plötzlich erkrankt, aber es hatte keinen Zweck. Hiély hatte durch K. o. gewonnen.

Die Rechnung belief sich auf 230 Francs pro Person, plus der Wein – ein erstaunliches Preis-Leistungs-Verhältnis. Für 280 Francs hätten wir das umfangreiche *menu dégustation* haben können. Vielleicht das nächste Mal, meinte Régis. Ja, vielleicht das nächste Mal, nach drei Tagen Fasten und einem Marsch von drei Kilometern.

Der zweite Teil des Gastronomiekurses wurde verschoben, weil Régis seine jährliche Kur absolvieren mußte. Zwei Wochen lang aß er mit Maßen – drei Gänge statt der üblichen fünf – und spülte seine Leber mit Mineralwasser durch. Er brauchte das, um seinen Corpus zu verjüngen.

Er schlug, um das Ende des *régime* zu feiern, ein Mittagessen in einem Restaurant mit dem Namen *Le Bec Fin* vor und riet mir, spätestens Viertel nach zwölf dort zu sein, damit wir auch bestimmt einen Tisch bekämen. Ich dürfte eigentlich keine Mühe haben, es zu finden. Es lag an der RN 7 in Orgon; man erkenne es an der großen Zahl von Lastern auf dem Parkplatz. Man müsse nicht unbedingt ein Jackett tragen. Meine Frau, die in Zeiten großer Hitze vernünftiger ist als ich, blieb zu Hause, um den Swimmingpool zu bewachen.

Als ich eintraf, war das Restaurant von Lastern völlig umstellt. Die Führerkabinen standen dicht an den Baumstämmen, um die winzigen Schatten zu nützen. Ein halbes Dutzend Autotransporter standen Seite an Seite am gegenüberliegenden Steinvorsprung. Ein Verspäteter verließ die Straße, schob sich in einen engen Parkstreifen direkt neben den Speiseraum und stellte mit einem hydraulischen Zischen der Erleichterung den Motor ab. Der Fahrer stand einen Augenblick in der Sonne und entspannte den Rücken; die Form seines gebückten Rückens entsprach ganz genau der großzügigen Rundung seines Bauchs.

Die Bar war voll und laut; große, kräftige Männer, große Schnurrbärte, große Bäuche, große Stimmen. Régis stand mit einem Glas in einer Ecke und wirkte im Vergleich zu ihnen fast zierlich. Er war für den Juli angezogen: Shorts und ein ärmelloses Unterhemd, und er hatte die Handtasche ums Armgelenk gehängt.

»*Salut!*« Er leerte den Rest seines *pastis* und bestellte zwei neue. »*C'est autre chose, eh? Pas comme Hiély.*«

Der Unterschied hätte größer nicht sein können. Hinter der Bar hing eine Warnung. Das Schild war feucht vom nassen Tuch, mit dem Madame saubermachte. Die Warnung lautete – *Danger! Risque d'enguelade!* – Hüten Sie sich vor einem Handgemenge! Durch die offene Tür, die zu den Toiletten führte, konnte ich ein anderes Schild erkennen: *Douche, 8 Francs.* Aus einer unsichtbaren Küche drang das Klappern von Pfannen und der Geruch von heißem Knoblauch.

Ich erkundigte mich, wie Régis sich nach seiner selbstauferlegten Zurückhaltung fühle, und er drehte sich zur Seite, um seinen Bauch im Profil vorzuführen. Madame, die hinter der Bar mit einem Holzspachtel gerade den Schaum von einem Bierglas strich, schaute auf. Sie inspizierte die langgezogene Kurve, die unmittelbar unter der Brust von Régis ansetzte und im Überhang über das Gummiband der Shorts auslief. »Wann ist es denn soweit?« fragte sie.

Wir schritten durch den Speiseraum und fanden im hinteren Teil einen leeren Tisch. Eine kleine, dunkle Frau mit einem hübschen Lächeln und einem undisziplinierten schwarzen BH-Träger, der sich ihrem Ordnungsbemühen widersetzte, kam und machte uns mit den Sitten bekannt. Für den ersten Gang mußten wir uns am Buffet selbst bedienen; anschließend hatten wir die Wahl zwischen Rind, Kalamari und *poulet fermier.* Die Weinkarte war kurz – rot oder rosé. Er wurde in Literflaschen mit einem Plastikverschluß und einer Schüssel mit Eiswürfeln serviert. Die Kellnerin wünschte uns *bon appétit,* machte einen Knicks, der fast schon ein Hofknicks war, schob ihren BH-Träger zurück und marschierte mit unserer Bestellung davon.

Régis öffnete die Weinflasche mit vollendeter Form und roch an dem Plastikstöpsel. »Aus Var«, sagte er. »*Sans prétention, mais honnête.*« Er nahm einen Schluck und zog den Wein langsam durch die Zähne. »*Il est bon.*«

Wir mischten uns unter die Fernfahrer am Buffet. Sie vollführten kleine Wunder an Gleichgewichtskunststücken, da sie ihre Teller auffüllten, als ob dies bereits die gesamte Mahlzeit wäre: zwei Arten von *saucisson,* hartgekochte Eier mit Mayonnaise, feuchte Knäuel von *céleri rémoulade,* safrangelber Reis mit rotem Paprika, winzige Erbsen und Karotten in Scheiben, eine *terrine* Schweinefleisch in Blätterteig, *rillettes,* kalter Tintenfisch, Scheiben von frischer Melone.

Régis maulte über die Größe der Teller und nahm zwei; den zweiten stellte er mit der Grazie eines Obers auf die Innenseite seines Vorderarms, während er die Schüsseln des Buffets plünderte, ohne auch nur eine einzige auszulassen.

Als wir an unseren Tisch zurückkehrten, herrschte für einen Moment Panik. Unmöglich, ohne Brot ans Essen zu denken! Wo war das Brot? Régis fing den Blick unserer Kellnerin auf und führte eine Hand an den Mund, wobei er mit zusammengelegten Fingern und Daumen Kaubewegungen imitierte. Sie zog aus der braunen Papiertüte in der Ecke eine *baguette* und ließ sie mit einer Geschwindigkeit durch die Guillotine sausen, daß ich zusammenzuckte. Die Scheiben des Brots dehnten sich immer noch vom Druck der Klingen, als sie vor uns abgestellt wurden.

Ich meinte, Régis könnte die Brotguillotine vielleicht für sein Marquis-de-Sade-Kochbuch verwenden. Er hielt mitten in einem *saucisson* inne.

»*Peut-être*«, sagte er, »aber man muß aufpassen, vor allem, was den amerikanischen Markt betrifft. Hast du von den Schwierigkeiten mit Champagner gehört?«

Der Champagner des Marquis de Sade war im Lande der Freiheit, wie Régis in einem Zeitungsbericht gelesen hatte, nicht willkommen gewesen, und zwar wegen seiner Etiketten, die eine Zeichnung von der oberen Hälfte einer wohlgebauten jungen Frau zierte. Das hätte vielleicht noch kein Problem gegeben; aber dem scharfsichtigen Hüter der öffentlichen Moral war aufgefallen, wie die junge Frau ihre Arme hielt. Es war nicht explizit, auf dem Etikett nicht mehr ersichtlich, doch es gab eine winzige Andeutung, daß ihr die Arme gefesselt sein könnten.

Oh là là. Man stelle sich die Auswirkung solcher Abartigkeit auf die Jugend des Landes vor, ganz zu schweigen von empfänglicheren Erwachsenen. Das gesellschaftliche Band würde zerrissen; es würde Champagner und Fessel-Partys im ganzen Land geben, von Santa Barbara bis nach Boston. Was in Connecticut passieren würde, konnte nur Gott wissen.

Régis nahm das Essen wieder auf; seine Papierserviette steckte oben im Unterhemd. Am Nachbartisch knöpfte sich ein Mann vor dem zweiten Gang das Hemd auf, zwischen den pelzigen Brüsten hing ein goldenes Kruzifix. Es gab im ganzen Raum wohl niemanden, der sich beim Essen zurückhielt, und ich fragte mich, wie die Herren danach am Steuer eines Fünfzigtonners wachsam bleiben konnten.

Wir wischten die leeren Teller und anschließend die Messer und Gabeln mit Brot sauber. Unsere Kellnerin kam mit drei ovalen Gefäßen aus rostfreiem Stahl; sie waren kochend heiß. In dem ersten befanden sich zwei Hälften vom Hähnchen im Bratensaft; in dem zweiten mit Knoblauch und Petersilie gefüllte Tomaten; in dem dritten winzige Kartoffeln, die mit

Kräutern geröstet waren. Régis beroch alles, bevor er mir auflegte.

»Was essen die *routiers* in England?«

Zwei Eier, Speck, Pommes frites, gebackene Bohnen, eine Scheibe geröstetes Brot, einen halben Liter Tee.

»Keinen Wein? Keinen Käse? Keine Nachspeisen?«

Meines Wissens nicht – meine Kenntnisse über *routiers* waren freilich begrenzt. Vielleicht hielten sie bei einem Pub an, meinte ich, doch die gesetzlichen Bestimmungen bezüglich Alkohol am Steuer seien streng.

Régis schenkte Wein nach. »Bei uns in Frankreich«, sagte er, »ist meines Wissens ein *apéritif,* eine halbe Flasche Wein und ein *digestif* erlaubt.«

Ich hatte irgendwo einmal gelesen – und teilte es Régis auch mit –, daß die Unfallrate in Frankreich höher sei als überall sonst in Europa, und doppelt so hoch wie in Amerika.

»Das hat mit Alkohol nichts zu tun«, sagte Régis. »Das ist eine Frage des nationalen *esprit.* Wir sind ungeduldige Menschen, und wir lieben hohe Geschwindigkeiten. *Malheureusement* sind nicht alle von uns gute Fahrer.« Er wischte seinen Teller aus und wechselte das Thema. Es gab für ihn Angenehmeres.

»Ein vorzügliches Hähnchen, meinen Sie nicht auch?« fragte er. Er nahm einen Knochen vom Teller und prüfte ihn mit den Zähnen. »Gute, starke Knochen. Es ist auf die richtige Art aufgezogen worden, im Freien. Die Knochen eines Batteriehuhns sind wie *papier-mâché.*«

Es war wirklich ein Qualitätshähnchen, das Fleisch fest, doch zart, und perfekt zubereitet wie die Kartoffeln und die Knoblauchtomaten auch. Ich sei nicht nur von der Qualität der Speisen überrascht, sagte ich, sondern auch von den Portionen. Und ich wüßte ja, daß die Rechnung uns nicht weh tun würde.

Régis reinigte erneut Messer und Gabel und gab der Kellnerin einen Wink, den Käse zu bringen.

»Das ist ganz einfach«, sagte er. »Der *routier* ist ein guter, ein sehr guter Kunde. Er ist immer bereit, fünfzig Kilometer Umweg zu machen, um zum richtigen Preis gut zu essen, und er wird es anderen *routiers* weitererzählen, daß dieses Restaurant einen Umweg wert ist. Solange die Qualität gewährleistet ist, wird es hier nie leere Tische geben.« Er winkte mit einem Stück Brie zum Speiseraum. »*Tu vois?*«

Ich schaute mich um und gab das Zählen rasch wieder auf, denn dort mußten an die hundert Männer essen und dreißig weitere hielten sich wahrscheinlich an der Bar auf.

»Ein solides Geschäft. Doch wenn der *Chef* geizig wird, oder wenn er beginnt zu betrügen oder wenn die Bedienung zu langsam ist, bleiben die *routiers* weg. Innerhalb eines Monats wird keiner mehr kommen. Nur ein paar Touristen.«

Draußen rumpelte es. Es wurde hell im Zimmer, weil ein Laster von seinem Parkplatz vor dem Fenster abfuhr. Unser Nachbar mit dem Kruzifix setzte zum Dessert – ein Schüsselchen mit drei verschiedenen Eiscremes – die Sonnenbrille auf.

»*Glaces, crème caramel, ou flan?*« Der schwarze BH-Träger wurde an seinen Platz geschoben, rutschte aber sofort wieder von der Schulter, als die Kellnerin abräumte.

Régis aß seine *crème caramel* mit leisen, saugenden Lauten des Genießens und griff nach der Eiscreme, die er für mich bestellt hatte. Ich würde es nie bis zum *routier* schaffen. Mir fehlte die nötige Kapazität.

Es war noch früh, nicht einmal zwei Uhr, der Raum leerte sich. Die Rechnungen wurden bezahlt – riesige Finger öffneten zierliche Täschchen, um sorgsam gefaltete Geldscheine hervorzuziehen; die Kellnerin knickste und lächelte und schob den Träger hoch, als sie das Kleingeld zurückgab und den Männern *bonne route* wünschte.

Wir tranken doppelt starken Kaffee, der unter dem Schaum brauner Blasen schwarz und kochendheiß war, und dazu in kleinen, runden Gläsern Calvados. Régis kippte sein Glas, bis die Rundung den Tisch berührte und die goldene Flüssigkeit genau an den Rand reichte – die alte Methode, wie er erklärte, um das Maß nachzuprüfen.

Die Rechnung für uns beide zusammen betrug 140 Francs. Wie unser Essen bei Hiély auch, hatten wir viel Gutes für unser Geld bekommen, und ich empfand nur Bedauern, als wir nach draußen gingen und die Hitze der Sonne spürten. Wenn ich ein Handtuch mitgebracht hätte, könnte ich mich jetzt duschen.

»Nun«, sagte Régis, »das wird mich bis heute abend zusammenhalten.« Wir gaben uns die Hand, und er drohte mir für die nächste pädagogische Exkursion eine *bouillabaisse* in Marseille an.

Ich kehrte in die Bar zurück, um noch einen Kaffee zu trinken und mal zu sehen, ob ich mir nicht vielleicht ein Handtuch leihen konnte.

Randnotizen zu Mode und Sport von der Hundeschau in Ménerbes

Gewöhnlich ist das Stadion von Ménerbes, ein flaches Feld inmitten der Weinberge, Schauplatz von beliebten Spielen der Dorffußballmannschaft. Dann steht wohl ein Dutzend Autos unter den Fichten, und die Fans teilen ihre Aufmerksamkeit zwischen dem Match und ihren reichhaltigen Picknicks. Doch einmal im Jahr, üblicherweise am zweiten Sonntag im Juni, wird das Stadion umfunktioniert. Über den öffentlichen Waldwegen hängen Wimpel in den provenzalischen Farben Rot und Gelb. Man schafft zusätzliche Parkplätze in einer überdimensionalen Senke, die zu diesem Zwecke hergerichtet wird. Längs der Straßenseite des Stadions wird eine Wand aus Bambus-*canisse* errichtet, damit Vorübergehende die Ereignisse nicht miterleben können, ohne zuvor ihre fünfzehn Francs Eintritt zu zahlen. Es geht hier ja schließlich um den gesellschaftlichen Höhepunkt des Jahres, die *Foire aux Chiens de Ménerbes* – eine Kreuzung der englischen Hundeschau in Crufts und dem Rennen in Ascot.

Das Ereignis begann in diesem Jahr lautstark und sehr früh. Wir hatten kurz nach sieben Uhr unsere Türen und Fensterläden geöffnet, um den einen Morgen in der Woche zu genießen, wenn der Traktor unseres Nachbarn zu Hause bleibt. Die Vögel sangen. Die Sonne schien. Das Tal lag ruhig und still. Friede. Absoluter Friede. Plötzlich begann keinen

Kilometer entfernt hinter dem Hügel der *chef d'animation* seinen Lautsprecher auszuprobieren, mit elektronischen Tönen, die in den Bergen widerhallten und den halben Lubéron geweckt haben.

»*Allo allo, un, deux, trois, bonjour Ménerbes!*« Er machte eine Pause, um zu hüsteln. Es krachte wie eine abgehende Lawine. »*Bon*«, sagte er, »*ça marche.*« Er reduzierte die Lautstärke ein wenig und stellte Radio Monte Carlo ein. Unseren ruhigen Morgen konnten wir vergessen.

Wir hatten vor, das Stadion erst am Nachmittag zu besuchen. Bis dahin wäre die erste Hitzewelle vorbei, Promenadenmischungen und Hunde mit fragwürdigen Manieren wären ausgesondert worden, alle Welt hätte sich an einem guten Mittagessen gelabt, und die besten Nasen der Gattung stünden bereit, sich auf dem offenen Feld um den Sieg zu schlagen.

Punkt zwölf Uhr verstummte der Lautsprecher, und die Hintergrundmusik von Chören schrumpfte zur gelegentlichen Heulserenade eines vereinzelten Hundes, der unerwiderte Lust oder schiere Langeweile bekundete. Sonst war es ruhig im Tal. Für zwei Stunden mußten die Hunde und alles andere hinter den Bedürfnissen des Magens zurückstehen.

»*Tout le monde a bien mangé?*« brüllte der Lautsprecher. Das Mikrofon verstärkte einen halb unterdrückten Rülpser. »*Bon. Alors, on recommence.*« Wir machten uns auf den Weg, der zum Stadion führt.

In einer schattigen Lichtung oberhalb des Parkplatzes breitete sich ein Elitetrupp von Händlern aus, die Spezialrassen, oder Hybride, verkauften, Hunde mit besonderen, wertvollen Eigenschaften – Spürhunde für die wilden *sangliers*, Kaninchenjäger, Spürhunde für Wachteln und Waldschnepfen. Wie eine lebende Perlenkette lagen sie in einer Reihe angekettet unter den Bäumen und zuckten im Schlaf. Ihre Besitzer sahen wie Zigeuner aus: schlanke, dunkelhäutige Männer mit Goldkronen, die durch dichte schwarze Schnurrbärte glänzten.

Einer von ihnen bemerkte, daß meine Frau ein faltiges schwarz-und-lohfarbenes Etwas bewunderte, das sich mit einer riesigen Hinterpfote müde am Ohr kratzte. »Il est beau, eh?« sagte der Hundebesitzer und ließ seine Zähne blitzen. Er bückte sich und hob eine Handvoll loser Haut hinter dem Kopf des Hundes vom Boden. »Der hat seinen eigenen sac à main. Den können Sie so nach Hause tragen.« Der Hund öffnete die Augen, sichtlich resigniert, mit einem Fell geboren zu sein, das ihm ein paar Nummern zu groß war. Seine Pfote hielt im Kratzen inne. Meine Frau schüttelte den Kopf. »Wir haben bereits drei Hunde.« Der Mann zuckte die Schultern und zog die Stirn in schwere Falten. »Drei oder vier – wo liegt da der Unterschied?«

Ein Stück weiter wurden die Angebote mondäner und aufwendiger präsentiert. Auf einer Käfigkiste aus Spanplatten und Draht verkündete ein gedrucktes Schild: *Fox-terrier, imbattable aux lapins et aux truffes. Un vrai champion.* Der Champion, ein kurzbeiniger, stämmiger, braunweißer Hund, lag schnarchend auf dem Rücken und streckte seine vier kurzen Läufe in die Höhe. Wir gingen wirklich nur ein ganz klein wenig langsamer, doch für den Besitzer war das Zeichen genug. »Il est beau, eh?« Er weckte den Hund und hob ihn von der Kiste. »Regardez!« Er stellte den Hund auf den Boden und nahm ein Stück Wurst von dem Blechteller, der neben der leeren Weinflasche auf der Motorhaube seines Lieferwagens stand.

»*Chose extraordinaire!*« sagte er. »Wenn diese Rasse jagt, ist sie durch nichts abzulenken. Sie wird *rigide*. Sie drücken auf den Hinterkopf des Hundes, und die Beine heben sich vom Boden.« Er legte das Stück Wurst auf die Erde, deckte es mit Laub zu, um den Hund danach graben zu lassen, setzte seinen Fuß auf den Hinterkopf des Tieres und drückte. Der Hund knurrte und biß ihm in die Ferse. Wir zogen weiter.

Alles erholte sich vom Mittagessen. Auf den kleinen Klapptischen unter den Bäumen sah man noch Essensreste und leere Gläser. Ein Spaniel hatte es geschafft, auf einen der Tische zu springen und ihn abzuräumen und lag mit der Schnauze auf einem Teller und schlief. Zuschauer bewegten sich mit der ruhigen Bedächtigkeit, die ein voller Magen und ein heißer Tag mit sich bringen, und stocherten in ihren Zähnen, während sie das Angebot des lokalen Waffenhändlers musterten.

Auf einer langen Tischplatte lagen dreißig bis vierzig Gewehre in einer Reihe, darunter auch die neueste Sensation, die auf großes Interesse stieß – ein schwarzes Schrotgewehr mit halbautomatischem Nachlademechanismus. Falls es im Wald je zu einem Massenaufstand blutrünstiger Mörderkaninchen kommen sollte, so wäre dies zweifellos genau das Richtige, um die Ruhe wiederherzustellen. Andere Objekte waren uns ein Rätsel. Was sollte ein Jäger mit Messingschlagringen und scharfen Morgensternen anfangen, wie sie, gemäß nebenstehender Information in Druckbuchstaben, die Ninja in Japan verwendet hatten? Die Auslage hier unterschied sich radikal von den Gummiknochen und Quietschtieren für Kinder auf den englischen Hundeschauen.

Wenn Hunde und Hundebesitzer *en masse* beisammen sind, läßt sich ohne große Mühe ein lebender Beweis für die These finden, daß beide sich mit der Zeit ähneln. In anderen Ecken der Welt mag das auf Körpermerkmale beschränkt bleiben – die Unterkiefer der Damen und ihrer Bassets, der Backenbart und die buschigen Brauen von kleingewachsenen Männern und ihrer Scotchterrier, die ausgemergelten Leiber von Jokkeys und ihren Windhunden. Doch Frankreich ist nun einmal Frankreich, und in Frankreich scheint man die Ähnlichkeit zwischen Herr und Hund noch durch die Mode betonen zu wollen, durch die Wahl von *ensembles*, die Hunde und ihre Besitzer zu koordinierten Accessoires machen.

Auf dem *Concours d'Élégance* in Ménerbes gab es zwei klare Siegerpaare, die sich perfekt ergänzten und die beide sichtlich zufrieden waren, bei weniger modebewußten Zuschauern große Beachtung zu finden. Bei den Damen war es eine Blondine mit weißer Bluse, weißen Shorts, weißen Cowboystiefeln und einem weißen Minipudel an einer weißen Leine – sie trippelte äußerst geziert durch den Staub, um in der Bar mit seitlich abstehendem kleinen Finger eine Orangina zu trinken. Die Dorfdamen, die klugerweise Röcke und Schuhe mit flachen Absätzen trugen, betrachteten sie mit dem kritischen Blick, mit dem sie normalerweise dem Metzger beim Schneiden der Fleischstücke zusehen.

Die Szene wurde bei den Herren von einem stämmigen Mann mit seinem hüfthohen Rüden, einer Deutschen Dogge, beherrscht. Das Team glänzte durch totales Schwarz. Der Mann trug ein enges schwarzes T-Shirt, noch engere schwarze Jeans und schwarze Cowboystiefel, der Hund ein schweres Kettenhalsband. Der Mann trug ein Halsband, das wie ein kleines Kabeltau wirkte, mit einem Medaillon, das bei jedem Schritt gegen sein Brustbein schlug, und ein gleichermaßen gewichtiges Armband. Durch irgendein Versehen hatte der

Hund sein Armband vergessen. Als die beiden sich zur Schau stellten, machten sie einen ungemein virilen Eindruck. Der Mann erweckte den Anschein, als müsse er seine Bestie mit brutaler Gewalt unter Kontrolle halten; er zerrte am Halsband und knurrte. Der Hund war so sanft, wie Deutsche Doggen gewöhnlich sind, und hatte keine Ahnung, daß man von ihm ein bösartiges Verhalten erwartete, und er ließ kleinere Hunde mit höflicher Aufmerksamkeit unter sich durchlaufen.

Wir fragten uns, wie lange die Gutmütigkeit der Deutschen Dogge wohl andauern würde und wann sie einen der winzigen Hunde fräße, die wie Fliegen um ihre Hinterbeine herumschwirrten – da wurden wir von Monsieur Matthieu angesprochen, der Lose für die Tombola verkaufte. Für nur zwei Francs bot er uns eine Chance, eine der sportlichen und gastronomischen Trophäen zu gewinnen, die von Geschäftsleuten am Ort gestiftet worden waren: ein Mountain-Bike, einen Mikrowellenherd, eine Schrotflinte oder ein *maxi saucisson*. Ich verlieh meiner Erleichterung Ausdruck, daß sich unter den Preisen keine Welpen befanden. Monsieur Matthieu grinste bösartig. »Man kann nie wissen, was in den *saucissons* drin ist«, sagte er. Als er das Entsetzen im Gesicht meiner Frau sah, klopfte er ihr beruhigend auf die Schulter. »*Non, non. Je rigole.*«

Die Welpen, die zum Kauf angeboten wurden, hätten für einen ganzen Berg von *saucissons* gereicht. Sie lagen unter beinahe jedem Baum, auf Decken, in Pappkartons, in selbstgebastelten Hundehütten und auf alten Pullovern. Unser Weg an all den pelzigen, vierbeinigen Haufen vorbei war voller Gefahren. Meine Frau ist äußerst empfänglich für alle Vierbeiner mit feuchter Nase, und die Verkaufstaktiken der

Besitzer waren geradezu schamlos. Beim leisesten Anzeichen von Interesse zogen sie einen Welpen aus dem Knäuel und warfen ihn ihr in die Arme, wo er prompt einschlief. » *Voilà! Comme il est content!*« Ich spürte, wie der Widerstand meiner Frau von Minute zu Minute schwächer wurde.

Gerettet hat uns der Lautsprecher mit der Ankündigung des Experten, der den Wettbewerb kommentieren sollte. Er war voll in *tenue de chasse* – mit Khakimütze, Khakihemd und Khakihosen – und hatte eine tiefe Tabakstimme. Er war nicht gewöhnt, ein Mikrofon zu benutzen, und als Provenzale außerstande, die Hände ruhig zu halten, und deshalb bekamen wir nur Bruchstücke seiner Erklärungen zu hören. Wenn er, um seine Worte durch eine Geste zu unterstreichen, das Mikrofon in verschiedene Richtungen des Feldes hielt, war nur noch Rauschen zu hören.

Die Wettbewerbsteilnehmer waren am anderen Ende postiert: ein halbes Dutzend Jagdhunde sowie zwei schmutzfarbene Hunde undefinierbarer Abstammung. Nester aus Gestrüpp vom Unterholz waren willkürlich über das Feld verteilt worden. Das waren die *bosquets*, in denen das Wild – eine lebende Wachtel; der Wachtelbetreuer hielt sie zur Begutachtung hoch – versteckt werden sollte.

Die Mikrofontechnik des *chasseur* verbesserte sich immerhin soweit, daß man seiner Erklärung der Wettbewerbsregeln folgen konnte: Für jeden einzelnen Teilnehmer sollte die Wachtel in einem anderen *bosquet* festgebunden werden; getötet würde sie von den Hunden nicht (sofern sie nicht vor Schreck tot umfiel). Die Hunde würden ihr Versteck lediglich anzeigen; wer sie am schnellsten aufspürte, hätte gewonnen. Die Wachtel wurde versteckt, der erste Hund von der Leine gelassen. An zwei Nestern rannte er vorbei, fast ohne zu schnuppern; ein paar Meter vor dem dritten blieb er abrupt stehen.

»*Aha! Il est fort, ce chien!*« dröhnte der *chasseur*. Der Hund schaute eine Sekunde lang hoch, weil der Lärm ihn ablenkte, bevor er sich näher heranwagte. Er bewegte sich jetzt im Zeitlupentempo, setzte mit übertriebener Vorsicht eine Pfote zu Boden, bevor er eine andere hob, Kopf und Hals waren in Richtung des *bosquet* gestreckt, und trotz aller bewundernden Kommentare des *chasseur* ließ er sich in seiner Konzentration und der Behutsamkeit seiner Fortbewegung nicht stören.

Einen Meter von der versteinerten Wachtel entfernt, blieb der Hund wie angewurzelt stehen. Eine Pfote war hocherhoben; Kopf, Nacken, Rücken und Schwanz bildeten eine Linie.

»*Tiens! Bravo!*« rief der *chasseur* und begann zu klatschen und vergaß total, daß er in der Hand das Mikrofon hielt. Der Besitzer holte seinen Hund, und die beiden trotteten triumphierend zum Start zurück. Die offizielle Zeitrichterin, eine Dame in einem komplizierten Schwarzweißkleid mit fliegenden Streifen, die hohe Absätze trug, notierte die Leistung des Hundes auf einer Tafel. Der Wachtelbetreuer stürzte vor, um den Vogel in einem anderen *bosquet* unterzubringen. Der zweite Teilnehmer wurde auf die Bahn geschickt.

Er lief schnurstracks zum *bosquet,* das die Wachtel gerade verlassen hatte, und blieb stehen.

»*Beh oui!*« sagte der *chasseur*. »Der Wachtelgeruch dort ist noch stark. Aber wartet nur!« Wir warteten. Der Hund wartete so lange, bis er keine Geduld mehr hatte; wahrscheinlich hat er sich auch darüber geärgert, daß er zum Narren gehalten wurde. Er hob am *bosquet* das Bein und rannte zu seinem Herrchen.

Der Wachtelbetreuer brachte die unglückliche Wachtel zu einem neuen Versteck; es muß ein besonders geruchsträchtiger Vogel gewesen sein, denn ein Hund nach dem andern blieb mit vorgerecktem Kopf und abwartend erhobener Pfote vor leeren Nestern stehen und gab auf. Ein alter Mann in unserer Nähe wußte eine Erklärung für das Problem: Die Wachtel, so sagte er, hätte an einer Leine zu Fuß von einem *bosquet* zum nächsten laufen müssen; auf die Weise hätte sie eine Fährte hinterlassen. Wie sollte ein Hund sie sonst finden können? Hunde seien doch keine *clairvoyants*. Der alte Mann schüttelte den Kopf und schnalzte mißbilligend mit der Zunge.

Letzter Teilnehmer an diesem Wettbewerb war einer der beiden schmutzfarbenen Hunde. Er hatte bereits Zeichen einer wachsenden Erregung erkennen lassen, als die anderen Tiere abgeführt wurden; er winselte vor lauter Ungeduld und zerrte an seiner Leine. Als er endlich an die Reihe kam, wurde sofort deutlich, daß er die Wettbewerbsregeln mißverstanden hatte. Er kümmerte sich nicht im geringsten um Wachtel und *bosquets*, drehte eine volle Runde um das Stadion und sauste mit höchster Geschwindigkeit ab in die Weinberge – der Eigentümer brüllend hinterher. »*Oh là là*«, sagte der *chasseur*, »*un locomotif. Tant pis.*«

Als später die Sonne und die Schatten länger wurden, kam Monsieur Dufour, der Präsident des Jagdclubs *La Philosophe,* und verlieh die Preise, bevor er sich mit seinen Kollegen zu einer riesigen Paella niederließ. Noch in der Dunkelheit hörten wir Lachen und Gläserklirren und irgendwo in den Reben einen Mann laut nach seinem schmutzfarbenen Hund rufen.

Im Bauch von Avignon

Place Pie im Zentrum von Avignon bietet in den trüben, grauen Momenten kurz vor der Dämmerung einen traurigen Anblick. Place Pie ist eine architektonische Promenadenmischung. An zwei Seiten stehen heruntergekommene, aber im Stil elegante alte Gebäude, die auf ein scheußliches Produkt moderner Stadtplanung blicken. Da hat ein Mensch mit Diplom der *béton armé*, der Schule des Bauens, freie Hand gehabt und das Schlimmste daraus gemacht.

Um einen zentralen Schandfleck herum hat man Bänke und primitive Steinblöcke hingestellt. Auf diesen Bänken kann der erschöpfte Tourist ausruhen und einen zweiten, wesentlich imposanteren Schandfleck bewundern: drei fleckige Betonblöcke, in denen sich an Wochentagen um acht Uhr morgens Autos drängen. Der Grund, warum die Autos, und der Grund, warum auch ich rechtzeitig auf dem Platz waren, um das Erröten der Dämmerung auf dem Beton mitzuerleben, ist folgender: Unter dieser Parkgarage befinden sich *Les Halles*, wo die besten Nahrungsmittel gezeigt und verkauft werden, die in Avignon zu haben sind.

Ich kam dort ein paar Minuten vor sechs Uhr an und parkte auf einem der wenigen freien Plätze im zweiten Geschoß. Unter mir sah ich auf der *place* zwei menschliche Ruinen, die die gleiche Farbe hatten wie die Bank, auf der sie saßen. Sie teilten sich einen Liter Wein und wechselten sich beim Trinken ab. Ein *Gendarme* trat heran und winkte sie fort und stand dann da, um sie im Auge zu behalten. Sie gingen auf die gebückte, niedergeschlagene Art jener Menschen, die keine Hoffnung und keine Bleibe mehr haben und ließen sich an der gegenüberliegenden Seite des Platzes auf dem Bürgersteig nieder. Der *Gendarme* zuckte die Schultern und wandte sich ab.

Der Kontrast zwischen der stillen, öden Leere des Platzes und dem Inneren von *Les Halles* war unvermittelt und überraschend. Auf der einen Seite der Tür lag die Stadt noch im Schlaf; auf der anderen strahlten hell die Lampen, gab es ein buntes Durcheinander, Rufen und Lachen – hier war ein Arbeitstag in vollem Gang.

Ich mußte zur Seite springen, um einen Zusammenstoß mit einem Handwagen zu vermeiden, der bis in Kopfhöhe mit Kisten voller Pfirsichen beladen war und von einem Mann geschoben wurde, der unentwegt rief: »*Klaxon! Klaxon!*«, während er im Eilschritt um die Ecke bog. Hinter ihm andere Wagen, Karren mit schwankendem Stapelgut. Ich suchte nach einer sicheren Zuflucht vor Früchten und Gemüsen, die sich mir mit Höchstgeschwindigkeit näherten, und machte einen Satz, als ich ein Schild sah mit der Aufschrift: *Buvette*. Falls ich überfahren werden sollte, so wollte ich die Tragödie lieber in einer Bar erleben.

Jacky und Isabelle, so informierte das Schild, waren die Besitzer; sie befanden sich im Belagerungszustand. Die Bar war so gedrängt voll, daß drei Männer in derselben Zeitung lasen. Alle Tische ringsum waren von der ersten Frühstücksschicht belegt – vielleicht aß man auch schon zu Mittag. Es war schwer, dies anhand der Speisen zu erkennen, die hier gegessen wurden. Croissants wurden in dicke, dampfende

Tassen *café crème* getunkt, die neben Trinkgläsern mit Rotwein standen; man aß Wurstbrote von der Länge eines Unterarms; es gab Bier und Stücke warmer Pizza. Mich hungerte plötzlich nach einem Frühstück, wie es diese Champions genossen, ich sehnte mich nach einem Viertel Roten und einem Wurstbrot, doch das Trinken von Alkohol in der Morgendämmerung ist wirklich nur Menschen erlaubt, die die Nacht durchgearbeitet haben. Ich bestellte Kaffee und suchte im ringsum herrschenden Durcheinander nach einer Ordnung.

Les Halles beanspruchen eine Fläche von etwa siebzig mal siebzig Metern; kaum ein Quadratzentimeter ist ungenutzt. Drei Hauptgänge trennen die *étaux*, Stände unterschiedlicher Größe, und zu dieser Zeit morgens konnte man sich kaum vorstellen, wie Kunden zu ihnen durchdringen könnten. Vor vielen Ständen standen hohe Stapel von Kisten, zerrissenen Kartons und Ballen von Papierstroh; der Boden war mit Unfallopfern übersät – Salatblätter, zertretene Tomaten, streunende *haricots* –, denen es nicht gelungen war, sich in der letzten halsbrecherischen Etappe der Zustellung festzuklammern.

Die Standbesatzungen waren zu sehr mit dem Notieren der Tagespreise und dem Sortieren ihrer Produkte beschäftigt, um sich zum Besuch der Bars fünf Minuten Zeit nehmen zu können, und brüllten nach Kaffee, den ihnen Isabelles Kellnerin brachte, eine junge Frau, die inmitten all der Kästen und Kisten ein akrobatisches Geschick und im Tragen des Tabletts eine unglaublich sichere Hand bewies. Es gelang ihr sogar, in der besonderen Gefahrenzone der Fischstände nicht den Boden unter den Füßen zu verlieren; dort war der Boden rutschig vom Eis, das Männer mit roten, zerschundenen

Händen und Gummischürzen auf die Stahlauslageflächen schippten.

Das machte ein Geräusch wie von Kies auf Glas, und es gab da noch einen anderen, schmerzlicheren Laut, der den Lärm durchschnitt – als die Fleischer mit sicheren, gefährlich raschen Schlägen ihrer Hackmesser Knochen zersägten und Sehnen durchtrennten. Ich hoffte, um ihrer Finger willen, daß *sie* zum Frühstück keinen Wein getrunken hatten.

Eine halbe Stunde später konnte man die Bar ungefährdet verlassen. Die Türme von Kästen waren beiseitegeschafft, die Wagen geparkt, der Verkehr von Rädern auf Beine umgestellt worden. Ein ganzes Heer von Besen hatte die Reste des heruntergefallenen Gemüses weggefegt; Preise waren auf Plastikschildchen vermerkt, Kassen aufgeschlossen, die Kaffeetassen ausgetrunken worden. *Les Halles* hatten geöffnet. Soviel frische Lebensmittel in solcher Vielfalt auf solch begrenztem Raum hatte ich noch nie gesehen. Ich zählte fünfzig Verkaufsstände; viele von ihnen hatten sich auf eine einzige Produktgruppe spezialisiert. Es gab zwei Stände, die Oliven verkauften – nur Oliven –, Oliven in jeder nur erdenklichen Zubereitungsart: Oliven *à la grecque,* Oliven in Kräuteröl, Oliven gemischt mit scharlachroten Flügeln von Nelkenpfeffer, Oliven aus Nyons, Oliven aus Les Baux, Oliven, die wie kleine schwarze Pflaumen oder längliche grüne Weintrauben aussahen. Sie waren in plumpen Holzfässern ausgelegt und glänzten, als ob jede einzeln poliert worden wäre. Am Ende der Reihe gab es die einzigen Nicht-Oliven weit und breit, ein Fäßchen Anchovies aus Collioure, dichter abgepackt als Sardinen; sie rochen scharf und salzig, als ich mich über sie beugte. Madame hinter der Theke empfahl, ich solle eine probieren, zusammen mit einer fetten schwarzen Olive. Ob ich wüßte, wie man *tapenade* macht, die Paste aus Oliven und Anchovies? Davon ein Töpfchen pro Tag, und ich würde hundert Jahre alt werden.

Ein anderer Stand, eine andere Spezialität: alles vom Federvieh. Tauben, gerupft und dressiert; Kapaune, Brust und Schenkel von Entchen; drei verschiedene Mitglieder der Hühner-Aristokratie, mit den ranghöchsten, den *poulets de Bresse,* die ihre rot-weiß-blauen Etiketten wie Orden tragen. *Légalement contrôlée*, so erklärten die Etiketten, vom *Comité Interprofessionnel de la Volaille de Bresse.* Ich stellte mir vor, wie die auserwählten Hühner die Ehrungen von einem würdevollen Mitglied des Komitees entgegennahmen und mit ziemlicher Wahrscheinlichkeit auf beide Seiten des Schnabels das traditionell übliche Küßchen bekamen.

Und dann die Fische: Kiemen an Kiemen in einer Reihe von Ständen, die sich eine ganze Mauer entlangzogen; vierzig Meter oder mehr von glänzenden Schuppen und klaren Augen. Berge von zerstoßenem Eis, das nach Meer roch, trennten den Tinten- vom Thunfisch, der dunkel vor Blut war, die *rascasses* von den *loups de mer,* den Kabeljau vom Rochen. Pyramiden von Muscheln, von Mollusken mit dem Namen *seiches*, von Strandschnecken, winzigen grauen Garnelen und monströsen *gambas,* Fische zum Fritieren, Fische für *soupe,* Hummer von der Farbe dunklen Stahls, Schocks von Gelb auf Tellern mit frischen Zitronen auf der Theke, und dann all die geschickten Hände mit langen dünnen Messern, die abschnitten und ausweideten. Man hörte das Glucksen von Gummistiefeln auf dem nassen Steinfußboden. Es war bald sieben Uhr, und die ersten Hausfrauen begannen nach den geeigneten Zutaten für die Abendmahlzeit zu suchen. Der Markt öffnet um fünf Uhr dreißig; die erste halbe

Stunde ist offiziell den *commercants* und Restaurantbesitzern vorbehalten; ich sah jedoch nirgends jemanden, der den Mut gehabt hätte, sich einer entschlossenen Hausfrau aus Avignon in den Weg zu stellen, die ihre Einkäufe unbedingt vor sechs Uhr erledigen wollte. Die besten Dinge kauft man beizeiten, so hatte ich immer wieder gehört, die billigsten, kurz bevor der Markt schließt.

Doch wer könnte inmitten so reichhaltiger Versuchung bis zum Abend warten? In dieser kurzen Zeit hatte ich im Geiste bereits ein dutzendmal gegessen. Eine *pipérade* von den braunen Freilandeiern aus der Schüssel dort, mit Schinken aus Bayonne vom Stand nebenan und mit Paprika von einem Kiosk nur ein paar Meter weiter. Das würde mich bei Kräften halten, bis der geräucherte Lachs mit Kaviar serviert werden würde. Und da gab es all die vielen Käsesorten, die *saucissons,* die *pâtés* vom Schwein, von Kaninchen und Hasen, die großen blassen Kugeln von *rillettes,* die *confits de canard* – es war Wahnsinn, aber wer hätte da nicht gern alles probiert? Fast hätte ich meine Beobachtungen unterbrochen, um in der Parkgarage zwischendurch ein Picknick zu machen. An einem Stand Brot, an einem anderen Wein – alles, was ich dazu benötigt hätte, befand sich in einem Umkreis von nur zwanzig Metern frisch und in bester Qualität im Angebot. Hätte ein Tag schöner beginnen können? Ich merkte, daß mein Appetit sich der Umgebung angepaßt hatte; er hatte einfach ein paar Stunden übersprungen. Meine Uhr sagte sieben Uhr dreißig; der Magen flüsterte: Zeit zum Mittagessen, zum Teufel mit der Uhr. Ich brauchte dringend moralische Unterstützung und sah mich deshalb um, wo ich noch eine Tasse Kaffee trinken könnte.

In *Les Halles* gibt es drei Bars – Jacky und Isabelle, Cyrille und Evelyne sowie die gefährlichste der drei, *Chez Kiki*, wo man bereits Champagner serviert, wenn die meisten Menschen noch nicht einmal aufgestanden sind. Dort sah ich zwei stämmige Männer anstoßen; sie hielten ihre Champagner-*flûtes* graziös zwischen den dicken Fingern; sie hatten Erde unter den Nägeln, Erde an den schweren Stiefeln. Sie hatten die Salatköpfe an diesem Morgen offenbar gut absetzen können.

Die Stände waren inzwischen von Privatkunden umlagert, die mit angespannten, ein wenig mißtrauischen Mienen bemüht waren, die weichsten, saftigsten und besten Früchte zu kaufen. Eine Frau setzte ihre Brille auf, um eine Reihe von Blumenkohlköpfen zu mustern, die für mich allesamt gleich aussahen. Sie nahm einen heraus, hob ihn empor, sah ihm auf den festen, weißen Kopf, roch dran und legte ihn wieder weg. Das wiederholte sich dreimal, bevor sie ihre Wahl traf – und dann behielt sie den Verkäufer im Auge, damit er ihr kein weniger vollkommenes Stück aus einer hinteren Reihe unterschöbe. In einem Londoner Gemüsegeschäft war mir einmal bedeutet worden, nichts anzufassen – das fiel mir hier wieder ein; hier würde es einen Aufstand geben, falls diese miserable Regel eingeführt würde. Hier wird kein Obst, kein Gemüse gekauft, ohne daß es durch Berührung überprüft worden wäre; und der Verkäufer, der sich dieser Angewohnheit widersetzte, würde mit Steinen vom Markt gejagt.

Die *Halles* in Avignon gibt es seit 1910; an dieser Stelle unter der Parkgarage befinden sie sich allerdings erst seit 1973. Mehr wußte das Mädchen im Büro auch nicht, und als ich mich nach den Mengen erkundigte, die hier an einem Tag oder in einer Woche verkauft werden, zuckte sie mit der Schulter und meinte nur: *beaucoup*.

Es war ganz bestimmt *beaucoup*, was da an Einkäufen in alle möglichen Formen und Arten von Behältern gestopft wurde, von ausgebeulten Koffern bis zu Handtaschen, die eine scheinbar unendliche Aufnahmekapazität besaßen. Ein älterer Mann in kurzen Hosen mit einem Sturzhelm auf dem Kopf schob sein *mobylette* zum Eingang und betrat den Gang, um seine Tagesration abzuholen – ein Plastik-*cageot* mit Melonen und Pfirsichen, zwei enorme Körbe, so voll, daß sie fast überquollen, und einen Baumwollsack mit einem Dutzend *baguettes*. Er verteilte die Gewichte mit Bedacht auf seinem Vehikel. Die Obstkiste wurde mit Elastikbändern auf dem Sitz hinter dem Sattel festgebunden, die Körbe an die Arme des Lenkers gehängt, und den Brotsack warf er sich über die Schulter. Als er seine Last – reichlich Nahrung für eine ganze Woche – vom Markt fortschob, rief er dem Standbesitzer zu: »*À demain!*«

Ich sah, wie er sich in den Verkehr auf der Place Pie einreihte. Der kleine Motor seines Vehikels stotterte vor Anstrengung. Er hielt den Kopf über den Lenker gebeugt; die *baguettes* standen vor wie ein Köcher mit goldenen Pfeilen. Es war elf Uhr. Das Café dem Markt gegenüber hatte auf dem Bürgersteig bereits die Tische und Stühle zum Mittagessen aufgestellt.

Sommerpostkarten

Wir haben drei Jahre gebraucht, um es als Faktum zu akzeptieren: daß wir im gleichen Haus, doch in zwei verschiedenen Gegenden leben.

Was wir als normales Leben empfinden, beginnt im September. Da gibt es, außer an Markttagen in den Städten, kaum Menschen. Auf den abgelegeneren Straßen ist der Verkehr tagsüber gering – ein Traktor, ein paar Lieferwagen; nachts kommt er praktisch ganz zum Erliegen. Man bekommt in jedem Restaurant einen Tisch; außer vielleicht einmal sonntags zu Mittag. Das gesellige Leben findet sporadisch statt und ist unkompliziert. Man bekommt Brot beim Bäcker, der Klempner hat Zeit zum Plaudern, der Briefträger für ein Gläschen Wein. Nach dem ersten, ohrenbetäubenden Wochenende der Jagdsaison ist der Wald still. Über die Felder bewegen sich gebeugte, nachdenkliche Gestalten durch die Rebenreihen, ganz langsam, eine Reihe hinauf, die nächste herunter. Zwischen zwölf und zwei Uhr ist es totenstill.

Und dann kommt der Juli und August.

Zunächst haben wir den Juli und August erlebt wie alle Monate des Jahres; es waren heiße Monate, gewiß, aber sie erforderten unsererseits keine besondere Anpassung, außer daß wir darauf achteten, am Nachmittag *siesta* zu halten.

Es war eine Täuschung; wir haben uns geirrt. Wir wohnen auch im Juli und August im Lubéron; nur ist es nicht derselbe

Lubéron. Es ist vielmehr der Lubéron *en vacances,* und unsere Bemühungen, während solch unnormaler Zeiten ein normales Leben zu führen, sind kläglich gescheitert. So kläglich, daß wir schon einmal daran gedacht haben, den Sommer einfach zu streichen und irgendwohin zu verreisen, wo es grau und kühl und friedlich ist. Wie auf den Hebriden.

Aber wir würden das alles wahrscheinlich doch vermissen, selbst die Tage und die Vorfälle, die uns zu schwitzenden, irritierten, übermüdeten Zombies reduziert haben. Wir haben deshalb beschlossen, uns mit dem Lubéron im Sommer auszusöhnen, uns nach besten Kräften damit zufriedenzugeben, Urlaub zu haben wie die übrige Welt auch und, wie alle anderen auch, an Freunde in der Ferne Postkarten zu schikken und ihnen zu berichten, wie schön es hier ist. Hier sind ein paar solcher Postkarten.

Saint-Tropez

Cherchez les nudistes! Eine Jagd auf Naturliebhaber – da wird es in Saint-Tropez bestimmt einen starken Anstieg der Bewerbungen um Aufnahme in den Polizeidienst geben.

Im Interesse der Sicherheit und der Hygiene hat Monsieur Spada, der Bürgermeister, im Widerspruch zur langjährigen Tradition – schließlich hat Saint-Tropez das Nacktbaden in aller Öffentlichkeit berühmt gemacht –, die Verordnung erlassen, daß Nacktbaden an öffentlichen Stränden nicht mehr erlaubt ist. »*Le nudisme intégral est interdit*«, erklärt Monsieur Spada und hat die Polizei dazu ermächtigt, Missetäterinnen zu packen und einzusperren. Nun, vielleicht nicht gerade zu packen, aber sie aufzuspüren und ihnen zur Strafe 75 Francs abzunehmen, oder bis zu 1500 Francs, falls sie ein öffentliches Ärgernis verursachen. Wo eine Nackte 1500 Francs bei sich tragen soll – das ist eine Frage, die hier in Saint-Tropez die Leute beschäftigt.

Inzwischen hat eine nudistische Protestgruppe in den Felsen hinter *la plage de la Moutte* ihr Hauptquartier aufgeschlagen. Eine Sprecherin der Gruppe hat erklärt, sie würden nie Badeanzüge tragen. Wenn Sie doch bloß hier wären!

Das Melonenfeld

Faustins Bruder Jacky, ein drahtiger kleiner Mann um die Sechzig, zieht Melonen im Feld gegenüber unserem Haus. Es ist ein großes Feld, aber er macht alle Arbeit allein, und noch dazu manuell. Im Frühjahr kann ich oft beobachten, wie er dort mit gebeugtem Rücken sechs oder sieben Stunden lang arbeitet und mit der Spitzhacke auf das Unkraut einschlägt, das seine Melonen zu ersticken droht. Er spritzt nicht – wer würde eine Melone essen, die nach Chemie schmeckt? –, und ich glaube, es macht ihm Spaß, sein Land auf herkömmliche Weise zu bestellen.

Jetzt, da die Melonen reifen, kommt er morgens um sechs Uhr aufs Feld, um die Früchte zu ernten. Er bringt sie nach Ménerbes, wo sie in flachen Holzkisten abgepackt werden. Von Ménerbes kommen sie nach Cavaillon, von Cavaillon nach Avignon, nach Paris, überallhin. Der Gedanke an die Leute in den schicken Restaurants, die für eine einfache Melone *une petite fortune* zahlen, belustigt Jacky.

Wenn ich früh genug aufstehe, kann ich ihn abfangen, bevor er nach Ménerbes fährt. Er hat immer ein paar Melonen, die für die Reise und den Verkauf schon zu reif sind, und die gibt er mir für ein paar Francs.

Wenn ich zum Haus zurückgehe, taucht die Sonne über dem Berg auf, und mir ist plötzlich heiß im Gesicht. Die Melonen, die schwer und wohltuend in der Hand liegen, sind noch kühl von der Nachtluft. Sie sind frisch und süß – wir essen sie zum Frühstück; es ist keine zehn Minuten her, daß sie gepflückt worden sind.

Hinter der Bar

Es kommt ein Punkt, wo ein Swimmingpool kein Luxus mehr, sondern fast schon eine Notwendigkeit ist, und diese Zeit ist gekommen, wenn die Temperatur auf vierzig Grad ansteigt. Wann immer Leute sich bei uns erkundigen, ob sie in dieser Gegend für den Sommer ein Haus mieten sollen, vergessen wir nie, das zu erwähnen. Manche hören auf uns. Andere nicht, und die hängen dann zwei Tage nach ihrer Ankunft am Telefon und teilen uns mit, was wir ihnen bereits vor Monaten erzählt haben. Es ist so *heiß,* sagen sie. Zu heiß zum Tennisspielen, zu heiß zum Radfahren, zu heiß für Besichtigungen, zu heiß, zu heiß. Wenn wir doch bloß einen Pool hätten. Habt ihr's gut.

Eine erwartungsvolle Pause. Ist es Einbildung, oder kann ich die Schweißtropfen wirklich wie Sommerregen auf die Seiten des Telefonbuchs fallen hören?

Ich nehme an, meine Antwort sollte gemein, aber hilfreich ausfallen: In der Nähe von Apt gibt es eine öffentliche Badeanstalt. Falls es einem nichts ausmacht, das Wasser mit ein paar hundert braunen Derwischen in Schulferien zu teilen. Dann gibt es das Mittelmeer. Bis zur Küste ist es nur eine Stunde; nein, beim momentanen Verkehr kann es bis zu zwei Stunden dauern. Denkt dran, zwei Flaschen Evian mitzunehmen. Man sollte unterwegs nicht austrocknen.

Oder man schließt die Fensterläden gegen die Sonne, verbringt den Tag drinnen und tritt später erfrischt hinaus in die Abendluft. Wobei es natürlich schwierig wäre, als Souvenir aus den Ferien Sonnenbräune mitzubringen. Aber so vermeidet man immerhin das Risiko eines Hitzschlags.

Solch brutale und unwürdige Vorschläge kommen mir in den Sinn, bevor die Stimme der Verzweiflung am anderen Ende der Leitung in Erleichterung umschlägt. Natürlich! Wir könnten am Morgen auf einen Sprung vorbeikommen, ohne euch zu stören. Nur auf einen Sprung ins Wasser. Ihr werdet nicht einmal merken, daß wir dagewesen sind.

Sie kommen mittags. Sie bringen Freunde mit. Sie schwimmen. Sie nehmen ein Sonnenbad. Sie werden völlig überraschend von Durst geplagt, und deswegen stehe ich hinter der Bar, und meine Frau kocht in der Küche ein Essen für sechs Personen. *Vivent les vacances!*

Der Nachtspaziergang

Die Hunde kommen mit der Hitze zurecht, indem sie schlafen. Sie liegen ausgestreckt im Hof oder im Schatten der Rosmarinhecke. Sie erwachen zum Leben, wenn das Rosarot des Himmels dunkel wird, schnuppern in der Brise, streichen um unsere Füße, da sie auf einen Spaziergang hoffen. Wir holen die Taschenlampe und folgen ihnen in den Wald.

Er duftet nach warmen Fichtennadeln und nach aufgeheizter Erde; es duftet trocken und würzig, wenn man auf ein Fleckchen mit Thymian tritt. Kleine, unsichtbare Tierchen huschen vor uns vorbei und rascheln im Laub des wilden Buchsbaums, der hier wuchert wie Unkraut.

Die Laute tragen weit: *cigales* und Frösche, das erstickte

Hämmern von Musik durch das offene Fenster eines entlegenen Hauses, das Klimpern und Murmeln am Abendtisch auf Faustins Terrasse. Die Hügel auf der anderen Seite des Tals, die jährlich zehn Monate lang unbelebt sind, sind bestückt mit Lichtern, die Ende August ausgeschaltet werden.

Wir kehren zum Haus zurück, ziehen die Schuhe aus, und die Wärme der Steinplatten ist eine Einladung zum Schwimmen. Ein Sprung ins dunkle Wasser, danach ein letztes Glas Wein. Der Himmel ist klar, bis auf ein Chaos von Sternen; morgen wird wieder ein heißer Tag sein, ein heißer, träger Tag, so wie heute.

Knietief im Lavendel

Ich hatte mit einer Heckenschere Lavendel geschnitten, langsam und ungeschickt, so daß ich für weniger als ein Dutzend Büschel fast eine Stunde brauchte. Als Henriette mit einem Korb Auberginen herüberkam, war ich dankbar für die Gelegenheit, damit aufhören zu können. Henriette blickte auf den Lavendel, sie blickte auf die Heckenschere und schüttelte über die Unkenntnis ihres Nachbarn den Kopf. Ob ich denn nicht wüßte, wie man Lavendel schneidet? Was ich mit der Heckenschere mache? Wo meine *faucille* sei?

Sie ging zu ihrem Lieferwagen und kam mit einer geschwärzten Sichel zurück, deren scharfe Spitze in einem alten Weinkorken steckte – zur Sicherheit. Die Sichel war erstaunlich leicht. Ich vollführte ein paar Hiebe in der Luft. Henriette schüttelte wieder den Kopf: Ich brauchte offenbar eine Unterweisung.

Sie hob den Rock hoch und nahm sich die nächststehende

Reihe Lavendel vor, faßte mit einer Hand die langen Stengel zu einem schmalen Bündel zusammen und trennte sie mit der anderen mit einem einzigen, sauberen Schnitt der Sichel unten ab. In fünf Minuten hatte sie mehr geschafft als ich in einer Stunde. Es sah so leicht aus: bück dich, bündele, schwing die Sichel. Kinderleicht.

»*Voilà!*« sagte Henriette. »Als ich ein kleines Mädchen war, in den Basses-Alpes, da hatten wir Lavendel hektarweise und keine Maschine. Da hat jeder nur die *faucille* benutzt.«

Sie reichte sie mir erneut, warnte, ich solle auf meine Beine aufpassen, und fuhr davon, um Faustin in den Weinbergen zu helfen.

Es war gar nicht so einfach, wie es aussah. Mein erster Versuch bescherte mir ein unordentliches, ausgefranstes Büschel; es sah eher zerhackt aus als geschnitten. Ich merkte, daß diese Sichel für Rechtshänder gedacht war. Ich war Linkshänder. Ich mußte von mir weg schneiden. Meine Frau kam aus dem Haus herüber und warnte, ich solle auf meine Beine achtgeben. Sie traut mir nicht bei scharfen Gegenständen und war deshalb beruhigt, als sie mich vom Körper weg schneiden sah. Selbst bei meiner Genialität, mich selbst zu verletzen, schien das Risiko einer Amputation sehr gering.

Ich hatte eben das letzte Büschel gepackt, als Henriette zurückkehrte. Ich schaute hoch. Ich erhoffte ein Lob. Und schnitt mir bis auf den Knochen in den Zeigefinger. Da floß eine Menge Blut, und Henriette fragte mich nur, ob ich mich maniküren wolle. Mir kommt ihr Humor manchmal recht seltsam vor. Zwei Tage später hat sie mir dann eine eigene Sichel geschenkt und gesagt, ich dürfe sie aber nur mit Handschuhen benutzen.

Die provenzalische Wespe ist klein, besitzt aber einen bösen Stachel. Im Swimmingpool verhält sie sich außerdem ganz und gar unritterlich. Sie paddelt von hinten an das ahnungslose Opfer heran, wartet, bis ein Arm aus dem Wasser ragt, und – *tok!* – sticht tief in die Achselhöhle. Das tut ein paar Stunden lang weh; Leute, die einmal gestochen worden sind, ziehen oft eine Schutzkleidung an, bevor sie wieder schwimmen.

Ich weiß nicht, ob alle Wespen Wasser mögen, doch die Wespen der Provence lieben es – sie schwimmen am seichten Ende des Pools, dösen in den Tümpeln auf den Steinplatten und halten Ausschau nach einer ungeschützten Achselhöhle und nach empfindlichen Extremitäten. Und nach einem entsetzlichen Tag, an dem nicht nur in Achselhöhlen, sondern auch auf den Innenflächen der Oberschenkel Volltreffer gelandet waren (einige Wespen können offenbar den Atem anhalten und auch unter Wasser Krieg führen), wurde ich ausgesandt, um nach Wespenfallen zu suchen.

Als ich sie in einer Gasse von Cavaillon in einer Drogerie entdeckte, hatte ich das große Glück, hinter der Theke auf einen Wespenfachmann zu stoßen. Er führte mir das neueste Modell der Fallen vor, einen Plastiknachfahren der alten hängenden Glasfallen, wie man sie noch heute manchmal auf Flohmärkten findet. Sie war, wie er erklärte, besonders zum Gebrauch in der Nähe von Schwimmbecken entworfen worden und war für Wespen unwiderstehlich.

Sie bestand aus zwei Teilen. Die Basis war ein rundes Becken, das durch drei flache Pfropfen vom Boden abgehoben war, und von der Basis führte ein Trichter nach oben. Die Spitze paßte auf die untere Schale und hinderte die Wespen, die es nach oben geschafft hatten, am Entkommen. Das, so fuhr der Wespenfachmann fort, ist aber nur der Anfang. Schwieriger, subtiler, auf höherem artistischen Niveau sei der Köder. Wie überredet man eine Wespe dazu, die Freuden des Fleisches aufzugeben und den Trichter hinauf in die Falle zu klettern? Womit könnte man sie vom Pool weglocken?

Wer eine Weile in der Provence gelebt hat, hat gelernt, bei jedem Kauf damit zu rechnen, eine kleine Lektion erteilt zu bekommen – gleichgültig, ob er nun einen organisch gewachsenen Kohl kauft (zwei Minuten) oder ein Bett (eine halbe Stunde mehr, je nach dem Zustand Ihres Rückens). Bei Wespenfallen sollte man mit einer Lektion über zehn bis fünfzehn Minuten rechnen. Ich saß auf dem Hocker vor der Ladentheke und hörte zu.

Wespen mögen, wie sich herausstellte, Alkohol. Einige Wespen haben ihn gern *sucré,* andere lieber fruchtig, und es gibt sogar Wespen, die für einen Tropfen *anis* überall hinfliegen würden. Das ist, erklärte der Wespenfachmann, eine Sache des Ausprobierens, man muß Düfte und Substanzen kombinieren, bis man eine Mischung findet, die dem Gaumen der hiesigen Wespenbevölkerung zuspricht.

Er schlug ein paar Grundrezepte vor: süßer Wermut mit Honig und Wasser, verdünnte *crème de cassis,* Starkbier mit einem Schuß *marc,* unverdünnten *pastis.* Als zusätzliches Lockmittel kann der Trichter mit Honig bestrichen werden, und unmittelbar unter dem Trichter sollte sich immer ein kleiner Wassertümpel befinden.

Der Wespenfachmann baute auf der Theke eine Falle auf und imitierte dann mit zwei Fingern eine Wespe auf ihrem Abendspaziergang.

Sie bleibt stehen; das Wasser im Tümpel reizt sie. Die Finger erstarrten. Sie nähert sich dem Wasser und wird darauf aufmerksam, daß sich gleich über ihr etwas Köstliches befinden muß. Um nachzusehen, klettert sie den Trichter hinauf und springt in den Cocktail, *et voilà!* – sie kann nicht wieder heraus, sie ist zu betrunken, um im Trichter nach unten zu kriechen. Sie stirbt, aber sie stirbt eines glücklichen Todes.

Ich kaufte zwei Fallen und probierte die Rezepte aus. Gewirkt haben alle, was mich zu der Annahme führt, daß die Wespe ein ernstes Alkoholproblem hat. Wird heute bei uns ein Gast von hochprozentigen Flüssigkeiten überwältigt, so heißt es nur noch: Er war besoffen wie eine Wespe.

Maladie du Lubéron

Die meisten jahreszeitlich bedingten Wehwehchen des Sommers mögen unangenehm oder schmerzhaft oder auch nur ärgerlich sein, aber sie werden wenigstens mit einiger Sympathie betrachtet. Von einem Menschen, der sich von einer explosiven Begegnung mit einer überfälligen *merguez*-Wurst erholt, erwartet man nicht, daß er sich in zivilisierte Gesellschaft begibt – erst, wenn seine Verfassung es ihm wieder erlaubt. Gleiches gilt für Sonnenbrand dritten Grades, Rosé-Vergiftung, Skorpionstiche, eine Überdosis von Knoblauch oder jenen Schwindel und Ekel, den eine zu lange Konfrontation mit der französischen Bürokratie auslöst. Man leidet. Man darf aber immerhin allein, in Ruhe und Frieden, leiden. Es gibt eine andere Heimsuchung, die schlimmer ist als Skorpionstiche oder bösartige Würste, eine Heimsuchung, die wir und die übrigen Dauerbewohner dieser stillen Gegend Frankreichs am eigenen Leibe erlebt und erlitten haben. Die

Symptome tauchen gewöhnlich Mitte Juli auf und halten sich bis in den frühen September: trübe, blutunterlaufene Augen, Gähnen, Appetitverlust, schlechte Laune, Lethargie und eine milde Form von Verfolgungswahn, der sich in plötzlichen Wunschvorstellungen des Eintritts in ein Kloster äußert.

Das ist die *maladie du Lubéron* oder schleichende Gesellschaftsmüdigkeit, und sie weckt bei anderen etwa die gleichen Sympathien wie die Probleme von Millionären mit dem Dienstpersonal.

Eine Betrachtung der Patienten – Bewohner mit festem Wohnsitz im Lubéron – erklärt den Grund dieser Krankheit. Die hiesigen haben ihre Arbeit, ihre Freunde in der Umgebung, ihre tägliche Routine. Sie haben sich mit Bedacht entschlossen, im Lubéron zu wohnen, statt in einem der Cocktailzentren der Welt, weil sie deren Lebensart, wenn nicht gänzlich, so doch weitgehend entkommen wollten. Dieser exzentrische Wunsch wird allgemein anerkannt und zehn Monate des Jahres toleriert.

Sie sollten jedoch einmal versuchen, diesen Wunsch im Juli oder im August verständlich zu machen. Da kommen die Besucher, sie kommen frisch aus dem Flugzeug oder erhitzt von der *autoroute* und lechzen nach geselligem Leben. Wir wollen die Einheimischen kennenlernen! Zur Hölle mit dem Buch in der Hängematte und dem Waldspaziergang. Zur Hölle mit der Einsamkeit – sie brauchen menschliche Gesellschaft zum Essen, zum Trinken, am Abend –, und so gehen Einladungen und Gegeneinladungen hin und her, bis jeder Tag der folgenden Wochen ein besonderer gesellschaftlicher Höhepunkt ist.

Wenn die Ferien sich mit einem letzten Viel-Flaschen-Diner dem Ende zuneigen, lassen sich sogar auf den Gesichtern der

Gäste gewisse Anzeichen von Erschöpfung erkennen. Sie hatten ja keine Ahnung, daß es hier unten so lebhaft zugeht. Sie sprechen nicht nur im Scherz davon, daß sie erst einmal Ruhe brauchen, um sich von dem Wirbel der letzten Tage zu erholen. Ist das hier immer so? Wie haltet Ihr das nur aus?

Es ist nicht immer so, und wir halten es auch gar nicht aus. Wie viele unserer Freunde brechen wir zwischen verschiedenen Besuchen zusammen, halten uns Tage und Abende eifersüchtig frei, an denen wir wenig essen und wenig trinken und früh zu Bett gehen. Und wenn sich der Staub gelegt hat, beraten wir uns alljährlich mit anderen Mitgliedern des Verbandes notleidender Anrainer, was zu tun sei, damit der Sommer zu einem weniger strapaziösen Belastungstest wird. Alle sind der Meinung, daß die Antwort lautet: Härte und Festigkeit zeigen. Öfter nein als ja sagen. Das Herz stählen gegenüber dem Überraschungsbesuch, der kein Hotelzimmer finden kann, gegenüber dem armen Kind, das keinen Swimmingpool hat, gegenüber dem verzweifelten Reisenden, der seine Geldbörse verloren hat. Bleibt hart! Seid hilfsbereit, seid freundlich, seid grob, vor allem aber: Bleibt fest.

Und dennoch weiß ich – ich glaube, wir wissen es alle –, daß es uns im nächsten Sommer wieder genauso ergehen wird. Ich nehme an, daß es uns so gefällt. Oder daß es uns gefallen würde, wenn wir nicht so erschöpft wären.

Place du Village

Autos sind vom Dorfplatz verbannt worden. Auf drei Seiten sind Stände und breite Tische aufgestellt worden. Auf der vierten steht ein Gerüst, das mit bunten Lampen strahlt, mit einem erhöhten Podium, das aus Holzbrettern gebaut ist. Vor dem Café hat sich die übliche Anzahl von Stühlen und Tischen verzehnfacht; man hat einen zusätzlichen Kellner eingestellt, um die Menge der Kunden zu bedienen, die vom Metzger bis hinunter zum Postamt auf der Straße sitzen. Kinder und Hunde jagen sich zwischen den Tischen hindurch, klauen Zuckerwürfel von den Tischen und weichen den Stöcken alter Männer aus, die in gespieltem Zorn erhoben werden. Heute abend wird keiner früh schlafen gehen, nicht einmal die Kinder; denn heute findet das Dorffest statt, die *fête votive*.

Es beginnt am späten Nachmittag mit einem *pot d'amitié* auf dem Platz und der offiziellen Eröffnung der Stände. Ortsansässige Handwerker stehen hinter den Tischen; die Gesichter der Männer glänzen von einer Nachmittagsrasur, sie halten ein Glas in der Hand oder erledigen das letzte Zurechtrücken ihrer Auslagen. Da gibt es Töpfereien und Schmuck, Honig und Lavendelessenz, handgewebte Tücher, Stein- und Eisengeräte, Bilder und Holzschnitzereien, Bücher, Postkarten, Lederwaren, Korkenzieher mit gewundenen Olivenholzgriffen, Säckchen mit getrockneten Kräutern. Die Frau, die Pizza verkauft, macht gute Geschäfte, als die Menge nach dem ersten Glas Wein Hunger bekommt.

Menschen schlendern ziellos umher. Die Nacht senkt sich herab, es ist warm und ruhig, die Berge sind in der Ferne gerade noch sichtbar: schwarze Silhouetten gegen den Himmel. Auf der Bühne stimmt sich das Trio der Akkordeonspieler ein und stürzt sich dann in den ersten von vielen *paso dobles*, während die Rockgruppe aus Avignon, die später auftreten wird, noch im Café bei Bier und *pastis* probt.

Die ersten Tänzer erscheinen – ein alter Mann und seine

Enkeltochter, die ihr Näschen gegen seine Gürtelschnalle drückt und auf seinen Füßen steht. Zu ihnen gesellen sich Vater, Mutter und Tochter in einem Tanz *à trois*, dann mehrere ältere Ehepaare, die steif und förmlich miteinander tanzen, die Gesichter verraten die Konzentration, mit der sie die Schritte versuchen, die sie vor fünfzig Jahren gelernt haben.

Die *paso dobles* klingen mit einem Tusch aus. Die Rockgruppe wärmt sich auf mit fünfminütigem elektronischen Quieken, das von den alten Steinmauern der Kirche gegenüber der Bühne zurückgeworfen wird.

Die Sängerin der Gruppe, eine gutgebaute junge Dame in engsitzender schwarzer Hose und mit einer schreiend orangefarbenen Perücke hat bereits Publikum angelockt, noch bevor überhaupt ein Ton zu hören war. Ein alter Mann hat vom Café einen Stuhl herangeschleppt, um direkt vor der Sängerin zu sitzen. Als sie ihr erstes Lied beginnt, nehmen sich ein paar Jungen ein Beispiel an dem Alten und stellen sich neben seinen Stuhl. Alle starren wie hypnotisiert auf die glänzenden, kreisenden schwarzen Hüften direkt über ihren Köpfen. Die Dorfmädchen, die nicht genug Partner finden, tanzen miteinander, und zwar so nah wie möglich an den wie gebannt vor dem Mikrofon stehenden Jungen vorbei. Ein Kellner stellt sein Tablett ab, um vor einem hübschen Mädchen herumzustolzieren, das bei seinen Eltern sitzt. Sie wird rot und zieht den Kopf ein, doch die Mutter drängt sie zu tanzen. Geh schon. Die Ferien sind bald vorbei.

Nach einer Stunde Musik, die die Fenster der Häuser am Dorfplatz aus den Angeln zu heben droht, kommt die Gruppe zum Finale. Mit einer Intensität, die der Piaf in einer traurigen Nacht würdig gewesen wäre, schenkt uns die Sängerin

»*Comme d'habitude*« oder »My Way«, und hört, den Kopf über das Mikrofon gebeugt, mit einem Stöhnen auf. Der alte Mann nickt und schlägt mit dem Stock auf den Boden, und die Tänzer gehen wieder ins Café, um zu sehen, ob es noch Bier gibt.

Normalerweise wären an diesem Abend aus dem Feld hinter dem Kriegerdenkmal *feux d'artifice* in die Luft gegangen. In diesem Jahr ist Feuerwerk wegen der Dürre verboten. Es war trotzdem eine gute *fête*. Und habt ihr gesehen, wie der Briefträger getanzt hat?

Haltet den Hund!

Ein Freund in London, der mich gelegentlich über Dinge von internationaler Bedeutung auf dem laufenden hält, von denen in *Le Provençal* nichts steht, hat mir einen beunruhigenden Zeitungsausschnitt geschickt. Er stammt aus der *Times* und enthüllt ein Unterfangen von unaussprechlicher Gemeinheit, einen Messerstich in den empfindlichsten Körperteil eines Franzosen.

Aus Italien hatte eine Schurkenbande weiße Trüffel (manchmal »industrielle« Trüffel genannt) importiert und mit Walnußfarbe eingefärbt, bis sie im Ton dunkel genug waren, um als schwarze Trüffel durchzugehen – die, wie jeder Gourmet weiß, unendlich mehr Geschmack haben als ihre weißen Cousins und unendlich mehr kosten. Der Berichterstatter der *Times* hat, wie ich meine, die Preise erheblich unterschätzt. Er spricht von vierhundert Francs das Kilo, was bei Fauchon in Paris einen Sturmangriff von Kauflustigen ausgelöst hätte; dort habe ich sie nämlich im Schaufenster für siebentausend Francs das Kilo gesehen.

Aber das war nicht der springende Punkt. Auf die Art des Verbrechens kam es hier an. Die wohlorganisierten französischen Champions der Gastronomie waren durch ein Täuschungsmanöver hereingelegt worden. Ihre Geschmacksnerven waren irregeführt, ihre Geldbörsen geplündert worden. Noch schlimmer: Der Schwindel war nicht einmal mit zweitklassigen heimischen Trüffeln, sondern mit Abfallgut aus Italien durchgeführt worden – aus *Italien*, du großer Gott! Ich hatte einmal gehört, wie ein Franzose sich über italienische Nahrungsmittel mit einem einzigen abwertenden Satz ausdrückte: Nach den Spaghettis kommt nichts mehr. Und doch hatten Hunderte, vielleicht Tausende von dubiosen Trüffeln aus Italien dank eines ganz gewöhnlichen Täuschungsmanövers ihren Weg in kundige französische Mägen gefunden. Es war der Schande genug, um einen Mann über seiner *foie gras* zum Weinen zu bringen.

Die Geschichte erinnerte mich daran, daß Alain mir angeboten hatte, ihn für einen Tag bei der Trüffelsuche am Fuße des Mont Ventoux zu begleiten und die Fähigkeiten seines Miniaturschweins im Einsatz zu begutachten. Als ich ihn anrief, berichtete er mir jedoch, es sei eine schlechte Saison, wegen der Dürre im Sommer. *En plus* war das Experiment mit dem Schwein ein Reinfall gewesen. Es war für die Arbeit nicht geeignet. Trotzdem, ein paar Trüffel hätte er schon, falls wir interessiert wären, klein, aber gut. Wir verabredeten uns in Apt, wo er jemanden wegen eines Hundes treffen wollte.

Es gibt in Apt ein Café, das an Markttagen voller Männer ist, die Trüffel zu verkaufen haben. Während sie auf Kunden warten, verbringen sie die Zeit damit, sich beim Kartenspiel zu betrügen und Lügen zu erzählen, wieviel sie einem durchreisenden Pariser für hundertfünfzig Gramm Dreck und Pilz abgeknöpft haben. Sie haben zusammenklappbare Waagen in der Tasche und alte Opinel-Messer mit Holzgriffen, die benutzt werden, um die Oberfläche einer Trüffel anzuschneiden, damit man sieht, ob er bis unter die Haut schwarz ist. In den Geruch von Kaffee und schwarzem Tabak mischt sich hier der erdige Geruch des Inhalts der schäbigen Leinensäcke auf den Tischen. Man nippt am Glas Rosé. Das Gespräch verläuft oft in geheimnistuerischem Gemurmel.

Während ich auf Alain wartete, beobachtete ich zwei Männer, die über ihre Gläser gebeugt dasaßen, die Köpfe zusammensteckten und sich immer mal wieder vorsichtig umschauten. Einer der beiden zog einen zersprungenen Bic-Schreiber hervor und schrieb etwas in seinen Handteller, zeigte seinem Gegenüber, was er geschrieben hatte, spuckte in die Hand und rieb es weg. Was könnte es wohl gewesen sein? Der neue Preis pro Kilo? Die Kombination für den Banksafe nebenan? Eine Warnung? Kein Wort mehr. Der Mann mit der Sonnenbrille beobachtet uns …

Alain traf ein. Alle im Café sahen ihn an, so wie sie vorher mich angeschaut hatten. Ich war mir vorgekommen, als hätte ich eine gefährliche, ungesetzliche Tat vor, und wollte doch nur Zutaten für ein Omelett kaufen.

Ich hatte den Ausschnitt der *Times* mitgebracht; die Geschichte war Alain aber längst bekannt. Ein Freund aus dem Périgord hatte ihm davon erzählt; im Périgord hatte es wegen der Geschichte unter ehrlichen Trüffelhändlern Wut und Empörung gegeben und bei den Kunden massives Mißtrauen und Zweifel.

Alain war nach Apt gekommen, um über den Kauf eines neuen Trüffelhundes zu verhandeln. Er kannte zwar den Besitzer, aber nicht sehr gut, und deshalb würde das Geschäft einige Zeit in Anspruch nehmen. Der verlangte Preis – zwanzigtausend Francs – war zu hoch, um den Hund ungeprüft zu nehmen. Unbesehen darf man nichts kaufen. Man würde ihn bei der Arbeit im Freien beobachten müssen. Man müßte sein genaues Alter herausfinden, seine Ausdauer und seinen Geruchssinn prüfen. Man kann nie wissen.

Ich fragte nach seinem Miniaturschwein. Alain zuckte die Schultern und zog den Zeigefinger über die Kehle. Am Ende blieb als Lösung nur der Hund, wenn man die Mühe mit einem ausgewachsenen Schwein nicht auf sich nehmen wollte. Doch den richtigen Hund zu finden, einen Hund, der sein Gewicht in Banknoten wert sei – das war gar nicht so einfach. Es gibt keine besondere Rasse von Trüffelhunden. Die meisten Trüffelhunde, die ich gesehen hatte, waren kleine, unauffällige, kläffende Geschöpfe, die so ausschauten, als ob viele Generationen zuvor einmal kurz ein Terrier in den Stammbaum hineingespielt hätte. Alain selbst hatte einen alten Schäferhund, der in seinen guten Jahren ordentliche Arbeit geleistet hatte. Es kam ganz auf den individuellen Instinkt und auf die Ausbildung an; es gab auch keinerlei Garantie, daß ein Hund, der für seinen Besitzer Trüffel fand, auch für einen anderen Besitzer Trüffel finden würde. Dazu fiel Alain etwas ein. Er lächelte. Es gab da eine berühmte Geschichte. Er füllte sein Glas nach und erzählte.

Ein Mann aus St. Didier hatte einmal einen Hund, der Trüffel fand, so erzählte er, wo vorher noch nie ein Hund Trüffel gefunden hatte. Während des Winters kamen andere Jäger mit einer Handvoll oder einem Dutzend Trüffel aus den Bergen zurück, doch der Mann aus St. Didier kam mit einem überquellenden Rucksack ins Café. Der Hund war ein Wunder, eine *merveille,* und der Eigentümer hörte nie auf, mit seinem kleinen Napoléon zu prahlen, wie der Hund seiner goldenen Nase halber genannt wurde.

Den Napoléon hätten viele gerne gehabt, doch wann immer sie ihn kaufen wollten, lehnte der Besitzer ab. Bis eines schönen Tages ein Mann ins Café trat und vier *briques* auf den Tisch legte, vier dicke zusammengebundene Bündel, also vierzigtausend Francs. Das war ein außergewöhnlich hoher Preis, und das Angebot wurde angenommen, allerdings nach einigem Zögern. Napoléon zog mit seinem neuen Herrn davon.

Er fand für den Rest der Saison nicht eine einzige Trüffel. Der neue Besitzer war *en colère*. Er brachte Napoléon ins Café zurück und wollte sein Geld wiederhaben. Der ehemalige Besitzer schickte ihn weg und sagte, er solle erst einmal richtig jagen lernen. So ein *imbécile* habe einen Hund wie Napoléon überhaupt nicht verdient. Es gab andere, äußerst unangenehme Worte; die Rückerstattung des Kaufpreises aber stand nicht zur Diskussion.

Der neue Besitzer fuhr nach Avignon und suchte einen Rechtsanwalt auf. Der Rechtsanwalt sagte, was Rechtsanwälte häufig sagen: Da handele es sich um eine Grauzone. Es gab keinen Präzedenzfall, auf den man sich berufen könne; es gebe in der ganzen, penibelst dokumentierten Geschichte der französischen Rechtsprechung keinen Fall über einen Hund, der seinen Pflichten nicht nachgekommen war. Das wäre gewiß ein Fall, den nur ein gelehrter Richter entscheiden könnte.

Monate und viele Beratungen später wurden die beiden Männer vor Gericht zitiert. Der Richter, ein gründlicher und gewissenhafter Mensch, legte Wert darauf, daß in diesem Fall alle Hauptbeteiligten beim Prozeß anwesend waren. Ein *Gendarme* wurde ausgeschickt, den Hund gefangenzunehmen und als Zeugen in den Gerichtssaal zu führen.

Ob die Anwesenheit des Hundes im Zeugenstand dem Richter bei der Urteilsfindung geholfen hat oder nicht, ist nicht bekannt, doch wurde folgendes Urteil gefällt: Napoléon sollte wieder seinem alten Besitzer übergeben werden, der die

Hälfte des Kaufpreises zurückerstatten sollte; die andere Hälfte durfte er wegen des Verlustes, der ihm aufgrund des fehlenden Hundes entstanden war, als Trost behalten.

Wieder vereint, zogen Napoléon und sein alter Herr von St. Didier um, in ein Dorf nördlich von Carpentras. Zwei Jahre später wurde ein ähnlicher Fall bekannt, obwohl, wegen der Inflation, die Summen, um die es da ging, um einiges höher lagen. Napoléon und sein Herrchen hatten es wieder einmal geschafft.

An dieser Geschichte war mir allerdings ein Detail unverständlich. Wenn der Hund ein solcher Virtuose der Trüffeljagd war, mußte der Besitzer eigentlich doch mehr Geld verdienen, wenn er ihn für sich arbeiten ließ, als wenn er ihn verkaufte – selbst bei Berücksichtigung des Faktums, daß er laut Gerichtsurteil jedesmal die Hälfte des Geldes behalten durfte.

Ah, sagte Alain, Sie haben angenommen, wie übrigens alle anderen auch, daß die Trüffel im Rucksack an dem Tag von Napoléon gefunden worden sind, als sie ins Café gebracht wurden.

Non?

Non. Sie wurden im *congélateur* aufbewahrt und ein- oder zweimal die Woche herausgenommen. Der Hund hätte in der *charcuterie* nicht einmal ein Schnitzel gerochen. Er hatte eine Holznase.

Alain leerte sein Glas. »Man darf einen Hund nie im Café kaufen. Nur dann, wenn man ihn bei der Arbeit beobachtet hat.« Er schaute auf die Uhr. »Ich hätte noch Zeit für ein Glas. Und Sie?«

Immer, habe ich geantwortet. Ob er vielleicht noch eine Geschichte wüßte?

»Als Schriftsteller müßte Ihnen die folgende gefallen«, sagte er. »Sie hat sich bereits vor vielen Jahren zugetragen. Man hat mir aber versichert, daß sie wahr ist.«

Einem Bauern gehörte ein Stück Land, das ein wenig von seinem Haus entfernt lag. Es war kein großes Stück Land, keine zwei Hektar groß, doch dort standen, dichtgedrängt, alte Eichen, und dort gab es in jedem Winter viele Trüffel, genug Trüffel, damit der alte Mann den Rest seines Lebens in angenehmem Müßiggang verbringen konnte. Sein Schwein mußte kaum suchen.

Die Trüffel wuchsen Jahr um Jahr mehr oder weniger genau dort, wo sie zuvor gewachsen waren. Es war, als ob unter den Bäumen Geld wüchse. Gott war gut, und für seinen Lebensunterhalt war gesorgt.

Man kann sich den Ärger des Bauern vorstellen, als er eines Morgens erstmalig frisch ausgehobene Erde unter den Bäumen fand. Da war bei Nacht ein Lebewesen auf seinem Land gewesen, vielleicht ein Hund, vielleicht sogar ein wildes Schwein. Ein Stück weiter bemerkte der Bauer eine Zigarettenkippe, die in die Erde gedrückt worden war – eine neumodische Filterzigarette, nicht die Art von Zigarette, die *er* rauchte. Und die stammte bestimmt nicht von einem wildernden Schwein. Die Sache war äußerst beunruhigend.

Beim Gang von Baum zu Baum wuchs seine Unruhe. Da war noch mehr Erde aufgedeckt, an Steinen entdeckte er frische Spuren, die nur von einer Trüffelhacke verursacht worden sein konnten.

Sein Nachbar war es nicht; der konnte es nicht gewesen sein. Es mußte ein Ausländer gewesen sein, jemand, der nicht wußte, wie wertvoll sein Stück Land war.

Als vernünftiger Mensch mußte er zugeben, daß ein Ausländer nie wissen könnte, ob Land Privatbesitz war oder nicht. Zäune und Schilder kosteten Geld; er hatte sie auch nie als notwendig empfunden. Sein Land war sein Land; das wußte doch jeder. Aber die Zeiten hatten sich offenbar geändert; fremde Menschen fanden ihren Weg in die Berge. An dem Nachmittag fuhr er in die nächstgelegene Stadt und kaufte sich einen Armvoll Schilder: *Proprieté privée, défense d'entrer* und, zur Sicherheit, dazu noch drei oder vier Tafeln mit der Aufschrift *Chien méchant*. Er arbeitete mit seiner Frau zusammen bis Anbruch der Dunkelheit, um sie an der Grenze seines Besitzes aufzustellen.

Einige Tage lang gab es keinerlei Anzeichen von dem Fremden mit der Trüffelhacke, und der Bauer beruhigte sich wieder. Es war der dumme Irrtum eines unwissenden Menschen gewesen – obwohl der Bauer sich die Frage stellen mußte, wieso ein unschuldiger Mensch mitten in der Nacht nach Trüffeln suchen sollte.

Und dann passierte es wieder. Da hatte jemand die Schilder einfach nicht beachtet, das Land betreten und im Schutz der Nacht wer weiß wie viele Trüffel aus der Erde geholt und mitgenommen. Das konnte nun wirklich nicht mehr als harmlose Tat eines unwissenden Enthusiasten entschuldigt werden. Das hatte ein *braconnier* getan, ein Wilderer, ein Dieb in der Nacht, der sich an der einzigen Einkommensquelle eines alten Mannes zu bereichern hoffte.

Der Bauer besprach das Problem abends mit seiner Frau, als sie zusammen in der Küche saßen und ihre Suppe aßen. Sie könnten natürlich die Polizei rufen. Da aber die Trüffel – oder jedenfalls das Geld aus dem Verkauf der Trüffel – offiziell nicht existierten, wäre es unklug gewesen, damit die Behörden zu belästigen. Die hätten nach dem Wert des gestohlenen Gutes gefragt, und Privatwissen dieser Art sollte besser privat bleiben. Und im übrigen könnte die offizielle Strafe für das Wildern von Trüffeln, selbst wenn es zu einer Gefängnisstrafe käme, niemals die Tausende von Francs ersetzen, die der unehrliche Wilderer sich vielleicht gerade eben in die Taschen steckte.

Das Ehepaar beschloß also, sich auf strengere und befriedigendere Weise Recht zu verschaffen, und der Bauer suchte seine beiden Nachbarn auf, die sich sicherlich auf das in solchem Fall Notwendige verstanden.

Sie erklärten sich bereit, ihm zu helfen. Mehrere lange, kalte Nächte lang warteten die drei mit ihren Schrotflinten unter den Trüffeleichen und kehrten erst in der Dämmerung nach Hause zurück – leicht beschwipst von dem *marc*, den sie gegen die Kälte hatten trinken müssen. Und dann, endlich eines Nachts, als Wolken sich vor den Mond schoben und der *mistral* in die Gesichter der drei Männer biß, sahen sie die Scheinwerfer eines Autos. Am Ende der Fahrspur blieb es stehen, zweihundert Meter weiter unten.

Der Motor erstarb, die Scheinwerfer gingen aus, Türen wurden geöffnet und leise wieder geschlossen. Stimmen. Dann der Schein einer Taschenlampe, der sich langsam näherte.

Zuerst kam ein Hund an die Bäume heran. Er blieb stehen, nahm die Witterung der Männer auf und bellte – ein hohes, nervöses Bellen, dem sofort ein *sssshhhh* folgte; der Wilderer brachte den Hund zur Ruhe. Die drei Männer krümmten die Finger, um die Flinten fester zu halten, und der Bauer knipste die Taschenlampe an, die er für den Hinterhalt mitgebracht hatte.

Der Strahl traf die Wilderer, als sie die Lichtung betraten: ein ganz gewöhnliches Ehepaar mittleren Alters, die Frau trug eine kleine Tasche, der Mann Taschenlampe und Trüffel-hacke. In flagranti.

Die drei Männer zogen mit ihrer Artillerie eine große Schau ab und gingen auf das Ehepaar los. Das war ohne Gegen-wehr, und mit den Gewehrläufen vor dem Gesicht gaben sie bald zu, daß sie hier nicht zum erstenmal Trüffel stahlen.

Wie viele Trüffel? fragte der Bauer. Zwei Kilo? Fünf Kilo? Mehr?

Die Diebe schwiegen. Die drei Männer schwiegen: Sie dach-ten darüber nach, was sie jetzt tun sollten. Es mußte Gerech-tigkeit geschehen; noch wichtiger als Gerechtigkeit: es mußte Geld gezahlt werden. Ein Nachbar flüsterte dem Bauern etwas ins Ohr, und der Bauer nickte: Jawohl, das werden wir tun. Und er verkündete das Urteil des improvisierten Ge-richtshofs.

Wo hatte der Dieb seine Bank? In Nyons? *Ah bon.* Wenn Sie jetzt losmarschieren, werden Sie dort ankommen, wenn sie aufmacht. Sie werden dreißigtausend Francs abheben und sie hierherbringen. Wir werden Ihr Auto, Ihren Hund und Ihre Frau hierbehalten, bis Sie zurückkommen.

Der Wilderer begann seinen vierstündigen Marsch nach Nyons. Sein Hund wurde in den Kofferraum des Wagens gesperrt, seine Frau in den Fonds. Die drei Männer zwängten sich ebenfalls hinein. Es war eine kalte Nacht. Sie dösten von einem Schlückchen *marc* bis zum nächsten.

Dämmerung, Vormittag, Mittag …

Alain brach ab. »Sie sind Schriftsteller«, sagte er. »Wie endet die Geschichte Ihrer Meinung nach?«

Ich riet zweimal. Beide Male daneben. Alain lachte.

»Ganz einfach und überhaupt nicht *dramatique*«, sagte er. »Außer eventuell für die Frau. Der Dieb ging zu seiner Bank, hob das ganze Geld ab, das er besaß, und dann – *pouf!* – war er verschwunden.«

»Er ist nie zurückgekommen?«

»Den hat keiner je wiedergesehen.«

»Auch seine Frau nicht?«

»Seine Frau bestimmt nicht. Er hatte seine Frau nicht gern.«

»Und der Bauer?«

»Der hat sich bis zum Tode geärgert.«

Alain sagte, er müsse gehen. Ich zahlte ihm für die Trüffel und wünschte ihm und seinem neuen Hund Glück. Bei meiner Heimkehr schnitt ich eine Trüffel durch, um mich zu vergewissern, daß sie echt war. Sie war jedoch wirklich durch und durch schwarz. Alain schien ein anständiger Kerl zu sein, aber man kann ja nie wissen.

Das Leben durch eine rosarote Brille

Einheimisch werden.

Ich weiß nicht, ob es als Scherz gemeint war, als Beleidigung oder als Kompliment. Gesagt hat es der Mensch aus London auf jeden Fall. Er war unerwartet vorbeigekommen, auf dem Weg zur Küste, und blieb mittags zum Essen. Wir hatten ihn fünf Jahre lang nicht gesehen, und er war ganz offensichtlich neugierig auf die Auswirkungen, die das Leben in der Provence auf uns hatte, und suchte nach Anzeichen moralischen und physischen Verfalls.

Wir waren uns gar nicht bewußt, uns verändert zu haben. Er war sich da aber ganz sicher, obwohl er uns konkret keine Beispiele nennen konnte. In Ermangelung einer einzigen Veränderung von der Eindeutigkeit eines Delirium tremens, von eingerostetem Englisch oder von Frühsenilität klassifizierte er uns in die vage, bequemere und allumfassende Kategorie der Einheimisch-Gewordenen!

Als er in seinem sauberen Auto abfuhr, dessen Telefonantenne fröhlich im Wind vibrierte, schaute ich auf unseren kleinen und staubigen Citroën, der jeglicher Kommunikationstechnologie bar war. Der war ganz bestimmt ein einheimisches Auto. Und im Vergleich mit der Côte-d'Azur-Montur unseres Gastes kleidete ich mich wie die Einheimischen – ein altes Hemd, kurze Hosen, keine Schuhe. Dann fiel mir ein, wie oft er während des Essens auf die Uhr geschaut hatte, weil er um achtzehn Uhr dreißig in Nizza mit Freunden verabredet war. Nicht etwa später, nicht irgendwann an diesem Abend, nein, pünktlich um achtzehn Uhr dreißig. Ein so hohes Niveau des Zeitbewußtseins hatten wir längst aufgegeben, da es in der hiesigen Umgebung von niemandem unterstützt wird, und wir leben nun mal nach den Regeln des ungefähren Rendezvous. Auch das eine Gewohnheit der Einheimischen.

Je mehr ich darüber nachdachte, desto bewußter wurde mir, daß wir uns verändert haben müssen. Ich hätte es nicht so bezeichnet, daß wir so geworden seien wie Einheimische. Es gibt jedoch mindestens ein Dutzend Unterschiede zwischen unserem früheren und unserem jetzigen Leben, denn wir mußten uns anpassen. Schwer ist es uns allerdings nicht gefallen, die meisten Veränderungen haben allmählich stattgefunden, fast unmerklich, und die meisten bedeuten Verbesserungen.

Wir sehen nicht mehr fern. Das war kein selbstgerechter Entschluß, um Zeit für geistvollere Dinge zu gewinnen: Es passiert einfach so. Im Sommer kann das Fernsehprogramm mit dem Beobachten des Himmels einfach nicht konkurrieren. Im Winter nicht mit dem Abendessen. Wir haben den Fernseher jetzt in einem Schrank verstaut, um mehr Platz für Bücher zu schaffen.

Wir essen besser als früher, wahrscheinlich auch billiger. Es ist unmöglich, in Frankreich zu wohnen und gegenüber der nationalen Begeisterung für das Essen immun zu bleiben – außerdem: Wer wollte das schon? Warum nicht aus der täglichen Notwendigkeit ein tägliches Vergnügen machen? Wir haben uns in den gastronomischen Rhythmus der Provence eingefügt und nutzen die Vorteile, die uns die Natur das ganze Jahr hindurch bietet: Spargel, winzige *haricots verts,* die kaum dicker als Zündhölzer sind, dicke *fèves,* Kirschen und Melonen und Trauben, Mangold, wilde Pilze, Oliven, Trüffel – jede Jahreszeit hat ihre eigenen Köstlichkeiten. Mit der Ausnahme der teuren Trüffel kostet nichts mehr als ein paar Francs pro Kilo.

Mit Fleisch ist das eine andere Sache. Die Preise beim Metzger können dem Käufer Angst einjagen. Die Provence ist kein Weideland für Rinder; der Engländer, der am Sonntag sein Roastbeef haben will, tut also gut daran, sein Scheckheft mitzubringen und gegen eine Enttäuschung gewappnet zu sein, denn das Rindfleisch ist weder billig noch zart. Lamm dagegen, vor allem Lamm aus der Gegend um Sisteron, wo die Schafe sich selbst mit Kräutern würzen, hat einen Geschmack, dem Minze beizugeben einem Verbrechen gleichkäme. Und vom Schwein ist jedes Teil ausgezeichnet.

Trotzdem essen wir jetzt weniger Fleisch. Gelegentlich ein Huhn, *appellation contrôlée,* aus Bresse, die wilden Kaninchen, die uns im Winter Henriette bringt, ein *cassoulet,* wenn die Temperatur fällt und der *mistral* ums Haus heult – von Zeit zu Zeit ist Fleisch etwas Herrliches. Die tägliche Portion Fleisch aber gehört der Vergangenheit an. Es gibt ja so viel anderes: Mittelmeerfisch, frische Pasta, unendlich viele Rezepte für all die Gemüse, Dutzende Sorten von Brot, Hunderte Sorten von Käse.

Es mag an unseren veränderten Eßgewohnheiten und an den anderen Rezepten liegen – alle mit Olivenöl –, auf jeden Fall haben wir beide an Gewicht verloren. Nur ein bißchen, doch genug, daß Freunde überrascht sind, die erwarteten, daß wir einen aufgeblähten *embonpoint* bekommen – den Bauch auf Stelzen, den Menschen mit gutem Appetit und dem Glück, in Frankreich zu wohnen, gelegentlich entwickeln.

Ohne daß irgendeine Absicht dahintersteckt, bewegen wir uns auch mehr, nicht die grimmigen Verrenkungen, die von ausgezehrten Frauen in Trikots vorgeführt werden, sondern die Bewegung, die für das Dasein in einem Klima ganz natürlich ist, das einem acht oder neun Monate des Jahres im Freien zu leben ermöglicht. Mit Selbstdisziplin hat das nichts zu tun, wenn man von den kleinen, notwendigen Tätigkeiten des Lebens auf dem Lande absieht – Holzhacken fürs Kaminfeuer, Unkrautjäten, Anpflanzen, Putzen, Bücken und Heben. Außer daß wir bei jeder Witterung spazierengehen.

Wir haben Gäste im Haus gehabt, die nicht glauben wollten, daß Spazierengehen anstrengend sein kann: Es ist keine dramatische Anstrengung, man spürt die Nebenwirkungen nicht sofort, nicht brutal. Zu Fuß geht doch jeder, heißt es, das ist doch keine körperliche Betätigung. Und wenn sie es unbedingt wollen, nehmen wir sie auf einen Spaziergang mit den Hunden mit.

Die ersten Minuten laufen wir auf ebener Erde, über den Fußweg unten am Berg, das ist leicht, mühelos. Wie angenehm, ein bißchen frische Luft zu bekommen und den Mont Ventoux in der Ferne zu sehen. Aber Körperbetätigung? Sie seien ja nicht einmal ein bißchen außer Atem.

Dann biegen wir vom Weg ab auf eine Spur, die zum Zedernwald oben am Rücken des Lubéron hinaufführt. Der wird anders – nach dem Sandboden, der mit Fichtennadeln gepolstert ist, kommen Felsen und Geröllzonen, es geht bergan. Nach fünf Minuten haben die herablassenden Bemerkungen aufgehört, Spazierengehen sei etwas für alte Männer. Nach zehn Minuten sind überhaupt keine Bemerkungen mehr zu hören, nur noch das Geräusch eines zunehmend schweren

Atmens, das von Husten unterbrochen wird. Die Spur schlängelt sich um Felsblöcke herum und unter so tief herabhängenden Ästen, daß man sich oft bücken muß. Da gibt es keinen ermutigenden Anblick des Gipfels mehr; die Aussicht ist auf ein paar hundert Meter beschränkt, oder man sieht nur noch den schmalen, steinigen, steilen Pfad, bis er hinter dem nächsten Felsvorsprung verschwindet. Wenn jemand noch hinreichend Luft bekommt, reicht es vielleicht gerade noch zum Fluchen über den Knöchel, der auf dem rutschenden Geröll umknickt. Beine und Lungen tun weh.

Die Hunde trotten voraus, unsere Gruppe hat sich zerstreut, die mit der geringsten Kondition stolpern mit gebeugtem Rücken und den Händen auf den Schenkeln voraus. Am Stehenbleiben hindert sie meist der eigene Stolz, stur keuchen sie mit gesenktem Haupt und einem Gefühl des Unwohlseins weiter. Die werden Spazierengehen nie wieder als Kinderspiel bezeichnen.

Oben wird man mit dem Anblick einer stillen, außergewöhnlichen Landschaft belohnt, die manchmal unheimlich, doch immer schön ist. Die Zedern sind herrlich – und wie verzaubert, wenn sie von Schnee bedeckt sind. Hinter ihnen, an der Südseite des Berges, fällt der Berg steil ab, abgemildert nur von Thymian und Buchsbaum, die auch noch im armseligsten Felsspalt gedeihen.

Wenn der *mistral* bereits geweht hat und die Luft glänzt, ist an einem klaren Tag die Aussicht zum Meer hin weit und deutlich, fast wie unter einem Vergrößerungsglas, und man hat das Gefühl, Hunderte von Kilometern von der übrigen Welt entfernt zu sein. Mir ist dort oben auf der Straße, die der Forstdienst durch die Zedern geschlagen hat, einmal ein Bauer begegnet. Er fuhr auf einem alten Fahrrad, hatte ein

Gewehr über die Schulter gehängt; neben ihm trabte ein Hund. Wir waren beide erschrocken, einen anderen Menschen zu sehen. Normalerweise herrscht hier oben nämlich kein so starker Verkehr; an Geräuschen hört man nur das Pfeifen des Windes in den Bäumen.

Die Tage vergehen langsam, doch die Wochen rasen vorbei. Wir messen das Jahr jetzt auf eine Art, die sich nicht mehr am Kalender orientiert. Im Februar blühen die Mandeln, und im Vorfrühling gibt es ein paar Wochen panische Aktivität im Garten, wenn wir die Arbeit hinter uns zu bringen versuchen, über die wir den ganzen Winter über geredet haben. Der Frühling ist eine Kombination aus Kirschblüte und tausend Unkräutern und den ersten Gästen des Jahres, die hier ein subtropisches Wetter erwarten und oft nur Regen und Wind vorfinden. Der Sommer kann im April beginnen, oder auch im Mai. Daß er angebrochen war, wußten wir, als Bernard vorbeikam, um uns zu helfen, den Swimmingpool zu reinigen.

Mohnblüten im Juni, Dürre im Juli, Stürme im August. Die Reben beginnen rostig zu werden, die Jäger erwachen aus ihrem sommerlichen Tiefschlaf, die Trauben sind gepflückt und das Wasser im Pool wird kühler und kühler, bis es schließlich zu kalt wird – außer für einen Masochisten. Da muß es dann Ende Oktober sein.

Der Winter ist eine Zeit guter Vorsätze; einige werden sogar wahr. Ein toter Baum wird gefällt, eine Mauer wird tatsächlich gebaut, die alten Gartenstühle aus Stahl werden neu gestrichen, und wann immer wir ein bißchen Zeit haben, holen wir das Wörterbuch hervor, um den Kampf mit der französischen Sprache von neuem zu beginnen.

Unser Französisch ist besser geworden, und die Vorstellung,

einen ganzen Abend nur in französischer Gesellschaft zu verbringen, ist nicht mehr gar so beängstigend wie früher. Aber vieles war – um einen Ausdruck zu verwenden, der oft in meinen Zeugnissen stand – doch »sehr verbesserungsbedürftig«. Noch mehr anstrengen. Und so kriechen wir durch Bücher von Pagnol und Giono und de Maupassant, kaufen uns regelmäßig *Le Provençal*, lauschen dem Vortrag der Nachrichtensprecher und bemühen uns, die Geheimnisse dessen zu entwirren, was uns unablässig als die Logik der französischen Sprache angepriesen wird.

Das halte ich für einen Mythos, den Franzosen erfunden haben, um Ausländer zu verwirren. Wo ist denn beispielsweise die Logik in der Genus-Zuordnung von Eigennamen und Hauptwörtern? Warum ist die Rhône im Französischen männlich und die Durance weiblich? Beides sind Flüsse, und wenn sie schon ein Genus haben müssen, warum dann nicht das gleiche?

Als ich einen Franzosen bat, mir das zu erklären, hielt er mir einen wissenschaftlichen Vortrag über Quellen, Bäche und Ströme, der nach seiner Auffassung alle Fragen ein für allemal beantwortete – natürlich logisch beantwortete. Dann wandte er sich dem männlichen Ozean zu, der weiblichen See, dem männlichen Meer und der weiblichen Pfütze. Da kommt selbst das Wasser nicht mehr mit.

Seine Ausführungen haben meine Theorie nicht erschüttert, die dahingeht, daß das Genus nur aus einem einzigen Grund besteht, nämlich einem das Leben schwerzumachen. Maskulin und feminin sind auf willkürliche, abstruse Weise verteilt, manchmal sogar unter leichtfertiger Mißachtung der anatomischen Feinheiten. Das französische Wort für Vagina lautet *le vagin*. Maskulin. Wie kann ein Student hoffen, in einer

Sprache, in der die Vagina männlich ist, mit Logik weiterzukommen?

Da gibt es ferner das androgyne *lui,* das am Anfang so manchen Satzes lauert wie ein heimtückischer Hinterhalt. Normalerweise bedeutet *lui*: ihn. In manchen Konstruktionen bedeutet *lui*: ihr. Oft werden wir über das Geschlecht von *lui* aber auch im unklaren gelassen, bis es durch die Einführung von »er« oder »sie« geklärt wird. So wie etwa in der Wendung »*Je lui ai dit*« (Ich habe ihm gesagt). Ein kurzes Rätsel, mag sein, doch eines, das den Anfänger ganz schön durcheinanderbringt, besonders aber, wenn der Vorname des betreffenden *lui* eine Mischung aus Maskulin und Feminin ist, wie beispielsweise bei Jean-Marie oder Marie-Pierre.

Und das ist noch nicht einmal das Schlimmste. Innerhalb der Förmlichkeiten der französischen Syntax ereignen sich tagtäglich die seltsamsten Dinge. Ein Zeitungsbericht, der kürzlich über die Heirat des Popstars Johnny Halliday berichtete, unterbrach die Beschreibung des Brautkleids, um Johnny lobend auf die Schulter zu klopfen. »*Il est*«, hieß es da im Bericht, »*une grande vedette.*« Im Rahmen eines kurzen Satzes hat der Star das Geschlecht gewechselt, und das auch noch an seinem Hochzeitstag.

Es mag an diesen verwirrenden Drehungen und Wendungen liegen, daß Französisch jahrhundertelang die Sprache der Diplomatie gewesen ist, in der Klarheit und Einfachheit nicht für notwendig oder sogar nicht einmal für wünschenswert befunden werden. Ja, die Schutz bietende, förmliche und formale Wendung, die in ihrer Unklarheit mehr als eine Deutungsmöglichkeit enthält, bringt einen Botschafter nicht so leicht in Verlegenheit wie schlichte Worte, die meinen, was sie sagen. Laut Alex Dreier ist »jeder Mensch, der zweimal überlegt, bevor er nichts sagt«, ein Diplomat. Für ihn ist die Nuancierung und das bedeutsame Unklare essentiell, und vielleicht ist das Französische so geworden, wie es ist, um solches linguistisches Unkraut in den Nischen eines jeden Satzes zum Erblühen zu bringen.

Aber Französisch ist eine schöne, reich modulierte und romantische Sprache – auch wenn sie die Ehrfurcht nicht ganz verdient, die etwa dazu führen kann, daß ein französischer Sprachkurs von solchen Leuten, die sie als Nationalheiligtum und leuchtendes Beispiel betrachten, wie sie alle Welt sprechen sollte, als »*cours de civilisation*« bezeichnet wird. Man kann sich das Entsetzen dieser Puristen vorstellen angesichts der ausländischen *horreurs,* die sich heute im Alltagsfranzösisch einschleichen.

Das Unheil begann wahrscheinlich damit, daß sich *le weekend* über den Ärmelkanal nach Paris ausdehnte, etwa zur gleichen Zeit, als ein Nachtklubbesitzer in Pigalle sein Etablissement *Le Sexy* taufte. Das hat dann unvermeidlich zur anrüchigen Einrichtung von *le weekend sexy* geführt, zur Freude von Pariser Hotelbesitzern und zur Verzweiflung ihrer Kollegen in Brighton und anderen, erotisch weniger gesegneten Erholungszentren.

Die Eroberung der Sprache hat im Schlafzimmer nicht haltgemacht. Sie hat auch das Büroleben infiltriert. Der Manager hat inzwischen *un job.* Wenn der Arbeitsdruck für ihn zu groß wird, fühlt er sich zunehmend *stressé;* das hat möglicherweise mit den Anforderungen an *un leader* im Dschungel von *le marketing* zu tun. Der arme, überarbeitete Kerl hat nicht einmal mehr Zeit für das traditionelle dreistündige Mittagessen und muß sich mit *le fast food* begnügen. Es ist die schlimmste Form des *Franglais* und macht die alten Herrschaften der Académie Française schier wahnsinnig. Ich kann es ihnen nicht verdenken. Solch plumpe Einschübe in eine so elegante Sprache sind *scandaleux;* oder, um es anders auszudrücken, *les pits.*

Der allmähliche Vormarsch des *Franglais* wird durch die Tatsache gefördert, daß die französische Sprache ein viel kleineres Vokabular besitzt als die englische. Das bringt seine eigenen Probleme mit sich, weil ein und dasselbe Wort mehrere Bedeutungen haben kann. In Paris bedeutet beispielsweise die Wendung »*je suis ravi*« normalerweise so viel wie »Ich bin entzückt«. Im Café du Progrès in Ménerbes dagegen hat *ravi* eine zweite, gar nicht angenehme Bedeutung; dieselbe Wendung kann hier gleichbedeutend sein mit: »Ich bin der Dorftrottel«.

Um meine Konfusion zu kaschieren und wenigstens einige der vielen Fallen zu umgehen, habe ich gelernt, wie ein Eingeborener zu grunzen, und all die kurzen, aber ausdrucksstarken Laute auszustoßen – das pointierte Einatmen, das verständnisvolle Schnalzen, das Murmeln von *beh oui* –, die im Gespräch wie Sprungbretter von einem Thema zum nächsten verwendet werden.

Von solchen Lauten ist am flexibelsten und daher nützlichsten das kurze und anscheinend eindeutige *ah bon*, das man mit oder ohne Fragezeichen gebrauchen kann. Ich habe gedacht, es bedeute, was es sagt. Aber natürlich ist es nicht so. Ein typischer Wortwechsel mit der richtigen Beimischung von Katastrophenton und Pessimismus könnte etwa folgendermaßen ablaufen:

»Diesmal hat der junge Pierre wirklich Probleme.«
»*Oui?*«

»*Beh oui*. Er kam aus einem Café, stieg in sein Auto, überfuhr einen *Gendarme* – er ist völlig *écrasé* –, fuhr gegen eine Mauer, flog durch die Windschutzscheibe, schlug sich den Kopf ein, und außerdem brach an vierzehn Stellen das Bein.«
»*Ah bon.*«

Je nach Betonung und Ton, kann das *ah bon* Entsetzen, Unglauben, Gleichgültigkeit, Irritation oder Freude ausdrücken – eine beachtliche Leistung für zwei kleine Wörter.

Auf ähnliche Weise läßt sich der größte Teil einer kurzen Unterhaltung mit zwei anderen Einsilbern bestreiten – *ça va*, wörtlich: »Es geht.« Tagtäglich begegnen sich in allen französischen Städten Bekannte auf der Straße, begrüßen sich mit dem Ritus des Handschlags und führen etwa folgenden rituellen Dialog:

»*Ça va?*«
»*Oui. Ça va, ça va. Et vous?*«
»*Boh, ça va.*«
»*Bieng. Ça va alors.*«
»*Oui, oui. Ça va.*«
»*Allez. Au 'voir.*«
»*Au 'voir.*«

Die Wörter allein werden der Situation nicht gerecht; sie wird mit Achselzucken und Seufzern und gedankenreichen Pausen verziert, die bis zu zwei oder drei Minuten andauern können, wenn die Sonne scheint und es nichts Dringendes zu erledigen gibt. Und natürlich wird das gleiche gemächliche, angenehme Bemerken von Gesichtern aus der Nachbarschaft während der morgendlichen Botengänge mehrmals wiederholt.

Man kommt nach einigen Monaten mit solch angenehmen Begegnungen leicht zu der irrigen Auffassung, man beherrsche das umgangssprachliche Französisch. Man mag sogar lange Abende mit Franzosen verbracht haben, die erklären, einen zu verstehen. Sie werden mehr als Bekannte, sie werden zu Freunden. Und wenn sie den Augenblick für gekommen halten, bieten sie das Geschenk ihrer Freundschaft in gesprochener Form, die ein völlig neues Spektrum von Gelegenheiten eröffnet, sich als Trottel aufzuführen. Statt *vous* beginnen sie einen mit *tu* und *toi* anzureden, eine Form der Vertrautheit, die ihr eigenes Verb hat: *tutoyer*.

Der Tag, an dem ein Franzose vom förmlichen Sie zum vertrauten Du übergeht, ist ein Tag, den man ernst nehmen muß. Es ist ein unmißverständliches Zeichen, daß er sich entschlossen hat – Wochen oder Monate oder manchmal sogar Jahre nach dem Kennenlernen –, daß er einen mag. Es wäre ungeschickt und unfreundlich, das Kompliment nicht zu erwidern. Und da fühlt man sich also gerade mit dem *vous* und all den dazugehörigen Formen des Plurals vertraut und wird nun Hals über Kopf in die singuläre Welt des *tu* geworfen. (Es sei denn, man folgt dem Beispiel von Expräsident Giscard d'Estaing, der anscheinend sogar die eigene Frau mit *vous* anredet.)

Aber wir hangeln uns durch, wir begehen alle möglichen Sünden gegen die Grammatik und den Gebrauch des Genus, machen lange und peinliche Umwege, um die Sümpfe des Konjunktivs zu umgehen und die Klüfte in unserem Vokabular zu überspringen und hoffen, daß unsere neuen Freunde nicht gar zu entsetzt darüber sind, wie sehr wir ihre Sprache verstümmeln. Sie sind so nett, uns zu versichern, daß unser Französisch sie nicht schaudern macht. Ich wage das zu bezweifeln, doch an einem gibt es keinen Zweifel: Sie wollen uns dabei helfen, daß wir uns in ihrer Mitte zu Hause fühlen, und dies gibt dem täglichen Leben eine Wärme, die nicht vom Sonnenschein herrührt.

Das ist jedenfalls unsere Erfahrung. Sie trifft offenbar nicht auf alle zu, und einige Menschen glauben uns dies nicht, oder es erfüllt sie sogar mit Ressentiments. Man hat uns das Verbrechen unzulässig guter Laune vorgeworfen, kritisiert, daß wir bei kleinen Problemen ein Auge zudrücken, daß wir unentwegt ignorieren, was immer wieder als die dunkle Seite des provenzalischen Charakters umschrieben wird. Dieses ominöse Klischee wird präsentiert und behängt mit Ausdrücken wie unehrlich, faul, bigott, raffgierig und brutal. Als ob das ausgesprochen provenzalische Eigenschaften wären, die der Ausländer – ein ehrlicher, fleißiger, vorurteilsfreier und ganz allgemein tadelloser Mensch – in seinem Leben hier zum erstenmal kennenlernt.

Es stimmt natürlich, daß es in der Provence Halunken und Bigotte gibt, so wie es ja überall Halunken und Bigotte gibt. Aber wir haben Glück gehabt; die Provence ist gut zu uns gewesen. Wir werden in keinem fremden Land je mehr als Dauergäste sein können, aber man hat uns hier willkommen geheißen und glücklich gemacht. Wir haben nichts zu bedauern, nur über wenig zu klagen und viel Grund zur Freude.
Merci, Provence.

Glossar

A

à demain	bis morgen
l'ambiance	die Stimmung, die Atmosphäre
à mon avis	meiner Meinung nach
l'ange	der Engel
l'anglais	der Engländer
allez!	los!
elle arrive	sie kommt
au courant	auf dem laufenden
aucun problème	kein Problem
l'attestation	die Bescheinigung, das Zeugnis
l'autoroute	die Autobahn
avoir faim	Hunger haben

B

le baba au rhum	Napfkuchen, der mit Sirup und Rum übergossen wird
le ballonnement	Blähung
la bastide	Land-, Bauernhaus in der Provence

beaucoup d'allure	viel Stil
le beau temps	das schöne Wetter
le Bicentenaire	Zweihundertjahrfeier (der Französischen Revolution)
le blagueur	der Angeber
bon anniversaire	alles Gute zum Geburtstag
la bonhomie	die Gutmütigkeit
bonne soirée	guten Abend
bon voyage	gute Reise
bon weekend	schönes Wochenende
le bosquet	das Wäldchen, Gehölz
la bouffe	das Essen, Fressen
la boulangerie	die Bäckerei
le boum	die Fete
le braconnier	der Wilderer
le bronzage	die Bräunung

C

le cageot	die Steige
ça marche	es funktioniert
le cambrioleur	der Einbrecher
le canard	die Ente
casser la pipe	ins Gras beißen
la cave	der Keller
le céleri	der Sellerie
certain	sicher
le certificat sanitaire	Gesundheitszeugnis
c'est bizarre, non?	das ist komisch, oder?
c'est dommage	es ist schade
c'est fini	es ist vorbei

c'est vrai	das stimmt
la charcuterie	Wurstwaren
le chasseur	der Jäger
chaud	warm, heiß
cher collègue	lieber Kollege
la cheminée	der Kamin
le chien méchant	der bissige Hund
le chien de race	der Rassehund
le chien truffier	der Trüffelhund
la cigale	die Grille
le clairvoyant	der Hellseher
le cochon	das Schwein
la combinaison	hier: Overall
commencer	anfangen
comment?	wie?
comment dirais-je?	wie soll ich sagen?
comme il est beau	wie schön er ist
comme toujours	wie immer
le commerçant	der Händler
le congélateur	die Tiefkühltruhe
la connerie	der Blödsinn
constipé	verstopft
content	zufrieden
le contrat	der Vertrag
la contravention	die Übertretung
les couilles	umgangsspr. für: Hoden
cracher	spucken
crise de foie	von den Franzosen für alle Arten von Bauchschmerzen verwendeter Ausdruck

D

d'accord	einverstanden
le dallage	der Plattenbelag
décontracté	entspannt, locker
la dégustation	die (Wein-)probe
le déjeuner	das Mittagessen
démodé	altmodisch
désagréable	unangenehm
de rien	bitte (nach: danke)
deux fois par jour	zweimal am Tag
le digestif	der Verdauungsschnaps
Dieu merci	Gott sei Dank
Dieu protège la France	Gott schütze Frankreich
le doigt	der Finger
le douanier	der Zöllner
doux	mild

E

l'eau-de-vie	Schnaps
l'eau-de-vie de poires	der Birnenschnaps
écrasé	erdrückt, plattgewalzt
l'écrevisse	der Krebs
l'embonpoint	die Korpulenz, Wohlbeleibtheit
en colère	wütend
enfin	endlich
en plus	außerdem
enregistré comme record mondial	als Weltrekord verzeichnet

ensoleillé	sonnig
entre chien et loup	die Dämmerung
l'épicerie	Lebensmittelgeschäft
épouvantable	furchtbar
l'escroc	der Schwindler, Gauner
les espadrilles	Leinenschuhe
évidemment	natürlich
extraordinaire	außergewöhnlich

F

la faucille	die Sichel
la ferme	der Bauernhof
le feu d'artifice	das Feuerwerk
la fève	die Saubohne
la flûte	die Flöte
le foie gras	die Gänseleberpastete
fort	stark
la fraise de bois	die Walderdbeere

G

la garrigue	immergrüne Strauchheide in Südfrankreich
le gigot	die Keule (Kochen)
la glace	das Eis
le glaçon	Eis (zum Kühlen von Getränken)
le grippe-sous	Pfennigfuchser

H

le haricot (vert)	die (grüne) Bohne
l'homme d'affaires	der Geschäftsmann
honnête	ehrlich, ehrbar
l'huissier	Gerichtsvollzieher, Amtsdiener

IJ

il n'est pas du coin	er stammt nicht aus dieser Gegend
imbattable	unschlagbar
imbécile	dumm, blöd
impeccable, auch *impecc* abgekürzt	tadellos, makellos
l'inconvénient	der Nachteil, die Unannehmlichkeit
jamais	nie

L

le lapin	der Hase
légalement contrôlé	gesetzlich kontrolliert
le loup de mer	der Seewolf

M

le machin	das Ding(s)
le maçon	der Maurer
magnifique	wunderbar

manger	essen
la mairie	Rathaus, Bürgermeister- amt
la maison de maître	das Herrenhaus
la maison de rêve	das Traumhaus
le maître de chai	der Kellermeister
malheureusement	leider
le mas	Land-, Bauernhaus in Südfrankreich
merde!	Scheiße!
la merveille	das Wunderwerk
le métier	der Beruf
le mistral	südfranzösischer Wind
mon Dieu!	mein Gott!
montez!	steigen Sie ein!
les moules	die Muscheln
le mouton	das Schaf

N

le négociant	der Händler
n'est-ce pas?	nicht wahr
normalement	normalerweise

O

l'œuvre	das Werk
on se promène	man geht/wir gehen spazieren

partout	überall
pas cher	nicht teuer
pas du tout	gar nicht
pas mal	nicht schlecht
pastis	südfranzösischer Anis- schnaps, Aperitif
pas grande chose	nichts Großes, nicht viel
le pâté	die Pastete
le paysan du coin	der Bauer aus der Gegend
le permis	die Erlaubnis, der Schein
une petite fortune	ein kleines Vermögen
peut-être	vielleicht
la piscine	der Swimmingpool
la plage	der Strand
le pompier	der Feuerwehrmann
le poulet	das Hühnchen
le poulet de Bresse	das Bresse-Huhn
pressé	in Eile
la prétention	der Anspruch, Ehrgeiz
la putain	Hure, hier meist als Fluch gebraucht
quelle horreur!	wie schrecklich!

R

le rapport qualité-prix	das Preis-Leistungs- Verhältnis
la rascasse	der Drachenkopf
recommencer	wieder anfangen

regardez!	schauen Sie!
le régime	die Diät
le restaurant est ouvert	das Restaurant ist geöffnet
rigide	starr, steif
les rillettes	feingehacktes, gekochtes und als Konserve aufbewahrtes Schweinefleisch
le riz	der Reis
le routier	der Fernlastfahrer

S

le sac à main	die Handtasche
la salle de fêtes	der Festsaal
le sanglier	das Wildschwein
sans goût	geschmacklos
le saucisson	das Würstchen
le seiche	der Tintenfisch
la serviette	das Handtuch
sinon rien	sonst nichts
le succès fou	der Wahnsinnserfolg
le suppositoire	das Zäpfchen

T

tant mieux	um so besser
la tarte aux pommes	Apfelkuchen
le tenue de chasse	die Jagdkleidung
les toilettes publiques	öffentliche Toiletten

tout le monde	alle
tout seule	ganz allein
trottez!	Trab!

V

les vacances	die Ferien
le vacherin	Käsesorte
la vedette	der Star
la vie rustique	Landleben
le voleur	der Dieb
vous rigolez	Sie machen Witze
vous voyez?	Sehen Sie?